大学赤本シリーズ

430

早稲田大学

社会科学部

教学社

は　し　が　き

　おかげさまで，大学入試の「赤本」は，今年で創刊70周年を迎えました。
　これまで，入試問題や資料をご提供いただいた大学関係者各位，掲載許
可をいただいた著作権者の皆様，各科目の解答や対策の執筆にあたられた
先生方，そして，赤本を使用してくださったすべての読者の皆様に，厚く
御礼を申し上げます。
　以下に，創刊初期の「赤本」のはしがきを引用します。これからも引き
続き，受験生の目標の達成や，夢の実現を応援してまいります。
　本書を活用して，入試本番では持てる力を存分に発揮されることを心よ
り願っています。

編者しるす

＊　　　＊　　　＊

　学問の塔にあこがれのまなざしをもって，それぞれの志望する大学の門
をたたかんとしている受験生諸君！　人間として生まれてきた私たちは，
自己の欲するままに，美しく，強く，そして何よりも人間らしく生きるこ
とをねがっている。しかし，一朝一夕にして，この純粋なのぞみが達せら
れることはない。私たちの行く手には，絶えずさまざまな試練がまちかま
えている。この試練を克服していくところに，私たちのねがう真に人間的
な世界がはじめて開かれてくるのである。
　人生最初の最大の試練として，諸君の眼前に大学入試がある。この大学
入試は，精神的にも身体的にも，大きな苦痛を感ぜしめるであろう。ある
スポーツに熟達するには，たゆみなき，はげしい練習を積み重ねることが
必要であるように，私たちは，計画的・持続的な努力を払うことによって，
この試練を克服し，次の一歩を踏みだすことができる。厳しい試練を経た
のちに，はじめて満足すべき成果を獲得できるのである。
　本書は最近の入学試験の問題に，それぞれ解答を付し，さらに問題をふ
かく分析することによって，その大学独特の傾向や対策をさぐろうとした。
本書を一般の参考書とあわせて使用し，まとはずれのない，効果的な受験
勉強をされるよう期待したい。

（昭和35年版「赤本」はしがきより）

挑む人の、いちばんの味方

赤本創刊70周年

1954年に大学入試の過去問題集を刊行してから70年。赤本は大学に入りたいと思う受験生を応援しつづけてきました。これからも，苦しいとき落ち込むときにそばで支える存在でいたいと思います。

そして，勉強をすること，自分で道を決めること，努力が実ること，これらの喜びを読者の皆さんが感じることができるよう，伴走をつづけます。

そもそも赤本とは…

受験生のための大学入試の過去問題集！

70年の歴史を誇る赤本は，500点を超える刊行点数で全都道府県の370大学以上を網羅しており，過去問の代名詞として受験生の必須アイテムとなっています。

············ なぜ受験に過去問が必要なのか？ ············

大学入試は大学によって問題形式や頻出分野が大きく異なるからです。

赤本の掲載内容

傾向と対策

これまでの出題内容から，問題の「**傾向**」を分析し，来年度の入試に向けて具体的な「**対策**」の方法を紹介しています。

問題編・解答編

◆ 年度ごとに問題とその解答を掲載しています。

◆ 「**問題編**」ではその年度の試験概要を確認したうえで，実際に出題された過去問に取り組むことができます。

◆ 「**解答編**」には高校・予備校の先生方による解答が載っています。

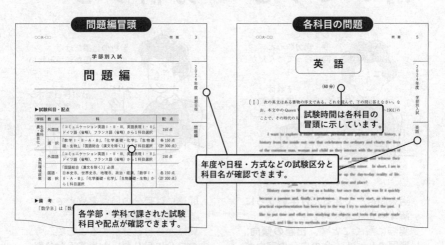

他にも，大学の基本情報や，先輩受験生の合格体験記，在学生からのメッセージなどが載っていることがあります。

2024年度から見やすいデザインに！ NEW

● 掲載内容について ●

著作権上の理由やその他編集上の都合により問題や解答の一部を割愛している場合があります。なお，指定校推薦入試，社会人入試，編入学試験，帰国生入試などの特別入試，英語以外の外国語科目，商業・工業科目は，原則として掲載しておりません。また試験科目は変更される場合がありますので，あらかじめご了承ください。

受験勉強は 過去問に始まり，

STEP 1
なにはともあれ

まずは解いてみる

しずかに…
今，自分の心と
向き合ってるんだから

ムーン

それは
問題を解いて
からだホン！

過去問は，**できるだけ早いうちに解くのがオススメ！**
実際に解くことで，**出題の傾向，問題のレベル，今の自分の実力が**つかめます。

STEP 2
じっくり具体的に

弱点を分析する

分析の結果だけど
英・数・国が苦手みたい

スリー

必須科目だホン
頑張るホン

間違いは自分の弱点を教えてくれ**る貴重な情報源。**
弱点から自己分析することで，**今の自分に足りない力や苦手な分野**が見えてくるはず！

合格者があかす 赤本の使い方

傾向と対策を熟読
（Fさん／国立大合格）

大学の出題傾向を調べるために，赤本に載っている「傾向と対策」を熟読しました。

繰り返し解く
（Tさん／国立大合格）

1周目は問題のレベル確認，2周目は苦手や頻出分野の確認に，3周目は合格点を目指して，と過去問は繰り返し解くことが大切です。

過去問に終わる。

STEP 3
> 志望校に
> あわせて

苦手分野の
重点対策

参考書や問題集を活用して，苦手分野の**重点対策**をしていきます。**過去問を指針に**，合格へ向けた具体的な学習計画を立てましょう！

STEP 1 ▶ 2 ▶ 3
> サイクル
> が大事！

実践を
繰り返す

STEP 1〜3を繰り返し，実力アップにつなげましょう！**出題形式に慣れる**ことや，**時間配分を考える**ことも大切です。

目標点を決める
（Yさん／私立大合格）

赤本によっては合格者最低点が載っているので，それを見て目標点を決めるのもよいです。

時間配分を確認
（Kさん／私立大学合格）

赤本は時間配分や解く順番を決めるために使いました。

添削してもらう
（Sさん／私立大学合格）

記述式の問題は先生に添削してもらうことで自分の弱点に気づけると思います。

新課程入試 Q&A

2022年度から新しい学習指導要領（新課程）での授業が始まり、2025年度の入試は、新課程に基づいて行われる最初の入試となります。ここでは、赤本での新課程入試の対策について、よくある疑問にお答えします。

Q1. 赤本は新課程入試の対策に使えますか？

A. もちろん使えます！

旧課程入試の過去問が新課程入試の対策に役に立つのか疑問に思う人もいるかもしれませんが、心配することはありません。旧課程入試の過去問が役立つのには次のような理由があります。

● 学習する内容はそれほど変わらない

新課程は旧課程と比べて科目名を中心とした変更はありますが、学習する内容そのものはそれほど大きく変わっていません。また、多くの大学で、既卒生が不利にならないよう「経過措置」がとられます（Q3参照）。したがって、出題内容が大きく変更されることは少ないとみられます。

● 大学ごとに出題の特徴がある

これまでに課程が変わったときも、各大学の出題の特徴は大きく変わらないことがほとんどでした。入試問題は各大学のアドミッション・ポリシーに沿って出題されており、過去問にはその特徴がよく表れています。過去問を研究してその大学に特有の傾向をつかめば、最適な対策をとることができます。

出題の特徴の例	・英作文問題の出題の有無
	・論述問題の出題（字数制限の有無や長さ）
	・計算過程の記述の有無

新課程入試の対策も、赤本で過去問に取り組むところから始めましょう。

Q2. 赤本を使う上での注意点はありますか?

A. 志望大学の入試科目を確認しましょう。

過去問を解く前に，過去の出題科目（問題編冒頭の表）と2025年度の募集要項とを比べて，課される内容に変更がないかを確認しましょう。ポイントは以下のとおりです。科目名が変わっていても，実際は旧課程の内容とほとんど同様のものもあります。

英語・国語	科目名は変更されているが，実質的には変更なし。 ▶▶ ただし，リスニングや古文・漢文の有無は要確認。
地歴	科目名が変更され，「歴史総合」「地理総合」が新設。 ▶▶ 新設科目の有無に注意。ただし，「経過措置」（Q3参照）により内容は大きく変わらないことも多い。
公民	「現代社会」が廃止され，「公共」が新設。 ▶▶ 「公共」は実質的には「現代社会」と大きく変わらない。
数学	科目が再編され，「数学C」が新設。 ▶▶ 「数学」全体としての内容は大きく変わらないが，出題科目と単元の変更に注意。
理科	科目名も学習内容も大きな変更なし。

数学については，科目名だけでなく，どの単元が含まれているかも確認が必要です。例えば，出題科目が次のように変わったとします。

旧課程	「数学Ⅰ・数学Ⅱ・数学A・数学B（数列・ベクトル）」
新課程	「数学Ⅰ・数学Ⅱ・数学A・数学B（数列）・数学C（ベクトル）」

この場合，新課程では「数学C」が増えていますが，単元は「ベクトル」のみのため，実質的には旧課程とほぼ同じであり，過去問をそのまま役立てることができます。

Q3. 「経過措置」とは何ですか？

A. 既卒の旧課程履修者への対応です。

　多くの大学では，既卒の旧課程履修者が不利にならないように，出題において「経過措置」が実施されます。措置の有無や内容は大学によって異なるので，募集要項や大学のウェブサイトなどで確認しておきましょう。

〇旧課程履修者への経過措置の例

●旧課程履修者にも配慮した出題を行う。
●新・旧課程の共通の範囲から出題する。
●新課程と旧課程の共通の内容を出題し，共通範囲のみでの出題が困難な場合は，旧課程の範囲からの問題を用意し，選択解答とする。

例えば，地歴の出題科目が次のように変わったとします。

旧課程	「日本史 B」「世界史 B」から1科目選択
新課程	「歴史総合，日本史探究」「歴史総合，世界史探究」から1科目選択※ ※旧課程履修者に不利益が生じることのないように配慮する。

　「歴史総合」は新課程で新設された科目で，旧課程履修者には見慣れないものですが，上記のような経過措置がとられた場合，新課程入試でも旧課程と同様の学習内容で受験することができます。

要チェックだホン

新課程の情報は WEB もチェック！
より詳しい解説が赤本ウェブサイトで見られます。
https://akahon.net/shinkatei/

科目名が変更される教科・科目

	旧 課 程	新 課 程
国語	国語総合 国語表現 現代文A 現代文B 古典A 古典B	現代の国語 言語文化 論理国語 文学国語 国語表現 古典探究
地歴	日本史A 日本史B 世界史A 世界史B 地理A 地理B	歴史総合 日本史探究 世界史探究 地理総合 地理探究
公民	現代社会 倫理 政治・経済	公共 倫理 政治・経済
数学	数学Ⅰ 数学Ⅱ 数学Ⅲ 数学A 数学B 数学活用	数学Ⅰ 数学Ⅱ 数学Ⅲ 数学A 数学B 数学C
外国語	コミュニケーション英語基礎 コミュニケーション英語Ⅰ コミュニケーション英語Ⅱ コミュニケーション英語Ⅲ 英語表現Ⅰ 英語表現Ⅱ 英語会話	英語コミュニケーションⅠ 英語コミュニケーションⅡ 英語コミュニケーションⅢ 論理・表現Ⅰ 論理・表現Ⅱ 論理・表現Ⅲ
情報	社会と情報 情報の科学	情報Ⅰ 情報Ⅱ

大学のサイトも見よう

目　次

大学情報 ……………………………………………………… 1
在学生メッセージ …………………………………………… 27
合格体験記 …………………………………………………… 34
傾向と対策 …………………………………………………… 41

解答編　※問題編は別冊

サンプル 問題
●一般選抜
総合問題 ……………………………………………………… 3

2024 年度
●一般選抜
英　語 ………………………………………………………… 3
数　学 ………………………………………………………… 40

2023 年度
●一般選抜
英　語 ………………………………………………………… 3
数　学 ………………………………………………………… 46

2022 年度
●一般選抜
英　語 ………………………………………………………… 3
数　学 ………………………………………………………… 44

2021 年度
●一般選抜
英　語 ………………………………………………………… 3
数　学 ………………………………………………………… 47

2020 年度　　●一般入試

英　語 ………………………………………………… 3
数　学 …………………………………………………46

掲載内容についてのお断り

- 一般選抜の改革に伴って 2025 年度より実施の「学部独自試験（総合問題）」について，大学から公表されたサンプル問題を掲載しています。
- 全国自己推薦入試は掲載していません。

基本情報

🏛 沿革

1882（明治 15）	大隈重信が東京専門学校を開校
1902（明治 35）	早稲田大学と改称
1904（明治 37）	専門学校令による大学となる
1920（大正　9）	大学令による大学となり，政治経済学部・法学部・文学部・商学部・理工学部を設置

　　　　　✎1922（大正 11）早慶ラグビー定期戦開始。アインシュタイン来校

　　　　　　　　　　　✎1927（昭和 2）大隈講堂落成

1949（昭和 24）	新制早稲田大学 11 学部（政治経済学部・法学部・文学部・教育学部・商学部・理工学部〔各第一・第二／教育学部除く〕）発足

　　　　　　　　✎1962（昭和 37）米国司法長官ロバート・ケネディ来校

1966（昭和 41）	社会科学部を設置

　　　　　　　✎1974（昭和 49）エジプト調査隊，マルカタ遺跡の発掘

1987（昭和 62）	人間科学部を設置

　　　　　　　✎1993（平成 5）ビル・クリントン米国大統領来校

2003（平成 15）	スポーツ科学部を設置
2004（平成 16）	国際教養学部を設置
2007（平成 19）	創立 125 周年。第一・第二文学部を文化構想学部・文学部に，理工学部を基幹理工学部・創造理工学部・先進理工学部に改組再編
2009（平成 21）	社会科学部が昼間部に移行

シンボル

　1906（明治 39）年に「弧形の稲葉の上に大学の二字を置く」という校章の原型が作られ，創立 125 周年を機に伝統のシンボルである校章・角帽・早稲田レッドをモチーフとし，現在の早稲田シンボルがデザインされました。

早稲田大学について

　早稲田大学の教育の基本理念を示す文書としての教旨は，高田早苗，坪内逍遥，天野為之，市島謙吉，浮田和民，松平康国などにより草案が作成されました。その後，教旨は初代総長・大隈重信の校閲を経て 1913（大正 2）年の創立 30 周年記念祝典において宣言され，今日の早稲田の校風を醸成するに至っています。

早稲田大学教旨

早稲田大学は学問の独立を全うし学問の活用を効し
模範国民を造就するを以て建学の本旨と為す

早稲田大学は**学問の独立**を本旨と為すを以て
之が自由討究を主とし
常に独創の研鑽に力め以て
世界の学問に裨補せん事を期す

早稲田大学は**学問の活用**を本旨と為すを以て
学理を学理として研究すると共に
之を実際に応用するの道を講し以て
時世の進運に資せん事を期す

早稲田大学は**模範国民の造就**を本旨と為すを以て
個性を尊重し　身家を発達し　国家社会を利済し
併せて広く世界に活動す可き人格を養成せん事を期す

教旨の概要

◉学問の独立

学問の独立は**在野精神**や**反骨の精神**などの校風と結び合います。早稲田大学は，自主独立の精神をもつ近代的国民の養成を理想とし，権力や時勢に左右されない科学的な教育・研究を行うことを掲げています。

◉学問の活用

歴史上，日本が近代国家をめざすため，学問は現実に活かしうるもの，すなわち近代化に貢献するものであることが求められました。これが学問の活用です。ただし，早稲田大学はこの学問の活用を安易な実用主義ではなく，**進取の精神**として教育の大きな柱の一つとしました。

◉模範国民の造就

早稲田大学は庶民の教育を主眼として創設されました。このことが反映された理念が模範国民の造就です。模範国民の造就は，グローバリゼーションが進展する現代にも通ずる理念であり，豊かな人間性をもった**地球市民の育成**と解釈されます。

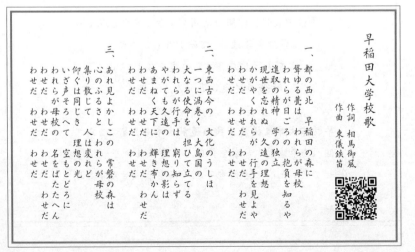

早稲田大学校歌

作詞　相馬御風
作曲　東儀鉄笛

一、
都の西北　早稲田の森に
聳ゆる甍は　われらが母校
われらが日ごろの　抱負を知るや
進取の精神　学の独立
現世を忘れぬ　久遠の理想
かがやくわれらが　行手を見よや
わせだ　わせだ　わせだ
わせだ　わせだ　わせだ

二、
東西古今の　文化のうしほ
一つに渦巻く　大島国の
大なる使命を　担ひて立てる
われらが行手は　窮り知らず
やがても久遠の　理想の影は
あまねく天下に　輝き布かん
わせだ　わせだ　わせだ
わせだ　わせだ　わせだ

三、
あれ見よかしこの　常磐の森は
心のふるさと　われらが母校
集ひ散じて　人は変れど
仰ぐは同じき　理想の光
いざ声そろへて　空もとどろに
われらが母校の　名をばたたへん
わせだ　わせだ　わせだ
わせだ　わせだ　わせだ

学部・学科の構成

(注) 下記内容は 2024 年 4 月時点のもので，改組・新設等により変更される場合があります。

大 学

●**政治経済学部** 早稲田キャンパス

政治学科

経済学科

国際政治経済学科

●**法学部** 早稲田キャンパス

法律主専攻（司法・法律専門職，企業・渉外法務，国際・公共政策）

●**教育学部** 早稲田キャンパス

教育学科（教育学専攻〈教育学専修，生涯教育学専修，教育心理学専修〉，初等教育学専攻）

国語国文学科

英語英文学科

社会科（地理歴史専修，公共市民学専修）

理学科（生物学専修，地球科学専修）

数学科

複合文化学科

●**商学部** 早稲田キャンパス

経営トラック，会計トラック，マーケティングトラック，ファイナンストラック，保険・リスクマネジメントトラック，ビジネスエコノミクストラック

●**社会科学部** 早稲田キャンパス

社会科学科（『平和・国際協力』コース，『多文化社会・共生』コース，『サスティナビリティ』コース，『コミュニティ・社会デザイン』コース，『組織・社会イノベーション』コース）

●**国際教養学部** 早稲田キャンパス

国際教養学科

●文化構想学部 　戸山キャンパス

文化構想学科（多元文化論系，複合文化論系，表象・メディア論系，文芸・ジャーナリズム論系，現代人間論系，社会構築論系）

●文学部 　戸山キャンパス

文学科（哲学コース，東洋哲学コース，心理学コース，社会学コース，教育学コース，日本語日本文学コース，中国語中国文学コース，英文学コース，フランス語フランス文学コース，ドイツ語ドイツ文学コース，ロシア語ロシア文学コース，演劇映像コース，美術史コース，日本史コース，アジア史コース，西洋史コース，考古学コース，中東・イスラーム研究コース）

●基幹理工学部 　西早稲田キャンパス

数学科

応用数理学科

機械科学・航空宇宙学科

電子物理システム学科

情報理工学科

情報通信学科

表現工学科

●創造理工学部 　西早稲田キャンパス

建築学科

総合機械工学科

経営システム工学科

社会環境工学科

環境資源工学科

※学科を横断する組織として「社会文化領域」を設置。

●先進理工学部 　西早稲田キャンパス

物理学科

応用物理学科

化学・生命化学科

応用化学科

生命医科学科

電気・情報生命工学科

●**人間科学部** 所沢キャンパス

　人間環境科学科

　健康福祉科学科

　人間情報科学科

●**スポーツ科学部** 所沢キャンパス／一部の授業は東伏見キャンパス

　スポーツ科学科（スポーツ医科学コース，健康スポーツコース，トレーナーコース，スポーツコーチングコース，スポーツビジネスコース，スポーツ文化コース）

（備考）学科・専攻・コース等に分属する年次はそれぞれ異なる。

大学院

政治学研究科／経済学研究科／法学研究科（法科大学院）／文学研究科／商学研究科／基幹理工学研究科／創造理工学研究科／先進理工学研究科／教育学研究科／人間科学研究科／社会科学研究科／スポーツ科学研究科／国際コミュニケーション研究科／アジア太平洋研究科／日本語教育研究科／情報生産システム研究科／会計研究科／環境・エネルギー研究科／経営管理研究科（WBS）

■ 教育の特徴

　早稲田大学には，各学部の講義やカリキュラムのほか，グローバルエデュケーションセンター（GEC）により設置された科目や教育プログラムもあります。GEC の設置科目はすべて学部・学年を問わず自由に履修でき，国内外の幅広く多様な分野で活躍するための「第二の強み」を作ることができます。GEC の教育プログラムは 4 つに大別されます。

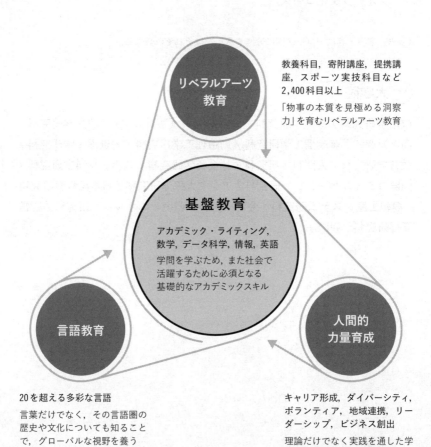

リベラルアーツ教育

教養科目，寄附講座，提携講座，スポーツ実技科目など 2,400 科目以上

「物事の本質を見極める洞察力」を育むリベラルアーツ教育

基盤教育

アカデミック・ライティング，数学，データ科学，情報，英語

学問を学ぶため，また社会で活躍するために必須となる基礎的なアカデミックスキル

言語教育

20 を超える多彩な言語

言葉だけでなく，その言語圏の歴史や文化についても知ることで，グローバルな視野を養う

人間的力量育成

キャリア形成，ダイバーシティ，ボランティア，地域連携，リーダーシップ，ビジネス創出

理論だけでなく実践を通した学びで，人類社会に貢献するグローバル人材を育成する

📅 イベント情報

　早稲田大学は，高校生・受験生に向けた情報発信の機会として，全国各地においてイベントを実施しています。

◉キャンパスツアー
　キャンパスの雰囲気を体感できるイベントです。在学生ならではの声や説明を聞くことができ，モチベーション UP につながります。
　　対面型ツアー／オンライン型ツアー

◉オープンキャンパス
　例年 7 〜 8 月頃に東京をはじめ，仙台・大阪・広島・福岡にて実施されています。学生団体によるパフォーマンスも必見です。

◉進学相談会・説明会
　全国 100 カ所近くで開催されています。

受験生応援サイト「DISCOVER WASEDA」
　講義体験や詳細な学部・学科紹介，キャンパスライフ，施設紹介，合格体験記といった様々な動画コンテンツが掲載されています。

DISCOVER WASEDA
https://discover.w.waseda.jp

奨学金情報

　奨学金には，大学が独自に設置しているものから，公的団体・民間団体が設置しているものまで多くの種類が存在します。そのうち，早稲田大学が独自に設置している学内奨学金は約 150 種類に上り，すべて卒業後に返還する必要のない給付型の奨学金です。申請の時期や条件はそれぞれ異なりますが，ここでは，入学前に特に知っておきたい早稲田大学の学内奨学金を取り上げます。(本書編集時点の情報です。)

●めざせ！ 都の西北奨学金 　入学前

　首都圏の一都三県（東京都・埼玉県・千葉県・神奈川県）以外の国内高校・中等教育学校出身者を対象とした奨学金です。採用候補者数は 1200 人と学内の奨学金の中でも最大で選考結果は入学前に通知されます。

　　給付額⇨年額 45〜70 万円　　収入・所得条件⇨1,000 万円未満※
　　※給与・年金収入のみの場合。

●大隈記念奨学金 　入学前　　入学後

　入学試験の成績，または入学後の学業成績を考慮して学部ごとに選考・給付されます。公募を経て選考される一部の学部を除き，基本的には事前申請が不要な奨学金です。

　　給付額⇨年額 40 万円（原則）　　収入・所得条件⇨なし

●早稲田の栄光奨学金 　入学後

　入学後に海外留学を目指す学生を支援する制度で，留学出願前に選考から発表まで行われます。留学センターが募集する，大学間協定によるプログラムで半期以上留学する学生が対象です。

　　給付額⇨半期：50 万円，1 年以上：110 万円　　収入・所得条件⇨800 万円未満※
　　※給与・年金収入のみの場合。

　その他の奨学金も含む詳細な情報は，
大学 Web サイト及びその中の奨学金情報誌を
ご確認ください。

大学ウェブサイト
（奨学金情報）
▼

入 試 デ ー タ

 ## 入学試験の名称・定義

〔凡例〕

●：必須　　―：不要　　▲：以下の注意事項を参照

※1 英語以外の外国語を選択する場合に必要
※2 数学を選択する場合に必要
※3 提出しなくても出願可能（提出しない場合は，加点なしの扱い）
※4 出願時に「スポーツ競技歴調査書」「スポーツ競技成績証明書」の提出が必要

一般選抜

早稲田大学の試験場において試験を受ける必要が**ある**入試。

学　部	入試制度	共通テスト	英語4技能テスト	大学での試験
政治経済学部	一般	●	―	●
法　学　部	一般	▲※1※2	―	●
教育学部*	一般（A方式）	▲※1	―	●
	一般（B方式）	▲※1	―	●
	一般（C方式）	●	―	●
	一般（D方式）	●	―	●
商　学　部	一般（地歴・公民型）	▲※1	―	●
	一般（数学型）	▲※1	―	●
	一般（英語4技能テスト利用型）	▲※1	●	●
社会科学部	一般	―	―	●
国際教養学部	一般	●	▲※3	●
文化構想学部	一般	▲※1	―	●
	一般（英語4技能テスト利用方式）	―	●	●
	一般（共通テスト利用方式）	●	―	●

（表つづく）

学　　部	入試制度	共通テスト	英語4技能テスト	大学での試験
文　　学　　部	一般	▲※1	—	●
	一般（英語4技能テスト利用方式）	—	●	●
	一般（共通テスト利用方式）	●	—	●
基 幹 理 工 学 部	一般	—	—	●
創 造 理 工 学 部	一般	—	—	●
先 進 理 工 学 部	一般	—	—	●
人 間 科 学 部	一般	—	—	●
	一般（共通テスト＋数学選抜方式）	●	—	●
スポーツ科学部	一般（共通テスト＋小論文方式）	●	—	●

＊教育学部の 2022・2021 年度については，下記の通りの実施であった。

学　　部	入試制度	共通テスト	英語4技能スコア	大学での試験
教 育 学 部	一般	—	—	●

大学入学共通テスト利用入試

早稲田大学の試験場において試験を受ける必要が**ない**入試。

学　　部	入試制度	共通テスト	英語4技能テスト	大学での試験
政 治 経 済 学 部	共テ利用（共通テストのみ方式）	●	—	—
法　　学　　部	共テ利用（共通テストのみ方式）	●	—	—
社 会 科 学 部	共テ利用（共通テストのみ方式）	●	—	—
人 間 科 学 部	共テ利用（共通テストのみ方式）	●	—	—
スポーツ科学部	共テ利用（共通テストのみ方式）	●	—	—
	共テ利用（共通テスト＋競技歴方式）	●※4	—	—

📈 入試状況（競争率・合格最低点など）

○基幹理工学部は学系単位の募集。各学系から進級できる学科は次の通り。

　学系Ⅰ：数学科，応用数理学科

　学系Ⅱ：応用数理学科，機械科学・航空宇宙学科，電子物理システム学科，情報理工学科，情報通信学科

　学系Ⅲ：情報理工学科，情報通信学科，表現工学科

○先進理工学部は第一志望学科の志願者数・合格者数を表記。合格最低点は，「第二志望学科」合格者の最低点を除く。

○合格者数に補欠合格者は含まない。

○競争率は受験者数÷合格者数で算出。ただし，共通テスト利用入試（共通テストのみ方式）の競争率は志願者数÷合格者数で算出。

○合格最低点は正規・補欠合格者の最低総合点であり，基幹理工・創造理工・先進理工学部を除き，成績標準化後の点数となっている。成績標準化とは，受験する科目間で難易度による差が生じないように，個々の科目において得点を調整する仕組みのこと。

○2022年度以前の教育学部理学科地球科学専修志願者で，理科の地学選択者については，理学科50名のうち若干名を「地学選択者募集枠」として理科の他の科目選択者とは別枠で判定を行っている。合格最低点欄の〈　〉内は地学選択者募集枠の合格最低点を示す。

○基幹理工学部・創造理工学部の「得意科目選考」の合格最低点は除く。

〈基準点について〉

○教育学部：すべての科目に合格基準点が設けられており，基準点に満たない場合は不合格となる。また，以下の学科は，それぞれ次のような条件を特定科目の合格基準点としている。

　　国語国文学科⇨「国語」：国語国文学科の全受験者の平均点

　　英語英文学科⇨「英語」：英語英文学科の全受験者の平均点

　　数学科⇨「数学」：数学科の全受験者の平均点

○商学部：英語4技能テスト利用型では，国語，地歴・公民または数学それぞれにおいて合格基準点が設けられており，基準点に満たない場合は不合格となる。

○スポーツ科学部：小論文が基準点に満たない場合は不合格となる。

2024 年度一般選抜・共通テスト利用入試

大学ホームページ（2024 年 3 月 12 日付）より。

2024 年度合格最低点については本書編集段階では未公表のため，大学公表の資料でご確認ください。

学部・学科・専攻等			募集人員	志願者数	受験者数	合格者数	競争率
政治経済	一般	政治	100	1,005	846	294	2.9
		経済	140	1,269	995	318	3.1
		国際政治経済	60	402	327	148	2.2
	共通テスト	政治	15	401	—	133	3.0
		経済	25	1,672	—	606	2.8
		国際政治経済	10	293	—	103	2.8
法	一般		350	4,346	3,809	703	5.4
	共通テスト		100	2,044	—	567	3.6
教育	一般（A方式・B方式）	教育 教育学 教育学	95	1,008	934	100	9.3
		教育 教育学 生涯教育学		1,123	1,046	76	13.8
		教育 教育学 教育心理学		632	578	57	10.1
		初等教育学	20	355	333	30	11.1
		国語国文	80	1,308	1,226	179	6.8
		英語英文	80	1,379	1,269	318	4.0
		社会 地理歴史	140	1,712	1,609	207	7.8
		社会 公共市民学		1,464	1,413	255	5.5
		理 地球科学	20	704	625	86	7.3
		数	45	841	757	132	5.7
		複合文化	40	924	865	110	7.9
	一般（C方式）	教育 教育学 教育学	20	22	19	5	3.8
		教育 教育学 生涯教育学		41	35	15	2.3
		教育 教育学 教育心理学		22	19	9	2.1
		初等教育学	5	9	7	3	2.3
		国語国文	15	61	54	15	3.6
		英語英文	15	106	92	42	2.2
		社会 地理歴史	25	52	47	22	2.1
		社会 公共市民学		38	35	16	2.2

（表つづく）

学部・学科・専攻等			募集人員	志願者数	受験者数	合格者数	競争率
教育	一般（C方式）	理 生 物 学	15	235	116	51	2.3
		地 球 科 学	5	41	34	13	2.6
		数	10	127	71	38	1.9
		複 合 文 化	10	87	72	12	6.0
	一般（D方式）	理 生 物 学	10	160	145	31	4.7
商	一般	地 歴 ・ 公 民 型	355	7,730	7,039	695	10.1
		数 学 型	150	2,752	2,329	400	5.8
		英語4技能テスト利用型	30	412	359	76	4.7
社会科学	一 般		450	8,864	7,833	869	9.0
	共 通 テ ス ト		50	1,384	—	361	3.8
国際教養	一 般		175	1,352	1,229	380	3.2
文化構想	一般	一 般	370	6,898	6,618	783	8.5
		英語4技能テスト利用方式	70	2,410	2,355	339	6.9
		共通テスト利用方式	35	1,123	993	206	4.8
文	一般	一 般	340	7,755	7,330	860	8.5
		英語4技能テスト利用方式	50	2,375	2,307	326	7.1
		共通テスト利用方式	25	1,057	873	191	4.6
基幹理工	一般	学 系 Ⅰ	45	581	524	189	2.8
		学 系 Ⅱ	210	2,822	2,534	703	3.6
		学 系 Ⅲ	65	1,128	1,032	205	5.0
創造理工	一般	建 築	80	763	675	176	3.8
		総 合 機 械 工	80	1,029	931	217	4.3
		経 営 システ ム 工	70	660	594	148	4.0
		社 会 環 境 工	50	452	412	113	3.6
		環 境 資 源 工	35	370	338	94	3.6
先進理工	一般	物 理	30	798	735	195	3.8
		応 用 物 理	55	457	422	134	3.1
		化 学 ・ 生 命 化	35	391	355	103	3.4
		応 用 化	75	1,196	1,097	303	3.6
		生 命 医 科	30	827	724	148	4.9
		電 気 ・ 情 報 生 命 工	75	517	465	133	3.5

（表つづく）

学部・学科・専攻等			募集人員	志願者数	受験者数	合格者数	競争率
人間科学	一般	一般　人間環境科	115	2,180	1,973	320	6.2
		健康福祉科	125	2,124	1,977	296	6.7
		人間情報科	100	1,528	1,358	200	6.8
		数学選抜方式　人間環境科	15	236	223	59	3.8
		健康福祉科	15	162	153	44	3.5
		人間情報科	15	258	242	70	3.5
	共通テスト	人間環境科	5	452	—	102	4.4
		健康福祉科	5	233	—	77	3.0
		人間情報科	5	352	—	99	3.6
スポーツ科学	一般	一般	150	1,090	914	303	3.0
	共通テスト	共通テストのみ方式	50	460	—	93	4.9
		競技歴方式	50	359	—	141	2.5

2023年度一般選抜・共通テスト利用入試

学部・学科・専攻等			募集人員	志願者数	受験者数	合格者数	競争率	合格最低点／満点
政治経済	一般	政　　　　治	100	824	708	260	2.7	151.5/200
		経　　　　済	140	1,481	1,192	322	3.7	159.0/200
		国 際 政 治 経 済	60	561	462	131	3.5	158.5/200
	共通テスト	政　　　　治	15	358	—	103	3.5	—
		経　　　　済	25	1,632	—	467	3.5	
		国 際 政 治 経 済	10	353	—	111	3.2	
法	一般		350	4,780	4,269	811	5.3	90.25/150
	共　通　テ　ス　ト		100	1,836	—	510	3.6	—
教育	一般（A方式・B方式）	教育学 教育学	95	942	867	112	7.7	93.682/150
		生涯教育学		687	655	114	5.7	90.002/150
		教育心理学		722	677	64	10.6	94.023/150
		初 等 教 育 学	20	632	590	40	14.8	92.795/150
		国　語　国　文	80	1,194	1,120	199	5.6	106.451/150
		英　語　英　文	80	1,642	1,520	328	4.6	107.858/150
		社会 地 理 歴 史	140	1,929	1,827	217	8.4	97.546/150
		公 共 市 民 学		1,771	1,686	248	6.8	94.899/150
		理 地 球 科 学	20	670	597	94	6.4	89.272/150
		数	45	903	806	149	5.4	122.042/150
		複　合　文　化	40	1,216	1,130	129	8.8	117.045/150
	一般（C方式）	教育学 教育学	20	35	27	9	3.0	173.200/240
		生涯教育学		21	21	10	2.1	155.700/240
		教育心理学		15	15	6	2.5	167.000/240
		初 等 教 育 学	5	13	13	2	6.5	170.200/240
		国　語　国　文	15	66	60	17	3.5	185.500/240
		英　語　英　文	15	78	66	32	2.1	168.200/240
		社会 地 理 歴 史	25	61	58	26	2.2	175.400/240
		公 共 市 民 学		57	51	20	2.6	182.000/240

（表つづく）

学部・学科・専攻等			募集人員	志願者数	受験者数	合格者数	競争率	合格最低点／満点
教育	一般（C方式）理	生 物 学	15	199	129	76	1.7	148.000/240
		地 球 科 学	5	36	35	10	3.5	176.700/240
		数	10	91	74	27	2.7	121.500/240
		複 合 文 化	10	45	41	22	1.9	163.700/240
	一般（D方式）理	生 物 学	10	204	191	51	3.7	150.300/240
商	一般	地 歴 ・ 公 民 型	355	7,949	7,286	656	11.1	131.6/200
		数 学 型	150	2,490	2,129	370	5.8	109.05/180
		英語4技能テスト利用型	30	279	246	63	3.9	127/205
社会科学	一	般	450	8,862	7,855	826	9.5	78.92/130
	共 通 テ ス ト		50	1,329	—	355	3.7	—
教養国際	一	般	175	1,357	1,222	304	4.0	142.8/200
文化構想	一般	一 般	370	7,353	7,049	736	9.6	131.7/200
		英語4技能テスト利用方式	70	2,694	2,622	355	7.4	85/125
		共通テスト利用方式	35	1,164	992	217	4.6	146/200
文	一般	一 般	340	7,592	7,110	840	8.5	129.8/200
		英語4技能テスト利用方式	50	2,429	2,339	332	7.0	85/125
		共通テスト利用方式	25	1,115	875	203	4.3	146/200
基幹理工	一般	学 系 Ⅰ	45	509	463	177	2.6	190/360
		学 系 Ⅱ	210	3,048	2,796	640	4.4	206/360
		学 系 Ⅲ	65	1,079	993	194	5.1	199/360
創造理工	一般	建 築	80	768	697	169	4.1	196/400
		総 合 機 械 工	80	988	909	267	3.4	179/360
		経 営 シ ス テ ム 工	70	629	584	154	3.8	191/360
		社 会 環 境 工	50	507	452	129	3.5	184/360
		環 境 資 源 工	35	280	259	90	2.9	180/360
先進理工	一般	物 理	30	738	668	145	4.6	205/360
		応 用 物 理	55	565	517	119	4.3	188/360
		化 学 ・ 生 命 化	35	379	345	119	2.9	194/360
		応 用 化	75	1,060	962	325	3.0	195/360
		生 命 医 科	30	736	637	170	3.7	196/360
		電 気 ・ 情 報 生 命 工	75	557	509	147	3.5	188/360

（表つづく）

学部・学科・専攻等			募集人員	志願者数	受験者数	合格者数	競争率	合格最低点／満点
人間科学	一般	一般 人間環境科	115	1,977	1,794	283	6.3	87.40/150
		一般 健康福祉科	125	2,038	1,865	273	6.8	85.72/150
		一般 人間情報科	100	1,951	1,761	221	8.0	86.92/150
		数学選抜方式 人間環境科	15	166	161	66	2.4	276.7/500
		数学選抜方式 健康福祉科	15	204	194	46	4.2	282.2/500
		数学選抜方式 人間情報科	15	240	232	74	3.1	296.0/500
	共通テスト	人間環境科	5	343	—	90	3.8	—
		健康福祉科	5	366	—	92	4.0	
		人間情報科	5	387	—	92	4.2	
スポーツ科学	一般	一般	150	972	804	257	3.1	159.9/250
	共通テスト	共通テストのみ方式	50	455	—	92	4.9	—
		競技歴方式	50	270	—	143	1.9	—

（備考）合格最低点欄の「—」は非公表を示す。

2022 年度一般選抜・共通テスト利用入試

学部・学科・専攻等				募集人員	志願者数	受験者数	合格者数	競争率	合格最低点／満点
政治経済	一般		政治	100	908	781	252	3.1	152/200
			経済	140	1,470	1,170	312	3.8	155/200
			国際政治経済	60	523	424	133	3.2	155.5/200
	共通テスト		政治	15	297	—	85	3.5	—
			経済	25	1,365	—	466	2.9	
			国際政治経済	10	309	—	89	3.5	
法	一般			350	4,709	4,136	754	5.5	89.895/150
	共通テスト			100	1,942	—	550	3.5	
教育	一般	教育学	教育学	100	950	889	106	8.4	95.160/150
			生涯教育学		1,286	1,221	94	13.0	96.741/150
			教育心理学		691	623	65	9.6	95.679/150
			初等教育学	20	444	408	39	10.5	93.047/150
		国語国文		80	1,389	1,312	190	6.9	106.903/150
		英語英文		80	2,020	1,871	340	5.5	110.163/150
		社会	地理歴史	145	2,057	1,929	228	8.5	97.443/150
			公共市民学		2,100	2,002	275	7.3	96.009/150
		理	生物学	50	554	503	122	4.1	85.250/150
			地球科学		687	610	98	6.2	86.571/150〈83.250〉
		数		45	903	818	178	4.6	120/150
		複合文化		40	1,427	1,326	150	8.8	114.255/150
商	一般	地歴・公民型		355	8,230	7,601	694	11.0	130.6/200
		数学型		150	2,648	2,276	366	6.2	109.4/180
		英語4技能テスト利用型		30	899	774	80	9.7	133.7/205
社会科学	一般			450	9,166	8,082	823	9.8	89.451/130
	共通テスト			50	1,132	—	305	3.7	—
国際教養	一般			175	1,521	1,387	342	4.1	151.1/200
文化構想	一般	一般		370	7,755	7,443	832	8.9	134/200
		英語4技能テスト利用方式		70	3,004	2,929	375	7.8	85.5/125
		共通テスト利用方式		35	1,183	957	203	4.7	142.5/200

（表つづく）

学部・学科・専攻等			募集人員	志願者数	受験者数	合格者数	競争率	合格最低点／満点
文	一般	一　　　　　般	340	8,070	7,532	741	10.2	131.9/200
		英語4技能テスト利用方式	50	2,646	2,545	332	7.7	86.5/125
		共通テスト利用方式	25	1,130	862	170	5.1	148/200
基幹理工	一般	学　　系　　I	45	615	559	142	3.9	178/360
		学　　系　　II	210	2,962	2,675	673	4.0	181/360
		学　　系　　III	65	967	886	165	5.4	176/360
創造理工	一般	建　　　　　築	80	759	684	151	4.5	185/400
		総　合　機　械　工	80	968	875	240	3.6	161/360
		経　営　システム　工	70	682	623	158	3.9	178/360
		社　会　環　境　工	50	464	416	133	3.1	163/360
		環　境　資　源　工	35	239	222	62	3.6	163/360
先進理工	一般	物　　　　　理	30	697	643	162	4.0	196/360
		応　用　物　理	55	471	432	143	3.0	176/360
		化　学　・　生　命　化	35	437	388	120	3.2	175/360
		応　　用　　化	75	1,173	1,059	259	4.1	180/360
		生　命　医　科	30	695	589	146	4.0	186/360
		電気・情報生命工	75	594	543	138	3.9	172/360
人間科学	一般	一般 人間環境科	115	1,845	1,671	242	6.9	88.5/150
		健康福祉科	125	1,923	1,757	266	6.6	85.5/150
		人間情報科	100	1,921	1,715	252	6.8	87/150
		数学選抜方式 人間環境科	15	135	126	48	2.6	306.1/500
		健康福祉科	15	111	106	41	2.6	293.5/500
		人間情報科	15	239	227	75	3.0	321.9/500
		共通テスト 人間環境科	5	266	—	85	3.1	—
		健康福祉科	5	198	—	77	2.6	
		人間情報科	5	273	—	98	2.8	
スポーツ科学	一般	一　　　　　般	150	988	847	223	3.8	163/250
	共通テスト	共通テストのみ方式	50	475	—	109	4.4	—
		競　技　歴　方　式	50	331	—	119	2.8	

（備考）合格最低点欄の「―」は非公表を示す。

2021 年度一般選抜・共通テスト利用入試

学部・学科・専攻等			募集人員	志願者数	受験者数	合格者数	競争率	合格最低点／満点
政治経済	一般	政　　　　　治	100	870	738	261	2.8	148/200
		経　　　　　済	140	2,137	1,725	331	5.2	156/200
		国 際 政 治 経 済	60	488	387	138	2.8	151/200
	共通テスト	政　　　　　治	15	382	—	104	3.7	—
		経　　　　　済	25	1,478	—	418	3.5	
		国 際 政 治 経 済	10	314	—	113	2.8	
法	一般		350	4,797	4,262	738	5.8	90.295/150
	共 通 テ ス ト		100	2,187	—	487	4.5	—
教育	一般	教育学　教 育 学	100	1,440	1,345	77	17.5	97.688/150
		生 涯 教 育 学		876	835	76	11.0	93.818/150
		教 育 心 理 学		521	484	59	8.2	95.653/150
		初 等 教 育 学	20	378	344	30	11.5	92.096/150
		国 語 国 文	80	1,260	1,195	166	7.2	107.224/150
		英 語 英 文	80	1,959	1,834	290	6.3	110.955/150
		社会　地 理 歴 史	145	2,089	1,974	214	9.2	97.496/150
		公 共 市 民 学		1,630	1,558	244	6.4	95.140/150
		理　生 物 学	50	454	395	89	4.4	86.245/150
		地 球 科 学		676	612	112	5.5	87.495/150 〈84.495〉
		数	45	823	739	173	4.3	118.962/150
		複 合 文 化	40	933	880	142	6.2	112.554/150
商	一般	地 歴 ・ 公 民 型	355	8,537	7,980	681	11.7	131.35/200
		数 　 学 　 型	150	2,518	2,205	419	5.3	107.60/180
		英語4技能テスト利用型	30	250	214	66	3.2	120.05/205
社会科学	一般		450	8,773	7,883	739	10.7	78.62/130
	共 通 テ ス ト		50	1,485	—	214	6.9	—
国際教養	一般		175	1,622	1,498	330	4.5	155.94/200
文化構想	一般	一　　　　　般	430	7,551	7,273	702	10.4	130.6/200
		英語4技能テスト利用方式	70	2,585	2,532	340	7.4	85/125
		共通テスト利用方式	35	1,348	1,146	172	6.7	149.5/200

（表つづく）

学部・学科・専攻等			募集人員	志願者数	受験者数	合格者数	競争率	合格最低点／満点
文	一般	一般	390	7,814	7,374	715	10.3	130.8/200
		英語4技能テスト利用方式	50	2,321	2,239	243	9.2	87.5/125
		共通テスト利用方式	25	1,281	1,037	162	6.4	150/200
基幹理工	一般	学系　I	45	444	403	150	2.7	198/360
		学系　II	210	2,937	2,689	576	4.7	219/360
		学系　III	65	908	823	169	4.9	213/360
創造理工	一般	建築	80	686	634	141	4.5	218/400
		総合機械工	80	874	806	215	3.7	192/360
		経営システム工	70	721	662	146	4.5	206/360
		社会環境工	50	394	374	106	3.5	202/360
		環境資源工	35	273	260	67	3.9	202/360
先進理工	一般	物理	30	713	661	139	4.8	229/360
		応用物理	55	402	370	125	3.0	210/360
		化学・生命化	35	392	359	116	3.1	206/360
		応用化	75	1,123	1,029	308	3.3	209/360
		生命医科	30	829	716	132	5.4	219/360
		電気・情報生命工	75	573	524	154	3.4	198/360
人間科学	一般	一般　人間環境科	115	1,916	1,745	190	9.2	87.620/150
		一般　健康福祉科	125	2,043	1,894	244	7.8	85.601/150
		一般　人間情報科	100	1,407	1,270	161	7.9	85.616/150
		数学選抜方式　人間環境科	15	189	182	43	4.2	—
		数学選抜方式　健康福祉科	15	137	134	36	3.7	—
		数学選抜方式　人間情報科	15	196	186	51	3.6	—
	共通テスト	人間環境科	5	421	—	77	5.5	—
		健康福祉科	5	296	—	76	3.9	—
		人間情報科	5	370	—	72	5.1	—
スポーツ科学	一般	一般	150	842	686	195	3.5	159.7/250
	共通テスト	共通テストのみ方式	50	482	—	96	5.0	—
		競技歴方式	50	314	—	122	2.6	

（備考）合格最低点欄の「—」は非公表を示す。

募 集 要 項 の 入 手 方 法

　一般選抜・大学入学共通テスト利用入試の出願方法は「WEB 出願」です。詳細情報につきましては，入学センター Web サイトにて 11 月上旬公開予定の入学試験要項をご確認ください。

問い合わせ先

早稲田大学　入学センター

　〒 169–8050　東京都新宿区西早稲田 1 − 6 − 1

　TEL　（03）3203–4331（直）

　MAIL　nyusi@list.waseda.jp

　Web サイト　https://www.waseda.jp/inst/admission/

 早稲田大学のテレメールによる資料請求方法

| スマートフォンから | QRコードからアクセスしガイダンスに従ってご請求ください。 |
| パソコンから | 教学社 赤本ウェブサイト(akahon.net)から請求できます。 |

大 学 所 在 地

所沢キャンパス

西早稲田キャンパス

早稲田キャンパス　　　　戸山キャンパス

早稲田キャンパス	〒169-8050	東京都新宿区西早稲田 1 - 6 - 1
戸山キャンパス	〒162-8644	東京都新宿区戸山 1 - 24 - 1
西早稲田キャンパス	〒169-8555	東京都新宿区大久保 3 - 4 - 1
所沢キャンパス	〒359-1192	埼玉県所沢市三ヶ島 2 - 579 - 15

早稲田大学を
空から
見てみよう！

各キャンパスの
空撮映像はこちら ▶

合格体験記
募集

　2025 年春に入学される方を対象に，本大学の「合格体験記」を募集します。お寄せいただいた合格体験記は，編集部で選考の上，小社刊行物やウェブサイト等に掲載いたします。お寄せいただいた方には小社規定の謝礼を進呈いたしますので，ふるってご応募ください。

• 応募方法 •

下記 URL または QR コードより応募サイトにアクセスできます。
ウェブフォームに必要事項をご記入の上，ご応募ください。
折り返し執筆要領をメールにてお送りします。

※入学が決まっている一大学のみ応募できます。

☞ http://akahon.net/exp/

• 応募の締め切り •

総合型選抜・学校推薦型選抜 ················· 2025 年 2 月 23 日
私立大学の一般選抜 ······························· 2025 年 3 月 10 日
国公立大学の一般選抜 ···························· 2025 年 3 月 24 日

受験にまつわる川柳を募集します。
入選者には賞品を進呈！
ふるってご応募ください。

応募方法　http://akahon.net/senryu/　にアクセス！☞

気になること、聞いてみました！

在学生メッセージ

大学ってどんなところ？　大学生活ってどんな感じ？
ちょっと気になることを，在学生に聞いてみました。

以下の内容は 2020〜2023 年度入学生のアンケート回答に基づくものです。ここ
で触れられている内容は今後変更となる場合もありますのでご注意ください。

メッセージを書いてくれた先輩　　[政治経済学部] M.K. さん　[法学部] W.S. さん
[文化構想学部] K.M. さん　[教育学部] S.T. さん
[商学部] W.S. さん　[国際教養学部] M.G. さん
[文学部] H.K. さん　N.M. さん　[人間科学部] R.T. さん

Message from current students

大学生になったと実感！

　自分のための勉強ができるようになったこと。高校生のときは定期テス
トや受験のための勉強しかしていなかったのですが，大学に入ってからは
自分の好きな勉強を自分のためにできるようになり，とても充実していま
す。(W.S. さん／法)

　自分で自由に履修を組めることです。高校生までと違い，必修の授業以
外は興味のある授業を自分で選べます。履修登録はかなり手こずりました
が，自分の興味や関心と照らし合わせながらオリジナルの時間割を考える
のはとても楽しいです。(N.M. さん／文)

　高校生の頃は親が管理するようなことも，大学生になるとすべて自分で
管理するようになり，社会に出たなと実感した。また，高校生までの狭い
コミュニティとまったく異なるところがある。早稲田大学は 1 つの小さな

世界のようなところで，キャンパス内やキャンパス周辺を歩いているだけ
で日本語以外の言語が必ず耳に飛び込んでくる。そのような環境にずっと
触れるため，考え方や世界の見方がいい意味ですべて変わった。今まで生
きてきた自分の中で一番好きな自分に出会えるところが大学だと思う。
(K.M. さん／文化構想)

大学生活に必要なもの

　軽くて使いやすいパソコンです。毎日授業がありパソコンを持ち歩くの
で，とにかく軽いものが良い！　Windows か Mac かは学部・学科で指定
されていないのであれば好きなほうを選んで良いと思います！　iPhone と
つなぐことができるので私は Mac がお気に入りです！　(S.T. さん／教育)

　大学生になって一番必要だと感じたものは自己管理能力です。特に，私
の通う国際教養学部は必修授業が少なく，同じ授業を受けている友達が少
ないため，どの授業でどのような課題が出ているかなど，しっかりと自分
自身で把握しておかなければ単位を落としかねません。私は今までスケジ
ュール帳を使うことはあまりなかったのですが，大学生になり，授業の情
報やバイト，友達との約束などをまとめて管理することが必要不可欠とな
ったので，スケジュールアプリを使い始め，とても重宝しています。
(M.G. さん／国際教養)

この授業がおもしろい！

　英会話の授業です。学生が英語力別に分けられ，ランダムに 3，4 人の
グループを組まれます。1 グループにつき 1 人の講師がついて，100 分間
英語だけで会話をします。文法を間違えたときや何と言っていいかわから
ないとき，会話に詰まったときなどに講師が手助けしてくれます。最初は
私には難しすぎると思っていましたが，意外と英語が話せるようになり楽
しかったです。また，少人数のためグループでも仲良くなれて，一緒に昼

ご飯を食べていました。(M.K. さん／政治経済)

　ジェンダー論の授業が興味深かったです。高校までは，科目として習うことがありませんでしたが，「ジェンダーとは何か」という基本的な問いから，社会で起きている問題（ジェンダーレストイレは必要か，など）についてのディスカッションを通して，他の学生の考え方を知ることができました。(H.K. さん／文)

　心理学概論です。心理学の歴史と研究方法の特徴を学んだ後に，心は発達的にどのように形成されるのか，人が環境についての情報を入手するための心の働き，欲求や願望の充足を求めるときの心の動き方，経験を蓄積し利用する心の仕組み，困難な場面に直面したときの心の動き方と心の使い方などについて学ぶ授業です。もともと心理学に興味はあったのですが，この授業を通してより一層心理学に対する興味・関心が深まりました。(R.T. さん／人間科学)

大学の学びで困ったこと&対処法

　大学の課題はレポート形式になっていることが多く，疑問提起が抽象的で答え方に困ることがあります。同じ授業を履修している学生に話しかけてコミュニティを作っておくことで，課題の意味を話し合ったり考えを深め合ったりできます。(H.K. さん／文)

　レポートの締め切りやテストの日程などのスケジュール管理が大変だったことです。スケジュールが自分で把握できていないとテスト期間に悲惨なことになります。私はテストやレポートについての連絡を教授から受け取ったらすぐにスマホのカレンダーアプリに登録するようにしています。(N.M. さん／文)

Message from current students

 ## 部活・サークル活動

　国際交流のサークルに入っています。人数が多いため，自分の都合が合う日程でイベントに参加することができます。また，海外からの留学生と英語や他の言語で交流したり，同じような興味をもつ日本人学生とも交流したり，と新たな出会いがたくさんあります。（H.K. さん／文）

　受験生に向けて早稲田を紹介する雑誌を出版したり，学園祭で受験生の相談に乗ったりするサークルに入っています。活動は週に1回ですが，他の日でもサークルの友達と遊んだりご飯を食べに行ったりすることが多いです。みんなで早慶戦を見に行ったり，合宿でスキーをするなどイベントも充実しています。（N.M. さん／文）

　私は現在，特撮評議会というサークルに入っています。主な活動内容は，基本的に週に2回，歴代の特撮作品を視聴することです。仮面ライダーやスーパー戦隊をはじめとした様々な特撮作品を視聴しています。また，夏休みには静岡県の別荘を貸し切って特撮作品を見まくる合宿を行います。特撮好きの人にとってはうってつけのサークルだと思うので，特撮に興味のある人はぜひ来てください‼（R.T. さん／人間科学）

 ## 交友関係は？

　語学の授業ではクラスがあり，いつも近くの席に座るような友達が自然とできました。クラス会をしたり，ご飯に行ったりして，より仲が深まりました。（W.S. さん／法）

　入学前の学科のオリエンテーションの後，一緒にご飯を食べに行って仲良くなりました。他にも授業ごとに仲の良い友達を作っておくと，授業が楽しみになり，また重い課題が出た際に協力できるのでおススメです。「隣いいですか？」「何年生ですか？」「学部どちらですか？」等なんでもいいので勇気をもって話しかけてみましょう！　仲の良い友達が欲しいと

みんな思っているはず！（S.T. さん／教育）

 ## いま「これ」を頑張っています

　アフリカにインターンシップに行く予定なので，英語力を伸ばすために外国人ゲストが多く訪れるホテルや飲食店で働いています。また，日本のことをもっとよく知りたいので国内を夜行バスで旅行しています。車中泊の弾丸旅行なので少し大変ですが，安価で旅行できることが最大の魅力です。体力的にも今しかできないことだと思うので楽しみます！（M.K. さん／政治経済）

　英語とスペイン語の勉強です。複合文化学科では第二外国語ではなく専門外国語という位置付けで英語以外の外国語を学びます。体育の授業で留学生と仲良くなったことで，自分も留学したいという思いが強まりました。まだ行き先を決められていないので英語とスペイン語の両方に力を入れて取り組んでいます！（S.T. さん／教育）

　塾講師のアルバイトを頑張っています。授業準備は大変ですが，自分の受験の経験を活かしながらどのように教えたらわかりやすいかを考えるのは楽しいです。保護者への電話がけなどもするので社会に出る前の良い勉強になっています。（N.M. さん／文）

 ## 普段の生活で気をつけていることや心掛けていること

　スキマ時間の活用です。大学生は自由な時間が多いため油を売ってしまいがちになります。空きコマや移動時間は話題の本や興味のある分野の専門書を読んだり英語の勉強をしたりして，少し進化した自分になれるようにしています！　もちろん空き時間が合う友達とご飯に行ったり，新宿にショッピングに出かけたりもします！　せっかくのスキマ時間は何かで充実させることを目標に，1 人でスマホを触ってばかりで時間が経ってしま

うことがないように気をつけています。(S.T. さん／教育)

　無理に周りに合わせる必要など一切ない。自分らしく自分の考えを貫くように心掛けている。また，勉学と遊びは完全に切り離して考えている。遊ぶときは遊ぶ，学ぶときは学ぶ。そう考えることで自分のモチベーションを日々高めている。(K.M. さん／文化構想)

 ## おススメ・お気に入りスポット

　早稲田大学周辺のご飯屋さんがとても気に入っています。学生割引があったり，スタンプラリーを行ったりしているので楽しいです。また，授業終わりに友達と気軽に行けるのでとても便利です。(W.S. さん／法)

　文キャンの食堂です。授業の後，空きコマに友達と行ってゆっくり課題を進めたり，おしゃべりしたりできます。テラス席は太陽光が入るように天井がガラスになっているため開放感があります。お昼時にはとっても混むため，早い時間帯や，お昼時を過ぎた時間帯に使うのがおススメです。(H.K. さん／文)

　大隈庭園という早稲田キャンパスの隣にある庭園が気に入っています。天気が良い日はポカポカしてとても気持ちが良いです。空きコマに少しお昼寝をしたり，そこでご飯を食べることもできます。(N.M. さん／文)

 ## 入学してよかった！

　いろいろな授業，いろいろな人に恵まれているところが好きです。早稲田大学の卒業生に声をかけていただいて，アフリカでインターンシップをすることにもなりました。授業の選択肢も多く，乗馬の授業や国際協力の授業，法学部や文学部の授業，教員免許取得のための授業など，様々な授業があります。選択肢が多すぎて最初は戸惑うこともあるかと思いますが，

Message from current students

どんな人でも自分らしく楽しむことができる環境が整っているところが私にとっては早稲田大学の一番好きなところです。(M.K. さん／政治経済)

　全国各地から学生が集まり，海外からの留学生も多いため，多様性に満ちあふれているところです。様々なバックグラウンドをもつ人たちと話していく中で，多角的な視点から物事を捉えることができるようになります。また，自分よりもレベルの高い友人たちと切磋琢磨することで，これまでに味わったことのないような緊張感，そして充実感を得られます。(W.S. さん／商)

 ## 高校生のときに「これ」をやっておけばよかった

　学校行事に積極的に参加することです。大学では，クラス全員で何かを行う，ということはなくなります。そのため，学校行事を高校生のうちに全力で楽しむことが重要だと思います。大学に入ったときに後悔がないような高校生時代を送ってほしいです。(H.K. さん／文)

　英語を話す力を養うことだと思います。高校では大学受験を突破するための英語力を鍛えていましたが，大学生になると，もちろんそれらの力も重要なのですが，少人数制の英語の授業などで英語を使ってコミュニケーションを取ることが多くなるため，英語を話す力のほうが求められます。私は高校時代，スピーキングのトレーニングをあまりしなかったので，英会話の授業で詰まってしまうことがしばしばありました。高校生のときに英語を話す力をつけるための訓練をしていれば，より円滑に英会話を進められていたのではないかと感じました。(R.T. さん／人間科学)

　みごと合格を手にした先輩に，入試突破のためのカギを伺いました。入試までの限られた時間を有効に活用するために，ぜひ役立ててください。

　（注）ここでの内容は，先輩方が受験された当時のものです。2025 年度入試では当てはまらないこともありますのでご注意ください。

・アドバイスをお寄せいただいた先輩・

J.H. さん　社会科学部
一般選抜 2024 年度合格，東京都出身

　大事なことはスマホを封印することとメリハリをつけることです。まず，私は兄にスマホを預かってもらうことで勉強時間は 1 日数時間増えて睡眠の質や集中力も上がりました。次に，どんな優秀な人でも受験を志した日から受験当日までノンストップで勉強を続けられる人はいません。ですので，1 週間に 1 回は自由時間を作ることも最終的に合格につながると思います。先の見えない受験生活だと思いますが，「自分が受からなかったらおかしい！」と思えるくらい勉強すれば合格は可能です。

その他の合格大学　慶應義塾大（経済），慶應義塾大（商），上智大（経済〈共通テスト併用〉），明治大（情報コミュニケーション），武蔵大（国際教養），立命館アジア太平洋大（国際経営〈共通テスト利用〉）

M.H. さん　社会科学部
一般選抜 2023 年度合格，東京都出身

　大事なのは早稲田大学に入りたいという強い意志です。私は夏休み明けの模試の成績が悪く，自分には無理かもと思いましたが，早稲田大学へ入学している自分の姿を思い浮かべながら最後まで頑張ったことにより合格を掴み取ることができました。また，先生方や友達の励ましにもすごく助けられました。一緒に頑張る仲間を作ることも大切だと思います。

その他の合格大学　早稲田大（文，教育，文化構想），上智大（総合人間科，経済），立教大（社会〈共通テスト利用〉）

A.S. さん　社会科学部
一般選抜 2022 年度合格，富山県出身

　志望校合格への一番の近道は，過去問の傾向を掴むことと自分の弱点を克服することだと思います。過去問を解いたら必ず自己採点を通して失点の原因を探し出し，どうすればもっと点数が取れたのか，自分の解答と真剣に向き合うことが大切です。見つけた弱点を克服し，出題されやすい分野をマスターすればおのずと点数は伸びていきます。

その他の合格大学　早稲田大（文），明治大（商，経営），同志社大（商），横浜国立大（経営），中央大（法〈共通テスト利用〉），立教大（経済〈共通テスト利用〉）

入試なんでもQ&A

受験生のみなさんからよく寄せられる，
入試に関する疑問・質問に答えていただきました。

Q 「赤本」の効果的な使い方を教えてください。

A 赤本は，高3の夏前に最新より1年古い年度の過去問を解きました。傾向と自分に足りない点を見つけ，夏休みに3年分さらに遡って解きました。本格的に赤本に取り組み始めたのは秋頃です。あまりに遡りすぎると傾向や難易度が変わってくるので，冬休みまでに10年分を解き，共通テスト後に最新5年分を再び解きました。基礎力がつくまでは傾向を掴む程度にとどめたほうがよいと思います。また，解いた後は必ず採点し，自分の苦手なジャンルや分野を炙り出すようにしていました。苦手なジャンルを見つけたら，必ず参考書や問題集などに立ち返り克服するようにしていました。また赤本は，必ず解いた後にかかった時間と各大問ごとに自己採点の結果をメモしていくことが大切だと思います。　　　　（A.S.さん）

Q どのように学習計画を立て，受験勉強を進めていましたか？

A 私は，模試単位で計画を立てていました。模試の自己採点や手応えから自分の弱点を見つけ出し，次の模試までにどこの分野を克服するか，どの教科を何点上げるのか，そのためにどの参考書や問題集をどれだけ進めるのか大まかに決めるようにしていました。そこから1週間あたりにどれだけ進めるかを決め，毎週金曜日に1週間分の予定を立てていました。計画を詰め込みすぎて思うようにこなせないことも多々ありましたが，週に1日，調整日を設けることで計画通りに捗るようになりました。
　　　　（A.S.さん）

スランプに陥ったとき，どのように抜け出しましたか？

A　　定期的に早稲田大学や慶應義塾大学のキャンパスに行ってモチベーションを維持していました。また，運動不足解消も含めてときどき兄とバドミントンをしに行っていました。結局，直前まで勉強を続けることが大切です。しかし，私はノンストップで勉強していて，逆に直前に少し緩んでしまった気がしたので，受験が終わった後で考えてみると，勉強が本当に嫌になった日は早めに勉強を切り上げて休むことも大切だったと思います。　　　　　　　　　　　　　　　　　　　　　　　　（J.H. さん）

A　　私は夏休み明けの模試の結果が悪く落ち込んでしまいましたが，学校の先生や友達に話を聞いてもらってなんとか立ち直ることができました。辛いときは1人で抱え込まず，周りの人に相談してみるといいと思います。また，落ち込んでしまっている自分を責めるのではなく，成果が上がらないことを悔やしがるほど頑張っている自分を認めることも大切です。無理をし続けて身心を壊す前に，睡眠や軽い運動などでリフレッシュすることをおすすめします。　　　　　　　　　　　　　　（M.H. さん）

併願をする大学を決める上で重視したことは何ですか？また，注意すべき点があれば教えてください。

A　　私が重要だと思うのは日程です。なぜなら，日程を無理に組みすぎると，第1志望の大学の入試で本領発揮できなくなると思うからです。私は，最大2日連続までと決めていたため，そこまで疲れませんでした。また，終わってから実感したことですが，共通テスト利用は活用するべきです。なぜなら，共通テスト利用でどこかに受かっておけば，1月半ばの共通テスト本番以降，第1志望の大学の対策に全力を注げるからです。　　　　　　　　　　　　　　　　　　　　　　　　　　　　（J.H. さん）

受験生のときの失敗談や後悔していることを教えてください。

　　勉強時間の科目配分を間違えたことです。私は，最初に慶應義塾大学を志望していて，国語の対策をあまりせずに世界史に時間を割いていました。しかし，序盤に世界史の勉強をやりすぎて，中盤以降何をすればよいかわからなくなってしまいました。また，伸ばすのに時間がかかる国語が疎かになり，結局国語に苦手意識をもったまま受験を迎えました。理想を言えば，夏が終わるまでに英語と国語の基礎を固め，試験直前まで伸びる社会科目の勉強時間を増やすのは秋頃でよいかと思いました。

(J.H. さん)

　　文化構想学部の英語4技能テスト利用方式に出願しなかったことです。私は出願時の1月の時点では国語で6割しか取れていなかったため，国語と世界史の点数で合否を判定する英語4技能テスト利用方式に出願しませんでした。しかし，直前期になってから国語の点数が取れるようになって，本番の試験では英語よりも国語のほうができたため，結果を見るまでは後悔して落ち込んでしまいました。入試本番では何が起こるかわからないため，使える入試方式は可能な限り使うことをおすすめします。

(M.H. さん)

試験当日の試験場の雰囲気はどのようなものでしたか？

　　早稲田大学はとにかく受験生が多いです。混雑を避けるために早い時間に会場に行くことをおすすめします。会場には時計がなかったので，腕時計を持って行くと安心です。また，お手洗いは混雑しているので，小さい参考書などを持って行き，待ち時間に勉強することをおすすめします。たくさん受験生がいて緊張することもあると思いますが，自分がしてきた努力は裏切りません。周りを気にするのではなく，これまでの自分を信じて頑張ってください！

(M.H. さん)

A　私は 8 時前には正門に到着するようにしていました。開門が近づいてくると正門前に人が入りきらなくなり，前倒しで開門する日もありました。8 時半ごろが一番混み合う時間帯だそうです。通勤ラッシュとも重なると，なかなか思ったように早稲田に辿り着けなくなるので，余裕を持って行動することをお勧めします。また，校舎によってお手洗いの数が違います。文学部は女子の受験者が多く，私は 15 号館 2 階で受験したのですが，お手洗いを済ませるのに 30 分以上かかりました。社会科学部も 15 号館 2 階で受験しましたが，男子のほうが受験者が多く，女子よりも長蛇の列ができていました。ポケットに入るサイズの参考書やノートを持ち運ぶことをお勧めします。また，ほかの階の教室の数や一部屋あたりの人数と，お手洗いの個室の数を確認して比較的混みにくい場所を探しておくと便利です。

(A.S. さん)

科目別攻略アドバイス

みごと入試を突破された先輩に，独自の攻略法や
おすすめの参考書・問題集を，科目ごとに紹介していただきました。

英 語

毎日音読をすることが大切です。音読を続ければ，いつのまにか英語が
得点源になります。また，文法は意外とすぐに忘れてしまうため，文法の
参考書は入試直前まで確認しておく価値があると思います。　（J.H. さん）
📖 **おすすめ参考書**　『**Next Stage 英文法・語法問題**』（桐原書店）
『**英単語ターゲット 1900**』（旺文社）

社会科学部の英語では，難単語が出題されるため，早めに基礎単語を身
につけた上で難単語をできるだけ覚えました。また，速読力も必要なため
音読をしていました。　　　　　　　　　　　　　　　　　（M.H. さん）
📖 **おすすめ参考書**　『**ポレポレ英文読解プロセス 50**』（代々木ライブラ
リー）

とにかく長文問題をいかに速く正確に答えられるかが鍵になります。正
誤問題は半分正解できれば十分長文でカバーできます。社会科学部では最
近 The Economist から出題されることがよくありますが，読みにくいので
個人的には後に回すことをお勧めします。　　　　　　　　（A.S. さん）
📖 **おすすめ参考書**　『**早稲田の英語**』（教学社），『**改訂版 世界一わかり
やすい 早稲田の英語 合格講座**』（KADOKAWA），『**全解説 頻出英語整序
問題 850**』（桐原書店），『**スーパー講義 英文法・語法 正誤問題 改訂版**』
（河合出版），『**英文読解の透視図**』（研究社）

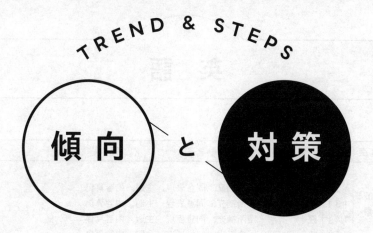

TREND & STEPS

傾 向 と 対 策

　科目ごとに問題の「傾向」を分析し，具体的にどのような「対策」をすればよいか紹介しています。まずは出題内容をまとめた分析表を見て，試験の概要を把握しましょう。

──── 注　意 ────

　「傾向と対策」で示している，出題科目・出題範囲・試験時間等については，2024 年度までに実施された入試の内容に基づいています。2025 年度入試の選抜方法については，各大学が発表する学生募集要項を必ずご確認ください。

──── 来年度の変更点 ────

　2025 年度入試では，以下の変更が予定されている（本書編集時点）。
• 一般選抜を大幅に変更し，大学入学共通テスト（3 教科 3 科目）と学部独自試験を組み合わせた以下の 2 方式となる。
〈総合問題型〉270 名
　　⇒学部独自試験は「英語」「総合問題」の 2 科目。
〈数学型〉100 名
　　⇒学部独自試験は「英語」「数学」の 2 科目。
• 学部独自試験の「日本史」「世界史」「国語」は実施がなくなる。

英　語

年度	番号	項　目	内　容
2024 ●	〔1〕	文法・語彙	誤り指摘
	〔2〕	読　　解	空所補充, 同意表現, 主題, 内容真偽
	〔3〕	読　　解	空所補充, 同意表現, 主題, 内容真偽
	〔4〕	読　　解	空所補充, 同意表現, 主題, 内容真偽
	〔5〕	読　　解	同意表現, 空所補充, 主題, 内容真偽
2023 ●	〔1〕	文法・語彙	誤り指摘
	〔2〕	読　　解	空所補充, 同意表現, 主題, 内容真偽
	〔3〕	読　　解	同意表現, 空所補充, 主題, 内容真偽
	〔4〕	読　　解	同意表現, 空所補充, 主題, 内容真偽
	〔5〕	読　　解	空所補充, 同意表現, 主題, 内容真偽
2022 ●	〔1〕	文法・語彙	誤り指摘
	〔2〕	読　　解	同意表現, 空所補充, 主題, 内容真偽
	〔3〕	読　　解	同意表現, 空所補充, 主題, 内容真偽
	〔4〕	読　　解	同意表現, 空所補充, 主題, 内容真偽
	〔5〕	読　　解	同意表現, 空所補充, 主題, 内容真偽
2021 ●	〔1〕	文法・語彙	誤り指摘
	〔2〕	読　　解	同意表現, 空所補充, 主題, 内容真偽
	〔3〕	読　　解	同意表現, 空所補充, 内容真偽
	〔4〕	読　　解	空所補充, 同意表現, 主題, 内容真偽
	〔5〕	読　　解	同意表現, 空所補充, 内容真偽
2020 ●	〔1〕	文法・語彙	誤り指摘
	〔2〕	読　　解	同意表現, 空所補充, 内容真偽, 主題
	〔3〕	読　　解	空所補充, 同意表現, 主題, 内容真偽
	〔4〕	読　　解	同意表現, 空所補充, 主題, 本文からの推論
	〔5〕	読　　解	空所補充, 同意表現, 内容真偽

（注）　●印は全問，◑印は一部マークシート方式採用であることを表す。

読解英文の主題

年度	番号	類別	主題	語数
2024	〔2〕	文化論	演劇がコミュニケーション能力に及ぼす効果	約1060語
	〔3〕	文化論	アパッチ族の狩猟採集文化への回帰	約1000語
	〔4〕	環境論	世界のコメ危機を解決する新たな戦略	約770語
	〔5〕	心理学論	ゲーム理論とナッシュ均衡	約980語
2023	〔2〕	社会論	オールジェンダートイレの必要性を訴える	約890語
	〔3〕	経済論	チップ労働者の最低賃金引き上げが及ぼす影響	約980語
	〔4〕	環境論	食を通しての環境保護	約940語
	〔5〕	政治論	ゼレンスキー大統領が演説で使った手法とその効果	約940語
2022	〔2〕	社会論	海外にインターンシップの機会を求める学生の増加	約940語
	〔3〕	政治論	ナポレオンの功罪に言及したマクロン大統領の演説	約720語
	〔4〕	社会論	ワークライフバランスの実現度が高いストックホルム	約960語
	〔5〕	経済論	金融界を変貌させる政府主導のデジタル通貨	約1000語
2021	〔2〕	社会論	ロボットの活用が高齢化社会の解決策となるか	約820語
	〔3〕	社会論	ヨーロッパの博物館を揺るがす略奪文化財返還の波	約1020語
	〔4〕	科学論	自然界における昆虫の大量消失	約1130語
	〔5〕	社会論	コロナ禍で社会から孤立する聴覚障害者たち	約940語
2020	〔2〕	社会論	ビッグデータの活用に関する新たな規定	約1110語
	〔3〕	社会論	マチュピチュの新空港建設に伴う懸念	約1020語
	〔4〕	政治論	アメリカの人権政策の歴史	約1140語
	〔5〕	文化論	日本人は「ハーフ」を受け入れつつあるのか	約1080語

傾向 読解問題が主体
文脈把握力，豊富な語彙・熟語力が必要

01 基本情報

試験時間：90分。

大問構成：文法・語彙問題1題，読解問題4題の計5題。

解答形式：全問マークシート方式による選択式。

02　出題内容

① 読解問題

　英文の内容については，社会科学部ということもあってか，例年，時事・社会問題をテーマとしたものが多く，特にアジア問題，アメリカ社会の問題，環境問題はよく取り上げられている。内容把握力を問う問題が中心で，下線を施した語・句・文について，それとほぼ同意のものを選ぶ問題，空所補充，内容真偽，主題を問う問題となっている。例年，〔2〕～〔5〕については，設問文・選択肢がすべて英語で与えられている。

② 文法・語彙問題

　文法・語彙問題は誤り指摘が「誤りなし」を含む5択で出題されている。

03　難易度と時間配分

　読解問題が4題で，しかも語彙のレベルが非常に高いので，90分の試験時間ですべてを読みこなすだけでも骨が折れる。難度は高いと言えるだろう。また，読解英文の総語数は4350語（2020年度）→ 3910語（2021年度）→ 3620語（2022年度）→ 3750語（2023年度）→ 3810語（2024年度）と，多少の増減はあるものの，いずれにせよ量が多い。一方，2022年度以降，同意表現，空所補充の選択肢の数がそれまでの5択から4択に減り，内容真偽を問う設問も読解問題すべてで6つの選択肢から1，2個選ぶものに統一され，2021年度までより分量は減っている。しかし，内容真偽を問う設問の選択肢の長さと内容，同意表現や空所補充問題での語彙のレベルも考慮すれば，それでもまだ難度は高めの問題である。また，例年本文の要点を問うものが出題されており，2022年度以降はすべての読解問題で問われている。

　時間配分については，過去問演習などの際に解答目標時間をあらかじめ短めに設定しておくなど，試験本番で遅れが出ても対応できるよう，考えておこう。なお，読解問題には1題あたり20分程度しか割けないので，難しくとも，とにかく読み進めて解ける問題から処理していくとよい。

01　内容把握力の養成を

　読解問題中心の出題で，読解力の養成が対策の中心となる。また，設問は，内容把握力を問うものが多く，一見，文意や語句の意味を問う設問にみえても，文脈から判断しないと単語の直訳では対応できないものも多いので注意したい。未知の単語や熟語があっても前後の文脈から見当をつけられるようにしておくこと。主題を問う問題や内容説明，内容真偽など，直接本文の内容に関わる問題については，あらかじめ設問文に目を通してから本文を読み，該当箇所をチェックしながら読み進めると時間短縮につながる。英文を読むスピードは，豊富な語彙・熟語・構文の知識を背景に，多読によって養われる。こうした基礎学力の充実に可能なかぎりの時間を割き，できるだけ多くの英文に触れることである。『大学入試 ぐんぐん読める英語長文』（教学社）など，入試頻出の英文やテーマを扱ったレベル別の問題集を活用するのも効果的である。

02　幅広い一般教養を

　読解問題の英文は，新聞・雑誌の記事が多く，テーマとしては日本・アメリカ・ヨーロッパの国々の歴史・文化・時事問題がよく取り上げられる。ここ数年は，男女の性差・差別の問題などが頻出しており，テーマとして取り上げられなくても，英文の中で触れるなどの形でみられる。その他，人口問題，環境問題，社会保障問題，デジタル通貨，ビッグデータなど，新聞・雑誌類でよく目にするテーマも多い。日頃からこうした問題に関心をもっているかどうかが問われており，予備知識の有無が内容把握の大きなカギを握っていることも忘れてはならない。インターネットを利用して情報収集することも効果があるだろう。また，英語検定準1級・1級の読解問題も時事テーマを扱っており，長文読解問題対策として有効であるため，英語検定準1級の過去問掲載数の多い『英検準1級過去問集』（教学社）や『英検1級過去6回全問題集』（旺文社）を用い，さまざまなテー

マの英文に触れることをおすすめする。

03　文法・語彙，熟語対策

　誤り指摘は，やや難のレベルである。その対策としては，高校での参考書や問題集を繰り返し復習した上で，TOEIC などの該当問題で応用力をつけておくことが望まれる。また，同意表現問題は毎年難レベルの熟語表現が出題されているので，ハイレベルな熟語を集めた『風呂で覚える英熟語』（教学社）などを用いた学習をおすすめする。

───── 早稲田「英語」におすすめの参考書 ─────

✓『大学入試 ぐんぐん読める英語長文』（教学社）
✓『風呂で覚える英熟語』（教学社）
✓『早稲田の英語』（教学社）
✓『英検準1級過去問集』（教学社）
✓『英検1級過去6回全問題集』（旺文社）

　赤本チャンネルで早稲田特別講座を公開中
実力派講師による傾向分析・解説・勉強法をチェック →

数　学

年度	番号	項　目	内　容
2024	〔1〕	図形と方程式	連立不等式の表す領域の図示，1次式の最大値　　⊘**図示**
	〔2〕	ベクトル	三角形の内心・垂心の位置ベクトル
	〔3〕	数　　列	正の数を小さい順に並べた数列
2023	〔1〕	微・積分法	放物線と接線の方程式，直線と放物線で囲まれた図形の面積
	〔2〕	整数の性質	x, y, z の方程式の整数解
	〔3〕	高次方程式	無理数の計算　　　　　　　　　　　　　　　　　　⊘**証明**
2022	〔1〕	確率, 不等式	条件付き確率，大小の決定
	〔2〕	図形の性質, 微　分　法	相似な三角形の辺の長さ，3次関数の最大値
	〔3〕	式 と 証 明	整式の割り算と余り
2021	〔1〕	図形と方程式, 積　分　法	解が与えられた2次方程式の決定，放物線の頂点の軌跡，定積分
	〔2〕	ベクトル	2直線の交点の位置ベクトル，三角形の面積の最大値
	〔3〕	整数の性質	k 進法で表された整数を $k-1$，$k+1$，$k+2$ で割った余り
2020	〔1〕	微　分　法	3次関数が極値をもつための条件，極大値と極小値の和　⊘**図示**
	〔2〕	数　　列, 2 次 関 数	2次関数の最小値，絶対値を含む関数の最小値
	〔3〕	図形と方程式	5つの円が囲む図形の面積，接線の本数，外接円の半径

出題範囲の変更

　2025年度入試より，数学は新教育課程での実施となります。詳細については，大学から発表される募集要項等で必ずご確認ください（以下は本書編集時点の情報）。

2024 年度（旧教育課程）	2025 年度（新教育課程）
数学Ⅰ・Ⅱ・A・B（「確率分布と統計的な推測」を除く）	数学Ⅰ・Ⅱ・A・B（「数学と社会生活」を除く）・C（「ベクトル」のみ）

旧教育課程履修者への経過措置

　2025年度のみ新教育課程と旧教育課程の共通範囲から出題します。

基本〜標準問題が全範囲から出題
計算力の充実を

01 基本情報

試験時間：60分。
大問構成：大問3題。
解答形式：全問記述式。各大問とも3〜5問の小問からなり，前問の結果
　が以降の小問で必要となる場合があるので正確に解答していきたい。ま
　た，2023年度では証明問題が出題され，2024年度は図示問題が出題さ
　れている。

02 出題内容

　頻出項目としては，微分・積分，図形と方程式，2次関数，確率などが
あげられる。また，いくつかの分野からなる融合問題（図形の性質・微分
法の融合など）がみられることもあるので，出題範囲を満遍なく学習して
おく必要がある。

03 難易度と時間配分

　全問，基本から標準レベルの問題で，難問は出題されておらず，数学の
基礎・基本が身についていれば難しくはない。ただし，試験時間のわりに
は問題数が多く，的確かつ迅速な判断力と計算力が要求される。
　問題数が多いことに加え，計算がやや煩雑なものもあり，2023年度の
ように証明問題が出題されることもあるため，どの問題から解くかが重要
なポイントである。解きやすい問題を素早く見極めるなどして，自分にと
って効率のよい時間配分を検討しよう。

01　教科書の徹底理解

　教科書にある公式や定理を確実にマスターし，例題や節末・章末問題を確実に解けるよう繰り返し練習を積むこと。繰り返し解くことによって公式の使い方も理解でき，解法も身につく。教科書が理解できたら，受験参考書の重要例題を解いてみよう。その際も，解法の手順や記述の仕方を十分に参考にし，自分のものにできるようしっかりと頭に入れていこう。

02　問題集の活用

　教科書や参考書を用いて重要例題をマスターすることができたら，次は受験問題集を用いていろいろな問題を解いてみよう。難問を解く必要はないので，基本から標準レベルの問題をできるだけ多く解くこと。それによって，解法が確実に身につき，また各分野の関連や別解なども習得することができる。

03　頻出分野の対策を

　出題範囲の各分野から出題されているが，特に，微・積分法，図形と方程式，2次関数，確率などは頻出分野である。何度も繰り返し練習をしよう。また，これらの分野は，より高い計算力が必要とされるので，解き方がわかるからといって途中でやめてしまわず，最後まで解くようにしたい。最後まで確実に解ききることによって，迅速かつ正確な計算力と解法のテクニックを自分のものとすることができる。

04　記述問題への対策を

　全問記述式である。記述式問題では，単に計算式の羅列ではなく，接続詞をうまく用いて説得力のある答案を作成しなければならない。図を用い

　るのも有効な手段である。さらに，自分の答案を他の人に見てもらうのも大いに参考になる。いずれにしても，教科書や参考書の重要例題を参考にして何度も練習を積んでおくことが大切である。さらに，模試などを活用し，記述式の答案作成に積極的に取り組み，十分慣れておくべきであろう。

総 合 問 題

年度	番号	内　　　容	
サンプル◑	〔1〕	社会の分断や差別を生む人々の行動パターン 空所補充（30字他），内容説明	⊘図
	〔2〕	国際的な温暖化対策において配慮すべき問題 空所補充，内容説明，資料読解，意見論述（200字）	⊘グラフ

（注）　早稲田大学ウェブサイトにて 2023 年 4 月 6 日に公開。
　　　　●印は全問，◑印は一部マークシート方式採用であることを表す。

図やグラフの読み取りも含む読解問題
設問数が多く時間配分に注意が必要

01　出題形式は？

　2025 年度より新たに課される「総合問題」は，「社会における諸課題に関する文章を読み解き，論理的思考力および表現力を問う問題」とアナウンスされている。大学から発表されたサンプル問題は，大問 2 題で構成されており，どちらも日本文の読解問題だが，本文や設問中に図やグラフが登場し，その読み取りを要求する問題も含まれている。設問は〔1〕が 7 問，〔2〕が 8 問の構成で，解答形式はマークシート方式と記述式の併用である。記述式は，〔1〕に 30 字以内が 1 問，〔2〕に 200 字以内が 1 問出題されている。試験時間は 60 分。

02　出題内容はどうか？

　サンプル問題では，大問 2 題とも，社会科学系の専門書から抜粋された文章が出題されている。いずれも事前の専門的な知識を必要とする設問はなく，本文や図，グラフを読み取って考察するものとなっている。

　〔1〕では，「社会の分断や差別を生む人々の行動パターン」について，2種類の文章が提示されている。空所補充や内容説明の問題が多く，主に文章や資料の論理的な読解力が問われている。両文章の関係性を問う問題は最後の問7だけで，他はどちらか一方の文章のみで考える問題。30字以内の記述式の問題は空所補充で，前後から内容を推測させる形式である。

　〔2〕では，「国際的な温暖化対策において配慮すべき問題」についての文章が1つ提示されている。こちらも空所補充や内容説明の問題が中心で，知識よりも論理的な読解力が求められている。最後の問8だけが200字以内で意見論述を求める問題。本文や設問に付随する資料の内容を全体的に把握した上で，設問要求に従ってまとめていく必要がある。

03 難易度は？

　文章量や内容，設問数に対して試験時間60分は非常に短い。また，空所補充や下線部の説明など，理解するべき場所が明確に絞られた問題だけでなく，文章全体を踏まえた設問や資料読解の設問も混在している。素早く正確に文章の内容を理解し，その理解をもとに選択肢を絞り，また記述内容を決める必要がある。とはいえ，文章の主旨を把握することができれば選択肢の吟味はそれほど難しいものではない。よって，文章をきちんと理解することに重点を置いた読解が大切である。〔2〕の問8では，文章や資料の理解内容を200字以内の文章にまとめることが求められる。複数の資料を総合的に理解し，その理解内容を端的に表現する力が必要である。意見論述問題に十分な時間を確保するために，それ以外の問題を素早く終わらせるように心がけたい。

対 策

01 文章を論理的に読み取る練習

　いずれの大問も，文章を素早く正確に読み取ることが非常に大切である。したがって，文章が何について述べていてそのことについて筆者が何を主

張しようとしているかを論理的に読み取る練習をする必要がある。その際には，文章間や段落間の関係に注目しながら読んだり，重要なことが述べられやすい段落冒頭や段落末，文章末を重視して読んだりといった意識的な読み方が効果的である。

02 資料読解を含む問題演習

「総合問題」という新しい形式になるが，基本的には評論文を正確に読解するという要求は早稲田大学の現代文の問題と大きな違いはない。そのため，文章の読解に関しては『早稲田の国語』（教学社）などを使って現代文の過去問を練習するのがよいだろう。ただし，資料読解の練習は意識的にしておく必要があるので，「公共」や「政治・経済」の教科書や資料集などで統計図表に慣れておき，素早く特徴や要点を指摘できるようにしておきたい。意見論述問題に関しては，現代文の過去問の文章を主張や論理展開に注目して読み，その内容を200字程度で要約するなどの練習を重ねることで上達していくはずである。

03 現代の社会問題に関心をもつ

社会科学部という学部の特性上，世の中の動きに常に関心をもっておく必要がある。出題される文章も現代の社会問題に関連する話題が扱われている。世の中で話題になっていることや問題になっていることに対して，自分なりの見方や考察を養っておくことで文章が読みやすくなる。そのため，さまざまな出来事について，ニュースや新聞，インターネットやSNSでどのように論じられているかを確認しておきたい。特に読書は重要である。社会科学系の専門書は図表を含むことが多く，自分が学びたい分野に関しては積極的に目を通しておくと，試験対策にも大学入学後の準備にもなる。

解

答

編

一般選抜

解 答 編

総合問題

Ⅰ　**解答**　問1．e　問2．d　問3．b　問4．c　問5．d

問6．白人と黒人との間に人種隔離が生じるという全体的なパターン（30字以内）

問7．(1)— a　(2)— b　(3)— d　(4)— c　(5)— a　(6)— c

―――――――――――――――――――― 解説 ――――――――――――――――――――

《社会の分断や差別を生む人々の行動パターン》

問1．空欄①は，直後の具体例中の「対照的カテゴリー」と同内容になる選択肢c・d・eを残す。その上で，空欄②では直後の具体例の「カソリック教徒でありかつプロテスタント教徒」を押さえると，これと同内容になるeが正解だとわかる。

問2．dは，「外集団の利益を小さく」が適切でない。内集団と外集団の差が同じであれば，内集団に12，外集団に11のほうがより「外集団の利益を小さく」することができる。他の選択肢はいずれも適切。

問3．問題文Aの最終段落のまとめを踏まえると，被験者がどんな属性であっても，自身が属する集団の利益を最大化しようとすることがわかる。すると，bだけが個人の属性を「ほとんど属性の変わらない」としており，これが正解。a・c・dは集団分割前の個人の属性を限定しており，eは分割先の集団の利害が対立するとしているため，不適切。

問4．設問にある「意図していないような現象」に合致するのは，cの「値動きを見て」株を売買しているのに，「株価の急騰や暴落」が起きるという内容だけ。他は，意図した現象が生じているため不適切。

問5.「居心地の悪い人」は，それが解消されるように転居し，その転居に伴って新しい「居心地の悪い人」が生じる恐れもある。よって，最初は「増減」があるが，最終的には「減少」していくはずであるため，dが正解。aは「決して増えることはなく」，bは「最初は必ず減少」，cは「最初は必ず増加」，eは「最終的には元と同じ」が不適切。

問6.空所前後で内容のヒントを押さえる。直前と空所以降が逆接でつながっているため，「全く異なる結果」と真逆の内容が空所に入ることがわかる。さらに，次文の最後に「パターン」を「予測することは可能」とある。よって，空所を含む部分は，全体的な傾向は同じだと述べていると考える。以上から，下線部(イ)を含む段落の「白人・黒人の人種隔離」という表現を用いて，パターンの内容を具体化して完成させる。

問7.各選択肢の内容が，各問題文で述べられていることかどうかを確認する。(1)「優遇」と(5)「攻撃」がわかるのは，「最小集団パラダイム」のみ。(2)は，少数派を避けて転居する「隔離モデル」のみにあてはまる。「最小集団パラダイム」も「隔離モデル」も，自他をカテゴリー化しその関係性を考えて行動を決めているため，(4)・(6)は両方にあてはまる。(3)の「他者を嫌う」は，どちらの結果からも確認することはできない。

Ⅱ　**解答**　　**問1.** b　**問2.** e　**問3.** a　**問4.** c　**問5.** b
　　　　　　問6. e　**問7.** d

問8.〔解答例〕温暖化につながる GHG の排出は特定の国で発生したものが全世界に影響するため，全世界が協力して温暖化対策を進めるべきである。また，排出量の無制限な均質化や売買を禁止する共通認識も必要である。特に国民の平均的な豊かさが低い国では，CO_2 排出量が少なくても気候災害の規模は大きく貧困層も多い。世界で一律の制限をかけるのではなく，その国の経済状況に応じて制限をかける発生源や排出量そのものに配慮が必要である。(200字以内)

===== **解　説** =====

《国際的な温暖化対策において配慮すべき問題》

問1.空欄①直後で，「発生源の一部」が「本質的」か「非本質的」かを考慮することの重要性を訴えており，同内容を説明する b を選ぶ。他は，この内容に触れていないため不適切。

問2. まずは，空欄②を含む文が「水田を除去すること」と「企業単位平均燃費の基準を引き締めること」を対比していることを押さえる。空欄②は前段の「水田を放棄する経済的費用が，高級車の燃費を削減する経済的費用よりも小さいなら」も参考になる。空欄③は「非効率的燃焼の削減」との対比で「水田」と同じ内容が入るとわかる。そして空欄④は「それらの手段によって除去される」ものが入るので，eが正解だとわかる。

問3. 「最小費用を第一とする原理」を説明している具体例を選ぶ。aは，利益の額を同じにすると，後者のほうがコストが低く，「最小費用を第一」と合致している。よって，これが正解。bは，値上げが最小限となっているにすぎず，c・dは，費用が最小かどうかわからない。eは，生涯獲得賃金が低くなるほうを選んでおり，「最小費用を第一」に合致しない。

問4. 貧困層や生活費支出への配慮を強調する本文の主旨に合致する選択肢を選ぶ。cは，「食糧などの生活必需品」と「奢侈品」を区別する内容になっており，本文の内容に合致するため，これが正解。aは「非協力が有利」「過去の排出量」，bは「平等な割り当て」，dは「各国の地勢状況」，eは「できるだけ低コストで」が主旨に合致しない。

問5. 本文の主旨に基づいた考え方を選ぶ。bは，「コストが用途にかかわらず統一」されることを危惧している。本文の主旨に合致しており，これが正解。aは「努力を行わなくなる」，cは「より安価な対策が選ばれる」「望ましい」，dは「技術進歩を誘発」「望ましい」，eは「温暖化対策としての効果が測定されない限り」がいずれも主旨に合致しない。

問6. 各選択肢の評価基準に基づいて制限順序の妥当性を考えた上で，整合的でないものを選ぶ必要がある。

　aは，ニーズを優先すればニーズが低いものから制限され，ニーズが同じならばGHG排出量の多いものから制限されるはずであるため，Bが3番目なのは整合的である。

　bは，GHG排出量を優先し，それが同じならばニーズの低いものから制限されるはずであるため，Cが3番目なのは整合的である。

　cは，最小費用の選択肢を選ぶ「包括的条約」であれば効果の高いものが制限されるはずであり，GHG排出量の多いAのほうがBよりも先に制限されるため整合的である。

　dは，ドレンの基準はニーズを重視するため，よりニーズの低いEが

Fよりも先に制限されるはずであり整合的である。

　eは，本文の主旨に従う以上はニーズが重視されるはずであり，Dよりも Fのほうが明確にニーズが高くて GHG 排出量も少ない。制限順序はDのほうが先となるため整合的ではない。

問7. 二つのグラフから読み取れる内容を選ぶ。二つのグラフによると，GDP の少ない国では CO_2 排出量が少ないものの，気候災害の規模は大きい。これを説明したdが正解となる。aは「被害規模が最も大きい」，bは「ばらつきが大きく」，cは「伸びていく」，eは「その国の気候被害削減に繋がる」が不適切。

問8. 本文では，⑴国際的なコンセンサスを得ること，⑵発生源が本質かどうか，つまり生活必需品を生産するものかどうかを考慮すべきであること，⑶貧困層に特別の配慮が必要であることが述べられている。特に貧困層に対して配慮が必要であることは図2～4でも示されている。これらを踏まえ，〔解答例〕では，⑴～⑶に配慮する必要があることを述べている。本文や図の内容を把握した上で，どのような表現を用いて説明するかについては，問題の選択肢の表現を援用するとまとめやすい。

講評

　I　「社会の分断や差別を生む人々の行動パターン」について，「最小集団パラダイム」と「隔離モデル」をそれぞれ説明した2つの文章からの出題。問1・問6の空所補充問題は，空欄の前後をきちんと把握すれば入れるべき内容がわかる。問2～問5の内容説明問題は，下線部などで指定された特定の事柄について本文の説明箇所を正確に読み取れていれば解答できる。ここまでは標準的な問題。問7は，2つの文章の内容を抽象化しながら両文章の関係性を考える必要があり，やや難しい。

　II　「国際的な温暖化対策において配慮すべき問題」について述べられた文章からの出題。問1・問2は，空欄前後を把握すれば内容がわかる標準的な難易度の空所補充問題。問3・問4は文章の内容理解を問う標準的な設問で，本文を正確に読解できていれば問題なく選べるだろう。問5～問7は，グラフが追加され，その内容を本文と関連させて理解する必要があり，やや難しい。最後の問8は，本文や資料の主旨を総合し

て 200 字でまとめる意見論述問題。主旨の理解自体は難しくないが，全体的に時間がないために難易度はやや高い。時間を省略するためにも，問 7 までの正解選択肢の内容をうまく利用したい。

2024
年度

解

答

編

一般選抜

解　答　編

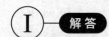

（Ⅰ）　**解答**　1 — a　2 — b　3 — d　4 — c　5 — e　6 — c
　　　　　　　7 — d　8 — e　9 — b　10 — e

===== 解説 =====

1. become → became

「発電に伴う原子力の使用が拡大するにつれ，反原子力運動が 1970 年代の高度産業社会の顕著な特徴となった」

in the 1970s および expanded より，文全体の動詞の時制は過去形にするのが正しい。anti-nuclear「反核の，反原子力の」 prominent「顕著な」 generation「生成」

2. have → なし

「起こった出来事を語るという行為が歴史に一定の曖昧さをもたらすのは，さまざまな観点がさまざまな歴史を作るからである」

起こった出来事を語るという行為によって歴史が語り継がれていく，という文脈から，起こった出来事（＝歴史上の事実）は過去形で表すのが適切である。recount「～について物語る，詳しく述べる」 introduce A into B「A を B に導入する，B に A をもたらす」 a degree of ～「ある程度の～」 ambiguity「曖昧さ」

3. push → pushing

「小さな攻撃性の継続的かつ累積的な性質を踏まえると，パワーバランスが不均衡であったり，反抗するとその人の身が危険にさらされたりする場合は特に，外部の人間からの助けを見出すことが大切である」

if push back puts you at risk or in danger は if が接続詞，puts が V

であることから，push back が S になると判断できる。よって，動名詞の S として pushing back とする。given「〜を考慮すると」 cumulative「累積する」 microaggression「小さな攻撃性」 imbalance「不均衡，不安定」 push back「反抗する」

4. which → in which〔where〕

「『選択の多様性と柔軟性の尊重』という方針には，賃金と技能の向上を促すのと併せて，人々が性別に関係なく働き，柔軟性を確保することのできる環境を作ることが求められる」

　c の which 以下の文意を考慮すれば，people can work … は c の前の an environment の説明であるとわかる。よって，c の which は関係代名詞だと特定できる。しかし，which 以下には people が S，can work と ensure が V，flexibility が O となり，S や O に抜けのない完全文が続いている。先行詞（an environment）が which 以下に入る余地がなく，関係代名詞では不成立となるため，c が不適。「そのような環境で」という意味で，in which や where とするのが正しい。call for 〜「〜を求める，要求する」

5. 誤りなし。

「自分たちの文化的語彙の中にある緊迫感を誘うようなたくさんの言葉や言い回しを捨て去るには労力を要するが，大半の人々は積極的により包括的になることに注意を向けてしまえば，そうすることはそう難しいことではないと気づく」

　a の unlearn は「（考え・習慣）を捨て去る」の意。unlearn の O 目的語にあたる the many fraught … our cultural lexicon は，我々が自分の文化の中で日常的に使っているが不和を引き起こしかねない語彙や言い回しを使う習慣を指すため，問題ない。b は，but 以前に「（上記のような）習慣を捨て去ることは大変だ」，but 以後に「そうすることは難しくないと大半の人が感じている」と続き，内容が逆になっているため，問題ない。c の that は副詞で「それほど，あまり（〜ない）」の意。d は直前の set *one's* mind to 〜「〜に注意を向ける」の to が前置詞であるため，後ろには名詞か動名詞が続く。よって，being が適切。It takes work to *do*「〜するのに労力がかかる」 fraught「緊張した」 lexicon「辞書，語彙」

6. many → much

「国際関係論の学者らの間で，冷戦終結が国際システムにおける戦争と平和に及ぼした影響について多くの議論がなされてきた」

cの many に続く debate「論争，議論」は可算・不可算のどちらでもあるが，直前の there has been，および，debate に s がついていない点に気づけば，本問では不可算名詞として扱われているとわかる。よって，much とするのが正しい。consequence for 〜「〜への影響」

7. simultaneous → simultaneously

「9.11 同時多発テロ後の主権に対する挑戦は，自国の利益に合うようにウェストファリア体制を守り，同時に制限しようとする覇権国家によって組織的に主導されている」

dの simultaneous「同時に起こる」は形容詞だが，前後の is seeking … to safeguard に注目すると，seek to *do*「〜しようとする」という表現の間で使われているため，副詞 simultaneously「同時に」とするのが正しい。sovereignty「主権」　hegemonic「主導権の，覇権的な」　safeguard「〜を守る」　Westphalian sovereignty「ウェストファリア体制」

8. 誤りなし。

「『人種』の納得のいく定義——すなわち，ある特定の人種の者は全員を含み，他の者は皆除外するような定義——を示すことができた生物学者は今までにいない」

aの been と bの to は be able to *do* が have *done* の形をとって has ever been able to provide となったものである。cの that は関係代名詞（主格）で，that 以下が直前の a definition の説明となっている。dの others は，前にある all members of a given race「ある特定の人種のメンバー全員」に対する other members のことで，これに all がついて all others「(ある特定の人種以外の) 他のメンバー全員」の意。

9. are → is

「一方で，世界が現在石油とガスの両方を生産できる能力は，すでに完全に使い切られようとしている」

are に対する主語は，直前の oil and gas ではなく，the world's existing production capacity of both oil and gas で，単数であるため is とする。be close to 〜「〜寸前で，ほぼ〜」

10. 誤りなし。

「そのようなジレンマは，倫理的な問題は他の社会科学者に任せておくべきだということを示唆しているのかもしれないが，そのような分業を持続していくことはできないであろう」

aのbe leftはleave A to B「AをBに任せる」が受動態になったもの。bのbutはmight～but…「確かに～かもしれないが…（主張）」という譲歩となっている。このbut直後のthat division of labourは「そのような分業」，つまり，倫理的問題は他の社会科学者に任せることを指しており，cのwould beのwouldは（倫理的な問題を他の社会科学者に任せるという）実現可能性の低い未来の仮定について「～であろう」と結論づけている。dのuntenableは「維持できない」という意味の形容詞。quandary「ジレンマ，困惑」　ethical「倫理の」　division of labour「分業」

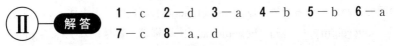

Ⅱ　解答　　1−c　2−d　3−a　4−b　5−b　6−a
　　　　　　7−c　8−a，d

——————————————— 全訳 ———————————————

《演劇がコミュニケーション能力に及ぼす効果》

□1　アメリカで社会人としての生活を送るのに何よりも不可欠な技能は，コミュニケーション能力であり，コミュニケーション能力が高ければ高いほど雇用される可能性が高くなり，より幸せな人間関係や結婚生活を営んだり，指導的立場にまで上りつめたり，自己肯定感がより高くなる，といくつかの研究が示している。自分の感情をうまく制御し，他者の感情の機微を読み取る能力は，心の知能指数としても知られており，学業と仕事での成功を予測する判断材料である。

□2　この能力は27の州のK-12（幼稚園から12年生まで）の学校で行われている社会性と情動の学習プログラムを通して指導されている。しかし，ジョージ・メイソン大学とコモンウェルス・シアターセンターの最近の研究によると，そういった能力は演劇の授業の副産物でもあるという。その研究では5歳から18歳の子どもたちを対象に，6年以上にわたり追跡調査——演劇が子どもに及ぼす影響を追跡した，現在までで最も長い期間にわたる観察——を行い，年齢，性別，人種を問わず，コミュニケーション能力の向上が見られている。「演劇の授業で子どもが過ごす時間が長ければ長いほど，コミュニケーションや創造性，想像力，問題解決，協調とい

った 21 世紀に求められる技能において得るものがますます多くなります」と語るのは，その研究の共著者であり，ジョージ・メイソン大学の応用発達心理学の准教授であるタリア＝ゴールドスタイン氏である。

③　演劇には「能動的学習」――ただ机に座っているだけでなく，自立して情報を取り込むこと――が含まれている。「何かを自分の中に取り込むと，それはより壊れにくく長持ちするようになり，より長い期間覚えていることができるのです」と語るのは，テキサス大学オースティン校の演劇の准教授であるキャスリン＝ドーソン氏である。そして演劇には，身体を動かしたり表情を作ったりするのと同時に言語化するといういくつもの「手法」があるが，これらが脳の活動を高めることが研究により示されているのだ。

④　それは，自覚の有無にかかわらず，常に親の周りにあるものである。幼い子どもの親は，ごっこあそびに馴染みがある――ソファが急にカエルの城になり，床が湖になり，そして知らないうちにサメが自分の足首の周りを回っているのだ。それは単なる空想に見えるかもしれないが，実は，ごっこ遊びは共感力を育む土台なのだ，とゴールドスタイン氏は言う。それは，幼い子どもが感情の理解や自己制御，実行機能といった，後に共感力の度合いを判断する材料となる基本的な能力を伸ばすのに役立つのである。親は，さまざまな登場人物や設定，いろいろな作家の架空の物語を，幼少期を通じて読み聞かせることで，子どもの共感力を培う手助けをすることができ，そのことが大人になってからの共感性スコアに直接関連している。親は子どもたちにごっこ遊びを主導させ，自分だけの物語を創らせることができるのである。

⑤　そして，演劇の授業はさらにもう 1 つの方法でもある。子どもが手がかりを読み取り，すばやく創造的に考え，アンサンブル（助演者）としての役割を果たし，別の観点から物事を見る能力を上げるのは，演劇がもつ社交性の力，活発なやりとり，人の言うことを聞いて応答することの応酬である。演劇を通じて空間や間，他の誰かの発言を待つといったことを意識できるようになるのだ。

⑥　自閉症の子どもにとっては，即興演劇（アドリブ）の技術を習得することで視線の集中力と会話のやりとりが増す，と語るのは，自閉症の若者との活動に特化したコミュニケーションプログラムであるアクト・アズ・イ

フの共同創設者であるリサ＝シャーマン氏である。さらに，これこそが芸術がさまざまな能力の子どもたちに均等な機会を与えてくれる場なのである。なぜなら，彼らが言葉という能力が必須とされない場で有意義な関わり方ができるからである。

⑦　サンディエゴの K-2（幼稚園から 2 年生）までの子どもたちを対象とした調査は，主に家庭でスペイン語を話している子どもの英語を話す能力が，演劇や創造的な活動に参加することで著しく向上することを示していた。英語力が最も限られている子どもが，最も大きな恩恵を受けていた，と話すのはその調査の共著者であるクリスタ＝グリーンフェイダー氏で，カリフォルニア州立大学フラトン校の児童・青年期研究の助教である。

⑧　2021 年から 2022 年にかけての学年度中，4,000 人以上の移民の若者がメリーランド州モントゴメリー群の公立学校に入学したが，大多数は中央アメリカと南アメリカの出身者であった。先だっての火曜日，ティーチングアーティストのヒルダ＝ティヘリーナ氏は 18 名の 10 代の若者がいるクラスの前で 1 枚の地図を掲げた。これは，ワトキンスミル高校で行われているシャロン＝フェーバー氏の「初級英語学習者向けの演劇の授業」で，イマジネーション・ステージという舞台芸術団体が「オイメ！」（「私の話を聞いて！」）と呼ばれるワークショップを主催している 9 つの学校の 27 ある教室のうちの 1 つの様子である。その場にいる若者の大半がその 1 年以内に米国にやって来たばかりであった。彼らは英語がほとんど喋れず，自分の考えを表すことができるようになるためにそこにいた。彼らは感情を表に出すことなく座っていた。

⑨　「私たちはどこにいますか？」とフェーバー氏はクラスに向けて質問する。ティヘリーナ氏が地図を指さしながら "Dónde?（どこ？）" と通訳する。「メリーランド州！」と数名の学生が答える。それから，ティヘリーナ氏は若者たちに席から立って輪になるようにと言う。彼女が言葉にした物が好きな人は英語で文を 1 つ言いながら輪の中心に歩いていく。「スポーツが好きな人は？」と彼女が尋ねる。クラスのほとんどの若者が「私はスポーツが好きです！」と答えて輪の中心に集まる。「高校が好きな人は？」と彼女がもう一度，大声で言う。半数が「私は高校が好きです！」と答え，彼女が彼らの発音を訂正する。

⑩　17 歳のエルビスは 6 カ月前にエルサルバドルからやって来たが，演劇

の稽古が曜日や月，数字の英単語を覚えるのに役立っていると言った。14歳のブリシヤは即興演劇のおかげでクラスメートと一緒に英語の練習をすることができた。彼女はその次の活動に移り，100万ドルあったら何をするかを白い紙に描いた。シャツとズボンの絵のそばに，英語で「服を買う」と彼女は書いた。

⑪　コミュニケーションの究極の目標はつながりをもつことである。だからこそ，俳優のアラン＝アルダ氏が科学者に対して即興演劇の稽古を取り入れるようになった。科学者は整然と喋り，自分の主張を擁護し，特定分野の専門用語を使うことに慣れているが，このようなコミュニケーションの取り方は必ずしも一般の聴衆に受け入れられるわけではない，と述べるのは科学コミュニケーションのためのアルダセンター所長のローラ＝リンデンフェルド氏である。即興演劇を通して科学者らは間違えてそれを笑い飛ばす，つまり，「自身が失敗しても気持ちを切り替えて前に進むことを認める」ことを教わる。「科学者らは部屋に入ってくると，『わぁ，マジか…自分たちに即興演劇をさせようっていうのか？』といった反応を示します」と彼女は言う。しかし，他の人の目をじっと見つめる「ミラー」のようなトレーニングを行った後，彼らは自分がその相手とつながりがなければうまくいかないということに気づくのである。話すことの目的が情報の押しつけではなく，人とのつながりを作ることになる——そして，それこそが大事なところなのだ。最も素晴らしい科学的な研究結果を得たとしても，それを誰一人として理解してくれなかったら，何にもならない。

⑫　シャーロットの母であるサラ＝ウィリアムズ氏は，演劇が自分の娘が自己認識を行う土台となっているという。シャーロットは5歳で演劇のクラスに参加し始めた。13歳で，彼女は人前で話をしたり生徒会に加わったりすることを嫌がらなくなった。人の話に耳を貸し，自信をもっているのだ。「彼女たちはこれらのクラスに行って，元気になって家に帰ってくるのです。まるで何かを成し遂げたかのように」とウィリアムズ氏は言う。そして，社交的な子どもだけでなく内気な子どもにとっても，演劇は彼らの心を開かせる。不安を抱えた子どもたちにとっては，（昨今のコロナウイルスの）感染拡大の終息に伴い外の世界に出て行く数多くの子どもたち同様に，「独善的な判断を最も受けづらい居場所が演劇の授業中」なのだ。自分の個性を保つことができ，スポーツと違って誰とも競い合うことはな

いのである。

出典追記：How theater can teach our kids to be empathetic, The Washington Post on January 10, 2023 by Alexandra Moe

==========　解　説　==========

1．空所に適語を入れる問題。空所を含む also known as…「…としても知られている」の前後にダッシュ（―）があることから，空所はその前述内容 The ability to manage personal emotions and to recognize them in others を端的に表した表現であると判断できる。「自分の感情をうまく制御し，他者の感情の機微を読み取る能力」なので， c．emotional intelligence「感情的知性，心の知能指数」が適切である。 a．leadership capability「指導力，統率力」 b．cognitive development「認知発達」 d．social competence「社会的能力」

2．空所に適語を入れる問題。空所直前の *A* rather than *B*「*B* ではなくむしろ *A*」から，空所と対比関係にある getting up on your feet to take in information の逆になるものを選択肢から選べばよい。getting up「立ち上がる」の逆となる sit を含む d．sitting at a desk「机に座っている」が適切である。

3．下線部と意味が近い表現を選ぶ問題。reciprocity は「相互依存の関係，やりとり」の意。よって， a．exchange「交換，やりとり」が近い意味となる。 b．communication を「やりとり」と訳すこともあるが，communication of ～ は of の後にやりとりをする対象物（情報など）をとる。動詞の communicate が「（情報・見解など）を伝える」という意味であることからも， communication of conversation「会話を伝える」とは表現できないので，不適である。

4．下線部と意味が近い表現を選ぶ問題。下線部直後の jargon「難解な言葉，用語」の意味がわかれば， b．specialized「専門の，特化した」で形容するのが適切であると判断できる。niche は「特定分野，隙間市場」（日本語でニッチとも言う）の意。下線部を含む文の Scientists are trained to…use niche jargon「科学者は…niche の専門用語を使うことに慣れている」や a communication style that doesn't always land with a general audience「このようなコミュニケーションの取り方は必ずしも一般の聴衆に受け入れられるわけではない」からも，科学者が小難しい専門的な言葉

を使って説明をすることがわかる。

5. 空所に適語を入れる問題。空所を含む文の前半（You may have …
one understands it,）「最も素晴らしい科学的な研究結果を得たとしても，
それを誰一人として理解してくれなかったら」に続く文であることから，
空所を含む what's the … ? は「意味がない」といった意味合いの表現に
なる可能性が高い。 b ．use「利用（法），役立つこと」を補えば，
What's the use（of〜）?「（〜して）何になるのか，（〜なんて）役に立つ
のか」→「（〜しても）何にもならない，役立つわけはない」という反語
的な意味となり，適切である。

6. 空所に適語を入れる問題。空所前の文（For children with …）で，
演劇の授業を the least judgmental place と評している点に注目する。
judgmental は「独善的な判断をしがちな，自分の価値観だけで偏った判
断をする」といった意味の形容詞。これに least「最も〜ない」がつくた
め，「最も批判的な判断を受けづらい場」と解釈できる。演劇の授業が他
者からの偏った判断をされない公平な場である，ということは，自分の個
性を維持できると言い換えられるであろう。よって， a ．personality「個
性，人柄」が正解。

7. 本文の要点を選ぶ問題。第 1 段はコミュニケーション力の向上に演劇
が有効であるという主張で，第 3 〜 5 段（Theater involves "active …
else to talk.）がその理由，その他の段落が実践例となっている。特に，
第 4 段第 1 文（It's something parents, …）の It は演劇，続く something
parents, whether … are surrounded by は子どもが自分ではない何かのふ
りをして行う「ごっこ遊び」をそれぞれ指し，子ども時代に誰もが行う
「ごっこ遊び」が演劇のようなものである，と述べている。第 4 段ではこ
のごっこ遊びが共感力を培う土台になっていること，その他の段落では演
劇（≒ごっこ遊び）が若者のコミュニケーション能力・共感力の向上にい
かに有効であるかが述べられていることから， c ．「演劇は若者が他者の
経験からの学びを通して相互理解を深めるのに役立つ」が，正解と言える。
c の mutual understanding through learning from another's experience
「他者の経験からの学びを通しての相互理解」が演劇（≒ごっこ遊び）に
言い換えられていることに気づきたい。
a ．「演劇は年齢や職業に関係なく，子どもにも大人にも共感する方法を

教えることができる」

　第 2 段（These skills are …）・第 6 段（For children with …）・第 8 ～
10 段（During the 2021-2022 … clothes" in English.）・最終段（Sara
Williams, mother …）では子どもの例，第 11 段（Connecting is ultimately
…）では大人の例を挙げて improv「即興演劇」が彼らの言語習得やコミ
ュニケーション能力の向上に対する有効性が示されているため正解に思え
たかもしれないが，大人の例に関しては本文中に科学者の例しか出てこな
いため，「職業に関係なく」とまでは言い切れないため，不適。
b．「演劇の授業によって，主に中央アメリカと南アメリカ出身の移民の
子どもたちが英語力を向上させることができる」

　移民の子どもたちに対する演劇を通した言語指導とその成果に関する記
述となる第 7 ～10 段（A study among … clothes" in English.）には一致
しているが，第 6 段（For children with …）では自閉症の子ども，第 11
段（Connecting is ultimately …）では科学者，最終段（Sara Williams,
mother …）では内気な子どもに対する効果が述べられていることから，
本文全体の要点とは言えない。
d．「演劇は言語を用いたコミュニケーション能力を高めることで，もっ
と自信をもち，積極的になる方法を子どもたちに教えることができる」

　第 6 段（For children with …）の自閉症の子どもたちに対する即興演
劇を用いたプログラムについて，第 2 文（And this is …）の they can
participate … a requisite skill に，「彼らは言葉という能力が必須とされな
い場で有意義な関わり方ができる」とある点が，選択肢の by developing
verbal communication skills「言語を用いたコミュニケーション能力を高
めることで」に不一致。また，第 11 段の科学者に対するプログラムの第
5 文（But after exercises …）の exercises like "the mirror," looking
intently into other people's eyes でも，相手の目を見つめるという言葉を
介さないコミュニケーションでトレーニングを行っていることから，不適
である。
e．「演劇の授業は子どもの共感力を育むために，学びの最も初期の段階
ですべての学校で導入されるべきである」

　本文は全体的に演劇の授業が子どもの（共感力を含む）コミュニケーシ
ョン能力を育むのに役立つという趣旨であり，第 7 段（A study among

…）では年齢の低い学年での導入がうまくいった例が含まれているが，Theater classes should be introduced in all schools「すべての学校で導入すべき」という主張は本文中でなされていない。

8. 本文の内容と一致するものを2つ選ぶ問題。

a.「演劇は言語を用いるコミュニケーションと言語を用いないコミュニケーション，どちらの能力を伸ばすのにも大変有効な方法である」

　演劇を用いた言語を使ったコミュニケーション能力の向上については第7～10段（A study among … clothes" in English.）に，言語を用いないコミュニケーション能力の向上については第6段（For children with …）に一致するため，正解。verbal「言葉による」

b.「演劇の授業に加えて，コミュニケーション能力はアメリカ各地の社会性情動の学習プログラムで教えられている」

　Social Emotional Learning programs が登場する第2段第1文（These skills are …）を確認する。offered in K-12 schools in 27 states より，このプログラムが行われているのは米国の27州に限定されているとわかるため，不適。

c.「親は自身の子どもの頃の経験から，共感力を促進するのにごっこ遊びが役立つとわかっている」

　選択肢の pretended play is useful in promoting empathy については第4段第3文（It may seem …）「単なる空想に見えるかもしれないが，実は，ごっこ遊びは共感力を育む土台なのだ」に一致するが，このことを親が自分の経験からわかっているという記述はない。

d.「即興演劇はコミュニケーション能力が十分でない子どもがクラスの活動に参加するのに役立つ」

　第10段第2文（For Brissya, 14, …）で即興演劇を通してクラスメートと英語の練習をするようになった移民のブリシアの例，最終段第2文（Charlotte began drama …）で演劇の授業に参加して人前で話したり生徒会に参加したりできるようになったシャルロットの例がこの選択肢の具体例となっているため，正解。

e.「移民の子どもたちは英語力がどのレベルであっても演劇活動を通して語学力を高めることができる」

　第7段第1・2文の A study among … benefited the most に「サンデ

ィエゴの K-2 までの子どもたちを対象とした調査では，演劇や創造的な活動に参加すると，主に自宅でスペイン語を話している子どもの英語を話す能力が著しく向上したことを示していた。英語を使う機会が最も限られている子どもが最も大きな恩恵を受けていた」とある。選択肢の at any English level「英語がどのレベルでも」の部分が不一致。

ｆ．「科学者の中には研究者として成功するために即興演劇のトレーニングに進んで参加する者もいる」

　第 11 段第 4 文（"When scientists come …"）「科学者らは部屋に入ってくると，『わぁ，マジか…自分たちに即興演劇をさせようっていうのか？』といった反応を示す」より，科学者らが自ら進んでトレーニングに参加しようとしている様子ではないため，不適。

――――――――――― 語句・構文 ―――――――――――

（第 1 段） navigate「〜を航行する，〜のかじを取る」 hire「〜を雇用する」 ascend to〜「〜に登る，上がる」 self-esteem「自尊心，自己肯定感」 predictor「予言するもの，予測の判断材料」

（第 2 段） by-product「副産物，副作用」 to date「今まで」 co-author「共著者」 associate professor「准教授」

（第 3 段） get up on *one's* feet「自立する」 take in〜「〜を取り込む」 durable「耐久性のある，丈夫な」 last long「長持ちする」 verbalize「〜を言語化する，言葉で表現する」 boost「〜を強化する，上昇させる」

（第 4 段） pretend play「ごっこ遊び」 couch「長椅子，ソファ」 unbeknown to〜「〜の知らないうちに，〜に気づかれずに」 ankle「足首」 pure「純粋な，全くの」 foundation「基礎，土台」 empathy「共感（力）」 executive function「実行機能」 foster「〜を育てる」 correlate to〜「〜と相互関係のある」 driver「けん引役」

（第 5 段） yet another〜「さらにもう１つの〜」 dynamic「（原動）力」 volley「一斉放射，応酬」 ensemble「アンサンブル，助演者」 pausing「休止，間」

（第 6 段） autism「自閉症」 improv「アドリブ（の），即興（で行う）」 co-founder「共同創設者」 autistic「自閉症の」 level the playing field「条件を平等にする，均等な機会を与える」 requisite「必須の」

（第 7 段） adolescent「思春期の若者」

（第8段）enroll in ～「～に入学する」　county「群」　emergent「現れ出る，新興の」　host「～を主催する」　stoically「感情を表に出さずに，平然と」

（第9段）a smattering of ～「少数の～」

（第10段）beside「～の隣に」

（第11段）methodically「系統的に」　jargon「専門用語」　put *A* through *B*「*A* に *B* を経験させる」　intently「夢中で，熱心に」

（最終段）cite *A* as *B*「*A* を *B* として挙げる」　self-awareness「自己認識」　energize「～を活性化する，激励する」　outgoing「社交的な」　open *A* up「*A* の心を開かせる」

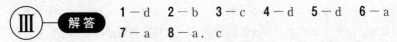

III　解答　1−d　2−b　3−c　4−d　5−d　6−a
　　　　　　　　7−a　8−a, c

・・・・・・・・・・・・・・・・・・・・・・・・・・・　全訳　・・・・・・・・・・・・・・・・・・・・・・・

《アパッチ族の狩猟採集文化への回帰》

① 4月の暖かい朝，トゥイラ＝カサドール氏は野生の食用植物を探すために，アリゾナ州にあるサン・カルロス・アパッチ族居留地に向けて軽トラックを走らせた。雨の多い冬と春の雨で砂漠は多彩な情景へと姿を変えていた。カサドール氏と私は，以前は家畜の牛が通る小道だった舗装のされていない悪路を車で走り，さまざまな生態系の中を通り抜け，ソノラ砂漠から草原やピニヨン・ジュニパーの森林地帯へと移動した。各地区に着くたびにカサドール氏は足を止め，砂漠のチアシードやサボテンの花，アザミを採集した。

② 採食者兼高名な食育指導者として，56歳のカサドール氏は過去30年にわたり，米国で最も生物多様性が豊かな地域の一つとされている地域で，野生植物の大切さに関する記録を残し，彼女と同族である西部アパッチ族の人々にそれを伝える活動を行ってきたが，そこは食生活と薬物乱用が主な死因となっている場所でもある。アパッチ族の健康管理センターや現地の高校，回復支援団体と緊密な連携を取りながら，彼女はよく人々を外に連れ出して食料を探し，調理し，癒す。なぜなら彼女はこのような活動が贖罪になると考えているからである。

③ 居留地を指定される以前は，採集することで調達していた食料は西部ア

パッチ族の食料の最大 50％を占めていた。春には玉ねぎ，じゃがいも，マイナーズレタス，アザミ。夏にはサボテンの実，ベリー類，ドングリが採れ，それらは「私たちの地域では最も重宝された食料だった」とカサドール氏は語る。しかし，居留地に追いやられて以降，アパッチ族は伝統的な食料を採集することを禁じられ，食料の配給，後に商品に頼るようになった。カサドール氏が 180 万エーカーの居留地で大人になるまでに，採集した食料を馬鹿にしたり，そのような食料は貧しい者が食べるものだと考えたりする人が多くなった，と彼女は語った。

④　それゆえ，彼女は他のみんなが持っているようなチョコバーやソーダではなく，自家製のビーフジャーキーや，自分や家族が採集したドングリ，松の実，乾燥させたメスキートのさやを持ち歩いていたことで，小学校のクラスメートからよくからかわれた。今日，ホワイト・リバー，サン・カルロス，フォートのアパッチ族居留地は，食料雑貨店がほとんどなく，新鮮で健康によい食料の入手が制限された食品砂漠であるとみなされている。

⑤　「採集した食料を学校に持っていくと，たいていはいじめられました」と彼女は言った。「その経験は私にとってはトラウマになっていますし，自宅から食べ物を持って行くのが恥ずかしいと感じていました。私にとって，採集した食料を食べること，それは普通のことだったのです」　カサドール氏は後に，生活の大半を薬物依存と精神衛生上の問題で苦しんだが，食料採集が彼女に打開策を与えてくれたのだと言った。そうすることによって，自分の「アイデンティティや文化，民族」と再びつながることができたのだ，と彼女は言う。何年にもわたり，伝統的な食文化について学び，年長者のコミュニティの信頼を得て，彼らの話に耳を傾け，自分の祖先が食べていたものを収穫した。このことが彼女に目的を与え，「人生の大半で私が感じていたむなしさを埋めてくれたのです」と語る彼女は，現在では 20 年間，薬物を断つことができている。

⑥　そういった活動を通して，彼女は現在では依存症や鬱症状などの心の健康問題で苦しむ人々を支援している。カサドール氏は薬物やアルコール依存者の更生施設の患者と一緒に伝統的な食料であるグロッショ（サバクモリネズミ）の狩りに出かけたときのことを思い出しながら，「彼らはアパッチ族の一人として，自分という人間とのつながりをもって戻って来るのです」と語った。「それは，人々の内側にある何かを目覚めさせます。そ

れによって彼らは落ち着き，元気になりたいと思うようになるのです」

7　ナイリン＝パイク氏は高校卒業後の夏，伝統的な西部アパッチ族の食生活事業を通してカサドール氏と活動をともにしたが，この事業は伝統的なンデェ族・ンネェ族（西部アパッチ族）がもつ自然界についての知識を記録・研究し，居留地を指定される以前の暮らしや食の利点を明らかにするものであった。パイク氏や他のアパッチ族の若者たちは，この事業の補佐であったカサドール氏とともに原野で何日もかけてアパッチ族の食べ物やレシピ，慣習について学んだ。「その経験は私の人生に大きな痕跡を残しました」と語る23歳のパイク氏は，先住権を求める活動家であり，サン・カルロス・アパッチ族の部族長の事務局で働く役員秘書でもある。「その経験は私たちに，アパッチ族としての生き方の大切さを教えてくれたのです」

8　多くの仲間たちと同じように，パイク氏はカサドール氏とともに時間を過ごして以降，狩猟採集を再び受け入れるようになり，毎年夏にはドングリやサグアロの実などの野生の食物を収穫して過ごしている。「アパッチ族が食べていた食料に戻すと，体によいだけでなく，心や情緒，精神にもよいと強く確信しています」と彼女は語った。「この事業に参加することで，私は伝統的価値観と自分たちが口にするものの大切さを理解することに目を向けるようになったのです。私たちはこのような暮らし方を再生し，保存し，理解したいと考えています」　部族の当局者はガーディアン紙に，サン・カルロスのアパッチ族居留地の人々は薬物乱用や自殺，性的暴力が相互に関連して蔓延している状況に直面しており，さらには生態系が崩壊する脅威にもさらされている，と語っている。「伝統を重んじる人々にとって，これらはすべて，完全に結びついているのです」と語ったのは，匿名希望の，ある部族当局者である。「人々がバランスのとれた生活を送っていないのには，さまざまな歴史的理由があります。トゥイラのような人々は，地域社会のバランスを元に戻そうと本当に熱心に取り組んでいるのです」

9　カサドール氏はしばしば未来を探し回っている。バナナユッカの実は10月になってやっと熟す。しかし，春に花がどのくらい成長するかによってその植物の実ができる量が決まる。彼女はカボチャの花に似た白い花をつけたバナナユッカが広く群生している場所について「これくらい広い

土地が収穫するのに一番よいですよ」と言う。彼女は秋にはここに戻ってきて，地域の人々にその実を採取し調理する方法を教えることにしている。

⑩　狩猟採集とともに，カサドール氏は100人以上の年長者と面談を行い，200種以上の野生の食用植物や，ドングリのスープや採集した種で作ったパイ生地を使ったアガヴェのパイといった何百もの伝統的なレシピをつきとめるのに役立ててきた。彼女は小さな白い花で覆われた火山性の土壌の土地へと続く70号線の路肩にトヨタの黒のトラックを停めた。彼女は車のセンターコンソールからドライバーをひっぱり出し，岩だらけの地面から野生の野菜を掘り始めた。「玉ねぎよ」と彼女は言った。「集めて，感謝しなさい。必要な分だけ取りなさいね」　彼女は夕食にその玉ねぎをヘラジカと数週間前に採集したジャガイモを大胆にオーブンで焼いたものと一緒に食べるつもりでいる。「本当に癒しを求めたいのならば，自分たちに与えられている土や食材に協力してもらいなさい」と彼女は言った。

=======================　解　説　=======================

1．空所に適語を入れる問題。空所を含む文はカサドール氏と著者が車でアパッチ族の居留地に向かう様子の描写で，passing through various …「さまざまな…を通り抜ける」に入るものを選ぶ。第1段最終文（In each area, …）「各地区に着くたびにカサドール氏は足を止め，砂漠のチアシードやサボテンの花，アザミを採集した」のさまざまな植物を採集する様子と，第2段第1文（As a forager …）のこの地域の説明となる a region that's considered one of the most biodiverse in the US「米国で最も生物多様性が豊かな地域」から，d．ecosystems「生態系」が適切であると判断できる。

2．下線部と意味が近い表現を選ぶ問題。redemptive は「救いの，贖いの」の意。下線部を含む文は consider O (to be)C となっており，this activity は彼女と同じアパッチ族の人々を外に連れ出して食物採集をすることを指している。redemptive の意味がわからない場合，この段落だけで判断しようとすると，下線部を含む文の she often takes people out into the land to forage, cook and heal より，人々の「救いとなる」という意味で c．relieving「（苦痛などを）軽減する，取り除く」を選びたくなるかもしれないが，第5段（"When you go …）の，狩猟採集した食料を恥じていたことや薬物依存の過去，それらを伝統的な食文化への回帰により

克服し，人生のむなしさを埋めることができたという記述から，「失っていたものを取り戻す，欠落していた部分を埋め合わせる」ことが heal「癒し」になると考えられるため，b．redeeming「補う，埋め合わせる」がより適切である。

3．空所に適語を入れる問題。選択肢がすべて名詞であるため，空所に入る語は and の前の rations と等位である。よって，アパッチ族が rations「食料の配給」の後に頼るようになったものを選ぶとよい。c．commodities「商品，日用品」が正解。また，空所直後の文（By the time …）の many people looked … it with poverty「そのような食料は貧しい者が食べるものだと考えたりする人が多くなった」から，アパッチ族が居留地に追いやられる以前の食料（foraged food）よりも現在の食事のほうが勝っていると考えていることも，c を選ぶヒントになる。

4．空所に適語を入れる問題。空所を含む文は She spent years learning … 以下，gaining …, listening …, and と続くため，彼女が自分のアイデンティティや文化，人々と再びつながるために長年かけてやってきたことが *doing* の形で A, B, C and D と並列になっている。空所後の the foods of her ancestors「彼女の祖先の食べ物」が，空所に入る動名詞の目的語であるため，c．enjoying「〜を楽しむ」か d．harvesting「〜を収穫する」が入る可能性が高い。空所を含む文が，第5段第4文（Cassadore later struggled …）の <u>foraging</u> provided her a way out「食料を採集することが彼女に打開策を与えてくれた」の「打開策」であるため，foraging「食料を探し，採集すること」に近い意味となる d が適切である。

5．下線部と意味が近い表現を選ぶ問題。huge は「巨大な」，mark は「跡，しるし，へこみ」などの意味がある。leave a 〜 mark で「〜な痕跡を残す」の意。この表現は比喩的に「〜な影響を与える」という意味でも使われる。よって，d．significant impression「大きな影響」が正解。また，同段最終文（"It teaches us …"）「その経験は私たちに，アパッチ族としての生き方の大切さを教えてくれたのです」および次の第8段第1文（Like many of …）で毎年夏には狩猟採集をする生活を送っている様子も，d を選ぶヒントになる。

6．空所に適語を入れる問題。空所に入る語は空所前の want to に続き，preserve and grasp on to とともに A, B and C の形で並列になっている。

「このような暮らしを…し，保存し，しっかりと理解したい」という文意
から考えれば，a．reclaim「～を更生させる，再生する」が適切である。
d．understand「～を理解する」と迷ったかもしれないが，並列関係に
ある grasp と意味が重なること，この発言をしているパイク氏が同段第
1文（Like many of …）で，アパッチ族の伝統的な暮らし方を取り戻そ
うと実際にその生活を送っていることから，aのほうが適切であると判断
できる。

7． 本文の要点を選ぶ問題。本文のキーパーソンであるカサドール氏は，
アパッチ族の中で大きな問題となっている依存症や精神的な問題で苦しむ
人々を，アパッチ族の伝統的な狩猟採集という食文化への回帰を通して支
援する活動をしていることが本文全体で述べられており，その活動に感化
され，アパッチ族の伝統的な食文化への回帰に傾倒する若者たちの姿が第
7・8段（Naelyn Pike spent … into this balance."）で描かれている。よ
って，a．「西部アパッチ族の共同体の中には，食料を採集する伝統的な
方法に回帰しつつある者もいる」が正解と言える。

b．「西部アパッチ族の共同体の中には，社会問題や精神的問題の多くを
食事を変えることで解決してきた者もいる」

　第5段第4～最終文（Cassadore later struggled …20 years sober.）と
第6段第1文（Through her work, …）が，食事を変えることで「精神
的問題」を解決してきた例である。しかし，本文における「社会問題」と
は，第2段第1文（As a forager …）の「食生活と薬物乱用が主な死因と
なっている」ことや，第8段第5文（Tribal officials told …）の「薬物乱
用や自殺，性的暴力が蔓延し，生態系崩壊の危機もある」ことである。食
事を変えることでこれらの問題の解決に至っているかどうかは本文からは
読み取れないため，不適。

c．「西部アパッチ族の共同体における食料を採集する伝統的な方法への
近年の変化は，米国社会全体の中での変化の結果である」

　第7・8段（Naelyn Pike spent … into this balance."）に「カサドール
氏以外のアパッチ族の人々が狩猟採集という伝統的な方法に再度目を向け
るようになってきている」という記述はあるものの，この変化の原因が米
国社会全体の中での変化であるという内容の記述はない。

d．「西部アパッチ族の共同体の子どもたちは採集した食料を学校へ持っ

て行くと，加工食品しか持っていないクラスメートから昼食時にうらやましがられることが多い」

　第4段第1文（So she was …）の「採集した食料を学校に持って行っていじめられた」というカサドール氏の経験談に不一致。

e．「狩猟採集は多くの点で利点があるが，西部アパッチ族の共同体内部ではまだ議論の余地がある」

「狩猟採集が西部アパッチ族の共同体内部ではまだ議論の余地がある」という記述は見当たらないため，不適。

8．本文の内容と一致するものを2つ選ぶ問題。

a．「居留地を指定される以前は，西部アパッチ族の共同体において狩猟採集は唯一の食料源ではなかった」

　第3段第1文（Foraged food accounted …）より，彼らの食料源のおよそ半分は狩猟採集によるものではなかったとわかるため，一致。

b．「アメリカ先住民のほうが一般のアメリカ国民よりも自殺率がずっと高いことに悩まされている」

　第8段第5文（Tribal officials told …）にアパッチ族と自殺に関する情報は含まれているが，自殺率が general population よりも高いという記述は本文中にない。

c．「アメリカ先住民の中には狩猟採集を実践することを通して治癒しつつある者もいる」

　第6段（Through her work, …）の内容に一致。

d．「西部アパッチ族の共同体の一部の人々の間で，狩猟採集によって個人主義が促進されている」

　第5段第5文（It allowed her …）に「狩猟採集がアイデンティティや文化，人々とのつながりを再びもつことを促す」といった内容はあるが，個人主義を促進しているという記述はない。

e．「狩猟採集はまたいつの日か一部の居留地において食料の大量消費に取って代わるだろう」

　第4段最終文（Today the White …）から，現在の居留地の食料事情は決して大量消費とは言えないため，不適。

f．「居留地にいる一部の若者たちによる取り組みを通してのみ，狩猟採集は行われている」

第8段第1文（Like many of…）に一致しているように思えたかもしれないが，選択肢に solely「単に，もっぱら」とあるため不適。狩猟採集を実践するカサドール氏は第2段第1文（As a forager …）に56歳とあり，彼女が狩猟採集文化への回帰を通して支援している人々の年齢層についても言及がない。よって，不適。

～～～～～～～～～～～～━━ 語句・構文 ━━～～～～～～～～～～～～

(第1段) reservation「保留地，居留地」　scout for～「～を探す」edible「食用の」　a plethora of～「大量の～」　dirt「土」　cattle「畜牛」trail「跡，小道」　chia「チア（植物の一種）」　cacti＝cactus「サボテン」の複数形　thistle「アザミ」

(第2段) forager「採食者」　celebrated「高名な」　biodiverse「生物が多様な」　substance abuse「薬物乱用」　forage「（食料）を探し出す，入手する」

(第3段) acorn「ドングリ」　prized「極めて貴重な」　be forced on to～「～に追いやられる」　forbid「～を禁止する」　ration「配給，食料」　1.8 m-acre＝1.8 million acre「エーカー（面積単位）」

(第4段) mesquite「メスキート（植物）」　pod「さや」

(第5段) bully「～をいじめる」　addiction「依存，中毒」　a way out「抜け道，解決策」　foodways「食文化」　void「隙間，むなしさ」　sober「しらふの，酒や薬物を断っている」

(第6段) depression「鬱」　woodrat「モリネズミ」

(第7段) indigenous「先住の，原産の」

(第8段) re-embrace「～を再び抱きしめる，再び受け入れる」　foraging「狩猟採集」　open *one's* eyes to～「～に目を向ける，～を悟る」　epidemic「伝染（病），蔓延」　suicide「自殺」

(第9段) ripe「熟して」　patch「土地，区域」　bloom「花が咲く」squash「カボチャ」

(最終段) crust「パンの耳，パイ生地」　pull off「（車）を止める」　volcanic「火山（性）の」　center console「センターコンソール（車の運転席と助手席の間の装備一式）」　dig「～を掘る」　rocky「岩の多い」　elk「ヘラジカ」

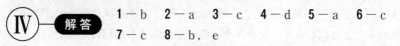

Ⅳ　解答　1−b　2−a　3−c　4−d　5−a　6−c
7−c　8−b, e

…………………………………　全訳　…………………………………

《世界のコメ危機を解決する新たな戦略》

① 緑の革命は人類の創意工夫の才の最もすばらしい功績の1つであった。小麦や特にコメの収穫高がより高くなる品種を促進することで，インド，メキシコ，フィリピンの植物育種家らは中国が飢饉を切り抜け，インドが飢饉を回避することに寄与した。1965年から1995年にかけて，アジアの人口が急増したにもかかわらず，アジアのコメの収穫高は倍増し，貧困は半減した。

② アジアの広大なコメ市場はその偉業の証しである。このでんぷん質の穀物は世界の人口の半数以上にとって主要な栄養源である。アジアの人々はコメの90％以上を生産し，4分の1以上のカロリーをコメから摂取している。さらに，アジアとアフリカの人口増加という，コメの消費量が多くなるもう1つの理由を背景に，コメの需要は上がると予測されている。ある概算によると，世界は2050年までにコメを（現在の収穫高の）ほぼ3分の1以上多く生産する必要が出てくるという。だが，それはますます難しいように思える——また，いくつかの点では望ましくないようにも思える。

③ コメの生産はだんだんとうまくいかなくなってきている。収穫高の増加率は過去10年で年に1％未満で，その前の10年間と比べてはるかに少なくなっている。最も大きく低迷しているのは東南アジアであったが，インドネシアとフィリピンには合わせて4億の人々が暮らしており，すでに（コメの）大量輸入国になっている。これには多くの原因がある。都会化と工業化によって労働力と農耕地が乏しくなった。殺虫剤や化学肥料，灌漑を過度に使用することで，土壌や地下水が汚染されたり枯渇したりした。しかし，最も大きな原因は地球温暖化であろう。

④ コメは特に過酷な状況に影響を受けやすく，そういった状況がますます顕著になってきている場所で栽培されていることが多い。昨年，世界最大のコメ輸出国であるインドを襲ったモンスーンにより断続的にもたらされた雨や干ばつによって，収穫高が減少し，コメの輸出が禁止となった。コメ輸出国世界第4位のパキスタンでは壊滅的な洪水が起こり，その国のコ

メの収穫量の 15％が全滅した。海面の上昇により，ベトナムの「ライス
ボウル」と呼ばれるメコンデルタへ塩分が染み込む原因になっている。

⑤　状況はさらに悪くなっている。コメは単に気候変動の犠牲になっている
だけではなく，気候変動の一因にもなっている。水田耕作で土壌に酸素が
行き渡らなくなることで，メタンガスを排出する細菌が増殖する。水田耕
作は牛肉を除いてどの食品よりも温室効果ガス排出の大きな原因となって
いる。その温室効果ガスの排出フットプリントは，航空産業のそれに似て
いる。森林地帯を田んぼに転換すること——マダガスカルの熱帯雨林の大
半がその運命にあるのだが——も含めて考えると，そのフットプリントは
さらに大きくなる。

⑥　このことは結局は負のフィードバックループとなり，全体で，緑の革命
を促進した食料不足よりもはるかに厄介な問題となる。実際に，コメを食
べすぎることは気候だけでなく人間にとっても悪いということが判明して
いる。白米はパンやトウモロコシよりも肥満の原因になりやすく，とりわ
け栄養価が高いというわけでもない。南アジアでは，コメを多く使う食事
は糖尿病や慢性的な栄養不足になる確率が高くなることに関連があるとさ
れている。

⑦　政策立案者らはコメの収穫高を増やさなければならないが，その際は
1960 年代よりももっと入念に選んで増やしていく必要性がある。蒸し暑
い東南アジアのような稲作に最適の場所で，洪水に耐えられる，より栄養
価の高い種子などの新しい技術をもっと迅速に採り入れることで，生産性
が大きく増す可能性がある。水田に直接種を蒔くといったような，慣例の
改善とともに，生育サイクルを短くして必要な水の量を減らし，環境に及
ぼす害を軽減することもできるだろう。農家はそういった改善策をなかな
か採り入れようとしないが，その理由の一端に，農家を米危機から保護す
るための助成金が多すぎることが挙げられる。もっとよいやり方があれば，
国の支援は最良の実施例に従うようになるであろう。農業保険——それ自
体がよいアイディアである——を推奨することで，農家が古いやり方から
新しいやり方へと切り替える際に，政府は彼らが安心するのに一役買うこ
ともできるであろう。

⑧　政府は生産者と消費者をコメから離れるよう促す必要がある。インドと
インドネシアはキビを推奨しているが，それはキビのほうが栄養豊富で，

使用する水の量がはるかに少ないからである。他の穀物よりもコメを優遇する助成金を廃止することで，そういった取り組みがより効果的なものになるだろう。たとえば，インドは農家からコメを買い取っており，その買取価格は市場価格よりも高いことが多く，そのコメを援助食糧として分配している。インドは助成金と無償のコメ（の分配）を農家への所得補助や貧困層への現金給付に置き換えることで，国の介入をもっと作物の種類にとらわれない形にするべきである。そうすることで，農家が自分たちの地域の条件に最適な作物を選ぶようになるだろう――そうなると，インド北西部の農業地帯の多くは一夜にしてコメから小麦へと変わることになるであろう。インドの貧困層はもっとバランスの取れた食事を自由に選べるようになる。それにより，環境被害や健康上の問題といった歪んだ方向に向かっている市場を是正することにつながるだろう。

⑨　アジアやその他地域でそういった変化を引き起こすことは，新しい驚異の種子の開発を促すよりもはるかに難しいことだろう。農家はほぼどこにおいても有力な有権者である。それでも政策立案者はこのようにして経済面での修正と技術面での修正を融合させることに慣れていかなければならない。そうすることが，ますます気候変動との戦いに必要なことになっているのだ。世界で最も重要な食糧における深刻な危機を解決することが，手始めとしてはよいであろう。

―――――――――――――― 解　説 ――――――――――――――

1. 空所に適語を入れる問題。空所を含む文の主語である The starchy grain「そのでんぷん質の穀物」はコメを指す。直後の文（Asians produce over …）「アジアの人々はコメの90%以上を生産し，コメから4分の1以上のカロリーを摂取している」より，b. sustenance「栄養，食物，生計の手段」を補い，the main source of sustenance「主要な栄養源」とするのが正しい。

2. 空所に適語を入れる問題。同段第2～最終文（Patchy monsoon rains … Vietnam's "rice bowl".）に「コメの世界最大輸出国のインド，第4位のパキスタン，そしてベトナムにおいて，異常気象のせいでコメの輸出が困難になっている」という記述がある。よって，コメは extreme conditions「過酷な状況」に弱いということがわかるので，a. susceptible (to ～)「(～の) 影響を受けやすい」が適切である。b. likely (to *do*)

「〜しそうである」　 c ．invulnerable（to 〜）「（〜に）傷つくことのない，耐えられる」　 d ．risky「危険な」

3 ．下線部と意味が近い表現を選ぶ問題。conversion は「転換，改装」の意。よって c ．transformation「変化」が近い意味となる。the conversion of forestland for rice paddy の forestland「森林地帯」と rice paddy「田んぼ」がどちらも土地であること，for には変化のイメージがあることからも推察できる。 a ．plunder「略奪」　 b ．confiscation「没収」　 d ．inducing「誘導」

4 ．空所に適語を入れる問題。空所前の This は前段第 5 段のコメの生産が気候変動の原因になっているという内容を指す。空所を含む文にある「負のフィードバックループと，食料不足よりも厄介な問題」は，続く第 6 段第 2 〜最終文（Indeed, eating too … and persistent malnutrition.）にある，「コメが人の健康に及ぼす悪影響」を指すことから，空所は「このことは，負のフィードバックループ，全体で食料不足よりも厄介な問題につながる」という意味を表す語が入ると推測できる。よって， d ．amounts to 〜「結局〜になる，合計〜になる」が正解。

5 ．下線部と意味が近い表現を選ぶ問題。in tandem with 〜 は「〜と連携して，二人三脚で」の意。 a ．Together with 〜「〜と一緒に」が近い意味となる。下線部に続く improved practices「慣例の改善」と主節（they could also …）の「生育サイクルを短くして必要な水の量を減らし，環境に及ぼす害を軽減する」がいずれも，今後コメの収穫高を上げるためにやっていけることの具体例であることも， a を選ぶヒントになる。

6 ．空所に適語を入れる問題。空所を含む文の構造は it が S, is が V, what 以下が C のかたまりとなる。C のかたまりは what SV となっており，「気候変動と戦うことが…すること（もの）」と解釈する。S の it は直前の文（Yet policymakers should …）の blending 以下を指していることから，空所には「経済面での修正と技術面での修正を融合させることが，気候変動と戦うことに必要とされることだ」という意味の語を入れるのが適切である。よって， c ．entail「〜を必然的に伴う，課す」が正解。

7 ．本文の要点を選ぶ問題。本文は第 1 段（The green revolution …）が緑の革命の功績，第 2 段（Asia's vast rice …）がコメの消費の現状と今後の予測，第 3 ・ 4 段（Rice production is … Vietnam's "rice bowl".）が

コメの収穫高が減少している原因，第5・6段（It gets worse. … and persistent malnutrition.）がコメの生産が環境と人の健康に及ぼす悪影響，第7〜最終段（Policymakers need to … place to begin.）がコメの収穫高減少に対する政府が行うべき対応策，という構成になっている。本文の大半を占める第3〜6段がcの the many challenges facing rice production，第7〜最終段がcの Policymakers need to implement new strategies to address the many challenges にあたるため，c．「政策立案者は新しい戦略を進め，コメの生産が直面する多くの課題に取り組む必要がある」が正解である。

a．「コメの生産は環境と人間の健康に悪影響を及ぼすため，もはや促進されるべきではない」

第5・6段（It gets worse. … and persistent malnutrition.）に，コメの生産が環境と人の健康に悪影響を及ぼすという内容があり，第8段（Governments need to …）でも，コメではない穀物に目を向けるという対策が提案されているが，第7段（Policymakers need to …）ではコメの収穫高を増やしていくための提案も同時になされているため，不適である。

b．「地球温暖化はここ数十年のアジアのコメの生産に重大な影響を及ぼしてきた」

地球温暖化によるコメの生産量の低下については第4段（Rice is particularly …）でのみ言及されているため，第4段の要点としては正しいが，本文全体の要点とは言えない。

d．「政策立案者による取り組みにもかかわらず，生産者と消費者はコメ以外の穀物に切り替えるのが遅い」

第8段第1文（Governments need to …）に「政府は生産者と消費者にコメから離れるよう促す必要がある」とあり，実際にそのような政策をしている国があることについても同段に書かれているが，「生産者と消費者がコメ以外の穀物に切り替えるのが遅い」かどうかは明言されていないので，不適。また，本文の要点とも言えない。

e．「政府は穀物生産が現地のニーズに合うような政策を推し進める必要がある」

第8段（Governments need to …）に，現地のニーズに合う穀物の生産を促すための，助成金制度を含む政策の必要性について書かれているが，

本文の要点とは言えないため，不適。

8．本文の内容と一致するものを 2 つ選ぶ問題。

ａ．「コメはアジアの人々にとって必要不可欠な食料であるため，政策立案者はコメの生産に助成金を出す必要がある」

　第 7 段第 4 文（Farmers have been …）より，筆者は農家に対する助成金をマイナスに捉えていることがわかるため，不適。

ｂ．「農家に所得補助，貧困層に現金支給を行うことはコメに助成金を出すよりもよい政策選択である」

　第 8 段第 5 文（It should make …）に一致するため，正解。

ｃ．「アジア総人口の 75％もの人々が日常のカロリー摂取をコメに頼っている」

　第 2 段第 3 文（Asians produce over …）に「アジア人はカロリーの 4 分の 1 以上をコメから摂取している」とあるが，アジア人の人口の何％がカロリー摂取をコメに頼っているかについては書かれていないので，不一致。

ｄ．「インドネシアとフィリピンでコメの生産高が減少する最も大きな原因となっているのは，天候関連の危険である」

　インドネシアとフィリピンのコメの生産量低下の原因は，第 3 段第 5・6 文（Urbanisation and industrialisation … depleted soils and groundwater.）に「都市化や工業化による労働力と農業用地の減少，殺虫剤や化学肥料，灌漑の過度な使用による土壌と地下水の汚染と消耗」とあるため，不適。天候が主な原因となっている国は，第 4 段第 2 ～最終文（Patchy monsoon rains … Vietnam's "rice bowl".）でインド，パキスタン，ベトナムが挙げられている。

ｅ．「コメの生産は食料から温室効果ガスが排出される 2 番目に大きな原因である」

　第 5 段第 3・4 文（By starving soils … foodstuff except beef.）より，正解。

ｆ．「インド政府はインドが過去の飢餓を回避するのに役立ったため，キビを推奨している」

　第 8 段第 2 文（India and Indonesia …）に「インドとインドネシアはキビを推奨しているが，それはキビのほうが栄養豊富で，使用する水の量

がはるかに少ないからである」とあるので，不一致。インドが飢餓を回避できたのは第1段第2文（By promoting higher-yielding）にある通り，小麦やコメの収穫量がより高くなる品種を推奨したからである。

〜〜〜〜〜〜〜〜〜〜〜〜 **語句・構文** 〜〜〜〜〜〜〜〜〜〜〜〜

（第1段） feat「手柄，功績」 ingenuity「創意工夫の能力」 yield「産出する，収穫高」 wheat「小麦」 plant-breeder「植物育種家」 emerge from 〜「〜から現れる，〜を切り抜ける」 halve「半分になる」 even as「〜にもかかわらず，〜と同時に」 soar「上昇する，急増する」

（第2段） legacy「遺産」 triumph「勝利，偉業」 starchy「でんぷん（質）の」

（第3段） splutter「パチパチと音を出す，（エンジンなどが）だんだん動かなくなる」 explanation「（説明できる）原因，真相，解釈」 urbanisation「都会化（現象）」 industrialisation「工業化，産業化」 pesticide「殺虫剤」 fertiliser「化学肥料」 irrigation「灌漑」 poison「〜を害する，汚染する」 deplete「〜を激減させる，枯渇させる」

（第4段） patchy「まばらの，継ぎはぎの」 drought「干ばつ」 devastating「壊滅的な」 wipe out 〜「〜を拭き取る，壊滅させる」 seep into 〜「〜に溶け出す，染み込む」

（第5段） casualty「犠牲者，惨事」 starve A of B「A に B を与えない，A から B を断つ」 soil「土壌」 paddy「水田」 methane「メタンガス」 aviation「航空（機産業）」

（第6段） insidious「狡猾な，陰湿な」 spur「〜を促進する，刺激する」 fattening「太るもとの」 maize「トウモロコシ」 nutritious「栄養価が高い」 diabetes「糖尿病」 persistent「持続する，慢性の」 malnutrition「栄養不足」

（第7段） selectively「入念に選んで」 sticky「粘着性の，蒸し暑い」 adoption「採用」 resistant「抵抗力のある，耐久性のある」 seed「種子，種を蒔く」 mitigate「〜を和らげる，軽減する」 overgenerous「寛大すぎる」 subsidy「助成金」 shield「〜を守る」 contingent on 〜「〜に依存する，〜次第の」 reassure「〜を安心させる」

（第8段） nudge「〜を軽く押す，ゆっくりと動かす，説得する」 millet「キビ」 scrap「〜を廃止する」 favour A over B「B より A を好む，え

こひいきする」 procure「～を入手する」 ～ -agnostic「～にとらわれない，～に依存しない」 cash transfer「現金給付」 overnight「一夜にして，夜通し」 free to *do*「自由に～できる」 thereby「それによって」 skewed toward ～「～に傾いている，偏っている」

(最終段) bring about ～「～をもたらす，引き起こす」 wonder「驚嘆すべき，不思議な」 constituency「有権者」 blend「～を融合する」 fix「修正」 sort out ～「～を分類する，解決する」 mounting「増加していく」

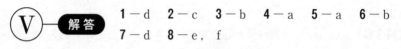

Ⅴ 解答　**1**－d　**2**－c　**3**－b　**4**－a　**5**－a　**6**－b
7－d　**8**－e，f

・・・・・・・・・・・・・・・・・・・・・・・・・・・・・ **全 訳** ・・・・・・・・・・・・・・・・・・・・・・・・・・・・・

《ゲーム理論とナッシュ均衡》

① さて，ジョン゠ナッシュ氏は実際には何をしたのか？ オスカー賞を受賞した映画である「ビューティフル・マインド」を観た人は，彼が女性を口説くための新たな戦略を考案したと思い，離れていくかもしれない。ナッシュ氏による貢献は，バーで一番の美女を口説くか否かに関するいくぶん怪しい分析よりもはるかに重要なものであった。彼が発見したのは，ほぼどんな類の戦略的相互作用（戦略的なやりとり）でも，その結果を予測する方法であった。今日，「ナッシュ均衡」という概念は，ゲーム理論においては中心的な概念である。

② 現代のゲーム理論は，偉大な数学者ジョン゠フォン゠ノイマン氏によって1940年代半ばに生み出された。彼の目標は，軍の戦闘から価格競争にいたる戦略的相互作用の論理全般を理解することであった。フォン゠ノイマン氏は経済学者のオスカー゠モルゲンシュテルン氏と共同で，ゲームを数学的に表す大まかな方法を確立し，ゲームのプレイヤーの利益が正反対になるゲームを体系化した。この類のゲームはゼロサムゲームと言って，スポーツ行事や室内で行うようなゲームによく見られるものだ。しかし，経済学者が興味を示すゲームの大半は，非ゼロサムゲームである。ある人が他者と自発的に取引を行う場合，ふつうは両者に利益が出る。フォン゠ノイマン氏とモルゲンシュテルン氏はこの種のゲームを分析しようとしたが，この分析はゼロサムゲームの分析ほど満足のいくにはものにはならな

かった。さらに，この2種類のゲームの分析に使用したツールは完全に異なるものであった。

③　ナッシュ氏はそれよりもずっとよい非ゼロサムゲームの分析方法を思いついた。その方法には，ゲームが図らずもゼロサムになった（＝一方の利益が他方の損失になった）場合でも，フォン＝ノイマン氏とモルゲンシュルテン氏による分析と等価になるという利点もあった。ナッシュ氏が認識したのは，どんな類の戦略的相互作用においても，どのプレイヤーにとっても最善となる選択は，相手のプレイヤーがとるであろう行動についての自分の思い込みに非常に左右されるということである。相手のプレイヤーが選ぶであろう選択肢を前提として，それぞれのプレイヤーが最善の選択をする結果を私たちは期待するものである，とナッシュ氏は提唱した。これが現在ではナッシュ均衡として知られるものである。ナッシュ均衡では，各プレイヤーが自分以外のプレイヤー皆が最も有利になるよう行動していると信じることが合理的である——そう信じているということが，各プレイヤーの選択肢によって実際に裏づけられるからである。

④　これは優れた理論である。しかし，この理論は本当なのだろうか？　実際のゲームの中での実際の行動の説明となるのか？　いや，そうはならない。ゲーム理論は理想像である。この理論は，プレイヤー全員が他の完全に合理的なプレイヤーらと対戦しているとわかっている場合に，「完全に合理的な」プレイヤーがどのような行動をとるかを分析しているのである。その「完全な合理性」という前提が，ゲーム理論に伴う問題点なのである。現実の世界では，大半の人々が——経済学者でさえも——完全に合理的であるとは限らない。簡単な例について考えてみるとよい。数人のプレイヤーがそれぞれ，0から100までの数字を選ぶよう求められる。全員が選んだ数字の平均値を2で割った数字に最も近い数字を選んだプレイヤーが勝ちである。この先を読み進める前に，自分ならどんな数字を選ぶか，考えてみてほしい。

⑤　では，ゲーム理論家の分析について考えてみよう。もし全員が同等に合理的であれば，全員が同じ数を選ぶはずである。しかし，2で割った数字そのものが同じになる数字が1つだけある——0である。この分析は論理的ではあるが，現実の人々がこのゲームをしたときの行動をうまく説明したものにはなっていない。0を選ぶ人はほぼいないからである。だが，ナ

ッシュ均衡が全く機能しないというわけではない。かなりうまく機能することもある。経済学者のジェイコブ゠ゴーリーとチャールズ゠ホルトの2人は最近，ナッシュ理論がうまく機能する多くのゲームに関して記述した『ゲーム理論の10の小さな宝物と10の直感的な矛盾』という優れた論文を発表し，その中で，報酬に取るに足らない変化があると，行動に大きな変化がもたらされるということを示している。

⑥　彼らが示す最も簡単な例に，2人のプレイヤーがおり，彼らのことをジェイコブとチャールズと呼ぶこととしよう。それぞれが同時に180セントから300セントの中からある一定の金額を選ぶというものがある。どちらのプレイヤーも2つの金額のうち低いほうの額をもらえ，より高い額を選んだプレイヤーからより低い額を選んだプレイヤーへとある一定額R（1セントよりも多い）が譲渡される。両者が同じ数字を選んだ場合は，2人ともその額をもらえるが，譲渡は行われない。それゆえ，ジェイコブが200を選び，チャールズが220を選んだ場合，ジェイコブへの報酬は200に金額Rを足した額となり，チャールズへの報酬は200から金額Rを差し引いた額となる。チャールズは200と言うだろう，とジェイコブが考えれば，ジェイコブは199にしようと考えるだろう。しかし，ジェイコブは199と言うだろう，とチャールズが考えていれば，チャールズは198と言うはずである。以下，同様である。唯一均衡がとれる思考の組み合わせは，各プレイヤーが相手は180と言うであろうと考えたときである。

⑦　ゴーリー氏とホルト氏が金額Rを180としてこの実験を行うと，被験者の80%近くが180を選び，それはナッシュ氏が立てた予測となる。しかしながら，金額Rを5セントに設定して（別の被験者を対象に）再度実験を行うと，結果は真逆となり，80%近くの被験者が300セントを選んだのである。この種の結果は「行動ゲーム理論」の発展を促してきたが，この理論は，架空の「完全に合理的な」人々ではなく，現実の人々を巻き込むゲームを理解する方法に関する理論を構築しようとしている。

⑧　たとえば，先述した「平均の半分を当てる」ゲームについて考えてみるとよい。オスカーは単純なプレイヤーで，0と100の間のどの数字も同じくらいの確率になると考え50と推測するかもしれない。エミーはもっと教養があり，多くの人がオスカーのように50を選ぶのではないかと推測するかもしれない。そうすれば，彼女は25と言うはずである。トニーは

さらに教養があり，多くの人がエミーのような考え方をすると思い，12や13という数字を言うかもしれない。以下，これと同様のことが続く。ローズマリー＝ナーゲルという経済学者が数年前にこのようなゲームを行い，選ぶ数字は50，25，12あたりに近い数地域に集まる傾向が確かにあるということを発見した。実際のところ，勝てる数字は13に近い数字であることが判明し，その数字はプレイヤーの約30％が選んでいた。このゲームでは，最良の戦略はナッシュ均衡ではなかったが，それ（＝ナッシュ均衡でプレイヤーたちが選んだ12という数字）はそれ（＝最善戦略の数値13）からかけ離れてもいなかった。

―――――――――　解　説　―――――――――

1． 下線部と意味が近い表現を選ぶ問題。devise は「～を考案する」の意。よって，d．conceived「～を思いついた，考え出した」が正解。a．reshaped「～を作り変えた，立て直した」 b．demolished「～を破壊した」 c．verified「～が正しいことを立証した」

2． 空所に適語を入れる問題。空所を含む文の in which 以下が直前の games の説明である。フォン＝ノイマン氏とモルゲンシュテルン氏が分析したゲームではプレイヤーの利益がどうなるかを考えるとよい。空所直後の文から，2人が分析したゲームは「ゼロサムゲーム」だとわかるが，プレイヤーの利益がどうなるかはここではわからない。ただし，この逆の non-zero sum「非ゼロサム」のゲームについて，同段第5・6文（But most games … made better off.）で「ある人が他者と自発的に取引を行う場合，ふつうは両者に利益が出る」と具体的に説明されている。非ゼロサムゲームが両者のプラスになるものであるということは，ゼロサムゲームはその逆，すなわち，両者のプラスにはならないゲームであると判断できる。よって，c．diametrically opposed「正反対である」を補うのが正しい。ちなみにゼロサムゲームとは，ゲームの参加者の利益（得点）と損失（失点）の合計がゼロになるものを指す。

3． 空所に適語を入れる問題。空所を含む文のコロン以下の内容が空所の言い換えや説明となる。コロン以下の「それ（＝ゲーム理論）は，プレイヤー全員が自分たちが他の完全に合理的なプレイヤーらと対戦しているとわかっている場合に，『完全に合理的な』プレイヤーがどのような行動をとるかを分析しているのである」という記述，および同段第7文（In real life, …）に「現実の世界では，大半の人々が完全に合理的であるとは限らない」とあることから，ゲーム理論はあくまでも b．an idealization「理想像，理想化」であることがわかる。

4．空所に適語を入れる問題。空所前の that は関係代名詞で，that 以下は先行詞 a clever article「優れた論文」の説明である。空所後の a number of games in which the Nash theory works well は空所に入る動詞の目的語であることから，「この論文ではナッシュ理論がうまく機能するたくさんのゲームに関する言及がある」といった意味の語を補うとよい。よって，a．describes「～を描写する，記述する」が適切である。

5．下線部と意味が近い表現を選ぶ問題。inconsequential は「重要でない，取るに足らない」の意。a．irrelevant「無関係の，重要でない」が最も近い意味となる。また，続く第6・7段（In their simplest … "fully rational" people.）の「報酬が多ければ大半が低い額を選ぶというナッシュ均衡が起こるが，報酬が少なくなると大半が高い額を選ぶというナッシュ均衡が起こる」という内容が，下線部を含む第5段最終文（Two economists, Jacob …）の what should be an inconsequential change to the payoffs can result in a large change in behavior の具体例となっていることに気づくことができれば，change to the payoffs「報酬に対する変更」を形容できる適切な形容詞として，他の選択肢は当てはまらないことがわかる。

6．空所に適語を入れる問題。空所を含む those … "fully rational" people は，直前の rather than より，その前の real people と対比関係にあるということに気づきたい。real「現実の」の逆の意味となる b．mythical「架空の，神話（上）の」が適切である。

7．本文の要点を選ぶ問題。本文は第1～3段（So what did … each player makes.）がゲーム理論の確立とナッシュ均衡についての説明，第4～最終段（It's a nice … from it either.）が現実の人々が実際にとる行動に関する記述となっていた。特に，第7段（When Mr. Goeree …）のナッシュ均衡が機能したとしても報酬の違いにより均衡が保たれる数値が大幅に変わる例，最終段第1～5文（Consider, for example, … And so on.）の人はそれぞれ違った思考をし，皆が完全に合理的な選択をするとは限らないという例から，d．「人々がナッシュ均衡に従って行動するこ

とを選択するかどうかは，彼らが実際に直面している状況に左右される」が適切である。

a．「ナッシュ氏は行動ゲーム理論で得られる結果のいくつかを反証するためにナッシュ均衡という重要な概念を生み出した」

　ナッシュ均衡が，ナッシュ氏が生んだ重要な概念であるということは，第1段最終文（Today, the idea …）で言及されているが，その目的が「行動ゲーム理論で得られる結果を反証する」ことであるという記述はない。

b．「実験結果は，人々がナッシュ均衡に矛盾しない行動をとる社会システムを確立することが重要であるということを示している」

　the experiment とは第7段第1文（When Mr. Goeree …）の this experiment を指し，実験結果は同段第1・2文（When Mr. Goeree … percent choosing 300.）にある通り，報酬（＝Rの値）が変われば人々の選択（行動）は変わるということを示しているもので，「人々がナッシュ均衡に矛盾しない行動をとる社会システムを確立すること」の重要性については触れられていないため，不適。consistent with ～「～に矛盾しない」

c．「ゲーム理論はナッシュ均衡に基づいて構築されており，好みのパートナーを口説き落とすのに役立つこともある有益な理論である」

　第1段最終文（Today, the idea …）に「今日，『ナッシュ均衡』という概念は，ゲーム理論においては中心的な概念である」とあるものの，ゲーム理論は第2段第1文（Modern game theory …）および第3文（Von Neumann, working …）にある通り，ジョン＝フォン＝ノイマン氏により生み出され，彼とオスカー＝モルゲンシュテルン氏により体系化・確立されたもので，ナッシュ均衡に基づき構築されたとは判断できないため，不適。win over ～「～を口説き落とす，納得させる」

e．「ナッシュ均衡は他者の選択肢を考慮に入れる極めて優れた概念だが，実際には完全に合理的な人々でもナッシュ氏の予測とは異なる行動をとる」

　第4段第7文（In real life, most …）「現実の世界では，大半の人々が——経済学者でさえも——完全に合理的であるとは限らない」が in practice 以下の内容に不一致。outstanding「目立った，極めて優れた」

8．本文の内容と一致するものを2つ選ぶ問題。

ａ.「実験を通して，ローズマリー＝ナーゲル氏は多様なナッシュ均衡が存在する可能性があるということを明らかにした」

最終段第6文（An economist named …）に，「ナーゲル氏は，0～100の数字の中で平均の半分を当てるゲームでは，50，25，12に解答が集中する傾向にあったことを発見した」という内容がある。複数のナッシュ均衡が存在する可能性を見出したわけではない。よって，不適。

ｂ.「ナッシュ氏は人々が完全に合理的になれるとは限らない場合にどういった行動をとるかを予測する革新的な理論を生み出した」

ナッシュ氏が生み出した理論は第1段第4文（What he discovered …）の「ほぼどんな類の戦略的相互作用（戦略的なやりとり）でも，その結果を予測する方法」，第3段第3文（What Mr. Nash recognized …）の「ナッシュ氏が認識したのは，どんな類の戦略的相互作用においても，どのプレイヤーにとっても最善となる選択は，相手のプレイヤーがとるであろう行動についての自分の思い込みに非常に左右されるということである」にあたる。選択肢の「人々が完全に合理的になれるとは限らない場合にどういった行動をとるかを予測する」方法を編み出したわけではない。

ｃ.「『平均の半分を当てるゲーム』では，完全に合理的なプレイヤーは他の皆が12を選ぶ場合，自分も12を選ぶ」

「平均の半分を当てるゲーム」の説明は第4段第8・9文（Consider a simple … wins a prize.）にあり，完全に合理的なプレイヤーの選択については第5段第2～4文（If everyone is … one chooses zero.）に「参加者全員が完全に合理的なプレイヤーであるならば論理的には0を選ぶのが妥当だが，実際の人間はそうはしない」という内容があるため，不適。

ｄ.「非ゼロサムゲームにおいて，フォン＝ノイマン氏とモルゲンシュテルン氏の分析はナッシュ氏の分析を一般化したものである」

前者の分析は第2段第7文（Although von Neumann …）に「フォン＝ノイマン氏とモルゲンシュテルン氏はこの種のゲームを分析しようとしたが，この分析はゼロサムゲームの分析ほど満足のいくにはものにはならなかった」とあり，これに対する第3段第1文（Mr. Nash came …）の a much better way の比較対象は，前者の分析を指す。よって，後者の分析は前者の分析をさらに深めたものであり，前者の分析が後者の分析を一般化したものであるとは言えない。よって，不適。generalization「一般

化」

ｅ．「ナッシュ均衡条件下において，各プレイヤーは他のプレイヤーの選択肢を考慮して最良の選択を行う」

第3段第4文（Mr. Nash proposed …）に一致。

ｆ．「ゴーリー氏とホルト氏の実験で，仮にRを30セントとしよう。ジェイコブが250セントを選び，チャールズが210セントを選んだ場合，ジェイコブの報酬は180セントとなる」

第6段第2文（Both players are …）より，ジェイコブ（250）とチャールズ（210）のうち，より低い額となる210が両者に与えられ，R（30）が高い額を選んだジェイコブから低い額を選んだチャールズへと譲渡される。よって，ジェイコブの報酬は「210−30＝180」となるので，正解。let「仮に〜としよう」

～～～～～～～～～～～　**語句・構文**　～～～～～～～～～～～

（第1段） pick up ～「～をナンパする」　contrived「不自然な，怪しい」equilibrium「平衡，均衡」

（第2段） price war「価格競争」　parlor game「室内ゲーム」　of interest to ～「～にとって興味深い」　be well off「暮らし向きがよい，恵まれた」

（第3段） optimal「最良の，最善の」　given「～を考慮すると，～を前提として」

（第4段） assumption「仮定，前提」　range from A to B「AからBに及ぶ」

（第5段） intuitive「直感の」　contradiction「矛盾」　payoff「報酬」

（第6段） transfer「（～を）譲渡（する）」

（第7段） subject「被験者」　rerun「～を再び実行する」　behavioral「行動（の研究）に関する」　formulate「（考えなど）を組み立てる」

（最終段） simpleminded「無邪気な，うぶな，馬鹿な」　cluster「群がる，（データが）近い数地域に集まる」

［ 講 評 ］

2024年度も例年同様，文法・語彙問題1題，長文読解問題4題の計5題で構成されている。

Ⅰ　文法・語彙問題は誤り指摘の問題。小問数は 2023 年度に引き続き 10 問で，NO ERROR の選択肢がある。2024 年度では，1 と 2 が時制，4 が関係詞，6 が名詞の可算・不可算，7 が品詞，3 と 9 が主述関係の呼応（一致）に関する誤りを指摘するものであった。NO ERROR が正解となるものが 3 問と多めであったが，「これは厳しい」という問題が含まれていなかったこともあり，例年と比べれば解きやすさを感じたかもしれない。例年，主述関係の呼応（一致），関係詞関連で誤りがあることが多いため，文構造の把握と主述関係，時制を含む V 周辺の確認，関係詞を含む場合は関係詞節の成立・不成立の確認を必ず行うようにするとよい。

Ⅱ　「演劇がコミュニケーション能力に及ぼす効果」について書かれた新聞記事からの出題。3 と 7 に関しては即答が難しかったかもしれないが，本文の英文は全体的に読み取りやすく，選択肢についてもなじみのある語句が多かった。

Ⅲ　「アパッチ族の狩猟採集文化への回帰」に関する新聞記事からの出題で，まずは forage の意味を本文内容から理解する必要性があった。選択肢の語彙は全体的に易しめではあったが，2 や 4 のように設問の下線部や空所を含む部分の内容のみでは解答を絞り切れなかったものがあり，それらは難度が若干高めと言えるだろう。本文の主題は正解の選択肢以外が本文内容に不一致もしくは言及がないものばかりであったため易しめ，内容真偽の難度は標準であった。

Ⅳ　「世界のコメ危機を解決する新たな戦略」に関する新聞記事からの出題。空所補充と同意表現の問題の難易度は標準。地球温暖化とコメ不足という身近なテーマであったこともあり，本文全体は読みやすかったはずだが，8 の内容真偽についてはさまざまな箇所からの細かい出題となっており，解答に関連する箇所を探すのに時間がかかったかもしれない。

Ⅴ　「ゲーム理論とナッシュ均衡」に関する新聞記事からの出題。ゼロサムゲームや非ゼロサムゲームなどあまりなじみのないであろう語が多く含まれ，ゲーム理論について具体例を踏まえながら本文中で理解していく必要性があったため，2024 年度の大問の中では本文が最も読み進めづらかったはずである。が，空所補充と同意表現に関しては 2 と 5

以外は設問の下線部や空所を含む文をしっかり読み取ることができれば難なく答えの出せる設問であった。

　全体の分量が 2023 年度よりも増加したものの，問題数や選択肢の数，形式は 2023 年度の形を踏襲しており，選択肢の語彙も 2021 年度以前ほど難度の高いものはあまり含まれていなかったため，全体としては 2023 年度並みと言える。それでもやはり，この難度の読解問題 4 題を含む大問 5 つを 90 分で解くにはかなりのスピードと語彙力を要する。また，中には語彙力だけでは対応できない，本文内容を把握した上で解答しなければならない空所補充や同意表現の問題が必ず長文 1 題につき 1～2 問は出題される傾向があるため，こういった問題を考える時間も考慮しておきたい。

　時間配分については，I は 10 分以内，20 分×長文読解 4 題が基本であるが，英文のテーマによっては読みづらさを感じる大問が後で出てくる可能性もあるため，長文読解 4 題の時間配分は要注意である。

$$\boxed{\textbf{数　　学}}$$

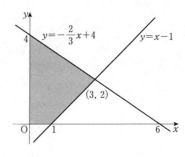

① ＼＿ 発想 ＿／

(1) それぞれの不等式の表す領域を求め，4つの領域の共通部分を求めるとよい。

(2) $-2x+y=t$ とおくと，$y=2x+t$ と変形できるから，直線 $y=2x+t$ を(1)で得られた領域と共有点をもつように動かしてみる。y 切片 t の値が最大になるのはどのような場合であるかを考察する。

(3) (2)と同様に考える。

(4) $ax+y=m$ とおき，直線 $y=-ax+m$ を(1)で得られた領域と共有点をもつように動かしてみる。y 切片 m が最大となるのはどのような場合かを考察する。

〰〰〰〰〰〰〰〰〰〰〰〰〰〰〰〰〰〰〰〰〰〰〰〰〰〰〰〰〰

解答　(1) 求める領域 D は右図の網かけ部分（境界を含む）である。

(2) $-2x+y=t$ ……① とおくと，$y=2x+t$ より①は傾き 2，切片 t の直線である。①が領域 D と共有点をもちながら動くとき，t の値が最大となるのは，①が点 $(0, 4)$ を通るときである。

　よって，$-2x+y$ の最大値は

$$-2\times0+4=4 \quad \cdots\cdots(答)$$

　そのときの (x, y) は　　$(0, 4)$ ……(答)

(3) $2x+y=s$ ……② とおくと，$y=-2x+s$ より②は傾き -2，切片 s の直線である。(2)と同様に考えると，s の値が最大となるのは②が点 $(3, 2)$ を通るときである。

　よって，$2x+y$ の最大値は

$$2\times3+2=8 \quad \cdots\cdots(答)$$

そのときの $(x,\ y)$ は　　$(3,\ 2)$　……(答)

(4)　$ax+y=m$　……③ とおくと，$y=-ax+m$ より③は傾き $-a$，切片 m の直線である。

(i)　$-a\leqq-\dfrac{2}{3}$　すなわち　$a\geqq\dfrac{2}{3}$ のとき

　③と領域 D が共有点をもちながら動くとき，m の値が最大になるのは，③が点 $(3,\ 2)$ を通るときである。

　このとき，最大値は $3a+2$ である。

(ii)　$-a>-\dfrac{2}{3}$　すなわち　$a<\dfrac{2}{3}$ のとき

　③と領域 D が共有点をもちながら動くとき，m の値が最大になるのは，③が点 $(0,\ 4)$ を通るときである。

　このとき，最大値は 4 である。

(i)，(ii)より

$$a\geqq\dfrac{2}{3}\ \text{のとき，最大値}\ 3a+2$$
$$a<\dfrac{2}{3}\ \text{のとき，最大値}\ 4$$
　　　　　　……(答)

=== 解　説 ===

《連立不等式の表す領域の図示，1次式の最大値》

(1)　4つの不等式の表す領域を図示する際，境界線および境界線の交点を明記すること。

(2)　$-2x+y=t$ とおくと，これは傾き 2 の直線を表している。傾き 2 の直線を動かして，領域 D を通過するのはどのような場合であるかを考察する。

(3)　$2x+y=s$ とおき，傾きが -2 の直線を動かす。その直線が領域 D を通過するのはどのような場合であるかを考察する。

(4)　$ax+y=m$ とおき，この直線と領域 D の境界線との共有点に注目する。

② ＼ 発　想 ／

(1)　△OAB の内心とは，3つの内角の2等分線の交点である。また，∠AOB の2等分線と辺 AB との交点を C とすると，

AC：BC＝OA：OB である。

⑵　AI は ∠OAC の 2 等分線であるから，OI：IC＝AO：AC である。また，$AC=\dfrac{OA}{OA+OB}\times AB$ である。

⑶　$|\overrightarrow{AB}|^2=|\overrightarrow{OB}-\overrightarrow{OA}|^2=|\overrightarrow{OB}|^2-2\overrightarrow{OB}\cdot\overrightarrow{OA}+|\overrightarrow{OA}|^2$ である。

⑷　$\overrightarrow{AH}=\overrightarrow{OH}-\overrightarrow{OA}$，$\overrightarrow{BH}=\overrightarrow{OH}-\overrightarrow{OB}$ である。

⑸　$OH\perp AB\iff\overrightarrow{OH}\cdot\overrightarrow{AB}=0$，$BH\perp OA\iff\overrightarrow{BH}\cdot\overrightarrow{OA}=0$
ここから，s，t の連立方程式をつくる。

解答

⑴　直線 OI は，∠AOB の 2 等分線だから
$$AC：BC＝OA：OB＝6：5$$
よって
$$\overrightarrow{OC}=\frac{5\overrightarrow{OA}+6\overrightarrow{OB}}{6+5}=\frac{5}{11}\vec{a}+\frac{6}{11}\vec{b}\ \ \cdots\cdots(答)$$

⑵　⑴より，AC：BC＝6：5 だから
$$AC=\frac{6}{11}\times7=\frac{42}{11}$$
また，AI は，∠OAB の 2 等分線だから
$$OI：IC=6：\frac{6}{11}\times7=11：7$$
よって
$$\overrightarrow{OI}=\frac{11}{18}\overrightarrow{OC}=\frac{11}{18}\left(\frac{5}{11}\vec{a}+\frac{6}{11}\vec{b}\right)$$
$$=\frac{5}{18}\vec{a}+\frac{1}{3}\vec{b}\ \ \cdots\cdots(答)$$

⑶　$\overrightarrow{AB}=\vec{b}-\vec{a}$ より
$$|\overrightarrow{AB}|^2=|\vec{b}-\vec{a}|^2$$
$$=|\vec{b}|^2-2\vec{b}\cdot\vec{a}+|\vec{a}|^2$$
$|\overrightarrow{AB}|=7$，$|\vec{a}|=6$，$|\vec{b}|=5$ だから
$$7^2=5^2-2\vec{b}\cdot\vec{a}+6^2$$

つまり

$$\vec{a} \cdot \vec{b} = \vec{b} \cdot \vec{a}$$

$$= \frac{5^2 + 6^2 - 7^2}{2}$$

$$= 6 \quad \cdots\cdots(答)$$

(4)　　　$$\overrightarrow{AH} = \overrightarrow{OH} - \overrightarrow{OA}$$

$$= (s\vec{a} + t\vec{b}) - \vec{a}$$

$$= (s-1)\vec{a} + t\vec{b} \quad \cdots\cdots(答)$$

$$\overrightarrow{BH} = \overrightarrow{OH} - \overrightarrow{OB}$$

$$= (s\vec{a} + t\vec{b}) - \vec{b}$$

$$= s\vec{a} + (t-1)\vec{b} \quad \cdots\cdots(答)$$

(5)　点 H は，△OAB の垂心だから

OH⊥AB　つまり　$\overrightarrow{OH} \cdot \overrightarrow{AB} = 0$

よって

$$\overrightarrow{OH} \cdot \overrightarrow{AB} = (s\vec{a} + t\vec{b}) \cdot (\vec{b} - \vec{a})$$

$$= -s|\vec{a}|^2 + (s-t)\vec{a} \cdot \vec{b} + t|\vec{b}|^2$$

$$= -6^2 s + 6(s-t) + 5^2 t$$

$$= -30s + 19t = 0 \quad \cdots\cdots①$$

また，BH⊥OA　つまり　$\overrightarrow{BH} \cdot \overrightarrow{OA} = 0$

よって

$$\overrightarrow{BH} \cdot \overrightarrow{OA} = \{s\vec{a} + (t-1)\vec{b}\} \cdot \vec{a}$$

$$= s|\vec{a}|^2 + (t-1)\vec{a} \cdot \vec{b}$$

$$= 6^2 s + 6(t-1)$$

$$= 6(6s + t - 1) = 0 \quad \cdots\cdots②$$

①，②より

$$s = \frac{19}{144}, \quad t = \frac{5}{24} \quad \cdots\cdots(答)$$

══════════════ **解　説** ══════════════

《三角形の内心・垂心の位置ベクトル》

(1)　一般に，線分 AB を $m:n$ に内分する点 C の位置ベクトル $\overrightarrow{\text{OC}}$ は

$$\overrightarrow{\text{OC}}=\frac{n\overrightarrow{\text{OA}}+m\overrightarrow{\text{OB}}}{m+n}$$

で与えられる。本問では，OC は ∠AOB の 2 等分線だから，
AC:BC=OA:OB である。ここから，解答が得られる。

(2)　点 I は内心だから，AI は ∠OAB の 2 等分線である。よって，点 I
は OC を AO:AC の比に内分する。

(3)　$\overrightarrow{\text{AB}}=\vec{b}-\vec{a}$ であり，$|\overrightarrow{\text{AB}}|^2=|\vec{b}|^2-2\vec{b}\cdot\vec{a}+|\vec{a}|^2$ である。

(5)　OH⊥AB，BH⊥OA より，$\overrightarrow{\text{OH}}\cdot\overrightarrow{\text{AB}}=0$，$\overrightarrow{\text{BH}}\cdot\overrightarrow{\text{OA}}=0$ である。ここ
から，①，②を得て，連立方程式を解くとよい。

③　～～～～～～　＼ **発　想** ／　～～～～～～

(1)・(2)　$a_2-k<a_3-k<\cdots<a_n-k$ の $n-1$ 個の数がすべて S の
要素になる。まず a_2-k について，$a_2-k<a_2$ より $a_2-k=a_1$ で
あるから，$a_2=2k$ であることがわかる。次に，$a_2-k=a_1$ と
$a_3-k<a_3$ より $a_3-k=a_2$ であるから，$a_3=3k$ であることがわか
る。このように $a_2-k=a_1$ を踏まえた上で，順に a_3-k，a_4-k，
$\cdots$，a_n-k の値を定めていくことができる。

(3)　$\dfrac{a_i}{k}$（$i=2,\ 3,\ \cdots,\ n$）がすべて S の要素となり，S の要素

で最大のものは a_n であるから，特に $\dfrac{a_n}{k}\leqq a_n$ より $k\geqq1$ でなけ

ればならないことに注意する。k の値で場合分けを行い a_n を考
察する。

～～～～～～～～～～～～～～～～～～～～～～～～～～

解答　(1)・(2)　$n-1$ 個の数 a_2-k，a_3-k，$\cdots$，a_n-k がすべて S の
要素となり，$k>0$ だから

$a_2-k<a_2$ より　　$a_2-k=a_1$

$a_2\leqq a_3-k<a_3$ より　　$a_3-k=a_2$

$a_3 \le a_4 - k < a_4$ より　　$a_4 - k = a_3$

　　　　⋮

$a_{n-1} \le a_n - k < a_n$ より　　$a_n - k = a_{n-1}$

と順に $a_i - k$ $(i=2,\ 3,\ \cdots,\ n)$ を定めることができて

　　　$a_i - k = a_{i-1} \iff a_i = a_{i-1} + k$　$(i=2,\ 3,\ \cdots,\ n)$

が成り立つので，数列 $\{a_i\}$ $(i=1,\ 2,\ \cdots,\ n)$ は初項 $a_1 = k$，公差 k の等差数列である。

　　よって　　$a_i = k + (i-1)k = ik$

　　したがって　　$a_2 = 2k,\ a_n = nk$ ……(答)

(3)　集合 $T = \left\{ \dfrac{a_2}{k},\ \dfrac{a_3}{k},\ \cdots,\ \dfrac{a_n}{k} \right\}$ とすると，T の要素はすべて S の要素である。

　　a_n は S の最大の要素であるから

　　　$\dfrac{a_n}{k} \le a_n \iff k \ge 1$

が必要である。($0 < k < 1$ のときは条件を満たす集合 S は存在しない)

(i)　$k=1$ のとき

　$T = \{a_2,\ a_3,\ \cdots,\ a_n\}$ であるから，T の要素はすべて S の要素である。

　よって，a_n は $1 = a_1 < a_2 < \cdots < a_n$ を満たす任意の実数である。

(ii)　$k>1$ のとき

　$\dfrac{a_2}{k} < a_2$ より　　$\dfrac{a_2}{k} = a_1$

　$a_2 \le \dfrac{a_3}{k} < a_3$ より　　$\dfrac{a_3}{k} = a_2$

　$a_3 \le \dfrac{a_4}{k} < a_4$ より　　$\dfrac{a_4}{k} = a_3$

　　　⋮

　$a_{n-1} \le \dfrac{a_n}{k} < a_n$ より　　$\dfrac{a_n}{k} = a_{n-1}$

と順に $\dfrac{a_i}{k}$ $(i=2,\ 3,\ \cdots,\ n)$ を定めることができて

　　　$\dfrac{a_i}{k} = a_{i-1} \iff a_i = k a_{i-1}$　$(i=2,\ 3,\ \cdots,\ n)$

が成り立つので，数列 $\{a_i\}$ $(i=1,\ 2,\ \cdots,\ n)$ は初項 $a_1=k$，公比 k の等比数列である。

　よって　　$a_i=k\cdot k^{i-1}=k^i$　　$\therefore$　　$a_n=k^n$

　以上より

$$\begin{cases} k=1 \text{ のとき}　　a_n \text{ は } 1=a_1<a_2<\cdots<a_n \text{ を満たす任意の実数} \\ k>1 \text{ のとき}　　a_n=k^n \end{cases}$$

　　　　　　　　　　　　　　　　　　　　　　　　　　……(答)

═══════════ 解　説 ═══════════

《正の数を小さい順に並べた数列》

(1)・(2)　$a_2-k<a_2$ から $a_2-k=a_1$ が導かれ，次に a_3-k については $a_2\leqq a_3-k<a_3$ から a_3-k の値が確定できる。こうして順に a_4-k，…，a_n-k の値を定めればよい。数列 $\{a_i\}$ $(i=1,\ 2,\ \cdots,\ n)$ は等差数列となることがわかる。

(3)　$k=1$ の場合の考察を忘れないこと。$k=1$ のときは，$1=a_1<a_2<\cdots<a_n$ を満たす集合 S はすべて条件を満たす。$k>1$ のときは(1)・(2)と同様に考察すると，数列 $\{a_i\}$ $(i=1,\ 2,\ \cdots,\ n)$ は等比数列となることがわかる。

(講 評)

　例年通り，大問は 3 題で全問記述式である。各大問は小問に分かれているが，前問の結果を利用するものもあり，正確に答えを得ておく必要がある。

　1　(1)は連立不等式の表す領域を求める問題である。各不等式の表す領域の共通部分を求めるが，境界線どうしの交点の座標は明記しておきたい。(2)は $-2x+y=t$ とおき，直線 $y=2x+t$ を(1)の領域と共通点をもつようにして動かしてみる。(3)は $2x+y=s$ とおいて，(2)と同様に考える。(4)は $ax+y=m$ とおき，(1)で得られた境界線の交点を通る場合に注意しながら，a の値を動かしてみる。

　2　(1)は三角形の内心の位置ベクトルを求める問題である。内心の定義は覚えておきたい。また，∠AOB の 2 等分線は線分 AB を OA : OB の比に内分する。(5)は △OAB の垂心を H とすると OH⊥AB，

BH⊥OA であり，ここから $\overrightarrow{\mathrm{OH}}\cdot\overrightarrow{\mathrm{AB}}=0$，$\overrightarrow{\mathrm{BH}}\cdot\overrightarrow{\mathrm{OA}}=0$ である。

3 (1)は a_2-a_1，a_3-a_1，$\cdots$，a_n-a_1 を考える。このなかでいちばん小さい数は a_1 と一致する。(2)の a_n-a_1 は a_{n-1} と一致し，$a_n-a_{n-1}=a_1$ から，数列 a_1，a_2，a_3，$\cdots$，a_n は公差 a_1 の等差数列である。(3)は $\dfrac{a_2}{a_1}$，$\dfrac{a_3}{a_1}$，$\cdots$，$\dfrac{a_n}{a_1}$ を考え，$k>1$ のときは $\dfrac{a_2}{a_1}=a_1$，$\dfrac{a_3}{a_1}=a_2$，$\cdots$，$\dfrac{a_n}{a_1}=a_{n-1}$ となることから，数列 a_1，a_2，a_3，$\cdots$，a_n は公比 a_1 の等比数列である。

　全体的に取り組みやすく，問題はよく練られている。教科書の内容をきちんと理解しておくとともに，標準的な問題集でさまざまなパターンの問題にもあたっておきたい。

///////////////// · **memo** · /////////////////

//////////////// · memo · ////////////////

解答編

英語

Ⅰ 解答 1−a　2−c　3−e　4−c　5−a　6−a
7−c　8−a　9−d　10−c

◀解　説▶

▶1．involve → involves

「食料品と消費生活用品の価格に材料と労働力が含まれることを考慮すると，生産者は費用がかさむ場合，価格を上げて生産量を減らすか，利潤を減らすかのいずれかをしなければならない」

given that S V「～を考慮すると」の that 節内の S（the cost of food and consumer products）の the cost が単数形であるため，V の involve に 3 人称単数現在形の s をつける必要がある。profit margin「利潤，利益幅」

▶2．threatening → threat

「かつては厄介者の洪水と丁寧に呼んでいたものが，今では商業，輸送，公衆衛生への度重なる脅威となっており，高潮は歴史的地区を脅かしている」

c の threatening が形容詞ならば，a recurrent threatening to commerce, の a に対する単数名詞がない。threatening が動名詞だとしても a はつかない。よって，threatening を名詞 threat「脅威」とするのが正しい。nuisance「厄介者」 recurrent「頻発する」 storm surge「高潮」

▶3．誤りなし。

「局地的・全世界的な環境保護の苦境を乗り越えるには，慎重な検討と計画を要し，今後の成功は過去を深く理解できるかどうかにかかっている」

a の Resolving から quandaries までが動名詞を用いた主語となっている。b の requires「～を必要とする」は Resolving … quandaries に対す

る述語動詞。 c の and は Resolving　local … の文と future　success depends … を結ぶ等位接続詞。 d の depends は depend on ～「～次第である，～に左右される」の意。resolve「～を解決する」 quandary「困惑，苦境」 appreciation「理解，感謝，評価」

▶ 4 ．that → in〔within〕which / where

「ソビエト連邦と西洋諸国によるドイツの分断は，二極化した世界秩序の 1 つの特徴であり，その中で，資本主義陣営と社会主義陣営の国々がこぞって核兵器の開発を進めた」

　c の that 以下の文意を考慮すれば，capitalist and communist … は c の前の a bi-polar world order「二極化した世界秩序」において起こっていた出来事であることは間違いない。 c の that 以下は a bi-polar world order の説明であると考えられる。しかし，that 以下は capitalist and communist states「資本主義と社会主義の国々」が S, raced は race to *do*「競い合って～する」の意で V, S や O に抜けのない完全文である。先行詞 （a bi-polar world order） が that 以下に入る余地がなく，関係代名詞では不成立となるため，c が不適。「そんな二極化した世界秩序の中で」という意味で，in〔within〕which や where とするのが正しい。

▶ 5 ．Among → During

「ビクトリア朝時代，旅行の仕方や速度，頻度に劇的な変化が起こり，そのような変化は宿泊施設の規模や企画，構成に反映された」

　a の Among は物理的な位置として，もしくはある集合体の中に囲まれている意味で「～の間で」の意。本問のように，「（特定の期間）の間に」の場合は during を用いる。mode「やり方」 frequency「頻度」 structure「構造」

▶ 6 ．become → becoming

「タイは，同性愛者のカップルにより多くの権利を与えることを目的とした 4 つの異なる法案を国会議員らが可決し，東南アジアで初めて同性婚を合法化する国になっていった」

　edge closer to ～「少しずつ～に近づく」の to の直後には名詞か動名詞をおく。よって become を becoming とするのが正しい。この表現を知らない場合でも，似た表現で come near to *doing*「もう少しで～しそうである」を連想できれば，to が前置詞であると予測がついたかもしれない。

legalize「〜を合法化する」　union「結合，結婚」　lawmaker「立法者，国会議員」　bill「法案」

▶ 7．in → なし

「バイデン政権は急ピッチで動き，オルソポックスウイルスの分析結果を各地の主要な研究所に送り始め，あらゆる地域で検査能力と利便性を高めた」

　c の in は直前の increase が名詞なら increase in 〜「〜の増加」で成立するが，この increase には to がついているため，「検査能力と利便性を高めるため」と目的の意味の不定詞として解釈する。よって，この increase は他動詞で「〜を高める」となり，in は不要である。administration「政権，陣営」　urgency「緊急（性）」　ship「〜を輸送する」　lab（＝ laboratory）「研究所」

▶ 8．Nestling → Nestled

「モロー群の丘に位置し，何百基ものソーラーパネルと風力タービンが，まもなく州のいたるところで需要が高まることになる，ある製品を生み出している——クリーンな電気エネルギーである」

　a の Nestling の nestle は自動詞で「（家などが）守られるように立っている，すっぽり収まっている」，他動詞で「〜を心地よく落ち着かせる」の意。他動詞の場合，be nestled で「（家などが）位置している，囲まれるようにして立っている」となり，自動詞とほぼ同じような意味で，いずれも建物などを S にして使える。本問では，主節の are generating が現在進行形であることから，S の hundreds of solar panels and wind turbines はすでに生産を始めている施設（＝設置済み）であると判断する。a の部分が分詞構文であることを考慮すると，自動詞の現在分詞 Nestling だと，動作性が強まり，S の hundreds of solar panels and wind turbines が設置途中なイメージになる。一方，過去分詞の (Being) nestled とすれば，hundreds of solar panels and wind turbines が（人の手によって）設置済みのもの，という意味合いが出せる。よって，Nestling を Nestled とするのが正解。

▶ 9．their → its

「数十年にわたり，人工妊娠中絶をめぐる法廷闘争は，米連邦最高裁判所とその指針文書，すなわち，アメリカ合衆国憲法に重点を置いていた」

　d の their が指す複数名詞が見当たらないため，不適。their が指すの
は直前の the U.S. Supreme Court であるため，its とする。abortion「妊
娠中絶」 the U.S. Supreme Court「米連邦最高裁判所」 guiding「導く」
the U.S. Constitution「アメリカ合衆国憲法」

▶10. emotional → emotionally
「自閉症スペクトラム障害を持つ身として，ジョン＝エルダー＝ロビソン
氏は，さまざまな状況で自分だけが気持ち的に取り残されるというのがど
のようなものかがわかっている」

　c の emotional「感情的な」は形容詞。直後の removed は feel…
removed となっているため，過去分詞である。形容詞（emotional）は形
容詞（removed）の修飾はできないため，副詞 emotionally とする。
removed「取り除かれた」

II 解答

1－a　2－c　3－a　4－b　5－d　6－c
7－d　8－b, f

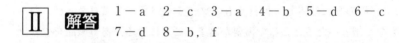

◆全　訳◆

≪オールジェンダートイレの必要性を訴える≫

　2018 年，ロングビーチの高校生たちは個室トイレがたくさんあるオー
ルジェンダートイレの設置を訴え始めた。この 10 代の若者たちは，学校
長や教師，親に対し，トイレでいじめを受けた経験について詳しく語ると
いう精神的にきつい作業を引き受けた。多くの場合，保健室のトイレを使
うというのが彼らの唯一の選択肢であったが，このことは恥ずかしいこと
であり，そのせいで，自身の性自認をまだクラスメートに伝えていない学
生がトランスジェンダーであることが意図せずバレてしまっていた。中に
はトイレに絶対に行かないと決め，授業に集中できなくなる子どももいた
――また，そのせいで尿路感染症になる事例もあった。

　市はその声に耳を傾けた。2020 年 1 月までに，ロングビーチ統一学区
では 3 つの高校で個室が複数あるトイレをひそかに開設した。その時点で
の反対意見は皆無かそれに近く，報道されることもなかった。市では現在，
学校を新設する場合にはすべてに男女の区別のないトイレを導入するよう
命じている。この転換後，最初に建設された施設となるウィルソン高校の
アクアティクスセンターに入ってみるとよい。市は 60 名の学生を対象に，

ロッカールームの設計についてグループインタビューを行った。対象者らは性自認にかかわらず一貫して，シャワーや更衣室を共用にすることに抵抗があると答えた。多くの対象者が身体像やいじめを連想したのである。ウィルソン高校のロッカールームの設計はこの意見を反映している。それぞれの個室にシャワーと更衣スペース，長椅子，収納場所がある。各個室の間にある間仕切りはほぼ天井から床にまで及ぶもので，腰ほどの高さのロッカーは，コーチが目を光らせることを見越してのことである。

　オンラインニュースサイトのブライトバートがその計画を公然と非難する記事を出した直後，12 月初頭に行われた教育委員会の会議で，地域住民らはその計画に声高に反対し始めた。そのロッカールームについて公に反対の声を上げた人は 20 人にも満たなかった。それでも，市が計画の推進を一時停止するには十分であり，市はさらに多くの意見を集めた。ジェンダー＆セクシュアリティ同盟ネットワークの主催者の 1 人で，この問題についてロングビーチの学生たちと緊密に協力してきたクリストファー＝コビントン氏と話をした。男女の区別のないトイレやロッカールームに反対する人の多くはおそらく，トランスジェンダーの直接の知り合いが 1 人もいないのであろう，と彼らは言う。「トランスジェンダーの若者たちが学校の構内でどのような困難に直面しているか，また，このような施設を作ることでいかにして彼らが助かるのかを，彼らは理解していないのです」とコビントン氏は私に言った。

　例えば，高校にトランスジェンダーの男の子がいるというのがどのようなものかを想像してみるとよい。彼はまだ性別移行を行ったり，自身の性自認を公表したりしていないものとしよう。ある日，彼は自分の性自認に一致するトイレを使うことにする。女性用トイレを使うことは精神的につらいからである。まさにこのような状況で，自認している性別と身体の性別が一致していない学生の多くがハラスメントを受け，問い詰められ，そして最悪の場合には暴力行為を受けるのだ，と語るのはカーラ＝ペーニャ氏で，彼女は子どもや若者のための性差別のない環境を作る取り組みを行う団体であるジェンダー・スペクトラムで専門家を育成する責任者である。

　2013 年，カリフォルニア州はアメリカで初めて，トランスジェンダーの学生が自分の性自認に合うトイレやロッカールームを選べる権利を法制化した。3 年後，カリフォルニア州は 2017 年春までにすべての公衆トイ

レの個室について，男女の区別のないものにするよう命じた。このことは良い方向へ進んでいく第一歩だと支持者らは言っているが，多くの学校は学生に保健室のトイレを使わせることでこの法律に従うという対応をとり，このせいでそういった学生たちは必然的に差別されたのである。

　ペーニャ氏は，全国の高校の 4 分の 1 には何らかの形で男女の区別のないトイレという選択肢がおそらくあると推定しているが，それは手厚いように見せかけているだけだ，と彼女は言う。その大半が保健室のトイレの類のものなのだ。2019 年，教育団体のグルセンによる全国調査で，45％の LGBTQ＋ の学生が学校の男女区別のあるトイレの使用を，44％がロッカールームの使用を避けており，安全でないと感じたり，違和感を覚えたりすることが理由だということがわかった。個室がたくさんある男女区別のない施設は，こういった障壁を取り除くのだ，とペーニャ氏は言う。「もし自分の基本的欲求を満たせるかどうかや，トイレを使うことで自分がトランスジェンダーであるとバレるか否かを心配しないでよくなれば，不安が少なくなり，元気になって，学校に行って勉強するようになりますよ」

　支持者らによると，男女区別のない施設は性自認にかかわらず，すべての子どもたちのためになるのだという。「学校のさまざまな場所を利用できることで，学生みんながより安心感を抱くことができる，ということが我々にはわかっているのです」と語るのは，ロングビーチ LGBTQ センターで青少年部門を担当しているジョエル＝ジェミノ氏である。「そうすることが，ここは彼らがいてもいい場所であり，彼らには——たとえどんなことがあっても——安全を求める権利がある，という学校からの明確なメッセージになるのです」　そのようなトイレやロッカールームは，性別の異なる介助者のついた身体障害のある学生にも役立つ。そして，そういった施設は若者に，いろいろな個性を持つ人々みんなを尊重する大切さや他者と空間を共有する方法，プライバシーや限度について教えてくれるのだ。

　10 代の若者たちはこのことをわかっているようである。ロングビーチの学校指導者らは，学生はこのロッカールーム計画を圧倒的に支持している，と私に話した。「彼らはまるで『そうしないわけないでしょう？』と言わんばかりです」と語ったティファニー＝ブラウン氏は，この街の副教

育長である。反対しているのはほとんど大人だけである。男女共用のオールジェンダートイレに反対する意見として最近最もよく聞かれる懸念事項は，学生——特に女子学生——が異性から痴漢行為や暴行を受けるというものだ。この考えは，トランスジェンダーの人がトイレにいると恐怖の対象になるという，昔からある話に端を発したものである，と支持者らは私に語った。しかし，それはロングビーチのような LGBTQ に優しい街では歓迎されない考え方である。結局のところ，安全性の問題が争点なのだ，と言うのは，国立トランスジェンダー平等センター事務局長のロドリゴ゠ヘン゠レティネン氏である。学生がトイレで嫌な目に合った場合，それはジェンダーの問題ではなく，学校の風土の問題なのだ。「嫌がらせは，男女の区別のない施設においても違法です」と彼は言う。「容認可能な行為に関する保護や基準は依然として適用されるのです」

■■■■■■◀解　説▶■■■■■■

▶ 1．空所に適語を入れる問題。空所を含む文および第 1 段最終文（Many times, their … urinary tract infections.）に注目。空所前の which は Many times, their only option was to use the bathroom in the nurse's office「多くの場合，保健室のトイレを使うというのが彼ら（オールジェンダートイレ設置を訴える学生たち）の唯一の選択肢であった」ことを指し，そのことは stigmatizing「恥ずかしいこと」であり，outed students who had not yet shared their gender identities with their classmates「そのせいで，自身の性自認をまだクラスメートに伝えていない学生がトランスジェンダーであることが意図せずバレてしまっていた」とある。続く最終文の Some kids opted not to go to the bathroom at all より，普通のトイレも保健室のトイレも使わないという選択をせざるを得なくなっていることが読み取れる。保健室のトイレも使わない理由は，上記 outed … classmates の通り。わざわざ普通のトイレではなく保健室のトイレを使うことで，周囲に「勝手に」トランスジェンダーであることが露見するからである。「勝手に」に近い意味の a．unintentionally「意図せず，無意識的に」を補う。b．independently「独立して，自主的に」 c．unsurprisingly「驚くことなく，当然」 d．immorally「不道徳に」

▶ 2．下線部と意味が近い表現を選ぶ問題。decry は「～を公然と非難する」の意。よって c．expressing open disapproval「～に表立って反対の

出典追記：Why gender-neutral bathrooms benefit all young people, Los Angeles Times on March 7, 2022 by Laura Newberry

意を表明する」を選ぶ。第 2 段第 3 文（There was little …）に，市がオールジェンダートイレ設置に動き始めた当初は反対意見はほぼなかったとあるが，反対意見が声高に叫ばれ始めたのが下線部を含む文の just after the website Breitbart published a piece decrying the plan「オンラインニュースサイトのブライトバートがその計画を decry する記事を出した直後」であるため，decry は「～に反対する」といった意味の語であることが推察できる。a ．revising from top to bottom「～を完全に変える」 b ．rejecting now and forever「～をいつまでも拒絶する」 d ．executing with reservations「～を条件付きで実行する」

▶ 3 ．空所に適語を入れる問題。空所を含む文の前後に注目しよう。第 5 段最終文（Although advocates say …）の many schools complied … singled them out.「多くの学校は学生に保健室のトイレを使わせることでこの法律に従うという対応をとり，このせいでそういった学生たちは必然的に差別されたのである」と，第 6 段第 2 文（Most of those …）「その（＝全国の高校の 4 分の 1 には何らかの形で男女の区別のないトイレという選択肢があるという数値）大半が保健室のトイレの類のものなのだ」から，保健室のトイレを学生が使用するという対応をとれば結局問題は解決しないにもかかわらず，「オールジェンダートイレあり」としている高校の大半ではそのような対応をしてしまっていることがわかる。国全体の 4 分の 1 の高校がオールジェンダートイレを設置していると言えばかなりの数の高校が導入しているように聞こえるものの，実際は対応しきれていない，ということである。空所前の that's being の be being ＋形容詞には「（今だけ）～である，（一時的に）～であるように振る舞っている」というニュアンスがあることから，a ．generous「気前の良い，豊富な」を補うことで，「それ（＝国全体の 4 分の 1 の高校がオールジェンダートイレを設置していること）は（州の命令に応じるために一時的に）気前がいいように振る舞っている」→「見せかけの手厚い対応をしているにすぎない」という意味になり，前後の文の流れにも合う。b ．precise「正確な」 c ．exceptional「例外的な，特別な」 d ．diverse「異なった，さまざまな」

▶ 4 ．空所に適語を入れる問題。第 6 段第 3 文（In 2019, a national …）の調査で，LGBTQ ＋の学生の多くが男女区別のあるトイレやロッカール

ームの使用を避ける理由として felt unsafe を挙げている点に注目。それ
に対し，空所を含む文では It's（＝the availability of spaces at schools）a
clear message from the school that…，that ─（　　　）─ they have a
right to safety.「そうすること（＝学校のさまざまな場所を気兼ねなく利
用できること）が，彼らには──（　　　）──安全を求める権利がある，
という学校からの明確なメッセージになる」としている。トイレに限らず，
学校施設内で不安を感じる学生を学校側が守る姿勢として，b．no
matter what「たとえどんなことがあっても」を補うのが適切である。a．
by any means「何としてでも」　c．to some extent「ある程度は」　d．
in actual fact「（見かけと違って）実際は，その証拠に」

▶ 5．空所に適語を入れる問題。空所には男女共用の施設設置に反対して
いる人を入れる。第1段よりオールジェンダートイレの設置を訴え始めた
のが高校生であること，最終段第2文（School leaders in…）の students
overwhelmingly support the locker room plan.「学生はこのロッカール
ームの計画を圧倒的に支持している」，第3文の "They're like, 'Why
wouldn't we be doing this?'"「彼らはまるで『なんでこれをしていない
の？（当然するでしょ）』という態度である」から，10 代の若者は施設の
男女共用化に賛成する意見がほとんどであることがわかる。ということは，
反対しているのはこれに属さない，10 代の若者と対比関係にある d．
adults「大人」である。a．conservatives「保守的な人」も入り得るよう
に思えたかもしれないが，空所前までの同段第1～3文がすべて 10 代の
若者が圧倒的に賛成意見を示している，という流れになっていることから
d の方が適切である。b．school administrators「学校経営者」　c．
advocates「支持者」

▶ 6．下線部と意味が近い表現を選ぶ問題。a moot point は「争点，未
解決の問題」の意。よって c．a debatable question「議論の余地のある
（未解決の）問題」が正解。当該文の S の the safety issue「安全性の問
題」とは，最終段第5文（The most commonly…）の students…will
be harassed or assaulted by the opposite sex「（男女共用のトイレにす
ると）学生が異性から痴漢行為や暴行を受ける」という反対派の懸念事項
と重なる。当該文のみなら，b．a solvable problem「解決できる問題」
や d．a matter of course「当然のこと」でも文意は通るかもしれないが，

直前文の反対派の懸念事項（＝Sの安全性の問題）を解決しなければ反対派は納得しないであろうことを考慮すれば，「今後解決していくべき問題」という意味でcが適切である。ａ．a careful observation「慎重な観察」

▶7．本文の要点を選ぶ問題。本文では，学校施設の男女共用化に反対意見（第3段），オールジェンダートイレ設置の現実的な難しさ（第6段），男女共用にすることへの懸念（最終段）といった反対意見が部分的にあるが，それぞれに支持派の反論が続いており，本文の大半でオールジェンダートイレの必要性が論じられている。特に第7段第1〜4文（According to advocates, … a different gender.）では，学校の施設を安心して使えることはセクシャルマイノリティの学生だけでなく，身体に障害のある学生を含むすべての学生にとっても有益であること，最終文ではそういった施設の使用が教育の一環になることが述べられており，これらをまとめたものがｄ．「高校のオールジェンダートイレはすべての若者のためになるということにはもっともな理由がある」である。よってｄが正解と言える。ａ．「ロングビーチのような土地でも，高校で性別の多様性を尊重するのは難しい」

オールジェンダートイレの設置を訴えるロングビーチの高校生に対し，第2段で市は積極的な動きをしている点，また，最終段第7文（But that's a …）の a LGBTQ-friendly city like Long Beach に不一致。ｂ．「ロングビーチの高校はオールジェンダートイレを設置することでセクシャルマイノリティの若者を支援している」

選択肢ｄの〔解説〕参照。第1・2段の高校生の訴えを受けてのオールジェンダートイレの設置，トランスジェンダーの学生の権利を守る州法の制定とすべての公衆トイレの男女区別をなくす要請（第5段第1・2文）などは，この選択肢に一致してはいるが，第5段最終文「多くの学校は学生に保健室のトイレを使わせることでこの法律に従うという対応をとり，このせいでそういった学生たちは必然的に差別された」からは，高校がトランスジェンダーの学生をきちんと支援する対応をしているとは言えないため，不適。ｃ．「ロングビーチの高校では長年にわたり，オールジェンダートイレは議論の的となってきている」

第3段にロングビーチの学校施設の男女共用化を非難する記事をきっか

けに教育委員会で反対意見が出たという記述はあるが，for a long time にあたる表現はない。controversial「物議を醸している，議論の的となる」

e．「ロングビーチの高校生はオールジェンダートイレの設置に成功した」

　第1段でロングビーチの高校生がオールジェンダートイレの設置を訴え，第2段で市がその声に応えて設置した，とあるため，本文内容には一致しているが，高校生がオールジェンダートイレの設置に成功するまでの流れはこの2段落のみであるため，本文全体の要点とは言えない。

▶8．本文内容と一致するものを2つ選ぶ問題。

a．「オールジェンダートイレに反対していた人々でも，トランスジェンダーの学生たちが日々学校で直面している困難に気付き始めている」

　第3段第5文（It's likely that …）「男女の区別のないトイレやロッカールームに反対する人の多くはおそらく，トランスジェンダーの直接の知り合いが1人もいないのであろう」および最終文「トランスジェンダーの若者たちが学校の構内でどのような困難に直面しているか…を，彼らは理解していない」に不一致。

b．「性差別のない環境は他の障害のある人々がより快適な生活を送ることにも役立つ」

　第7段第4文（Such bathrooms and …）「そのようなトイレやロッカールームは，性別の異なる介助者のついた身体障害のある学生にも役立つ」に一致しているため，正解。

c．「ロングビーチでオールジェンダートイレが設置された頃，トイレを使うのを躊躇する人もいた」

　第6段第3文（In 2019, a national …）の 45% of LGBTQ＋ students avoided using gender-segregated school bathrooms にトランスジェンダーの学生が男女区別のあるトイレの使用を躊躇していた，とはあるが，オールジェンダートイレの使用を躊躇していた，という記述はないため，不適。

d．「新しいロッカールームの計画は，多くの人の支持が得られず，中止を余儀なくされた」

　第3段第2文（Fewer than 20 people …）「そのロッカールームについて公に反対の声を上げた人は 20 人にも満たなかった」より，反対派が多数であったとは言えない。また，選択肢の The … project had to be cancelled が同段第3文（That was still enough for …）で for the district to pause the plan「市がその計画の推進を一時停止する」とあり，中止とは述べられていない。

ｅ．「オールジェンダートイレに関して解決されるべき最後の問題は，トイレ内での痴漢行為を避ける方法である」

最終段第8文（At the end of …）「結局のところ，安全性の問題が争点なのだ」から判断すれば，Ｓの the safety issue が同段第5文（The most commonly …）にある男女共用トイレ内での異性からの痴漢行為や暴行を指すため，正解に思えたかもしれない。しかし，第3段最終2文（It's likely that … Covington told me.）に反対派の人々の無理解，第5段最終文および第6段第1・2文に，オールジェンダートイレの設置要請に対して保健室のトイレを代用することで，いじめを誘発する危険性について述べられている点に注目。他にもまだ解決すべき問題はあると考えられるため，選択肢の The last problem の部分が不適。

ｆ．「ロングビーチの高校にあるオールジェンダートイレに反対していた人々はおそらくトランスジェンダーの人々についてよく知らないのであろう」

第3段第5文（It's likely that …）「男女の区別のないトイレやロッカールームに反対する人の多くはおそらく，トランスジェンダーの直接の知り合いが1人もいないのであろう」および最終文「トランスジェンダーの若者たちが学校の構内でどのような困難に直面しているか，また，このような施設を作ることでいかにして彼らが助かるのかを，彼らは理解していない」に一致。

◆━◆━◆━◆━　●語句・構文●　◆━◆━◆━◆━◆━◆━◆

（第1段）stall「区画，個室」 exhausting「疲労困憊させる」 recount「〜について詳しく話す」 bully「〜をいじめる」 stigmatizing「非難されるような，恥ずかしい」 out「〜が同性愛者であることを露見させる」 gender identity「性自認」 opt「選ぶ，決める」 urinary tract「尿路」 infection「感染症」

（第2段）district「地区，街」 opposition「反対，抵抗」 gender-neutral「男女の区別のない」 aquatics「水中（水上）競技」 focus group「フォーカスグループ（定性調査の方法の1つ），グループインタビュー」

regardless of〜「〜に関係なく」　consistently「一貫して，一致して」　communal「共同の」　changing area「更衣室」　bring up *A* image「*A* を連想させる」　reflect「〜を反映する」　feedback「意見，反応」　storage nook「収納場所」　partition「間仕切り」　extend「延びる，及ぶ」　waist-high「腰の高さの」　allow for〜「〜を考慮に入れる，見越す」　supervise「〜を監視する」

(第 3 段) speak out against〜「〜に声高に反対する」　Board of Education「教育委員会」　piece「記事」　publicly「公然と」　opposition「反対」　pause「〜を一時停止する」　input「情報，意見」　organizer「主催者」　gender-neutral「性別による区別のない」　trans person「トランスジェンダー（LGBTQ＋のひとつ）の人*」　＊生まれつきの身体的性別と自認する性別が異なる人　potentially「潜在的に」

(第 4 段) have yet to *do*「まだ〜していない」　transition「移行する」　align with〜「〜に合致する」　distressing「苦しめる」　diverse「異なる」　harass「〜を苦しめる」　question「〜を尋問する」　harm「〜を傷つける」　gender-inclusive「性差別のない」

(第 5 段) enshrine *A* into law「*A* を法制化する」　single-occupancy「個室の」　advocate「擁護者，支持者」　comply with〜「〜に従う，応じる」　inevitably「必然的に」　single out〜「〜を選び出す，優遇する，差別する」

(第 6 段) some sort of〜「なんらかの〜」　segregate「分離された」　unsafe「安全でない」　inclusive「包括的な」　barrier「障壁」　present「出席して」

(第 7 段) availability「利用できること」　serve「〜に役立つ」　physical disability「身体障害」　caretaker「介助者」　boundary「限界，限度」

(最終段) deputy「副〜」　superintendent「管理者，最高責任者」　perspective「見方，観点，考え方」　well-received「歓迎された，好評の」　at the end of the day「結局のところ，最終的に」　climate「風潮，風土」　harassment「嫌がらせ」　norm「基準」　acceptable「容認可能な」

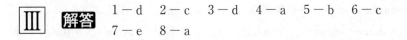

III **解答** 1—d 2—c 3—d 4—a 5—b 6—c
7—e 8—a

◆全　訳◆

≪チップ労働者の最低賃金引き上げが及ぼす影響≫

　連邦法上，労働者には2つの階級がある。チップを稼ぐ人々と，そうでない人々で，それぞれに異なる規則がある。2009年以降，連邦政府が定める常勤労働者の最低賃金は時給7.25ドルとなっている。チップ労働者の場合，それよりもずっと長きにわたり，はるかに低い2.13ドルとなっており，20年以上，そのままの状態である。理屈の上では，チップによる収入があってもチップ労働者の賃金が一般労働者の最低賃金に満たない場合，雇用主がその差額を補塡することが望ましい，とされている。実際のところ，特に外食産業では，給仕係は仕事で良いシフトをもらうのに雇い主を当てにしており，これはつまり，賃金の差額が補塡してもらえなかったとしても，不満を言う者がほとんどいない，ということである。

　この二重構造の制度は，一風変わった過去の遺物である。それは，欧州の貴族社会の慣習を再現しようと努める，米国を旅する富裕層によって米国にもたらされたもので，その慣習は南北戦争終結後，プルマン社が率いる外食産業およびサービス業が奴隷身分から解放されたばかりの奴隷たちに基本給を支払わない手段として急速に普及した。その結果，永続的な使用人階級ができ，彼らに生活賃金を支払う責務が雇用主から顧客へと移ったのである。他の多くの国では，接客係は最終的に他の労働者と法律上同等となり，他のどの職業に就く人とも同様にプロであると考えられるようになった。ジョージ゠オーウェルは『カタロニア讃歌』の中で，バルセロナに到着してすぐに「給仕係や店の売り場の案内員が客の顔をまじまじと見て，客と対等の立場で接客する」のを見て受けた衝撃について描いている。

　このようなことが米国で起こることはなく，チップが法制化され，今日では600万人近くの労働者に影響を及ぼしており，その65％は女性である。稼ぎが最低賃金を下回っている接客係やバーテンダーは，チップ労働者でない人々と比べ，生活最低基準に満たない生活を送る傾向が2倍以上である。しかし，その最低賃金は国内でも違いがある。各州が独自でチップを受け取る場合の基本最低賃金を設定しているからである。

　アラスカ州，カリフォルニア州，ミネソタ州，モンタナ州，ネヴァダ州，オレゴン州，ワシントン州の７つの州では，この二重構造の制度を完全に撤廃している。ニューヨーク州が次にこの流れに乗る州であるようだ。アンドリュー＝M.クオモ州知事（民主党所属）が公聴会を開き，すべての労働者に対する州一律の最低賃金の設定を検討する，と最近発表したからである。さらに同州では，支持者らがその問題を 2018 年の州民投票の案件とするための署名を十分に集めているが，法的な問題にぶつかっている。

　この流れに反対している人々は，特に外食産業で，そのような条例は飲食店にとって損害が大きく，価格を上げ，客足が遠のき，従業員を削減しなければならなくなる，と主張してきた。客が完全にチップを払わなくなるという不吉な予告によって，メーン州では，住民投票で可決されたチップ労働者の最低賃金の引き上げを州議会議員らが無効とするに至った。

　こういった懸念はもっともなものなのだろうか？　カリフォルニア州やモンタナ州では人々がレストランに行ったり給仕係にチップを払ったりするのを止めていない，という事実こそ，そのような懸念は大げさであるということを示唆している。さらなる洞察を得るために，我々は業種別の雇用と収入の追跡調査を行うアメリカ合衆国労働省労働統計局（BLS）が発表した『雇用・賃金四半期センサス』のデータを使い，ニューヨーク州による直近のチップ労働者の最低賃金引き上げとなる 2015 年の 5 ドルから 7.5 ドルへの引き上げが，レストランで働く人々の収入と雇用に及ぼす影響について調べた。

　わかったことは，最低賃金引き上げの翌年，フルサービスの飲食店の労働者の手取りの給与（賃金・チップ含む）は 6.4% 上昇し，近隣のどの州よりも上昇率が高かった（それらの州はいずれも当時，チップ労働者の最低賃金の引き上げを行っていなかった）一方で，同業の労働者数は 1.1% 増加し，3,751 人が新たにその業種に就いたことになる。

　しかし，雇用と収入に影響を及ぼしうるものが他にもたくさんある。ニューヨーク州，もしくはニューヨーク市だけでも，経済状況が一時的に良くなったり悪くなったりすることによって，チップ労働者の最低賃金引き上げがもたらしてくれた可能性のあるどんな効果も，かき消されてしまうこともあるのだ。また，比較対象は何か？という問題が残っている。我々は，ニューヨークの飲食店の労働者が賃金の引き上げから恩恵を受けてい

るのかどうかだけでなく，その他の地域の飲食店の労働者と比べてそうなったのかどうか，ということも知りたかったのである。

　ニューヨーク州のチップ労働者の最低賃金引き上げがもたらす効果をその他の要因からもっとうまく取り出すために，我々はニューヨーク州が他の州と接している州境の中でも最長の距離を共有しているニューヨーク州とペンシルヴァニア州の州境の両側にあるさまざまな郡にある飲食店の労働者の収入と雇用状況の比較も行った。ペンシルヴァニア州は明確な違いを示している。同州が最後にチップ労働者の最低賃金を上げたのは 2007 年で，現在では 2.83 ドルにとどまっており，ニューヨーク州よりもはるかに低い額である。この州境の両側にある郡はどこも大部分が同じような経済指標と労働力となっている。それゆえ，州境の片側だけで政策を変更した際に生じる効果を見られる自然実験をもたらしてくれるのだ。

　我々の調査結果では，州境のニューヨーク州側の郡の飲食店の労働者の方がペンシルヴァニア州側の郡の飲食店の労働者よりも良い結果を出したことが示されている。その統計上，チップ労働者の最低賃金を引き上げた翌年，給与が 2.2% 上昇し，雇用率が 0.2% 減少した州境のペンシルヴァニア州側の郡と比較すると，ニューヨーク州の州境沿いの飲食店の従業員の手取り給与は平均で 7.4% 上昇し，雇用率は 1.3% 上昇していたのだ。

　これらの調査結果は，収入と雇用の変化は制度によってかなりさまざまである可能性があり，それを BLS のデータにある郡の統計から知ることはできない，という難問の一部にすぎない。雇用者数のわずかな変化は，統計的にはささいなもので，摩擦的失業，すなわち，人々が仕事を辞めて新しい仕事を探すという標準的な流動に矛盾していないという可能性もある。

　しかし，収入に関する結果は明確である。飲食店の労働者はチップ労働者の最低賃金引き上げ以降，手取り給与を失ってはいない。それどころか，彼らの稼ぎは著しく上がっており，隣の州に住む人々と比較しても増えているのだ。同時に，そのことが雇用状況に悪影響を及ぼしているという証拠もない。

　最もわかりづらいのが，何も起こらない場合である。何十年もの間，外食産業の代理人としてロビー活動を行う人々は，もしチップ労働者の最低賃金がすべて引き上げられれば，空が落ちる（とんでもないことになる），

と予言してきた。7つの州で二重構造の一元化を採用してうまくいき，その他の州でも数えきれないほど引き上げが行われて以降，そのような声高な悲観論者の筋書きは現実のものにはならなかったと認めるときが来ている。

出典追記：Paying tipped workers better wouldn't lead to fewer restaurant jobs, The Washington Post on January 16, 2018 by Michael Paarlberg and Teófilo Reyes

■━━━━━◀解　説▶━━━━━■

▶1．下線部と意味が近い表現を選ぶ問題。proliferate は「激増する，急速に普及する」の意。よって d ．became popular「普及した」が正解。S の the practice はサービス業の従事者にチップを払う慣習を指す。第2段第4文（In many other …）の waitstaff were eventually … understood to be professionals like anyone else に「接客係は最終的に他の労働者と法律上同等となり，他のどの職業に就く人とも同様にプロであると考えられるようになった」とあるが，第3段第1文前半の This did not … enshrined into law「このようなことが米国で起こることはなく，チップが法制化された」より，サービス業の従事者にチップを払う慣習が米国では当たり前になっていることがわかる。「当たり前になった」に近い表現として d を選ぶ。 a ．became controversial「物議を醸すようになった」 b ．became rare「ほとんどなくなった」　 c ．became infamous「悪名が高くなった」

▶2．空所に適語を入れる問題。空所後のカンマ以降，understood to be professionals like anyone else「他のどの人とも同様にプロであると考えられる」より，S の waitstaff「接客係」が他の労働者と同じ立場になれたことがわかる。よって，c ．parity を補う。parity（with ～）は「（～と）同等（であること），類似」の意。parity の意味を知らない場合，d ．acceptance「受容」と迷ったかもしれないが，空所後の with とはつながらない。acceptance as ～ で「～として認められること」であれば可。 a ．agreement「同意，協定」　 b ．support「支援」

▶3．下線部と意味が近い表現を選ぶ問題。referendum「国民（住民）投票」に近い意味の語は d ．voters「投票者」である。当該文の legislators to invalidate a higher tipped-minimum-wage approved by referendum の approved by referendum は a higher tipped-minimum-wage の後置修飾で，legislators と invalidate は主述関係になっている。可決された条例を州議会議員らが無効にする，ということはこの条例を可決したのは legislators に近い立場となる a．senators「上院議員，政治家」，b．officials「役人，当局者」，c．judges「裁判官，審判」ではないはず。また，第 4 段最終文（And in the District, …）の advocates have collected … the 2018 ballot「支持者らがその問題を 2018 年の州民投票の案件とするための署名を十分に集めている」から，この条例を制定するために市民が動いて「投票」に持ち込もうとしていることもヒントになる。

▶4．空所に適語を入れる問題。空所前の they は第 6 段第 1 文（Are these concerns …）の these concerns「こういった懸念」，および第 5 段第 1 文（Opponents of this …）の such measures would … and slash jobs「そのような条例は飲食店にとって損害が大きく，価格を上げ，客足が遠のき，従業員を削減しなければならなくなる」を指し，チップ労働者の最低賃金を上げた場合に起こると雇用者側が主張する懸念である。しかし，空所を含む文の The very fact … California or Montana に，最低賃金引き上げをすでに導入している州で，上記のような懸念事項が実際に起こってはいないとあるため，そのような懸念は「不要である，心配し過ぎである」といった意味の語が空所に入るはず。よって a．overblown「度が過ぎた，大げさな」が適切。b．understated「控えめな」 c．correlated「相関性がある」 d．confusing「困惑させる，わかりにくい」

▶5．空所に適語を入れる問題。空所に入る *doing* は空所直前の of people の前置詞 of に対する動名詞で，people と主述関係になっていることが見抜ければ，続く and looking for new ones（＝jobs）とも people と主述関係になっていると判断できる。「人々が仕事を（　　　）して新たな仕事を探す」という意味内容より，新たな仕事を探す前には前職を辞めるはずなので，b．leaving「～を離れる」を補うのが適切。a．creating「～を創る」 c．offering「～を提供する」 d．assessing「～を査定する，評価する」

▶6．空所に適語を入れる問題。当該文の that 節内の S である such Chicken Little scenarios は，同段第 2 文（For decades, restaurant …）

の lobbyists have predicted…「外食産業の代理人としてロビー活動を行う人々は，もしチップ労働者の最低賃金がすべて引き上げられれば，空が落ちる（とんでもないことになる），と予言してきた」という外食産業側（＝チップ労働者の最低賃金引き上げ反対派）のロビイストによる予言を指す。空所を含む文前半の After the successful adoption of single tiers in seven states and countless raises in others「7 つの州で二重構造の一元化を採用してうまくいき，その他の州でも数えきれないほど引き上げが行われた」より，have failed to（　　）が，上記の予言は「実際には起こらなかった」といった意味になると推察できる。fail to *do* が「～しない，し損なう，できない」であるため，c．materialize「実現する，（人が）現れる」が正解。a．disappear「消える」　b．register「登録する，（感情・表現が）現れる」　d．stagnate「沈滞する，（心が）たるむ」

▶7．本文の要点を選ぶ問題。第 1～3 段は米国のチップ労働者の最低賃金制度の問題点，第 4 段は一部の州でのチップ労働者の最低賃金引き上げの動き，第 5 段は最低賃金引き上げ反対派の意見，第 6～最終段は最低賃金の引き上げ実施による影響となっている。本文の半分以上（第 6～最終段）で引き上げを実施したニューヨーク州と，実施しなかった隣接するペンシルヴァニア州に関する比較検証を行っており，その結果は第 10 段第 2 文（On the aggregate,…）に 2015 年に最低賃金を 7.5 ドルに上げたニューヨーク州では手取り給与が平均＋7.4％，雇用率は＋1.3％，それに対して 2007 年を最後に引き上げを行っていないペンシルヴァニア州（最低賃金は 2.83 ドル）は手取り給与が平均で＋2.2％，雇用率は－0.2％。第 12 段第 2・最終文（Restaurant workers did…effect on employment.）の they earned significantly…「彼ら（＝ニューヨーク州のチップ労働者）の稼ぎは著しく上がっており，隣の州に住む人々と比較しても増えているのだ。同時に，そのことが雇用状況に悪影響を及ぼしているという証拠もない」とまとめている。よって，e．「チップ労働者の最低賃金引き上げは，外食産業で働く労働者らに利益をもたらし，雇用に大きな影響をまったく及ぼさなかった」が本文の要点と言える。

a．「米国では，チップ労働者が生活最低基準に満たない状況で生活している確率は，普通の労働者の 2 倍である」

　第 3 段第 2 文（Waitstaff and bartenders…）「稼ぎが最低賃金を下回

っている接客係やバーテンダーは，チップ労働者でない人々と比べ，生活最低基準に満たない生活を送る傾向が 2 倍以上である」に近いが，more than twice の部分が不一致。

b．「州全体で均一の最低賃金を設定し，永続的な使用人階級を失くすことが望ましい」

　第 3 段最終文（Yet the wage …）「最低賃金は国内でも違いがある。各州が独自でチップを受け取る場合の基本最低賃金を設定しているからである」および第 12 段第 2 文（Restaurant workers did …）「飲食店の労働者はチップ労働者の最低賃金引き上げ以降，手取り給与を失ってはいない。それどころか，彼らの稼ぎは著しく上がっており，隣の州に住む人々と比較しても増えているのだ」から，全州統一の最低賃金の設定はすでに行われており，問題点は設定額の差であるとわかるため，不適。desirable「望ましい」 uniform「均一の」

c．「二重構造の最低賃金の制度は，南北戦争後に奴隷身分から解放された奴隷たちを雇う方法として，一風変わった過去の遺物である」

　第 2 段第 1・2 文（This two-tiered system … them base wages.）に一致する内容ではあるが，それ以外の段落や本文全体でこのことについて論じられてはいない。

d．「外食産業のロビイストは多くの州で影響力を失いつつある」

　最終段第 2 文（For decades, restaurant …）の restaurant industry lobbyists have predicted that the sky would fall with each tipped-minimum-wage hike「外食産業の代理人としてロビー活動を行う人々は，もしチップ労働者の最低賃金がすべて引き上げられれば，空が落ちる（とんでもないことになる），と予言してきた」とはあるものの，選択肢の are losing influence in many states「多くの州で影響力を失いつつある」とは書かれていないため，不適。

▶ 8．本文内容と一致するものを 1 つ選ぶ問題。

a．「2015 年から 2016 年にかけ，ニューヨーク州の飲食店の労働者の平均収入の増加率は，ニューヨーク州に隣接するどの州よりも大きかった」

　第 7 段の their average take-home … any neighboring state「フルサービスの飲食店の労働者の手取りの給与（賃金・チップ含む）は 6.4％上昇し，近隣のどの州よりも上昇率が高かった」に一致するため，正解。

ｂ．「2015 年から 2016 年にかけ，ニューヨーク州ではペンシルヴァニア州に隣接する郡にある飲食店の労働者の平均収入の増加率は，州全体の増加率よりも小さかった」

　文末の the statewide rate「州全体の（増加）率」については本文中に記載がない。

ｃ．「2015 年から 2016 年にかけ，ペンシルヴァニア州に隣接するニューヨーク州の郡では外食産業の雇用率が上昇し，ニューヨーク州に隣接するペンシルヴァニア州の郡では減少したため，かなりの数の労働者が州境を超えたと結論付けることができる」

　前半の since 節内は第 10 段第 2 文（On the aggregate, …）に一致するが，後半の significant numbers of workers moved across the border については本文中に記載がなく，その可能性を示唆する内容もない。

ｄ．「2015 年から 2016 年にかけ，ペンシルヴァニア州ではチップ労働者の最低賃金は調整されたが，ニューヨーク州と州境が接している他の州では調整されなかった」

　第 9 段第 2 文（Pennsylvania offers a …）の it last raised its tipped-minimum-wage in 2007「ペンシルヴァニア州が最後にチップ労働者の最低賃金を上げたのは 2007 年」に不一致。fix「～を調整する」

◆━◆━◆━◆━◆━●語句・構文●━◆━◆━◆━◆━◆

（第 1 段）federal「連邦の」 minimum wage「最低賃金」 regular worker「常勤労働者」 tipped worker「チップ労働者（仕事でチップを受け取るような職種に就く人々）」 be stuck「詰まっている，動けなくなっている」 make up ～「～を埋め合わせる」 in practice「実際には」 close a gap「差を埋める」

（第 2 段）two-tiered「2 層構造の」 peculiar「一風変わった，特異な」 anachronism「時代錯誤」 aristocracy「貴族（社会），上流階級」 practice「慣習」 the Civil War「南北戦争」 hospitality industry「接客業，サービス業」 free「～を解放する」 slave「奴隷」 base wage「基本給」 permanent「永続的な」 servant「召使い」 living wage「生活賃金」 shopwalker「（百貨店などの）売り場主任」 look *A* in the face「*A* の顔を直視する，まじまじと見る」

（第 3 段）enshrine *A* into law「*A* を法制化する」 waitstaff「接客係」

bartender「バーテンダー」　poverty line「貧困線，生活最低基準」　wage floor「最低賃金」　regular wage「基本給」

(第 4 段) eliminate「～を排除する，撤廃する」　entirely「完全に」　trend「傾向」　Gov.（= governor）「州知事」　(D)（= Democratic）「民主党の」　announce「～を公表する，宣言する」　hearing「公聴会」　statewide「州全体にわたる」　district「地区」　advocate「支持者」　signature「署名」　put *A* on the ballot「*A* を投票にかける，投票の案件とする」

(第 5 段) opponent「反対者，敵」　notably「著しく，特に」　measure「法案，条例」　disastrous「破滅を招く，損害の大きい」　lose business「仕事を失う，客足が遠のく」　slash「(予算・値段・人員を) 大幅に削減する」　dire「不吉な，緊急の」　warning「警告」　persuade *A* to *do*「*A* を説得して～させる」　legislator「立法者，国会議員」　invalidate「～を無効にする，～の説得力を弱める」　approve「～を承認する，認可する」

(第 6 段) valid「妥当な，根拠の確かな，有効な」　insight「洞察」　track「～の跡をたどる，追跡調査を行う」

(第 7 段) full-service「フルサービスの (店員が案内・注文・配膳・会計・片付けまですべてを行う)」　take-home pay「手取り給与」

(第 8 段) boom「急上昇，にわか景気」　bust「失敗，破産，不況」　mask「～を隠す」　hike「値上げ，引き上げ」　relative to ～「～に関連して，～と比べて」　elsewhere「他の場所に」

(第 9 段) isolate *A* from *B*「*B* から *A* を孤立させる，分離する」　county「郡 (州の下位の行政区画)」　border「国境，境界線，～に隣接する」　contrast「対照，差異」　economic indicator「経済指標」　labor pool「労働要員，労働力」　thus「このように，したがって」　natural experiment「自然実験 (実社会の中で自然に生じた現象を観察して因果関係の考察やその影響を比較する実験)」　policy「政策」

(第 10 段) aggregate「統計，合計」

(第 11 段) establishment「制度，体制」　statistically「統計的に」　insignificant「ささいな，無意味な」　consistent with ～「～に矛盾しない，一致した」　frictional「摩擦によって生じる」　unemployment「失業」　flux「流動，絶え間ない変化」

(第 12 段) significantly「意味ありげに，著しく」　evidence「証拠」

（最終段）lobbyist「ロビー活動（自社が有利になるよう，政府や機関に対して行う働きかけ）を行う人」 predict「～を予言する，予測する」 adoption「採用，実行（されること）」 tier「層，段，列」 acknowledge「～を認める」 Chicken Little「声高な悲観論者，騒々しい臆病者（寓話で頭に木の実が落ちてきたのを空が落ちると勘違いした登場人物の名前より）」 scenario「筋書，台本」

 解答 1 － d 　2 － d 　3 － a 　4 － c 　5 － b 　6 － b

7 － b 　8 － a，d

◆全　訳◆

≪食を通しての環境保護≫

　自分が何を食べるかは自分で選択できるが，商品棚に何を置き，飲食店のメニューに何を載せるかを決めるのは，結局のところ，食品産業である。自分が食べるものの選択肢は，スーパーマーケット，職場や学校の食堂，帰宅途中にある小さなショッピングモールにある飲食店に何があるかによって制限されているのである。それはつまり，自分が摂る食事のカーボンフットプリントを減らしたいと考えている人々にとっては，最も環境に優しい選択肢が必ずしも食卓に並ぶとは限らない，ということである。もしくは，たとえ環境に優しいものだったとしても，それが最も食欲をそそるものであったり，最も便利なものであったりはしないのである。

　我々が食べているものは，環境に甚大な影響を与えている。科学者らは，食料の生産は地球温暖化の原因となる温室効果ガスの排出量の 35% の原因とされており，肉は果物や穀物，野菜の栽培と収穫に伴う汚染の 2 倍以上になる，と推定している。4 月，気候変動に関する政府間パネル（IPCC）の報告書では，世界の指導者ら，特に先進国の指導者らに対して，気候危機の最悪の影響を緩和できるよう，持続可能で，健康に良く，低排出の食事への移行を促すよう要請した。IPCC の報告書によると，肉の消費量を減らすことが，人々にできる最も意味のある転換の 1 つであり，温室効果ガスの排出量を抑え，森林破壊を遅らせ，感染爆発を引き起こすような病気が動物から人間へと伝染する危険性を低下させることにすらつながるそうだ。しかし，その負担が自分で食べるものを選択している個人だけにかかってはいけない，と専門家らは強調している。生産者，小売業者，

飲食店，職場や行政が，植物由来の食品を便利で，魅力的で，おいしくしていかなければならないのである。

　その転換は極端なものである必要はない。その報告書では，健康に良い地中海風料理を採り入れれば，穀物，野菜，木の実，適量の魚や鶏肉を豊富に使っているため，ベジタリアンやヴィーガンになるのとほとんど同じくらい効果的である，としている。ある研究によると，もし皆が推奨されている基本的な栄養基準を満たせば，先進国の人々の大半にとっては果物と野菜の摂取量が増えて赤肉の摂取量が削減することになり，2050 年までに排出量は 29％減少する可能性があるそうだ。「しかし，人々が食事を変えるというのは難しいことです」と語ったのは，植物由来の培養肉を推奨する非営利団体グッドフード協会（GFI）のキャロライン＝ブシュネル氏である。

　もっと健康的で持続可能な食事を摂る意欲はある，と消費者が言うことはよくある。しかし，地球にとって優しくてもとりたてて食欲をそそるものではない食事と，よだれが出るほどおいしそうで肉をたっぷりと使った料理のどちらか，という選択肢を与えられれば，人は自分の良心ではなく，お腹に耳を傾けがちになる。GFI は大手食品メーカーや製造加工業者に「人々が大好きな食べ物を生産する方法を変え」てほしいと考えている，と彼女は言う。「我々は，行動を変えるよう人々に訴えるのではなく，供給者側からそれに取り組んでいるのです」　大手食肉会社や一般消費者向けの食品を販売するブランドは，植物性タンパク質や培養肉に頼ることで，温暖化防止に役立つ食べ物を増やすよう求める声の高まりに対応し，自社の排出量を削減している。

　より多くの商品が売れるよう，小売業者もまた，非動物性タンパク質を推し進める必要がある。例えば，英国最大手のスーパーマーケットチェーンのテスコは，5 年後までに植物性タンパク質の売り上げを 300％増加させるという目標を設定している。客に植物由来の代替食品をショッピングカートに入れてもらうには，そういった商品をそれらが代替する物の横に配置することから始まるのだ，とブシュネル氏は言う――牛ひき肉の隣には肉を使っていないミートパティを，いつものゴーダチーズやモッツァレラチーズの間に植物性の原料のみで作ったチーズを，といった具合である――取り上げられている商品がただただ健康には良いが必ずしもおいしい

わけではないとされている特設売り場に代替食品を分類するのではなく，である。チルド売り場の配置は，植物性の代替ミルクを主流にしていくのに際し，極めて重要であった。その手法は 1990 年代にシルク社の創業者が先駆けとなって開発したもので，彼は自社の豆乳を昔ながらの牛乳パックに詰め，食料品店を説得してそれを乳製品のショーケースに置かせたのである。今では牛乳は，数多くのナッツ類や穀物由来のミルクと共に店先に並んでおり，代替ミルクの売上の 90％は常温保存可能な食品が並ぶ売り場ではなく，冷蔵品売り場からもたらされている。

　2020 年，非営利の研究団体である世界資源研究所（WRI）が，食べ物を選択する心理に基づいて人が肉を消費する量を減らすのを促す最も効果的な方法について調査した結果を公表した。最も確固たる結論の 1 つとして，「何を食べるかについての意思決定が，合理的かつ慎重に考え抜くようなプロセスを経ることはめったにないということ」である，と研究者らは記していた。人はなじみのあるものを求め，物理的・言語的なちょっとしたきっかけに影響を受ける。（いかに健康に良いかや倫理観よりも）風味や口当たりを思い出させるような言葉を使った方が，人はベジタリアン用の食事を注文する可能性がずっと高くなるのだ。英国の食品小売店セインズベリーズのカフェが肉を使用していないソーセージとマッシュポテトの料理を「カンバーランド風スパイシー・ベジソーセージ マッシュポテト添え」と名前を変えたところ，売上が 76％，急上昇した。WRI の調査において最も効果的だったメッセージの 1 つは「米国人の 90％が肉の消費量を減らす方向へと変わってきています。勢いのあるこの流れに乗ろう」という，すでに起こっていることに参加するよう人々に呼びかけるものであった。もしくは，「1 食だけでも植物を中心とした食事に変えれば，2 年間電話を充電するのに使用されるエネルギー量に相当する量の温室効果ガスの排出量を抑えることができます」といった比較を利用したメッセージが理解しやすいものであった。ベジタリアン食をメニュー表の 1 番上に，肉料理と別にするのではなく，同じ欄に組み入れて掲載することもまた役立った。ベジタリアン食を標準的な選択肢にすることで，人々がそれらを注文する率が何倍にも増える，ということが研究でわかった。

　しかし，真の変化には，一部のヨーロッパ諸国が検討しているように，肉への課税といった法的措置を取り入れる必要がある，と言う専門家もい

る。ある研究では，インフレにより食料品の価格が高騰しているにもかか
わらず，米国人の3分の1以上が肉への課税を支持するであろうとしてい
るが，米国ではそのようなことは起こりそうもない。

　進展を図るには，食べ物が気候に及ぼす影響について人々に教育を施し，
もっとおいしい野菜中心の料理という選択肢を増やし，「普通」を変えて
いくことで彼らの選択を導き，税金のような不利な条件を課し，（一部の
ヨーロッパの大学がしているように）肉という選択肢の大半を制限したり，
場合によってはそれらをなくしたりする必要がある。喫煙率を抑えるのに
そうした戦略がうまくいっているため，食べ物についてもうまくいくかも
しれない。

■■■■■■■■■■■ ◀解　説▶ ■■■■■■■■■■■

▶1．下線部と意味が近い表現を選ぶ問題。whittle down は「～をそぎ
落とす，減らす」の意。よって d．limited「～を制限した，限定した」
が近い意味となる。第1段第1文（Even though you…）の it is
ultimately … menus of restaurants「商品棚に何を置き，飲食店のメニュ
ーに何を載せるかを決めるのは，結局のところ，食品産業である」が，下
線部を含む第2文「食べるものの選択肢がスーパーや…レストランにある
ものによって（　　　）されている」と言い換えられていることに気付き
たい。自分が食べるものはよく使う店の商品棚やメニューの中から選んで
いるもので，そこに並ぶものは店側が選んでいる，つまり，自分が口にす
るものの選択は自分で行っているようで，実は最初から「選択肢が絞られ
ている」ということ。「絞られている」に近い意味となる d が適切である。
a．ruined「～を台無しにした」　b．brought「～をもたらした」　c．
arranged「～をきちんと配置した」

▶2．空所に適語を入れる問題。当該文の that 節内は「自分が摂る食事
の炭素（　　　）を減らしたいと考えている人々にとっては，最も環境に
優しい選択肢が必ずしも食卓に並ぶとは限らない」という意味。people
who want to reduce the carbon（　　　）of their diets が，最も環境に
優しい選択肢を求めている人々であると察することができれば，carbon
（　　　）が環境に悪いものだと判断できる。d．footprint「足跡」を補
い，carbon footprint「カーボンフットプリント」とするのが適切。これ
は，商品やサービスの生産・消費に伴い発生する温室効果ガスの排出量の

ことである。 a．dating「年代決定」 b．copy「複写，模倣」 c．content「中身，項目」

▶ 3．空所に適語を入れる問題。空所を含む to help（　　　）the worst effects of the climate crisis は目的の意味の不定詞句。当該文前半の the Intergovernmental Panel … low-emissions diets「気候変動に関する政府間パネル（IPCC）の報告書では，世界の指導者ら，特に先進国の指導者らに対して，持続可能で，健康に良く，低排出の食事への移行を促すよう要請した」の目的であると考えれば，空所には「（最悪の影響）を免れる，緩和する」といった意味の語が入ると推察できる。よって a．ameliorate「（質・状況）を改善する」が正解。 b．mediate「〜を解決させる，伝える」 c．mandate「〜を正式に許可する」 d．annul「〜を（法的に）無効にする」

▶ 4．空所に適語を入れる問題。第 4 段第 1 文から空所を含む第 2 文（Consumers often say … not their conscience.）の流れが，「消費者は健康に良く，持続可能な食事を摂る気持ちはあるが，環境に良くても美味しそうでないものと美味しそうなものが目の前に並ぶと…」となっていることから，続く空所を含む people tend to listen to their … は「普通は美味しそうなものの方を選ぶよね」となるはず。空所後の not their conscience の「良心」とは，第 1 文の「健康に良く，持続可能な食事を摂りたい」という気持ちであり，「その気持ちではなく」，優先するものは自分の食欲となるため， c．gut「消化器官，お腹」に耳を傾ける，が適切。a．morality「道徳性」 b．dreams「夢」 d．voice「声」

▶ 5．下線部と意味が近い表現を選ぶ問題。relegate は「〜を分類する，格下げする」の意。b．confining「〜を制限する，限定する」が近い意味となる。下線部前の rather than より，relegating them to a specialty section と対比関係となる箇所を探そう。同じ *doing* の形の placing those products next to <u>the things they are supposed to be an alternative to</u> である。波線部の意味がとりづらかったかもしれないが，この後ろのダッシュ内で meat-free burgers near the ground beef「牛ひき肉の隣には肉を使っていないミートパティ」と具体例が示されていることから，those products は代替食品（肉を使っていないミートパティ），波線部は「その代替食品が代替することになっている食品」，すなわち元の食品（牛ひき

肉）である。rather than relegating them to a specialty section「特設売り場に代替食品を relegate するのではなく」という文意より，relegateは「（代替食品を特設売り場）だけに置く」といった意味の語であると推察できることから，bを選ぶ。a．collecting「～を集める」　c．confounding「～を混同する，当惑させる」　d．connecting「～をつなぐ，関連付ける」

▶6．空所に適語を入れる問題。空所後の such as taxes とは第7段第1文（But some experts …）の taxing meat という欧州で導入が検討されている肉税のこと。酒やたばこのように，肉を買うのにも税金がかかれば肉の消費にブレーキがかかる可能性があるであろう。この税金が空所に入る語の具体例であると考えれば，空所には「（肉の消費に）ブレーキをかけるもの，食べる気を失わせるもの」といった意味合いの語が入るはずである。よってb．disincentives「行動（意欲）を妨げるもの」が正解。incentive「刺激（励み）となるもの，動機」に dis がついていることから，意味を把握したい。a．distinctions「区別，相違，特徴」　c．discounts「割引」　d．discomforts「不安，狼狽」

▶7．本文の要点を選ぶ問題。第1・2段が環境に悪影響を及ぼす肉の消費に関する警鐘，第3～最終段が肉の消費量を削減するためにできることとなっている。第2段第1文「我々が食べているものは，環境に甚大な影響を与えている」をきっかけに，その対策について論じられていることからb．「自分たちが食べるものが環境に影響を及ぼしている」が適切。
a．「地球温暖化は我々の日常の行動により影響を受けている」
　第2段最終文（But the burden …）に「しかし，その負担（＝肉の消費量を減らすこと）が自分で食べるものを選択している個人だけにかかってはいけない」とあり，第4段以降に食品を供給する側や行政側がすべきことが述べられていることから，our everyday behaviour と消費者の行動のみに焦点を当てているこの選択肢は不適である。
c．「温室効果ガスは新たな段階に達しており，これにより環境が破壊されている」
　前半の Greenhouse gases have reached new levels の部分に関する情報は本文中にないため，不適。
d．「消費者は食品の消費の仕方を根本的に変える必要がある」

　aの〔解説〕参照。これもまた，消費者の行動のみを変える必要があるとしている点が不適。fundamentally「根本的に」

ｅ．「野菜中心の食事は肉中心の食事よりも健康的である」

　第２段第３文（In April, the …）の sustainable, healthy, low-emissions diets「持続可能で，健康に良く，低排出の食事」や第４段第１文（Consumers often say …）の eat more healthily and more sustainably「もっと健康的で持続可能な食事を摂る」といった記述では，持続可能な食事（＝肉の消費が少ない）が健康に良い食事と同様の扱いをされているためブレそうになったかもしれないが，第２段が地球温暖化阻止のために肉の消費量削減を促す，というもので，第３～最終段が肉の消費量削減のためにできることが並んでいる点に気付きたい。肉の消費量削減を促す目的は，人々の健康ではなく，環境保護である。

▶８．本文内容と一致するものを２つ選ぶ問題。

ａ．「人間はたいてい手に入るものを食べており，必ずしも健康に良いものを食べているとは限らない」

　第１段第１～３文「自分が何を食べるかは自分で選択できるが，商品棚に何を置き，飲食店のメニューに何を載せるかを決めるのは，結局のところ，食品産業である。自分が食べるものの選択肢は，スーパーマーケット，職場や学校の食堂，帰宅途中にある小さなショッピングモールにある飲食店に何があるかによって制限されているのである。それはつまり，自分が摂る食事のカーボンフットプリントを減らしたいと考えている人々にとっては，最も環境に優しい選択肢が必ずしも食卓に並ぶとは限らない，ということである」に一致。

ｂ．「食料の生産は温室効果ガスの排出量のほぼ３分の１の原因となっている」

　第２段第２文（Scientists estimate that …）の food production causes … greenhouse gas emissions「食料の生産は地球温暖化の原因となる温室効果ガスの排出量の 35％の原因とされている」に一致するが，この文は Scientists estimate that の that 節内にあるため，この内容はあくまでも科学者の推定である。選択肢は causes が現在形となっているため，事実となってしまい，不適。

ｃ．「肉の消費量を減らすことは，環境を救うためにできる最も重要な転

換である」

　第 2 段第 4 文の Eating less meat is <u>one of</u> the most meaningful changes に近いが，本文では「最も意味のある転換の<u>うちの 1 つ</u>」となっており，他にも大切な転換があると考えられる。選択肢では the most important change と単数で限定しているため，不適。

ｄ．「店の中での商品の配置は，消費者が商品を購入する際の選択に影響を及ぼしている」

　第 5 段最終文（Now cow milks …）「今では牛乳は，数多くのナッツ類や穀物由来のミルクと共に店先に並んでおり，代替ミルクの売上の 90％は常温保存可能な食品が並ぶ売り場ではなく，冷蔵品売り場からもたらされている」に一致。

ｅ．「発展途上国は炭素排出量を減らすための行動が十分にできていない」

　本文中に発展途上国に関する記述はない。

ｆ．「法律を変えることは食料の過剰消費の問題を解決するのに役立たない」

　Changing laws は第 7 段第 1 文（But some experts …）の legislative measures, such as taxing meat「肉への課税といった法的措置」を指し，最終段第 1 文の Making progress requires … imposing … such as taxes「進展を図るには，…税金のような…を課すことが必要である」および最終文「喫煙率を抑えるのにそうした戦略がうまくいっているため，食べ物についてもうまくいくかもしれない」では，法律を変えることが役立つ可能性を示唆している。よって不適。overconsumption「過剰消費（摂取）」

◆━◆━◆━◆　●語句・構文●　◆━◆━◆━◆

（第 1 段）ultimately「最終的に，結局のところは」 stock「～を仕入れる，置く」 store shelf「商品棚」 canteen「食堂」 strip mall「小規模ショッピングモール」 on *one's* way「途中に」 carbon「炭素」 diet「食事」 green「環境に優しい」 option「選択肢」 appetizing「食欲をそそるような」

（第 2 段）enormous「莫大な，すごい」 estimate「～だと推定する」 planet-warming「地球温暖化の原因の」 greenhouse gas「温室効果ガス」 emission「放出（物），排出（量）」 (be) responsible for ～「～の原因となる」 pollution「汚染」 (be) associated with ～「～と関連して

いる，〜を伴う」 harvesting「収穫」 green「野菜，（レタスなどの）青物」 urge *A* to *do*「*A* に〜するよう強く主張する，要請する」 transition「変遷，移行」 sustainable「持続可能な」 low-emission「低排出の，低公害の」 crisis「危機」 curb「〜を抑える」 deforestation「森林破壊」 pandemic「（感染症の）大流行」 pass「（病気）が感染する」 burden「重荷，負担」 rest on 〜「（負担が）〜にかかっている」 solely「単に，もっぱら」 stress「〜を強調する」 retailer「小売業者」 plant-based「植物由来の，野菜中心の」 enticing「魅力的な」

（第 3 段）shift「変化，変更」 extreme「極端な」 Mediterranean-style「地中海風の」 moderate「節度のある，適度の」 poultry「家禽，鶏肉」 vegan「完全菜食主義者（肉に加え，魚介類や卵，乳製品も食べない人）」 nutritional「栄養上の」 recommendation「推薦（するもの）」 non-profit「非営利の（団体）」 advocate for 〜「〜を主張する，推奨する」 cultured「養殖された，培養された」

（第 4 段）be motivated to *do*「〜する意欲がある，やる気になっている」 sustainably「持続的に」 mouth-watering「よだれの出そうな，おいしそうな」 meat-heavy「肉をたっぷり使った」 conscience「良心」 manufacturer「製造業者」 processor「製造加工業者」 supply「供給」 angle「角度，方向」 bank on 〜「〜を当てにする，頼る」 protein「タンパク質」 lab-grown「研究室で培養された」 appetite「食欲，欲求，意欲」 climate-friendly「気候に悪影響を及ぼさない」

（第 5 段）alternative（to 〜）「（〜の）代替品」 be supposed to *do*「〜することになっている」 meat-free「肉なしの」 burger「ハンバーガー（のミートパティ）」 ground beef「牛のひき肉」 conventional「伝統の，従来の」 specialty「専門，特産品」 feature「〜を特集する」 refrigerated「冷蔵（凍）保存された」 crucial「極めて重要な」 mainstream「主流」 tactic「方策」 pioneer「〜の開発の先導となる，先駆けとなる」 founder「創設者」 soy milk「豆乳」 milk carton「牛乳パック」 persuade *A* to *do*「*A* を説得して〜させる」 grocery store「食料品店」 dairy「乳製品の」 mingle「交ざる」 a bevy of 〜「多数の〜」 shelf-stable「常温保存可能な」 aisle「通路」

（第 6 段）rational「合理的な」 thought-through「考え抜いた」 crave

「～を切望する」 familiarity「親しさ，熟知」 subtle「微妙な，かすかな」 cue「きっかけ，合図」 evoke「～を引き起こす，喚起する」 ethics「倫理（観）」 substantially＋比較級「かなり」 rename「～を改名する」 shoot up「急上昇する」 swap *A* for *B*「*A* と *B* を交換する」 be equivalent to ～「～に相当する」 （be）interspersed with ～「～が散りばめられている，組み入れられている」 segregate from ～「～から分離する」 default「標準的な，初期設定」

（第7段）legislative「立法上の，法律による」 measure「手段，処置」 even as ～「～にもかかわらず」

（最終段）impose「（義務・負担）を課す」 restrict「～を制限する」 eliminate「～を除外する」

 解答 　1－b　2－a　3－d　4－a　5－c　6－b
　　　　　　　7－c　8－d，f

◆━━━━━◆全　訳◆━━━━━◆

≪ゼレンスキー大統領が演説で使った手法とその効果≫

　ウクライナのウォロディミル＝ゼレンスキー大統領によるオーストラリア連邦議会に対する演説は，マレーシア航空 MH17 便の記憶を呼び起こした。彼は議会に対し，ウクライナ国内でのロシアの状況を目にして自分たちの国にもきっとそのような行動に出ることが可能だと思っているかもしれない国々からの現実的な脅威にオーストラリアもまたさらされている，と伝えた。オーストラリアはウクライナで繰り広げられている激しい戦争からは最も遠い国にあると言ってもよいほどの距離にあるにもかかわらず，ゼレンスキー氏は聴衆と心を通わせるために，これらの話題のいずれについても言及した。しかし，国家の敏感な部分を利用することは，まさにゼレンスキー氏の作戦そのものである。どうしてそうだとわかるのか？　世界中の他の政府に対して彼が話す様子を見るだけでわかる。

　3月17日のドイツ連邦議会での演説では，ゼレンスキー氏は冷戦の記憶を喚起し，いろいろなやり方でロシア侵略の影響をベルリンの壁になぞらえた。「あなた方はまるで，再び壁の向こう側にいるようです。その壁は，ベルリンの壁ではなく，欧州の中心，つまり，自由と不自由の狭間にある壁です」とゼレンスキー氏はオラフ＝ショルツ首相と閣僚らに語った。

「そして，我々の祖国ウクライナに爆弾が落ちるたび，平和のための決定がなされないたびに，この壁は高くなっているのです」　彼はさらに掘り下げ，北大西洋条約機構へのウクライナの加盟を見送ったような決定はただの政治問題ではなく「新しい壁を作るための石材」であり，ドイツが天然ガスのパイプラインであるノルドストリームを通してロシアと経済的なつながりがあることを「その壁に張り巡めぐらされた有刺鉄線」のようなものだと述べた。ベルリン空輸作戦はドイツにとって非常に重要なものであったし，それは空が安全だったからこそできたことであったが，ウクライナの空は「ロシアのミサイルと気化爆弾」で埋め尽くされている。ゼレンスキー氏は西欧諸国に対してウクライナ上空に飛行禁止区域を設けるよう訴えてきたが，西欧諸国はこの戦争自体に巻き込まれたくないがために拒否してきた。「この壁は我々と西欧の人々の間にあり，あなた方にはこの壁の向こう側が見えていないのです。このせいで，我々が今，見舞われている事態をすべての人が十分認識しているわけではないのです」とゼレンスキー氏は議会で語った。

　3 月 11 日のポーランド議会での演説では，ゼレンスキー氏はポーランドとウクライナの隣国らしい関係性と，両国の「共通の価値観」について触れた。彼は聴衆を絶えず「ポーランドの兄弟姉妹」と呼んだ。ゼレンスキー氏は 2010 年のスモレンスク大統領機墜落についても言及したが，この事故では，ポーランドの大統領であったレフ＝カチンスキ氏と他 95 名を乗せた飛行機がロシア西部のスモレンスク軍用飛行場に墜落し，乗客全員が死亡した。公的な調査でその墜落は事故だと判断されたが，暗殺であったと考えている人も多い。「我々は，この悲劇が起こった現場を調査した結果の真相すべてを忘れることはありません」とゼレンスキー氏は議会に語りかけた。「我々は，あなた方にとってこのことにどのような意味があるのか，また，この真相のすべてをわかっている人々が口をつぐんでいるということがあなた方にとって何を意味しているかを感じ取っています…しかし，彼らはロシアを見て目の保養をしているのです」

　3 月 23 日の日本の国会では，ゼレンスキー氏はロシア軍によるチェルノブイリ原子力発電所の占拠とロシアの核兵器保有そのものについて言及した。これは日本にとっては，1986 年のチェルノブイリ原発事故以降，世界で最も深刻な原発事故である 2011 年の福島の原発事故以来の厄介な

問題である。「我が国には稼働中の原子力発電所が４つあります。…そして，それらすべてが危険にさらされているのです」とゼレンスキー氏は述べた。

　３月16日にアメリカ連邦議会に向けて演説をした際には，米国が直面した最悪の悲劇をいくつか話題として取り入れた。「パールハーバーを思い出してください。1941年12月７日のあの恐ろしい朝，空はあなた方を攻撃する飛行機で覆われて真っ暗になったあのときを」と彼は言った。「９月11日を思い出してください。2001年のあの恐ろしい日，悪があなた方の街を戦場に変えようとし，罪のない人々を攻撃したあの日を…しかも，誰も予想だにしなかったやり方で」

　ウクライナ大統領はほぼ毎日——時には日に２回——海外の議会で演説を繰り広げている。彼は各国の指導者らに，ウクライナと一体になり，指導者と国民から等しく支援を生み出すよう訴えている。オーストラリア国立大学でウクライナとロシアとの争いの歴史を専門に研究を行っているソニア＝ミジャック氏によると，ウクライナの人々にとって，自分たちの大統領が他の世界の指導者らと直接連携を取っているのを見ることが重要なのだという。「自分たちの大統領がそういった政府，議会，世界的な指導者らに対して直接，１人称で語りかけることができると知ることで，ウクライナの人々は自信がつくのだと，私は考えています」とミジャック氏は言った。ゼレンスキー氏の演説は，世界中の人々みんながいつもウクライナでの戦争について心に留めておいてもらうことを促しているのだ，とも彼女は述べた。「軍事的に，今が極めて重要な時期なのです。というのも，ロシア軍が目的を達成できておらず，プーチンがやろうと目指していたことがうまくいっておらず，ウクライナ軍が主要都市周辺において単に自分たちの陣地を守ることができているだけではなく，例えばここ数日で，侵略されていた領土の一部を奪還し，攻撃的な動きに移ることができるようにもなってきているという点において現在，かなりの膠着状態にあるからです。このように戦況が膠着状態にあるということを考慮すると，今こそ世界の他の国々がこの戦況を変えることができるような変化を実際に起こすことのできる兵器を供給するときなのです」と彼女は語った。ゼレンスキー氏はオーストラリアに，ロシア軍撃退に役立てるために，オーストラリア製のブッシュマスター装甲車のウクライナへの供与を要請した。オー

ストラリア連邦国防大臣のピーター゠ダットン氏は，ウクライナへの装甲車供与は喜んで行うと述べた。「我々は，彼らが必要としている数のブッシュマスターを現地に送る方法について，物流面での作業を進めているところです」

　ミジャック博士が言うには，ウクライナ国民の多くが，ゼレンスキー氏が毎夜行う国民に対する演説を見ているのだそうだ。3 月 18 日からウクライナ国内で行われた最新の世論調査では，93％の回答者がウクライナはロシアの攻撃を撃退できると考えているということを示していたが，この結果は，少なくとも一つには国民のゼレンスキー氏への信頼によるものである，と彼女は言う。「率直に言って，ウクライナ国民がこんなにも大統領を支持して団結したことなど今までにないことです。政治的な違い，すなわち，2 月 24 日以前のゼレンスキー氏に関する意見の相違は，当分取りざたされていません」

出典追記：How Ukrainian President Volodymyr Zelenskyy's speeches to parliaments tap into key sensitivities, ABC News on April 1, 2022 by Emily Sakzewski

■■■■ ◀解　説▶ ■■■■

▶1．空所に適語を入れる問題。選択肢の品詞が a．and「そして」，c．though「〜だけれども」は接続詞，b．despite「〜にもかかわらず」は前置詞，d．otherwise「もしそうでなければ」は副詞，とそれぞれ異なるため，空所後の文構造を確認する。Australia being just about as far as … の being が動名詞，Australia が動名詞の S で「オーストラリアが…ほぼ同等に遠い距離にある」が直訳。動名詞句が続くことから，前置詞となる d を選ぶ。

▶2．下線部と意味が近い表現を選ぶ問題。liken は liken A to B で「A を B に例える」の意。a．comparing「〜を比較する，例える」もまた compare A to B で同意となるため，a が正解。第 2 段第 2・3 文のドイツ議会に対する演説でゼレンスキー氏は，You are like behind the wall again. Not the Berlin Wall, but in the middle of Europe, between freedom and slavery と，西欧とこの戦争を分かつ「壁」をベルリンの壁に重ねて語り始め，続けて同段最終文までの" "内（演説内容）では何度も wall という語を使い，その壁の向こう側（戦争）にもっと意識を向

けてほしいと訴えている。ドイツの歴史に深く関わるベルリンの壁を戦争で苦しむウクライナとドイツ（西欧の国々）を隔てる壁になぞらえていることがわかるため，a を選ぶ。b．criticizing「～を非難する」 c．measuring「～を測る」 d．inducting (*A* to *B*)「(*A*) を (*B* に) 任命する」

▶ 3 ．空所に適語を入れる問題。空所を含む文の S の This は直前文の Russian forces seizing … nuclear weapons「ロシア軍によるチェルノブイリ原子力発電所の占拠とロシアの核兵器保有」を指し，当該文では，このことが「1986 年のチェルノブイリ原発事故以降，世界で最も深刻な原発事故となった 2011 年の福島原発事故以来の (　　　) point である」としている。大量の放射性廃棄物が貯蔵されているチェルノブイリ原発がロシアに占拠され，その場所が戦争に利用される可能性を考えれば，再び上記 2 件の原発事故のような恐ろしい事態になりうるということは簡単に想像がつく。また，同段最終 2 文「我が国には稼働中の原子力発電所が 4 つあります。…そして，それらすべてが危険にさらされているのです」からも，想像できるはず。よって，空所には「(チェルノブイリ・福島原発事故のような) 大変なことが起こる」といった意味の語を入れたい。d．sticking は stick が「突き刺す，くっつく，動かない，進まない」の意。sticking point で「行き詰まっている点，固執している点」となるが，「行き詰まり」という意味から「(計画・交渉などの進行を停止させる) 障害，争点，引っかかっている点，こう着状態」とも訳す。「大変なことが起こる点」→「(チェルノブイリ原発事故，福島原発事故以来の) 障害，難所，厄介な問題」といった意味で d が適切。だが，sticking point の意味自体を知らない場合も多いであろう問題であるため，その他の選択肢を入れる理由がないことから，消去法で考えてもよいであろう。a．starting point「出発点」 b．tipping point「転換点，転機」 c．vanishing point「消失点，(物事が存在しなくなる) 限界点」

▶ 4 ．空所に適語を入れる問題。1 つ目の空所を含む文の it was important … は「ウクライナの人々にとって，自分たちの大統領が他の世界の指導者らと (　　　) 連携を取っているのを見ることが重要なのだ」という意味。2 つ目の空所を含む文の it would give … は「自分たちの大統領がそういった政府，議会，世界的な指導者らに対して直接，1 人称で

語りかけることができると知ることで，ウクライナの人々は自信がつく」という意味。同段第 1 文（The Ukrainian President …）「ウクライナ大統領はほぼ毎日——時には日に 2 回——海外の議会で演説を繰り広げている。彼は各国の指導者らに，ウクライナと一体になり，指導者と国民から等しく支援を生み出すよう訴えている」から，ゼレンスキー大統領が各国の議会で第 1 〜 5 段にある通り，国ごとに内容を変えながら「直接」語りかけていることがわかるため，ａ．directly「直接」が適切。ｂ．initially「初めに」　ｃ．uncommonly「まれに」　ｄ．adamantly「頑として，かたくなに」

▶ 5．下線部と意味が近い表現を選ぶ問題。stalemate は「こう着状態，行き詰まり」の意。よって，ｃ．a situation in which further action is unlikely「次の動きが起こりそうにない状況」が正解。下線部後の the Russian forces …「ロシア軍が目的を達成できておらず，プーチンがやろうと目指していたことがうまくいっておらず，ウクライナ軍が主要都市周辺において単に自分たちの陣地を守ることができているだけではなく，例えばここ数日で，侵略されていた領土の一部を奪還し，攻撃的な動きに移ることができるようにもなってきている」から，初めはロシア軍に侵略されていたが，今は戦況が変わってきており，ロシアの動きが鈍くなっていることがヒントになる。ａ．a great victory or achievement「大きな勝利や功績」　ｂ．a final embarrassing defeat「最後の当惑するような敗北」　ｄ．a moral decline after a great achievement「偉業を成し遂げた後の大きな道徳の低下」

▶ 6．空所に適語を入れる問題。最終段第 1 文（Dr Mycak said …）の much of Ukraine's …「ウクライナ国民の多くがゼレンスキー氏が毎夜行う国民に対する演説を見ている」および第 3 文（"Quite frankly, the …）「率直に言って，ウクライナ国民がこんなにも大統領を支持して団結したことなど今までにない」から，ウクライナ国民がゼレンスキー氏へ全幅の信頼を置いていることが読み取れる。よって，ｂ．faith in「〜への信頼」が正解。ａ．boredom with「〜に対する退屈さ」　ｃ．curiosity about「〜への好奇心」　ｄ．skepticism over「〜に対する疑い」

▶ 7．本文の要点を選ぶ問題。第 1 〜 5 段では，ゼレンスキー氏による各国での演説内容が紹介されており，オーストラリアではマレーシア航空

MH17 便の墜落事故，ドイツではベルリンの壁，ポーランドではスモレン
スク大統領機墜落事故，日本ではチェルノブイリ原発事故，米国では真珠
湾攻撃とアメリカ同時多発テロといった具合に，それぞれの国の歴史上の
大きな出来事に触れている。これがまさに，第 1 段第 4 文（But tapping
into …）の tapping into the sensitivities of a nation「国家の敏感な部分
を利用すること」である。よって，c.「ゼレンスキー氏の演説は，聴衆
の国が体験したことの中の主要な出来事を利用している」が要点としてふ
さわしい。

a.「ゼレンスキー氏は最近，オーストラリアに対し，オーストラリアが
近隣諸国からの国家の安全を脅かす現実的な脅威に直面していることを喚
起した」

　第 1 段第 2 文（He also reminded …）「彼は議会に対し，ウクライナ国
内でのロシアの状況を目にして自分たちの国にもきっとそのような行動に
出ることが可能だと思っているかもしれない国々からの現実的な脅威にオ
ーストラリアもまたさらされている，と伝えた」に一致はするが，第 2 ～
5 段では他の国々の議会での演説内容，第 6 ～最終段がそういった演説の
目的とウクライナ国民に及ぼす影響となっており，本文の要点とは言えな
い。national security「国家の安全」

b.「ゼレンスキー氏の演説は，ウクライナが必要としている指導力を発
揮するのに大変効果的であるため，ウクライナ国民は団結している」

　最終段第 1 文（Dr Mycak said …）の much of Ukraine's …「ウクライ
ナ国民の多くが，ゼレンスキー氏が毎夜行う国民に対する演説を見てい
る」，第 3 文（"Quite frankly, the …）「率直に言って，ウクライナ国民が
こんなにも大統領を支持して団結したことなど今までにない」から，内容
面では一致していると言えるが，a の〔解説〕にある通り，第 1 ～ 5 段で
は海外の議会での演説内容，第 6 段は海外で演説をするという姿勢がウク
ライナの国民に及ぼす効果，最終段は自国民向けの演説とその効果につい
て述べられており，ゼレンスキー大統領が演説を通して国外・国内に向け
て発信しているその手法がメインテーマとなっていることから，この選択
肢は不適である。provide leadership「指導力を発揮する」

d.「ゼレンスキー氏は，ウクライナでの戦争に必要な武器を送るよう説
得したいと考え，他国の議会で演説をしてきた」

　本文中で演説を行った相手国に対し，武器の供与を要請しているのはオーストラリアに対してだけである。第6段第8文（Zelenskyy had asked …）参照。本文中に登場するその他の国々に対する演説において，そのような内容はないため，不適。convince *A* to *do*「*A* を説得して～させる」

e．「ゼレンスキー氏の演説は，ウクライナでの戦争についての他国政府からの注目を集めるのに役立っている」

　一般論としては正解かもしれないが，本文中にそのような記述は見当たらないため，本文の要点とは言えない。

▶8．本文内容と一致するものを2つ選ぶ問題。

a．「ゼレンスキー氏は海外の指導者に向けて日々，演説を行っているが，自国の国民に対しては全く行っていない」

　最終段第1文（Dr Mycak said …）の much of Ukraine's …「ウクライナ国民の多くが，ゼレンスキー氏が毎夜行う国民に対する演説を見ている」に不一致。

b．「ドイツ連邦議会に対する演説で，ゼレンスキー氏はドイツとロシアの経済的な結びつきについては全く言及しなかった」

　第2段第5文（He went even …）の saying … that Germany's economic ties with Russia via its Nord Stream gas pipelines was like "barbed wire over the wall" にしっかり言及されているため，不適。

c．「ロシア軍がウクライナを離れた後，チェルノブイリのような場所にロシア軍がもたらした被害状況を完全に理解するには何年もかかるだろう」

　チェルノブイリに関する発言を含む第4段を確認。選択肢のような発言は含まれていないため，不適。

d．「西欧諸国は今回の戦争そのものに巻き込まれることを恐れているため，この戦争に対して慎重な姿勢をとっている」

　第2段第7文（Zelenskyy has pleaded …）「ゼレンスキー氏は西欧諸国に対してウクライナ上空に飛行禁止区域を設けるよう訴えてきたが，西欧諸国はこの戦争自体に巻き込まれたくないがために拒否してきた」が一致。cautious「慎重な」 stance「姿勢，態度」

e．「ウクライナにいるロシア軍は，開戦当初に設定していた目標を達成した」

　第 6 段第 6 文（"Militarily, this is …"）に the Russian forces have not been able to achieve what they aimed とあるため不適。set out「〜を設定する」

ｆ．「ポーランドでは，ゼレンスキー氏はウクライナ人とポーランド人との間にある家族のような関係を強調した」

　第 3 段第 1・2 文（In Zelenskyy's speech … brothers and sisters".）参照。「3 月 11 日のポーランド議会での演説では，ゼレンスキー氏はポーランドとウクライナの隣国らしい関係性と，両国の『共通の価値観』について触れた。彼は聴衆を絶えず『ポーランドの兄弟姉妹』と呼んだ」から，ウクライナとポーランドの家族のようなつながりを強調していることが読み取れる。よって，正解。highlight「〜を強調する」

◆━◆━◆━◆━◆　●語句・構文●　◆━◆━◆━◆━◆━◆

（第 1 段）parliament「議会」 evoke「〜を喚起する，呼び起こす」 theme「話題」 relate to 〜「〜と関わる，心を通わせる，共感する」 be as far as *A* can get from 〜「（*A* は）〜から最も遠く離れている」 rage「暴れる，荒れる」 tap into 〜「〜に入り込む，〜をうまく利用する」 sensitivity「感受性，過敏さ」 straight out of 〜「〜からそのまま，〜を出てそのまま」 playbook「脚本集，戦略」

（第 2 段）invasion「侵略」 in more ways than one「いろいろな手を使って，いろいろな意味で」 slavery「奴隷制」 chancellor「首相」 colleague「同僚」 for the sake of 〜「〜のために」 hold off 〜「〜を延期する」 bloc「連合」 tie「結びつき」 via「〜によって，〜の媒介で」 barbed「さかとげのある」 airlift「空輸（物資）」 invaluable「計り知れないほど貴重（有益）な」 plead with *A* to *do*「*A* に〜するよう懇願する」 go through 〜「〜を経験する」

（第 3 段）Polish「ポーランドの」 neighbourly「隣人としてふさわしい，親切な」 continually「絶えず」 address *A* as *B*「*A* を *B* と呼ぶ」 reference「〜について言及する」 crash「墜落」 military「軍の」 airfield「飛行場」 on board「（船・飛行機などに）乗って」 rule *A* *B*「*A* が *B* であると裁定する，判断を下す」 assassination「暗殺」 investigation「調査」 catastrophe「大災害，大惨事」 feast *one's* eyes on「〜を見て楽しむ，目の保養をする」

（第4段）Diet「国会」　forces「軍隊」　seize control of ～「～を管理下に置く，占拠する」　power plant「発電所」　nuclear weapon「核兵器」　disaster「災害」　operate「動作する」　be under threat「脅威にさらされている」

（第5段）Congress「アメリカ連邦議会」　tragedy「悲劇」　evil「悪」　turn *A* into *B*「*A* を *B* へと変える」　innocent「無罪の」

（第6段）implore *A* to *do*「*A* に～するよう懇願する」　unite with ～「～と結合する，一体になる」　generate「～を生み出す」　*A* and *B* alike「*AB* ともに，*A* も *B* も等しく」　liaise with ～「～と連携を取る」　address「～に話しかける，演説（する）」　in the first person「1 人称で」　militarily「軍事的に」　crucial「極めて重要な」　something of a ～「ちょっとした～，かなりの～」　in that S V ～「～という点においては」　aim「～を狙う」　set out to *do*「～することを目指す，～するつもりがある」　position「陣地」　reclaim「～を更生させる，取り戻す」　go on to ～「～に進む，とりかかる」　offensive「攻撃的な，侮辱的な」　given that S V ～「～を考慮すると」　weaponry「兵器（類）」　armoured vehicle「装甲車」　repel「～を追い払う，寄せ付けない」　logistically「物流的に」

（最終段）national poll「全国世論調査」　respondent「応答者，回答者」　quite frankly「率直に言って」　united「団結した」　behind「～を支持して，陰で支えて」　to do with ～「～と関係のある，～を扱う」　prior to ～「～より前の（に）」　for the time being「当分の間は」　put aside ～「～をとって別にしておく，無視する」

❖講　評

　2023 年度も例年同様，文法・語彙問題 1 題，長文読解問題 4 題の計 5 題で構成されている。

　Ⅰ　文法・語彙問題は誤り指摘の問題で，小問数は 2022 年度に引き続き 10 問であった。NO ERROR の選択肢があり，英文が専門的な内容となっていることも多いため，語彙レベルが高いが，文意で正誤を判別するのではなく，基本的な文法・構文の知識，語句の使い方，文の構成を見抜く力があれば，正解を導けるものが多い。2023 年度では，8 の分詞構文の問題の間違いを見抜くのは相当厳しかったであろうが，そ

れ以外の問題については基本的な文法事項を問うものが多かった。4も
どのように訂正するかはわからなかったかもしれないが，文構造をきち
んととっていけば，間違いには気付くことができたはずである。ちなみ
に，1は主述関係の呼応（一致），2，7，10は品詞，4は関係詞，5
は前置詞，6は熟語表現，9は代名詞からの出題であった。

　Ⅱ　「オールジェンダートイレの必要性を訴える」に関する新聞記事
からの出題。本文の英文は部分的に意味を把握しづらい部分はあったか
もしれないが，全体的には読み取りやすいものであった。また，選択肢
の語彙も例年の問題に比べれば易しめであったが，5のadultsを補う
空所補充問題や6のa moot pointと似た意味の表現を選ぶ問題は，少
し解答に迷ったかもしれない。本文の主題と内容真偽についても難度は
標準。本文の主題に関しては，本文内容に明らかに沿っていない選択肢
が多く含まれ，解答を絞りやすかったはずである。

　Ⅲ　「チップ労働者の最低賃金引き上げが及ぼす影響」について書か
れた新聞記事からの出題。1のproliferatedや2のparity，3の
referendumなどあまりなじみのない語もあったが，その他の選択肢の
語彙に基本単語が多く，下線部や空所前後の内容から下線部の語や空所
に入る語の推察が立てやすい問題が多かった。Ⅱ同様，本文の主題を選
ぶ問題は，まず本文内容に一致していない選択肢を削って，残りの2つ
の選択肢から本文全体にはあまり関係のなさそうな選択肢を外せば，正
解が出たはずである。

　Ⅳ　「食を通しての環境保護」に関する新聞記事からの出題。テーマ
が身近なものなので，本文内容を読むという点においては，取り組みや
すさが感じられたであろうが，選択肢に並ぶ語が，3のameliorateや
annul，mediateとmandate，coから始まる似たような動詞ばかりの5，
すべてdisから始まる似たような名詞ばかりの6で，綴りの似ている語
彙の見分けに自信がない人にとっては少しつらい大問であったかもしれ
ない。内容真偽に関しては，さっと解くと解答が3つ以上出てしまった
かもしれない。特にbとcの選択肢については，本文の該当文はすぐに
見つかったとしても，それが間違いである根拠を特定するのに時間がか
かったかもしれない。

　Ⅴ　「ゼレンスキー大統領が演説で使った手法とその効果」に関する

新聞記事からの出題。タイムリーな話題であり，段落の展開も国ごとの演説の違いがわかりやすく，本文そのものの読みやすさはあったかもしれないが，3（sticking point）や 7（主題）の難度は高めであった。

　Ⅱ～Ⅴはいずれも分量はそう変わらず，2022 年度のマクロン大統領の演説，デジタル通貨，2021 年度の略奪文化財返還，2020 年度のビッグデータ，米国の人権政策の歴史をテーマとした長文と比べると，比較的取り組みやすいものが多かったはずである。また，空所補充と同意表現の選択肢が 2021 年度までは 5 つだったものが，2022 年度から 4 つに統一されたことも特徴的であった。しかし，選択肢が減ったからといって設問の難度が急激に下がっているわけでもなく，各大問において解答に悩む・時間がかかる問題がバランスよく組み込まれていた。

　また，Ⅳの 2 の footprint は日本語でも「フットプリント」であるため，もともとその存在を知っていなければ解けなかったはず。日本語でもよいので，新聞やニュースを通して近年よく取り上げられているさまざまな時事問題について，知っておくことが必要である。背景知識が少しあるだけでも，この学部で出題される長文読解問題の全体の読みやすさ・スピードが大きく変わるはずである。

　時間配分については，Ⅰは 10 分以内，Ⅱ～Ⅴの長文読解は 20 分 × 4題が基本である。

数学

1 ◆**発想**◆ (1) 曲線 $y=f(x)$ 上の点 (p, q) における接線の方程式は, $y-q=f'(p)(x-p)$ で与えられる。

(2) 直線 $y=mx+n$ と放物線 $y=ax^2$ が異なる 2 点で交わるとき, 直線と放物線で囲まれた図形の面積は, 定積分

$$\int_\alpha^\beta |mx+n-ax^2|dx \quad (\alpha, \beta は交点の x 座標かつ \alpha<\beta) で得られる。なお, 定積分の計算では$$

$$\int_\alpha^\beta (x-\alpha)(x-\beta)dx=-\frac{1}{6}(\beta-\alpha)^3$$

を公式として使うとよい。

(3) (2)と同様にして, S' を求める。

(4) (2), (3)と同様にして, S'' を求める。そのあと, c の無理方程式を解くとよい。

解答 (1) $y=ax^2+b$ を微分して
$$y'=2ax$$
よって, 曲線上の点 $P(p, ap^2+b)$ における接線 l の方程式は
$$y-(ap^2+b)=2ap(x-p)$$
整理して
$$y=2apx-ap^2+b \quad \cdots\cdots(答)$$

(2) l の方程式と $y=ax^2$ から y を消去して
$$2apx-ap^2+b=ax^2$$
整理して
$$ax^2-2apx+ap^2-b=0 \quad (a\neq0)$$
この解は, 解の公式より
$$x=\frac{ap\pm\sqrt{a^2p^2-a(ap^2-b)}}{a}=p\pm\frac{\sqrt{ab}}{a}$$
$a>0$, $b>0$ より, これらは異なる実数で

$$\alpha = p - \frac{\sqrt{ab}}{a}, \quad \beta = p + \frac{\sqrt{ab}}{a} \quad (\alpha < \beta)$$

とすると

$$ax^2 - 2apx + ap^2 - b = a(x-\alpha)(x-\beta)$$

が成立する。よって

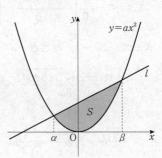

$$
\begin{aligned}
S &= \int_\alpha^\beta (2apx - ap^2 + b - ax^2)\,dx \\
&= -a \int_\alpha^\beta (x-\alpha)(x-\beta)\,dx \\
&= \frac{a}{6}(\beta - \alpha)^3 \\
&= \frac{a}{6}\left(\frac{2\sqrt{ab}}{a} \right)^3 \\
&= \frac{4b\sqrt{ab}}{3a} \quad \cdots\cdots(\text{答})
\end{aligned}
$$

(3)　l の方程式と $y = ax^2 + \dfrac{b}{2}$ から y を消去して

$$2apx - ap^2 + b = ax^2 + \frac{b}{2}$$

整理して

$$ax^2 - 2apx + ap^2 - \frac{b}{2} = 0 \quad (a \neq 0)$$

この解は，解の公式より

$$x = \frac{ap \pm \sqrt{a^2 p^2 - a\left(ap^2 - \dfrac{b}{2}\right)}}{a} = p \pm \frac{\sqrt{ab}}{\sqrt{2}\,a}$$

$a > 0$, $b > 0$ より，これらは異なる実数だから，(2)と同様にして

$$S' = \frac{a}{6}\left(\frac{2\sqrt{ab}}{\sqrt{2}\,a} \right)^3 = \frac{1}{2\sqrt{2}} S = \frac{\sqrt{2}}{4} S \quad \cdots\cdots(\text{答})$$

(4)　l の方程式と $y = ax^2 + c$ から y を消去して

$$2apx - ap^2 + b = ax^2 + c$$

整理して

$$ax^2 - 2apx + ap^2 - b + c = 0 \quad (a \neq 0)$$

この解は，解の公式より

$$x = \frac{ap \pm \sqrt{a^2 p^2 - a(ap^2 - b + c)}}{a} = p \pm \frac{\sqrt{a(b-c)}}{a}$$

$a > 0$, $b > c$ より，これらは異なる実数だから，(2), (3)と同様にして

$$S'' = \frac{a}{6}\left\{\frac{2\sqrt{a(b-c)}}{a}\right\}^3 = \frac{4(b-c)\sqrt{a(b-c)}}{3a}$$

よって，$S'' = \dfrac{S}{2}$ のとき

$$\frac{4(b-c)\sqrt{a(b-c)}}{3a} = \frac{1}{2} \cdot \frac{4b\sqrt{ab}}{3a}$$

ゆえに

$$(b-c)\sqrt{b-c} = \frac{1}{2}b\sqrt{b}$$

両辺は，ともに正だから，両辺を2乗して

$$(b-c)^3 = \frac{1}{4}b^3$$

$b - c > 0$, $b > 0$ より

$$b - c = \frac{1}{\sqrt[3]{4}}b$$

よって

$$c = \left(1 - \frac{1}{\sqrt[3]{4}}\right)b \quad \cdots\cdots(答)$$

◀━━ **◀ 解　説 ▶** ━━▶

≪放物線と接線の方程式，直線と放物線で囲まれた図形の面積≫

▶(1)　接点の座標は，$(p,\ ap^2 + b)$ である。〔発想〕で述べた公式に当てはめるとよい。

▶(2)　l と放物線 $y = ax^2$ は異なる2点で交わることを確認すること。交点の x 座標を α, β とすると l と放物線で囲まれた図形の面積は，定積分を用いて求める。ここで，定積分の中身は $-a(x-\alpha)(x-\beta)$ と因数分解され，$-a\displaystyle\int_\alpha^\beta (x-\alpha)(x-\beta)dx$ を計算することになる。その上で

$$\int_\alpha^\beta (x-\alpha)(x-\beta)dx = -\frac{1}{6}(\beta-\alpha)^3$$ を公式として使用するとよい。

▶(3)・(4)　S', S'' は(2)と同様にして求めるとよい。$S'' = \dfrac{S}{2}$ をみたす c を

求めるには，c の無理方程式において，両辺は正であるから，両辺を 2 乗して考察するとよい。なお，問題では「c を a, b を用いて表せ」となっているが，b のみで表される。

2

◇発想◇　(1)　（左辺）−（右辺）
$$=xyz-xy-yz-zx+x+y+z-1$$
を因数分解する。

(2)　$m=1+4$ と考えて，(1)の因数分解を利用する。

(3)　$xyz=x+y+z$ および $0<x\leq y\leq z$ から，$0<xyz\leq 3z$ を導く。$z>0$ より，$0<xy\leq 3$ である。

解答
$$xyz+x+y+z=xy+yz+zx+m \quad \cdots\cdots①$$

(1)　$m=1$ のとき①式は
$$xyz+x+y+z=xy+yz+zx+1$$
であり
$$xyz-xy-yz-zx+x+y+z-1=0$$
左辺を因数分解して
$$(x-1)(y-1)(z-1)=0$$
となる。よって
$$x=1 \text{ または } y=1 \text{ または } z=1$$
つまり，①式をみたす実数 x, y, z の組は
$$(x, y, z)=(1, \text{ 任意の実数, 任意の実数}),$$
$$(\text{任意の実数}, 1, \text{ 任意の実数}), \quad \cdots\cdots(答)$$
$$(\text{任意の実数, 任意の実数}, 1)$$
である。

(2)　$m=5$ のとき①式は
$$xyz+x+y+z=xy+yz+zx+1+4$$
であり
$$(x-1)(y-1)(z-1)=4 \quad \cdots\cdots②$$
となる。$x-1$, $y-1$, $z-1$ は整数より，4 の約数であり，また，$x\leq y\leq z$ から，$x-1\leq y-1\leq z-1$ である。
したがって，②をみたす $x-1$, $y-1$, $z-1$ の組は

$(-4,\ -1,\ 1),\ (-2,\ -2,\ 1),\ (-2,\ -1,\ 2),$
$(-1,\ -1,\ 4),\ (1,\ 1,\ 4),\ (1,\ 2,\ 2)$

であり，求める整数 $x,\ y,\ z$ の組は

$(x,\ y,\ z)=(-3,\ 0,\ 2),\ (-1,\ -1,\ 2),\ (-1,\ 0,\ 3),$
$(0,\ 0,\ 5),\ (2,\ 2,\ 5),\ (2,\ 3,\ 3)$ ……(答)

(3)　$xyz=x+y+z$ のとき，$0<x\leqq y\leqq z$ より

$xyz=x+y+z\leqq 3z$

$z>0$ より

$0<xy\leqq 3$

$x,\ y$ は正の整数かつ $x\leqq y$ だから

$(x,\ y)=(1,\ 1),\ (1,\ 2),\ (1,\ 3)$

のいずれかである。

(ⅰ)　$(x,\ y)=(1,\ 1)$ のとき

$z=2+z$

となり，これをみたす整数 z はない。

(ⅱ)　$(x,\ y)=(1,\ 2)$ のとき

$2z=3+z$

よって　　$z=3$

(ⅲ)　$(x,\ y)=(1,\ 3)$ のとき

$3z=4+z$　　$z=2$

これは $y\leqq z$ をみたさない。

(ⅰ)，(ⅱ)，(ⅲ)より，求める整数 $x,\ y,\ z$ の組は

$(x,\ y,\ z)=(1,\ 2,\ 3)$ ……(答)

◀解　説▶

≪$x,\ y,\ z$ の方程式の整数解≫

▶(1)　$xyz-xy-yz-zx+x+y+z-1$ は，次のようにして因数分解できる。

$xyz-xy-yz-zx+x+y+z-1$
$=x(yz-y-z+1)-(yz-y-z+1)$
$=(x-1)(yz-y-z+1)$
$=(x-1)\{y(z-1)-(z-1)\}$
$=(x-1)(y-1)(z-1)$

▶(2)　$m=5=1+4$ と考えて(1)を利用し，②式を導く。$x-1$，$y-1$，$z-1$ は整数であるから，②をみたす $x-1$，$y-1$，$z-1$ は限られる。$x-1\leqq y-1\leqq z-1$ であることにも注意すること。

▶(3)　$xyz=x+y+z$ および $0<x\leqq y\leqq z$ から $0<xy\leqq 3$ を導く。ここから，xy の値は 1，2，3 のいずれかである。

3

◆発想◆　(1)　$a=p-q$ のとき $a^3=(p-q)^3=p^3-q^3-3pqa$ である。したがって，p^3，q^3，pq の値を計算するとよい。

(2)　(1)で得られた a の方程式を解く。因数定理を使う。

(3)　$b=p+q$ と $a=p-q=2$ から何が得られるかを考える。その際，$pq=1$ を活用する。

(1)　$p=\sqrt[3]{5\sqrt{2}+7}$，$q=\sqrt[3]{5\sqrt{2}-7}$ とする。

$$a^3=(p-q)^3=p^3-q^3-3pq(p-q)$$

であり

$$p^3=(\sqrt[3]{5\sqrt{2}+7})^3=5\sqrt{2}+7, \quad q^3=(\sqrt[3]{5\sqrt{2}-7})^3=5\sqrt{2}-7$$

$$pq=\sqrt[3]{5\sqrt{2}+7}\cdot\sqrt[3]{5\sqrt{2}-7}=\sqrt[3]{(5\sqrt{2}+7)(5\sqrt{2}-7)}$$

$$=\sqrt[3]{(5\sqrt{2})^2-7^2}=\sqrt[3]{50-49}$$

$$=1$$

より

$$a^3=(5\sqrt{2}+7)-(5\sqrt{2}-7)-3\cdot 1\cdot a$$

$$=14-3a \quad \cdots\cdots(答)$$

(2)　(1)より

$$a^3+3a-14=0$$

左辺を因数分解して

$$(a-2)(a^2+2a+7)=0$$

a は実数であり，$a^2+2a+7=(a+1)^2+6\neq 0$ より

$$a=2$$

つまり，a は整数であることが示された。　　　　　　　　　　（証明終）

(3)　(1)の p，q を用いると

$b=p+q$ で，$pq=1$，$a=2$ より

$$b^2-a^2=(p+q)^2-(p-q)^2 \iff b^2-4=4pq=4 \iff b^2=8$$

$b>0$ より

$$b=2\sqrt{2}$$

よって，b を越えない最大の整数は

　　2　……(答)

━━━━◀解　説▶━━━━

≪無理数の計算≫

▶(2)については

$$(\sqrt{2}\pm1)^3=2\sqrt{2}\pm3(\sqrt{2})^2+3\cdot\sqrt{2}\pm1=5\sqrt{2}\pm7 \quad (複号同順) より$$

$$\sqrt[3]{5\sqrt{2}+7}=\sqrt{2}+1, \quad \sqrt[3]{5\sqrt{2}-7}=\sqrt{2}-1$$

であることに気付けば

$a=(\sqrt{2}+1)-(\sqrt{2}-1)=2$ つまり，a は整数であることが示される。また，$b=2\sqrt{2}$ となり，(3)も解くことができる。さらに，$a^3=2^3=8$ であるから，$a^3=4\times2$ と考えると $a^3=4a$，$a^3=2+6$ と考えると $a^3=a+6$ なども(1)の解答であり，1 通りには決まらない。

▶(3)では，$b^3=(p+q)^3=p^3+q^3+3pq(p+q)$ より $b^3-3b-10\sqrt{2}=0$ が得られ，左辺を因数分解すると

$$b^3-3b-10\sqrt{2}=(b-2\sqrt{2})(b^2+2\sqrt{2}\,b+5)$$

となり，$b=2\sqrt{2}$ である。ここから $2<b<3$ を導いてもよい。

❖講　評

　例年通り，大問は 3 題で全問記述式である。各大問は小問に分かれているが，前問の結果を利用するものもあり，正確に答えを得ておく必要がある。

　1　(1)は，放物線上の点における接線の方程式を求める問題である。微分の応用例として基本的な問題である。正答したい。(2)〜(4)は，直線と放物線で囲まれた図形の面積を求める問題で，定積分を計算する。定積分の計算では，$\int_{\alpha}^{\beta}(x-\alpha)(x-\beta)dx=-\frac{1}{6}(\beta-\alpha)^3$ を公式として使うとよい。また，(4)では無理方程式を解く場面があるが，両辺は正であるから，両辺を 2 乗して考えるとよい。

2　*x*, *y*, *z* の方程式の解の組を求める問題である。(1)では、$xyz-xy-yz-zx+x+y+z-1=(x-1)(y-1)(z-1)$ の因数分解ができれば、方程式の解は *x*=1 または *y*=1 または *z*=1 であることがわかる。(2)は、(1)の結果から、*x*−1, *y*−1, *z*−1 が 4 の約数となる。(3)では、$0<xy\leqq3$ を導くことができるかどうかがポイントである。

3　$(\sqrt{2}+1)^3=5\sqrt{2}+7$, $(\sqrt{2}-1)^3=5\sqrt{2}-7$ であることに気付けば、(1)・(2)は易しい。なお、(1)では、*a*=2 だから $a^3=4\cdot2=4a$, $a^3=2+6=a+6$ など、解答は 1 通りではない。(3)は(1)・(2)から $b=2\sqrt{2}$ を導く。*b* がみたす整式を求めて、因数定理を用いてもよい。

全体的に取り組みやすく、問題はよく練られている。教科書の内容をきちんと理解しておくとともに、標準的な問題集で様々なパターンの問題にもあたっておきたい。

/////////////////// · **memo** · ///////////////////

2022 年度

解答編

解答編

■英語■

I 解答

1－c　2－e　3－d　4－b　5－a　6－b
7－e　8－d　9－b　10－e

◀解　説▶

▶1．when → unless

「栄養表示のことになると，世界の主要な経済大国のほとんどはそれを必須としている。しかし健康に関する苦情が出ない限りは任意となっている国もある」

for some は for some（economies）の略。But 前後で nutrition labelling「栄養表示」に関して mandatory「義務の，必須の」とする国々と voluntary「自発的な，任意の」とする国々の対比が行われている。But 以降をそのまま訳すと「しかし健康に関する苦情が出ると任意の国もある」となり意味が通らない。c の when を unless にする必要がある。claim「申し立て，苦情」

▶2．誤りなし。

「無境界仮説によると，ビッグバン以前に何が起こったかを問うことは無意味である——それは南極の南側がどこであるかを問うようなものである——というのも，言い表すのに必要な時間という概念がないからである」

a は according to ～ で「～によると」の意。b の came は「起こる」の過去形で what を S とした名詞節。過去形は歴史上の事実と考えれば問題ない。c の like は前置詞「～のように」で，直前の asking what came before the Big Bang の類例として like の後に asking what is south of the South Pole が続いている。d の to は refer to ～「～を表す」の to である。to refer to は time を修飾する不定詞の形容詞的用法で time が refer to の O の働きをしている。available「利用可能な」

▶3．by → with

「言語と社会の関連性もしくは社会の中で言語が果たすさまざまな役割に
関するどの議論も，これらの言葉の意味１つ１つを定義しようと試みるこ
とから始まるべきである」

　begin by は begin by *doing*「～することから始める」の形で使う。本
問では d の直後に *doing* ではなく some attempt と名詞が続くことから
begin with ～「～から始まる」とする。

▶ 4．is → which〔that〕are / なし
「北極圏の温暖化と，厚さ２メートルまでの氷原なら突き進むことのでき
る耐氷タンカーの開発によって，現在では年間を通してガソリンなどの物
資を船で運ぶことができている」

　b を含む is able to … thick「厚さ２メートルまでの氷原なら突き進む
ことができる」は，意味的に直前の ice-strengthened tankers がその主体
となると考えられる。この部分は意味だけ考えれば SV の関係になりうる
が，S の tankers（複数）に対し V が is では成立しない。また，後半の
make it possible … の S は文頭の The warming of the Arctic, and …
tankers「北極圏の温暖化と…タンカー」となるはずなので，b を含む is
able to … thick の部分は ice-strengthened tankers の修飾とし，is を
which〔that〕are と関係詞節とするか，is を消して able から始まる形容
詞句の後置修飾とするのが正しい。strengthened「強化された」 cleave
「～を切り裂く，貫いて進む」 floe「氷原」

▶ 5．classified → classifying / who〔that〕classified
「2000 年の米国国勢調査で 1200 万人近くの人々が自身をアジア系もしく
は太平洋諸島系米国人であるとしたことは，そうした人々が米国で最も急
増しているグループの１つであることを示している」

　The nearly 12 million individuals が S となるが，このままでは V と
なりうるものとして classified と represent の２つが存在しており，この２
つの V をつなぐ接続詞も見当たらないため，文法的に成立しない。よっ
て下線のついた a が間違っていると判断できる。classified … U.S. Census
の部分を，S を修飾する形にすればよいため，classifying と現在分詞にす
るか，who〔that〕classified と関係詞を補うとよい。ちなみに b の as of
は classify *A* as *B*「*A* を *B* に分類する」の as に，of Asian or Pacific
Islander heritage が of＋抽象名詞で形容詞的な役割を果たし，「アジアも

しくは太平洋諸島にルーツがある」という意味になっている。heritage
「遺産，（生まれながらに）受け継いだもの」　census「国勢調査」

▶ 6．so → but

「オリンピックは 4 年に 1 度開催されるが，延期もしくは中止にすらして
しまうような出来事が起こることもある」

　b の so は順接で，原因＋so＋結果となり，so の前後には因果関係が生
まれるが，本問では so の前後に因果関係がないため不適。so の前は
every four years と規則的であると言っているのに対し，so 以降には
sometimes で頻度の低い例外的な出来事が続くことから，but にするのが
適切。convene「〜を開催する」　postpone「〜を延期する」

▶ 7．誤りなし。

「組み立て直しやよりよい代替品への変更ができないプロパンバーナーに
特に問題があったため，その事業を完全に有害排出ガスを出さずに行うこ
とはできなかった」

　a の free は emission(-)free で「排出物がない」の意。free は名詞の後
ろに (-)free とつけて「〜がない」となる。b の with は関連を表す with
で，直前の challenges について particularly with a propane burner「特
にプロパンバーナー（に問題があった）」と詳細を説明している。c の
with は replace A with B「A を B と取り換える」の with。本問では受
動（A is replaced with B）となっている。d の alternative は「代わる
もの，もう 1 つの手段」の意。

▶ 8．do → did

「やがてヨーロッパ人がアフリカ内陸部に侵入した際，合意の上決められ
た地図を持っていたが，ベルリンで引かれた境界線の多くがアフリカの地
理的・経済的・民族的な実態をきちんと表したものにはほとんどなってい
ないということがわかった」

　When 節の V の penetrated および主節の V の discovered がいずれも
過去形であることから，discovered の O となる that 節内の述語動詞も時
制の一致を伴い，過去形 did とする必要がある。in due course「やがて，
当然の順序を追って」　penetrate「〜を貫く，〜に入り込む」　interior
「内（陸）部」　agreed-upon「合意した」　do justice to 〜「〜を正当に
評価する，〜をきちんと表す」

▶ 9 ．concerning → concerns

「身体を使う対面でのボディーランゲージのように，デジタルボディーランゲージは，我々の気分やどれだけ関心を示しているかといったことを表し我々の使う言葉の意味を変える微妙な合図に関係するものである」

　Like our in-person physical body language は「～のように」の前置詞句。続く digital body language を主節のSとするとVが見当たらない。bの concerning を現在形 concerns「～に関することである」としてVとすれば，the subtle cues that … が digital body language の説明となり，意味が通る。in-person「直接の」 subtle「微妙な，かすかな」 cue「合図，手がかり」 signal「～を示す，～に信号で伝える」

▶10．誤りなし。

「クラシック音楽は，ポピュラー音楽のように旋律が何度も繰り返されないため，聴衆が自身の想像力を使うことが求められる」

　aの require「～を要求する」や suggest, propose といった提案・要望・命令・決定などを表す動詞はOに that 節を導くことができるが，that 節内では should を用いるか，should を省略して仮定法現在（動詞の原形）が使われる。よってbの use は仮定法現在（動詞の原形）であるが，Sの the audience「聴衆」はもともと集合名詞であり，audience をひとまとまりの集団ととらえるなら単数，個々の成員ととらえるなら複数，といずれも可である。c．does not のSは the melody なので問題ない。dは repeat *oneself*「繰り返す」で itself の it はSの the melody のこと。

Ⅱ　解答　1－d　2－a　3－c　4－b　5－a　6－e
　　　　　　7－c　8－b・d

◆全　訳◆

≪海外にインターンシップの機会を求める学生の増加≫

　多くの大学生にとって，国内でのインターンシップは通過儀礼となっている。今では，海外での実務経験を求めている学部学生も増えている。そうすることで，だんだんと多文化主義を重んじるようになってきている求人市場の中で，自分の履歴書のウケがよくなり，目立つのに役立つに違いないと思ってのことである。海外でのインターンシップは，豊かな文化的感受性や複数言語を使用できる能力といった需要の高い特定の技能を磨く

のに役立つ可能性があるのだ。また，外国で生活し働くことからもたらされる成長や順応性もある。これらの技能は採用決定において最近の学部学生に優位性を与えることがある，と語る大学関係者もいる。「我々は急速に国際化が進む世界に生きているので，多くの学生が国際的な仕事に，少なくともある程度の職位で就くようになる可能性が高い」と語るのはペンシルベニア大学のペンシルベニア海外プログラム担当のナイジェル＝コサーである。このことをよくわかっているため，ペンシルベニア大学の学生たちはさまざまな学部のうち，どの学部の学生も海外での就業機会をますます求めるようになっている，とコサー氏は述べている。彼は 2018 年に 165～200 名の学生を海外でのインターンシップに派遣する予定としており，2009 年，プログラム開始時の 32 人からこの数にまで上がってきた。

　留学や社員教育，リーダーシップ養成プログラムを策定する非営利組織の米国国際教育研究所（IIE）によると，海外でのインターンシップ制度に参加した米国の大学生の数は 2015～2016 年度の間に 28,708 人にまで増加し，前年度から 21％の増加となった。IIE が公表した数には自力で海外でのインターンシップを手配した多くの学生を含んでいないため，その数はさらに高い可能性がある，と話すのはインターングループの最高責任者であり創立者でもあるデイビッド＝ロイドである。インターングループは香港や上海，コロンビアやオーストラリアのメルボルンといった場所で，海外で働くプログラムを提供している。金融やマーケティングといったビジネス関連の分野でのインターンシップへの関心が特に高い，とロイド氏は語っている。

　この高まりつつある需要を満たすために，多くの大学が海外でのインターンシッププログラムを拡大しており，中にはインターングループやアカデミック・インターンシップ・カウンシルのようなインターンシップを提供する会社との提携を結んでいる大学もある。学部学生がインターングループのような会社に直接働きかけて海外でのインターンシップ先を見つけることも可能である。シンシナティ大学は，2015 年の秋学期より世界中の 6 つの地域に新たなインターンシップ先を開拓し，同年中に在籍する学生のうち 95 名に実務経験を提供した，とこの大学の国際体験学習の指揮をとっているウィリー＝クラークは話す。彼によると，同大学には国際相互協力教育プログラムというものもあり，年間約 20～30 名の学生を派遣

し，ほぼ同じ数の学生が自分の力で海外でのインターンシップ先を見つけるという。行き先にはロンドン，シンガポール，香港，南アフリカのケープタウン，チリのサンティアゴが含まれている。この大学では，スペインのセビリアやマドリード，またベルリンなどの地域でのプログラムも提供している。

こういった機会を検討する際に，学生たちは費用面とその経験から得られるものについて慎重に考えるべきだ，と専門家は言う。例えば，学生たちは海外で働くことでどのような技能を磨くことを期待しているのか，そして自分が仕事をする上での目標達成にさらに近づくためにどのような人脈を築けるのかを自問する必要がある，とインターングループのロイド氏は言う。出発前と海外滞在中に受けられる支援の種類と，そのプログラムで大学の単位を取れるのかどうか（取れないことがよくある）についても問い合わせておくべきであると彼は言っている。

費用がもう1つの大きな検討事項である。学生は普通，3年目の夏に海外で働くが，6～12週間の間の任意の期間で，利用するプログラムとそれぞれの国のビザ，就業規則によって変わる。海外でのインターンシップの大半は無給で，一般的に行き先，期間，その土地での生活費，プログラムによって，参加する学生側に3,000～8,000ドル程度，もしくはそれ以上の費用がかかる。中には学生に俸給を出して費用を支払う支援を行っている大学もあり，一部のプログラムには奨学金が利用可能である。しかし，プログラムに参加する学生の多くはその費用を全額負担することになる。

テキサス大学ダラス校3年生のチェイス＝テリエンは昨年の夏に，マドリードにある操業を開始したばかりの社会的言語習得を促す会社での8週間にわたるインターンシップに参加し，毎年彼の大学で海外で実習を行うおよそ100名の学生のうちの1人となった。インターングループによるプログラムを利用して彼が負担した費用は4,500ドルで，それに加えて渡航費，食費，その他雑費に2,000ドルかそこらかかった。21歳のテリエン氏は，マドリードでのインターンシップの機会を選んだのは，その費用が「妥当」で，スペイン語をそこそこ理解でき，その仕事が自分の起業家的な視点に合っていたからだ，と話している。販売，マーケティング，企画運営を実際に体験することができたので，それだけの費用を払う価値はあったのだと言う。「私には今，国際的な現場で本当に働きたいという強い

気持ちがあります。そしてこのインターンシップに挑戦していなかったら，ヨーロッパに行き外国で働くことを検討することなど決してなかったと思います」と彼は話している。

　海外でのインターンシップに関心のある学生は，前もってしっかりと計画を立て始めることがおすすめだ。ビザの取得要件は大きな障害となりうる。希望者が短期間のインターンシップならビザなし，もしくは観光ビザでの入国が許可されている行き先もあるが，規制の厳しい場所もある，とロイド氏は言う。彼によると，例えば香港で実習生として働くことを目指す学生は，ビザを取得するためには希望の開始日の 4 カ月前には必要な関連書類を提出しておいたほうがよいそうだ。

　インターンシップを手掛ける会社は一般的に，出発前と現地でのオリエンテーションを行うことで，学生が新しい環境に慣れる手助けを行っている。これにより文化面で大切な知識を伝える機会ができるのである。例えばコロンビアに向かう学生は，朝は職場の仲間に直接挨拶し，1 日の終わりには 1 人 1 人にさよならを言う大切さについて学び，シンガポールや香港に向かう学生は，これらの国々の文化では片手での名刺交換が失礼にあたると考えられていることを教わることもある。「大きな違いを生むのはこのような小さなことなのです」と語るのはさまざまな場所でのインターンシップの機会を提供するアカデミック・インターンシップ・カウンシルの代表取締役であるトニー＝ジョンソンである。

━━━━━◀解　説▶━━━━━

▶ 1．下線部と意味が近い表現を選ぶ問題。defray は「～を支払う」，costs はインターンシップの参加に際し学生が負担する費用のこと。下線部を含む文の give students a stipend to help defray costs「学生に俸給を出して参加費用を支払うのに役立てる」より，俸給をもらえれば学生が負担する額が減ることになるため，d．reduce the financial burden「経済的負担を減らす」を選ぶ。a．ignore expenses「費用を無視する」 b．repay debts「借金を返済する」 c．receive payments「支払いを受ける」 e．weigh up the disadvantages「デメリットを比較考量する」

▶ 2．下線部と意味が近い語を選ぶ問題。下線部を含む文の S の This は前文の「インターンシップを手掛ける会社は一般的に，出発前と現地でのオリエンテーションを行うことで，学生が新しい環境に慣れる手助けをす

る」ことを指し，このことが an opportunity to impart important cultural lessons「文化面で大切な知識を impart する機会」であることを考えれば a．teach「～を教える」か d．learn「～を学ぶ」に絞れるだろう。impart は「～を（分け）与える，知らせる，伝える」の意。よって a が正解。b．contemplate「～をじっと見つめる，熟慮する」 c．plan「～を計画する」 e．remember「～を覚えている」

▶3．空所に適語を入れる問題。空所が give A B「A に B を与える」の B の位置にあることから，この位置に置いても意味を成さない a．an angle「角度，視点」は不適。それ以外の選択肢は give A B の形をとる場合，b．give A a break「A に一息入れさせる」，c．give A an edge「A に優位性を与える」，d．give A a big hand「A に拍手喝采をする」，e．give A a rough ride「A をひどく扱う，つらい立場に立たせる」という意味になる。空所を含む文の S である These skills は，第1段第3・4文（An internship abroad …）の certain sought-after skills — such as heightened cultural sensitivity and multilingualism と the personal development and flexibility を指し，sought-after に「求められている，需要の高い」という意味があることから，これらの技能があれば求人市場で有利になる可能性が高くなる，と判断できる。よって c が正解。

▶4．空所に適語を入れる問題。空所を含む文の S である The number は，第2段第1文（According to the …）の the number of U.S. college students participating in internship programs abroad「海外でのインターンシップ制度に参加した米国の大学生の数」を指す。空所後の because 以降の「IIE が公表したこの数には自力で海外でのインターンシップを手配した多くの学生を含んでいない」という情報をふまえれば，そういった学生の数を含むとその数は多くなるはず。よって b．higher「より高い」が正解。a．appreciated「高く評価された」 c．lesser「より小さい，劣った」 d．more stable「より安定した」 e．lower「より低い」

▶5．空所に適語を入れる問題。空所後の this growing demand「このように高まる需要」および，続く many colleges and …「多くの大学が海外でのインターンシッププログラムを拡大している」から，a．meet「（条件・要求）を満たす」を補うのが適切。b．outstrip「～を追い越す，上回る」 c．reduce「～を減らす」 d．halt「～を停止させる」 e．

exceed「～を超える」

▶6．空所に適語を入れる問題。空所後の certain destinations allow …
「希望者が短期間のインターンシップならビザなし，もしくは観光ビザで
入国が許可される行き先もある」と，カンマ後の other locations have …
「規制の厳しい場所もある」の 2 文が入国のしやすさを対比しているため，
e．while S V ～，S V …「～だけれども…」が適切。a．because S V
～，S V …「～だから…」　b．whether S V ～，S V …「～であろうと
なかろうと…」　c．if S V ～，S V …「もし～なら…」　d．once S V
～，S V …「いったん～すると…」

▶7．本文の要点を選ぶ問題。本文は，第 1・2 段は海外にインターンシ
ップの機会を求める学生の増加とその思惑，第 3 段はその受容に対する大
学の対応，第 4～6 段はインターンにかかる費用，第 7・最終段は留学準
備の勧め，という構成になっている。c．「国際的な仕事体験は求人市場
において役立つかもしれないが，それにかかる費用はかなりのもので，準
備が成功への鍵である」がほとんどの要点に触れているため，正解。
a．「米国の大学生は国際的な就業体験を得ようとしており，最終的に国
際的な仕事に就く学生が多い」
　選択肢前半（American university … global work experience,）は第 1
段第 2 文（Now more undergraduates …）に一致するが，後半の many
will eventually embark on … については本文に記載なし。
b．「米国の学部学生の多くは国際的な職場体験をすることが求人市場で
役立つと考えているが，この方法を取る学生はほとんどいない」
　選択肢後半の but few take this route が第 2 段第 1 文（According to
the …）の「海外でのインターンシップ制度に参加した米国の大学生の数
は 2015～2016 年度の間に 28,708 人にまで増加し，前年度から 21％の増
加となった」に不一致。
d．「国際的なインターンシップに参加できる機会が十分でないため，米
国の多くの大学生は国内でのインターンシップ先を探している」
　選択肢前半（Many American college … domestic internships）は第 1
段第 1 文（For many college …）の「多くの大学生にとって，国内での
インターンシップは通過儀礼である」に近いが，この理由が海外でのイン
ターンシップ先の不足である，という記述は本文にない。

e．「米国の大学に在籍する多くの学部学生が求人市場で自分の履歴書の価値を高めるのに最も効果的な方法は，インターンシップ先を海外で探すことである」

　一見すると第1段第2文（Now more undergraduates …）の内容に一致するようだが，第1段第2文で「海外での実務経験は履歴書のウケがよくなり，目立つのに役立つ」と述べられているのは，betting が動詞 bet「～に違いないと思う」を使った分詞構文となっている点に注目すれば，学部学生が「～に役立つに違いないと思っている」にすぎないということがわかるので，一致しているとは言えない。また，e は第4～最終段の内容にも全く触れていないため，本文の要点を述べたものとして不適である。bolster「～を強化する，高める」

▶8．本文内容と一致するものを2つ選ぶ問題。

a．「金融やマーケティングが需要の高いビジネス関連の分野であるのは，これらの分野で働く人々はより高い文化的感性と複数の言語を話す力を育むことができるからである」

　第2段最終文（Mr. Lloyd says …）の interest is particularly strong … に「金融やマーケティングといった分野でのインターンシップへの関心が強い」とはあるが，選択肢前半（Finance and … business-related fields）のように，これらの分野が需要の高いビジネス関連の分野であるとは述べられていない。また，選択肢の stronger cultural sensitivity and multilingualism も，第1段第3文（An internship abroad can …）で「学生が海外でのインターンシップで育むことのできる需要の高い技能」の例として挙げられてはいるが，金融やマーケティングといった分野で働く人々が育むことのできる技能であるという記述はない。

b．「インターンシップを支援する企業による出発前と現地でのオリエンテーションは大学生が新しい環境に入る手助けをすることを目的としている」

　最終段第1文（Internship providers generally …）に一致。

c．「チェイス＝テリエンは3年生の夏にスペインのマドリードで働いた学生で，費用がかかりすぎだと感じた」

　第6段第3文（Mr. Therrien, 21, says …）参照。he chose the opportunity in Madrid because the cost was "reasonable" が選択肢の

unreasonable に不一致。

ｄ．「コサー氏は 2018 年にペンシルベニア大学で海外でのインターンシップに行く学生数は 2009 年の 5 倍を超えると予測している」

　第 1 段最終文（Recognizing this, Penn …）の「コサー氏は 2018 年に165～200 名の学生を海外でのインターンシップに派遣する予定としており，2009 年プログラム開始時の 32 人からこの数にまで上がってきた」という記述に一致。

ｅ．「米国の大学の多くの学生は，海外のインターンシップでは大学の単位をもらえないことがよくあるため，それに参加しないよう勧められている」

　インターンシップ先で単位がもらえない可能性が高いことについては第 4 段最終文（They also should …）に記述があるが，それを理由に「海外のインターンシップに参加しないよう勧められている」という記述は本文にない。

ｆ．「コロンビアでは朝，職場の仲間に直接挨拶をすることが求められているが，1 日の終わりに 1 人 1 人にさよならを言うことは不要だと考えられている」

　最終段第 3 文（Students heading to Colombia, …）に「別れの挨拶をすることも重要」とあるため不適。

◆━◆━◆━◆　●語句・構文●　◆━◆━◆━◆━◆

（第 1 段）rite of passage「通過儀礼」 undergraduate「学部学生」 bet「～に違いないと思う，～だと確信している」 résumé「履歴書」 stand out「目立つ」 multiculturalism「多文化主義」 sought-after「需要の高い」 heightened「高まった」 sensitivity「感受性」 multilingualism「多言語使用」 flexibility「柔軟性」 embark on ～「～に乗り出す」 capacity「地位，立場」 major「専攻」

（第 2 段）nonprofit「非営利の」 previous「前の」 figure「数値」 on *one's* own「自力で」 executive「幹部」 founder「創立者」 finance「金融」

（第 3 段）expand「～を拡大する」 firm「会社」 experiential「経験に基づく」 annually「毎年」 roughly「およそ」

（第 4 段）evaluate「～を評価する，検討する」 expense「経費」

connection「つながり，人脈」 inquire「尋ねる」 credit「(修得) 単位」
（第5段）consideration「考慮すべき事柄」 junior year「大学 3 年生」
regulation「規則」 unpaid「無報酬の」 duration「期間，持続」 stipend
「奨学金，手当」 available for 〜「〜に利用可能な」 shoulder「〜を負
担する」
（第6段）participate in 〜「〜に参加する」 startup「始めたばかりの」
additional「追加の」 incidentals「雑費」 decent「かなり，相当な」
grasp「理解」 entrepreneurial「起業家的な」 hands-on「実用向きの」
management「管理」 drive「原動力，やる気」
（第7段）in advance「前もって」 sticking point「行き詰まり，障害」
destination「目的地」 candidate「志願者」 short-term「短期間の」 strict
「厳しい」 look to 〜「〜を期待する」 submit「〜を提出する」
documentation「文書化（されたもの）」 desired「希望の」 obtain「〜
を得る」
（最終段）on-site「現地の」 acclimate to 〜「〜に慣れる」 allow「〜を
許す，与える」 head to 〜「〜に向かう」 officemate「同僚」
individually「個々に」 impolite「無礼な」 business card「名刺」
multiple「多様の」

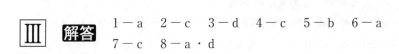

Ⅲ　解答　1 — a　2 — c　3 — d　4 — c　5 — b　6 — a
　　　　　7 — c　8 — a・d

━━━━━━━━━━◆全　訳◆━━━━━━━━━━

≪ナポレオンの功罪に言及したマクロン大統領の演説≫

　フランスのエマニュエル＝マクロン大統領は，ナポレオン＝ボナパルト
の没後 200 年の追悼行事で，ナポレオンを非難し，賞賛もするという微妙
な方針をとりつつも，1802 年に皇帝ナポレオンが奴隷制度を復活させた
ことは「誤りであり，啓蒙思想の精神に背くもの」であったと述べた。
1794 年の革命後の奴隷制度廃止の後，ナポレオンがカリブ海域諸島で奴
隷制度を復活させたことをフランスの大統領がはっきりと非難したのは初
めてのことであった。マクロン氏は "faute" という言葉を使ったが，この
言葉はフランス語では，英語の "mistake"「間違い」や "error"「誤り」よ
りもはるかに厳粛で軽蔑の気持ちがこもった表現であり，侮辱に比較的近

いものである。

　フランスは奴隷制度を取りやめた後に復活させた唯一の国であるが，1848 年まで奴隷制度を再び廃止することはなかった。この痛ましい歴史は，多くの人々にとってはナポレオン支持者が語る壮大な武勇伝の魅力によって覆い隠されてしまいがちであったが，マクロン氏はこれを「何よりもまず，政治的意志への頌歌」であると評した。また，「彼の存在がなかったならば，フランスの運命は違ったものになっていただろう」と彼は続けている。マクロン氏がコメントを出したのは，大統領自身が発端ではあるのだが，フランスで現在，自国の植民地時代の過去について，そして人種差別がないものとされているフランスの普遍主義の理想が，実際には人種差別の蔓延を覆い隠しているのかどうかについての議論がなされている最中である。カルファ＝ディアロはセネガル生まれで，メモワール・エ・パルタージュという組織の創設者である。この団体は，フランスが植民地支配を行い，奴隷を所有していた過去をもっと徹底的に清算することに賛成する運動をしている。彼は，ナポレオンの追悼行事は支持するが，見た限りではナポレオンの人種差別主義を認めるものとは程遠かったという点を残念に思う，と語った。「私は政府がナポレオンを追悼することには賛成ですが，政府にはナポレオンが人種差別主義者であったと公言する義務があり，マクロン氏の演説中でこのことは十分明確には語られず，彼の使った言葉はあまりに曖昧なものでした」とディアロ氏は述べた。

　マクロン氏は，尊崇されるフランスの教育の真髄を象徴しているアカデミー・フランセーズの本部のドームの下で演説を行い，それから廃兵院の黄金のドームの下にあるナポレオンの墓に向かった。そこで厳かな儀式が行われ，彼はマルセイユの歌（フランス国家）が斉唱される前に，赤と白の花でできた花輪を手向けた。「ナポレオンはその征服行為の中で，人の命が失われることについて本当に気にかけるということは決してなかった」とマクロン氏は述べた。「それ以降，私たちは戦争が起ころうと感染症が蔓延しようと，人の命を何より重んじるようになってきている」　ナポレオンは 1815 年に最後の戦いに敗北する以前，教会権力及び君主制に反対するというフランス革命のメッセージを広めることを目指し，ヨーロッパ中で何百万もの命が失われた。彼が自称皇帝としてそのような行動を取ったことは，彼の嵐のような人生に数多くある矛盾のうちの 1 つにすぎ

ない。マクロン氏の演説は，アルジェリア独立戦争をはじめとするフランスの歴史の扱いづらい一節に向き合う際に彼が採用する決まったやり方に従ったもので，贖罪の気持ちを込めることなくすべてを率直に認める形であった。そのような態度は，いかにも「同時並行の」大統領という異名を持つようになるほど1つの議論のさまざまな立場のバランスをとろうとする傾向が著しく強い指導者らしいものでもあった。来年の選挙でマクロン大統領の最も手強い対立候補となるのは右翼政党を率いるマリーヌ＝ル＝ペンである。彼女は「皇帝万歳！　偉大さよ永遠なれ！」という言葉で今回の追悼行事を祝うことを選んだ。マクロン氏は中道派であるが，今のところ極右派の訴えを抑える必要があることを憂慮している。「ナポレオンのことを人が愛するのは，彼の人生には可能性という魅力があるからであり，それが危険を冒すことへの誘惑だからである」と彼は言う。彼は次のように続けている。「彼の人生は自由の啓示である。荒鷲でも食人鬼でもあるナポレオンは，同時に世界の中心的存在にもなればヨーロッパの悪魔にもなりうるのである」

　ナポレオンは，彼が発してきたその永遠の魅力にもかかわらず，フランスでは近年の大統領らが彼の栄誉を称えるのを避けてきたというほどに，常に論争の的になってきた人物である。しかし，そのようなことはマクロン氏のスタイルではない。フランスの普遍主義が人種差別主義を覆い隠しているのかどうかをめぐる緊迫した文化的衝突の瞬間に，彼はナポレオンによるカリブ海域諸島における奴隷制の運用について従来とは異なる率直な言葉で非難する一方で，1人の国民的英雄による数ある業績を賞賛もした。フランス民法典，リセ（フランスの3年制の高等学校）という学校制度，中央銀行，中央集権体制はナポレオンが遺したものの一部である。しかし，フランスの普遍主義の理想は人種問題に関してはいまだに「否認という殻に閉じこもっ」たままであり，自国が人種差別的政策や奴隷制度を何十年にもわたり促してきたということを完全には認めることができていない，とディアロ氏は語った。「ナポレオンは我々の政治・行政の仕組みに，フランス革命によって浮き彫りとなった不安定な主権に，具体的な形を与えた人物である」とマクロン氏は述べた。「フランスが包囲され，何もできない状態で何カ月も経った後に，ナポレオンは秩序を具体的な形にすることに成功したのである」

■━━━━◀解　説▶━━━━■

▶１．下線部と意味が近い語を選ぶ問題。condemn は「～を非難する」
の意。よって a ．criticized「～を非難した」が正解。第 1 段第 1 文
（President Emmanuel Macron …）の said the emperor's restoration of
slavery in 1802 was a "mistake …「1802 年に皇帝ナポレオンが奴隷制度
を復活させたことは『誤り』…であった」が下線部を含む condemned
Napoleon's re-establishment of slavery に言い換えられていることに気付
きたい。b ．denied「～を否定した，与えなかった」　c ．praised「～を
賞賛した」　d ．condoned「（罪など）を許した，黙認した」

▶２．下線部と意味が近い表現を選ぶ問題。下線部を含む文の a leader
から下線部までに so ～ that … 構文が含まれているが，so ～ that … 構文
には that の前に理由，後に結果がくる，という性質がある。よって，マ
クロン氏が the "at the same time" president として知られるようになっ
たという that 節の内容の理由が，that の前にあるということになる。
that の前にあるのは a leader whose tendency to balance different sides
of an argument is so marked that … であり「1 つの議論のさまざまな
立場のバランスをとろうとする傾向が著しく強い指導者」に近いのは c ．
「1 つの問題に関してさまざまな立場を考慮する大統領」である。a ．「文
化の多様性が重要だと考えている大統領」　b ．「自分の発言に透明性がな
い大統領」　d ．「適時に喫緊の問題に対処する大統領」　transparency
「透明性」　pressing「差し迫った」

▶３．下線部と意味が近い表現を選ぶ問題。head off は「～を阻止する，
封じる」の意。d ．hold back「～を隠す，阻止する，抑える」が正解。
head off の S がマクロン氏，O が the appeal of the extreme right「極
右派の訴え」であることから，マクロン氏と極右派の関係を本文内容から
判断して head off の意味を推察できる。これについては第 3 段第 9 文
（The president's most …）「来年の選挙でマクロン大統領の最も手強い
対立候補となるのは右翼政党を率いるマリーヌ＝ル＝ペンである」に
rightist「右翼の」とあることから，マクロン氏が極右派とは対立関係に
あるということがわかる。よって，head off は相手を退けるようなイメー
ジの語であると推察したい。a ．kick around「怠惰に過ごす」　b ．
bring in「～をもたらす，取り込む」　c ．look away from「～から目を

そらす」

▶4．空所に適語を入れる問題。1つ目の空所Aは，空所を含む文の whether 節内に注目。the country は話題の中心であるフランスを指す。フランスの普遍主義について，which is supposed to be colorblind では be supposed to *do*「～であるはず・べき」を用いて「差別がないはず」とその理想について述べ，空所前後ではそれと対比して in reality（　　　）widespread racism と in reality を用いて「差別主義の蔓延を（　　　）している」とその実情が述べられていることに注目。フランスの普遍主義の理想と実情の対比が行われていることから，空所を含む後者（実情）は理想とは異なっている，という趣旨だと推察できる。したがって，空所には「（人種差別をしないという理想とは反対に現実には）促進している」のような，フランスの普遍主義に対する批判的な内容になる語が来ることが予想されるが，選択肢のうち a．compensates「～を補償する，埋め合わせる」では「人種差別が蔓延していることの埋め合わせをする」という意味になり，理想と現実が相反するものにならないため文意に合わない。さらに，d．reveals「～を明らかにする」では「人種差別が蔓延していたことを明らかにする」という意味になるが，これも理想と現実が乖離しているという文意に合わない。また，b．dissolves「～を溶かす」では明確な意味をなさない。したがって「人種差別の蔓延を覆い隠す，隠ぺいする」という意味になる c．masks「～を隠す」を補うのが適切。これなら「（人種差別をしないという理想とは反対に）現実には人種差別の蔓延を覆い隠している」となり，文意が合う。また，2つ目の空所となる最終段第3文（At a moment of…）の空所も，whether 節に注目すると，whether French universalism（　　　）racism「フランスの普遍主義が人種差別主義を（　　　）しているかどうか」と，1つ目の空所とほぼ同じ構造であり，同じ語が入ることを確認できる。

▶5．空所に適語を入れる問題。空所を含む文（"I am in favor…"）の it has a duty…「政府にはナポレオンが人種差別主義者であったと公言する義務があり，マクロン氏の演説中で，このことは十分明確には語られてはいなかった」の not sufficiently apparent や，第2段第5文（Karfa Diallo, the…）の「見た限りではナポレオンの人種差別主義を認めるものとは程遠かったという点を残念に思う」という記述から，ディアロ氏はマ

クロン氏の演説内容はナポレオンに関する非難は含まれていたものの言葉足らず，不十分であったと考えているのが読み取れる。よって b ．vague「曖昧な，はっきりしない」が適切。 a ．plain「はっきりとした，わかりやすい」　 c ．thorough「徹底的な，完全な」　 d ．conspicuous「顕著な，明白な」

▶ 6 ．空所に適語を入れる問題。文の構造を確認する。

（　　　　）he did so〈as self-proclaimed emperor〉is only one of… did, is と 2 つの V が含まれる点に注目し，主節の SV がどこになるかを考えるとよい。空所に c の Because や d の After が入るとすると，それらは後に SV が続く文では接続詞で， 2 つの節を連結していることになるが，he did so…に続く is を V とする文の主語が見当たらないことになる。したがって，空所には he did so…を名詞節として導くことのできる語が入り，全体としては空所から emperor までを S とし，is を V とする文構造でなければならないことがわかる。 a ．That と b ．What はともに名詞節を導くことができるが，so は前文内容を指し，he did so で「彼がそうした」と SVO のような形となるため， b の関係代名詞 what の可能性はない。仮に so がなければ what he did「彼がしたこと」となるので，その場合は文法的には可となる。接続詞 that には名詞節を導いて「〜ということ」という用法があるため， a ．That が適切。

▶ 7 ．本文の要点を選ぶ問題。本文全体でマクロン大統領がナポレオンの没後 200 周年の追悼行事で行った演説の内容が扱われている。第 1 段ではナポレオンが奴隷制度を復活させたことへの非難を初めて行った大統領であるとされており，最終段第 3 ・ 4 文（At a moment of…）で奴隷制度復活を非難する一方で，ナポレオンの業績を称えることもした，との記述もあることから， c ．「マクロン氏はナポレオンのカリブ海域諸島で奴隷制度を復活させたことを非難することも，彼の業績を称えることもした」が正解。

a ．「マクロン氏は今後の選挙で保守派からの支持を得るために，ナポレオンの没後 200 周年の追悼行事を行う必要があった」

　in order to get…について，保守派の支持を得ることが目的とは本文中に記載されてはいないため，不適。right wing「右派，保守派」

b ．「ナポレオンは議論の的となりやすい人物であるが，フランスの歴史

の流れに紛れもない影響を及ぼした」

　Even though … figure, は最終段第 1 文（Napoleon has always …）に
一致し，he had … history. は同段第 6・最終文（"Napoleon is the man
…）に一致するため，この選択肢にはナポレオンに関する情報しか含まれ
ていないという点に気付きたい。本文では，彼の行いについてのマクロン
氏の演説内容が主に扱われているため，本文の要点とは言えない。
undeniable「否定できない，紛れもない」

d.「ナポレオンの死を追悼する行事でのマクロン氏の演説は，フランス
の普遍主義が人種差別を助長していることを示唆している」

　第 1・最終段にある通り，マクロン氏は演説でナポレオンの行いについ
て非難・賞賛のどちらもしている。また，選択肢の French universalism
fosters racism の部分が本文からは読み取れないため，不適。

▶ 8．本文内容と一致するものを 2 つ選ぶ問題。

a.「アルジェリア独立戦争はフランスでは物議を醸す話題である」

　第 3 段第 7 文（Mr. Macron's speech followed …）に「アルジェリア独
立戦争をはじめとするフランスの歴史の扱いづらい一節」とある。ナポレ
オン同様にアルジェリア独立戦争も controversial「議論の余地のある，
論争の的になる」話題であることがわかる。よって正解。

b.「ディアロ氏は人種問題にかかわらず，ナポレオンの業績を高く評価
している」

　ナポレオンの業績を高く評価している，という部分は最終段第 3 文
（At a moment of …）の文末 lauding the achievements of a national
hero だが，S の he はマクロン氏を指す。ディアロ氏がナポレオンの業績
を高く評価しているような発言は本文中にない。think highly of ~「~
を高く評価している」

c.「中央集権体制はフランス革命によって確立された」

　最終段第 4 文（The French legal …）の「中央集権体制はナポレオン
が遺したものの一部である」という記述に不一致。

d.「近年のフランス大統領らは，ナポレオンの栄誉を称えることを躊躇
うことが多かった」

　最終段第 1 文（Napoleon has always …）の「近年の大統領らが彼の栄
誉を称えるのを避けてきた」という記述に一致。

　ｅ.「フランスの世論は，政府がナポレオンの差別主義を認めるべきだという考えに同調する傾向にある」

　選択肢の that 節内の内容に近いのは第 2 段最終文（"I am in …）の「政府にはナポレオンが人種差別主義者であったと公言する義務がある」というディアロ氏の発言にあたるが，この考えにフランスの世論が同調している，という旨の記述はない。

　ｆ.「フランスは 1794 年にカリブ海域諸島での奴隷制度を廃止し，再びその制度を導入することは決してなかった」

　第 1 段第 2 文（It was the first …）から「1794 年に革命後，奴隷制度が廃止された」ことと，「ナポレオンがカリブ海域諸島で奴隷制度を復活させた」ことがわかる。したがって「再びその制度を導入することは決してなかった」という記述は誤りである。

◆━◆━◆━◆━◆　●語句・構文●　◆━◆━◆━◆━◆

（第 1 段）chart a course「方針を立てる」 condemnation「非難」 celebration「賞賛」 emperor「皇帝」 restoration「復活」 slavery「奴隷制度」 betrayal「裏切り，背信」 the Enlightenment「啓蒙思想」 specifically「はっきりと」 re-establishment「復元」 post-revolutionary「革命後の」 abolition「廃止」 solemnity「厳粛」 opprobrium「軽蔑，不名誉」 offense「侮辱，罪」

（第 2 段）reinstate「～を回復させる」 abolish「～を廃止する」 eclipse「～を覆い隠す」 magnetism「磁気，惹きつける力」 epic「壮大な」 Bonapartist「ナポレオン支持者の」 saga「武勇伝」 above all「何よりも，とりわけ」 ode「頌歌（褒めたたえる歌）」 colonial「植民地（時代）の，植民地支配的な」 universalist「普遍主義者，普遍主義の」 colorblind「人種差別のない」 racism「人種差別（主義）」 founder「創設者」 campaign for ～「～に賛成する運動をする」 reckon with ～「～を清算する，考慮する」 slaveholding「奴隷所有者」 commemoration「記念，追悼」 lament「～を嘆く，残念に思う」 acknowledgment「自認，承認」 be in favor of ～「～を支持して」 racist「人種差別主義者，人種差別主義の」 sufficiently「十分に」

（第 3 段）represent「～を象徴する」 revere「～を崇拝する」 quintessence「真髄，典型」 proceed「向かう」 tomb「墓」 solemn

「厳粛な」 ceremony「作法，礼儀」 wreath「花輪」 conquest「征服」 place a high value on～「～を重んじる」 pandemic「伝染病の蔓延」 sought: seek「(～しようと) 努める」の過去形。anticlerical「教会権力に反対の」 anti-monarchical「反君主制の」 defeat「敗北」 contradiction「矛盾」 tempestuous「嵐の (ような)」 adopt「～を採用する」 confront「～に直面する」 passage「一節」 Algerian「アルジェリアの」 candid「遠慮がない」 repentance「後悔，反省」 be typical of～「～に特有である」 tendency「傾向」 marked「著しい」 rightist「右翼の」 Long live～!「～万歳！」 centrist「中道派の，穏健派の」 (be) concerned by～「～を懸念する」 extreme right「極右派」 allure「魅惑するもの」 possible「可能性」 invitation to *do*「～するよう誘惑すること」 epiphany「啓示，突然のひらめき」 eagle「鷲」 ogre「人食い鬼」 demon「悪魔」

(**最終段**) contest「～に異議を唱える」 perpetual「永遠の，絶え間ない」 fascination「魅力」 exert「(影響力) を行使する」 to the point that S V～「～するに至るほど」 shy away from *doing*「～するのを避ける」 confrontation「直面，向き合うこと」 universalism「普遍主義」 forthright「率直な」 laud「～を賞賛する」 legal code「法典」 centralized administrative framework「中央集権体制」 acknowledge「～を認める」 promote「～を促す」 give shape to～「～を具体化する」 uncertain「不安定な」 sovereignty「主権，統治権」 emerge「現れる」 besiege「～を包囲する」 incarnate「～を実現する，具体化する」

 解答 1－c 2－a 3－c 4－a 5－a 6－d
　　　　　 7－c 8－b・f

━━━◆全　訳◆━━━━━━━━━━━━━━━━━━

≪ワークライフバランスの実現度が高いストックホルム≫

　スウェーデンの首都は，フレックスタイム制を基本としてすべての子どもに対してほぼ2年にわたる育児休暇を取れるようにしており，働く人みんなが幸せに感じながら効率よく働くことができることを誇っている。このことから他の都市は何を学べるだろうか。午後3時30分現在，ストッ

クホルムの IT 大手企業エリクソンの曲面ガラスで覆われた本社から最初に出てくる従業員らがぽつぽつと動きを見せ始める。ジョン゠ランガレドは 30 歳のプログラマーで，急いで娘を学校に迎えに行っている。彼は隔週で娘を自宅に連れ帰るため，1 週は短時間，次の週は長時間という勤務体系を交互に行うことが多い。生まれはインドのサイ゠クマルは，妻がスウェーデン語の授業があるので，退社して娘を迎えに行っている。イヴァ（名字は非公表）は「正気を保つためにジムへ向かって」おり，30 歳のシュメア゠アセナイもまた同様であった。彼女は午前 7 時に勤務を始めたので，彼女の会社の「フレックスバンク」制の下では早く退社することが許可されているのである。午後 4 時を少し過ぎると，わずかだった人の流れは，E4 高速道路の下を通るトンネルを通り抜けてストックホルムの技術地区の外へと重い足取りで向かう途切れることのないまとまった人流となる。地元の交通局によると，この街でラッシュアワーが始まるのは午後 3 時で，親が我が子を学校や幼稚園に迎えに行くために職場を出始める時間，そして午後 6 時過ぎにはラッシュアワーが終わるとしている。

　スウェーデンの労働時間に対する柔軟な取り組みは，最近 HSBC が実施した調査においてワークライフバランスの点で世界 1 位となった理由の 1 つである。OECD による幸福度調査によると，スウェーデンで働く人々のうち長時間労働をしている人はおよそ 1.1% しかおらず，OECD に加盟する 38 の国々の中で 2 番目に低い占有率であった。とりわけ，長年の間，世界中の親を悩ませてきた問題である「学校が午後 3 時に終わるのに仕事は午後 5 時に終わる場合，どうしたらよいか」という問いに対する回答を見いだしたように思える。ランガレドいわく，彼が午後 3 時過ぎにデスクを離れる日があっても，それについて同僚や上司はまったく何も言ってこないそうだ。「そのことについては何の問題もないんですよ。基本的に，私は自分のしたいように時間を使っています。彼らは私を信頼して仕事を任せてくれていますが，いつ仕事をするかを決めるのは私なのです」　今では娘も少し大きくなったので彼は在宅ワークをすることもよくあるが，娘が病気になれば，バブしなければならないという内容の E メールを午前中に送る。vab「バブ」とはスウェーデンの言葉で病気の子どもの世話をするために 1 日休暇を取ることを意味している。

　この街の労働関連の副長官であるフレデリック゠リンドストールによる

と，ストックホルムの企業主が行っている柔軟な対応は，この街の技術産業が必要とする高学歴の労働者をこの街に惹きつけるのに役立っているという。「本市ではストックホルムを，高いレベルの経歴を維持しつつ子どもをもうけるのに適した場所として積極的に売り込んでいるのです」と彼は言う。「企業側はこの文句を軸となる宣伝要素として売り込むことに非常に長けているのです」　スウェーデン有数の投資銀行であるカーネギーで働くロビン゠ベガーフェーバックは，これに魅力を感じた，いや，少なくとも地元に戻ってその魅力を再認識した１人である。彼はロンドンにあるフランスの銀行クレディ・アグリコルで３年間，１日に12〜14時間働いた後，2014年にストックホルムに戻ってきた。彼によると，そのような転職はスカンジナビアの投資銀行家の中ではよくあることだという。「北欧の人の多くが30歳になるとロンドンを離れ始め，結婚し，いつかは子どもを持ちます」と彼は話す。「私の知り合いの多くがロンドンを離れて今では家族を持っていますが，ここストックホルムかコペンハーゲンやオスロにいます」

　現在，彼はほぼ毎日（彼が言うには，同時に電話会議に参加しながらであるが）息子の送迎をしている。そして，取引を完了させる際にはかなり長い時間を費やすこともまだ時にはあるが，彼はロンドンやニューヨークでは普通である労働時間に対して懐疑的な見方をしている。「あのように１日18時間，週に80〜90時間働いたとしても，長い目で見れば，そこからそんなに多くのものを得られるとは思えません」と彼は語る。「私が思うに，最後の５，６時間なんて取るに足らないものにしかならないですよ。そんなに長時間働いていると，頭がそんなにうまく働かなくなると思います」　ヨハンナ゠ランディンは，企業に対して男女平等の推進に関する助言を行うイクアレイトという会社の最高責任者であるが，ストックホルムのワークライフバランスは，50年にわたってスウェーデンが男性と女性に平等な扱いをすることを求めてきたことに根差していると言う。「子育てにおいて男女が平等な役割を担うという社会規範を創り上げることが大変重要な点なのです」と彼女は話す。「このおかげで女性が仕事で出世したり，仕事を辞めないでいたりすることができ，男性が子どもたちと生活を送ることができるようになっているのです」

　ストックホルムにあるほとんどの会社では，午前９時〜午後４時の間，

場合によっては午前 10 時〜午後 3 時の間は職場にいることを必須として
いるだけで，従業員がフレックスタイムを利用することを許可している。
スウェーデンの法律では，従業員は病気の子どもの看護をする日は休みを
取れる権利があり，政府が失われた所得の 80％を補償することになって
いる。しかし，おそらく最も重要な要素は育児休暇制度であろう。この制
度では，子ども 1 人につき 480 日——合計でほぼ 2 年分の就労時間にあた
る——もの有給休暇がもらえ，両親の希望通りに分け合うことができる。
男性にもっと休暇を取らせるようにするために，3 カ月間のいわゆる父の
月と呼ばれるものもあり，パートナーの片方のみが取得可能なもので，取
得しなければその権利が失われる。

　「これは闘いなのです。絶えることなく続く闘いなのです」と，北欧の
IT 企業ペダブの社長であるヤコブ＝ラガンダーは，学校から最寄りの地
下鉄駅へと急ぎながら低い声で語る。ラガンダーの妻は銀行員だが，彼い
わくロンドンでは 2 人と同じような高収入の夫婦はベビーシッターを雇う
だろうが，ストックホルムでは社会的にあまり受け入れられていないのだ
そうだ。しかし，スウェーデンの企業主のほうが，彼が米国の IT 企業で
ある IBM で 3 年間働いていたダブリンの企業主よりも，親としての役割
を果たすことの大変さに対する理解がはるかに深い，とも彼は話している。
「ダブリンでは親が午後 4 時前に退社することができるとは思えませんで
したね」と彼は話す。「ここにいるほうがずっとくつろぎを感じられます」

━━━━━━━━━◀解　説▶━━━━━━━━━

▶ 1．下線部と意味が近い語を選ぶ問題。tramp は「重い足取りで歩く」
の意。下線部直後の through the tunnel … out of Stockholm's tech
district にはトンネルを通ってストックホルムの技術地区から外へと人々
が出て行く様子が述べられており，また続く同段最終文（The local
traffic …）にラッシュアワーの時間帯に関する記述が続くことから，人々
が仕事から帰宅する様子を表しているとわかる。帰宅時の人々の動きとし
て b．wandering「歩き回る，さまよう」，d．skipping「スキップする」
は不適である。a．squeezing「搾る，押し込む」は squeeze through で
「（力ずくで）押し分けて進む」という意味になるが，tramp の「重い足
取り」といったニュアンスとは全く異なるため不適。選択肢はすべて「徒
歩で移動する」ことに関する表現だが，下線部と異なる意味が何も付与さ

れていない c．walking「歩く」が選択肢の中では最も下線部に近いと考えられる。したがって，これが正解。

▶ 2．下線部と意味が近い語を選ぶ問題。vex は「〜を悩ませる，苛立たせる」の意。よって a．annoyed「〜を悩ませた」が適切。下線部の意味は a question that has vexed parents across the world for years「世界中の親を vex してきた問題」がコロン後に what do you do if school finishes at 3pm and work at 5pm? と具体的に言い換えられていることから，親と子どもの帰宅時間が合わないという問題が世界中の親の悩みの種になっていることは推察がつくはず。b．bewitched「〜を魅惑する」は bewitch *A* into *B*「*A* に魔法をかけて *B* にする」，d．inclined「〜を傾けた」は be inclined to *do*「〜する傾向にある，〜したい気になる」と使われやすい。c．amazed「〜を驚かせた」

▶ 3．下線部と意味が近い語を選ぶ問題。marginal は「縁の，重要ではない」の意。c．minor「比較的重要でない，小さいほうの」が近い意味となる。下線部を含む文の S の they は，同文前半の Those last five or six hours a day であり，この last five or six hours は第 4 段第 3 文（"I think that if …）の those 18-hour days という長時間労働に言及していることを確認する。下線部直後の I don't think … period of time. にそんな長時間働いても頭がうまく回らない，という記述があることから，18 時間働いているうちの最後の 5，6 時間が意味のないもの，無駄なものといったような意味になると推察できる。また，第 4 段第 3 文の後半に，長時間労働から得られるものが少ない，という主張があることもヒントになる。a．subliminal「潜在意識の」 b．substrate「基質（酵素の作用で活性化する物質）」 d．invisible「目に見えない」

▶ 4．空所に適語を入れる問題。空所前の He has her at home every other week の every other 〜「〜おきに」から 1 週おきに（＝隔週で）娘を家に連れて帰っていること，また空所後の short hours one week with long hours the next が，with を挟んで文法的に同じ形で「1 週は短時間」と「次の週は長時間」となっていることから，娘を連れ帰る週は短時間勤務，そうでない週は長時間勤務をしていることがわかる。a．alternate を補い，alternate *A* with *B*「*A* と *B* を交互にする」の形にするのが正しい。b．repeat「〜を繰り返す」 c．seek「〜を探し求める」

d ．disparage「～を見くびる，～の信用を落とす」

▶ 5 ．空所に適語を入れる問題。空所前の Such moves は直前文にある，ロンドンを離れて地元のストックホルムに戻る動き（転職）を指す。空所後の第 3 段第 7 ・最終文（"A lot of Nordic …）に，自分と同じ北欧の人々の多くが 30 歳まではロンドンで働き，その後は結婚・子育てを踏まえ北欧諸国に戻っている，という記述が続くため，そのような転職は a ．common「普通の，よく起こる」ことだと判断できる。b ．rare「まれな，珍しい」　c ．transparent「透明な，明白な」　d ．redundant「余分な，冗長な，過剰な」

▶ 6 ．空所に適語を入れる問題。選択肢はいずれも be ～ of の形をとれる形容詞であるため，本文内容から適切な意味となるものを選ぶ必要がある。空所後に the hours that are usual in London or New York とあるが，第 3 段第 5 文（He returned to …）に working 12- to 14- hour days … in London とあるので，これは北欧以外の国での長い勤務時間を指すことがわかる。これをベガーフェーバックがどのように思っているかを表すのが空所部分なので，ベガーフェーバックの意見を述べた箇所を空所付近で探せばよい。空所後の第 4 段第 3 文（"I think that …）の those 18-hour days and 80- or 90-hour weeks も「北欧以外の国での長い勤務時間」への言及と考えられるが，「あんな長時間働いたとしても，長い目で見れば，そのことからそんなに多くのものを得られるとは思えません」というベガーフェーバックの発言からは，ロンドンにいたころのように長時間働くことをよしとしていない気持ちがわかる。よって，それに近い表現となる d ．skeptical「懐疑的な」が適切。a ．jealous「嫉妬して」　b ．convinced「確信して」　c ．tolerant「寛大な」

▶ 7 ．本文の要点を選ぶ問題。本文は第 1 ・ 2 段がストックホルムで会社員らが子育てなどのために会社を早い時間に退社している現状，第 3 ・ 4 ・最終段がそのようなワークライフバランスに魅力を感じている人々のコメント，第 5 段が住民のワークライフバランスを可能にするための法的制度の紹介となっている。本文全体では，ワークライフバランスを実現しやすい都市であるストックホルムに関しての記述であるため，c ．「ストックホルムはその魅力的なワークライフバランスが理由で，多くの人々を惹きつけている」が正解。favourable「好ましい，魅力的な」

a．「他のヨーロッパ諸国に比べ，スウェーデンでは学歴の最も高い人々が働いている」

the most highly educated workers に近い the highly educated workers は第3段第1文（According to Fredrik …）にあるが，ここでは，ストックホルムの企業が行っている柔軟な対応がそのような人材を集めるのに役立っている，という内容であり，他の都市の労働者とこの都市の労働者の学歴を比較する記述はないため，不適。

b．「ワークライフバランスはヨーロッパの多くの国々にとって依然として困難な問題である」

本文ではすべての段落でワークライフバランスの実現に成功しているストックホルムについての記述がなされており，ロンドンやダブリンに関する言及があるものの，その他の「ヨーロッパの多くの国々」の現状については記載がない。

d．「スカンジナビアはますます多くのヨーロッパ大陸出身の労働者を惹きつけている」

第3段最終文（"A lot of …）のベガーフェーバックの発言「私の知り合いの多くがロンドンを離れて今では家族を持っていますが，ここストックホルムかコペンハーゲンやオスロにいます」に近いが，本文では主にストックホルムの街の現状，その街の企業の働きかけ，そこで働く人々のコメントなどが中心となっており，スカンジナビア全体に関する記述は，上記の発言を含む第3段第6～8文（Such moves are …）にしかないため，本文の要点とは言えない。

▶8．本文内容と一致するものを2つ選ぶ問題。

a．「スウェーデンで育児休暇を取る人の大半が男性である」

男性の育児休暇に関しては第5段最終文（To encourage men …）に「男性にもっと休暇を取らせるようにするために，3カ月間のいわゆる父の月と呼ばれるものもあり，パートナーの片方のみが取得可能なもので，取得しなければその権利が失われる」という制度に関する説明はあるが，育児休暇を取る親の男女比については記載なし。

b．「OECD によると，スウェーデンで働く人々のうち長時間労働をしているのは2％未満である」

第2段第2文の Only about 1.1% of the nation's employees work

very long hours の the nation はスウェーデンを指す。よって正解。

c.「ストックホルムという街は,その街に定住しに来るよう,労働者らに直接的な働きかけを行ってはいない」

第3段第2文の副市長の発言に The city is actively marketing … 「本市ではストックホルムを,高いレベルの経歴を維持しつつ子どもをもうけるのに適した場所として積極的に売り込んでいるのです」とあるため,不適。resettle「(余儀なく別の場所に) 定住する」

d.「スウェーデンで働く人々は全般的に幸福だが,生産性があまり高くない」

スウェーデンの労働者の生産性に関する記述は本文中にない。productive「生産的な」

e.「幼い子どもの世話をする人を雇用することはロンドンでは一般的でない」

a person who takes care of young children は,最終段第2文 (Lagander's wife is …) の a nanny のこと。ただし,同文中の as a similarly high-earning couple would in London の would の後ろには employ a nanny が省略されており,ロンドンでベビーシッターを雇うようにはストックホルムではベビーシッター制度が受け入れられていない,という文脈である。つまり,ロンドンではベビーシッターを雇うことは受け入れられているということになるため,不適。

f.「スウェーデンで働く多くの人々にとって育児休暇は重要な要因である」

第5段第3文 (But perhaps the …) の the most important element is the system of parental leave に一致。

━◆━◆━◆━◆━ ●語句・構文● ━◆━◆━◆━◆━

(第1段) flexible hours「フレックスタイム制,自由勤務時間制」 norm「標準」 parental「親 (として) の」 parental leave「育児休暇」 boast「～を誇る」 efficient「効率的な,有能な」 workforce「労働人口,全従業員」 trickle「少しずつ動く,ゆっくりとした動き」 curved「曲がった」 headquarters「本部,本社」 giant「巨大企業」 pick up ～「～を迎えに行く」 be off to ～「～に向かう」 sane「正気の,健全な」 turn into ～「～に変わる」 stream「(途絶えない) 流れ」 tunnel「トンネル」

motorway「高速道路」　tech「科学技術（の）」　district「地区」　authority「機関，局」　mark「〜を示す」

（第2段）flexible「柔軟な」　approach「取り組み」　employee「従業員」　share「占有率」　above all「とりわけ，何よりも」　handle「〜を巧みに扱う」　rely on *A* to *do*「*A* に〜することを頼む」　up to〜「〜次第で」　term「言葉，用語」　take（*A*）off「（*A* の）休暇を取る」

（第3段）vice mayor「（行政の）副長官」　labour「労働」　flexibility「柔軟性」　employer「企業主，雇用主」　attract「〜を惹きつける」　market「〜を売り込む」　destination「目的地，行き先」　start a family「子どもをつくる」　maintain「〜を維持する」　promote「〜を促進する」　go-to「頼りになる，主力の」　leading「一流の，有数の」　investment「投資」　move「転職」　Nordic「北欧（人）の」　marriage「結婚」

（第4段）drop off〜「〜を（乗り物から）降ろす」　simultaneously「同時に」　conference「会議」　occasionally「時折」　put in〜「（時間・労力）を費やす，（仕事）を行う」　extremely「極端に」　transaction「取引」　in the long run「長い目で見れば」　get *A* out of *B*「*B* から *A* を得る」　chief executive「最高責任者」　gender「性」　equality「平等」　be rooted in〜「〜に根差している」　push「努力」　take a role「役割を担う」　element「要素」　make a career「出世する」

（第5段）require *A* to *do*「*A* に〜するよう要求する，命じる」　state「政府」　reimburse「〜を返済する，〜に補償金を払う」　generous「気前のよい」　paid leave「有給休暇」　grant「〜を与える，認める」　encourage *A* to *do*「*A* に〜するよう仕向ける」

（最終段）constant「不変の，休みなく続く」　groan「（うめくような低い声で）語る」　COO「社長」　nanny「ベビーシッター」

 解答　1−a　2−c　3−b　4−c　5−a　6−d
7−e　8−b・e

◆全　訳◆

≪金融界を変貌させる政府主導のデジタル通貨≫

　科学技術の変革が金融業界に強烈な影響を与えている。ビットコインは無政府主義者がとりこになるものから，多くのファンドマネージャーらが

均衡のとれたポートフォリオのいずれに入っていてもおかしくないと言い切る 1 兆ドル規模の資産クラスへと変貌を遂げた。大勢のデジタル・デイ・トレーダーがウォール街で大きな影響力を持っている。ペイパルの利用者は 3 億 9200 万人にのぼっており，これは米国が中国の電子決済サービスを提供する巨大企業に追いつきつつあるという兆しである。しかし，科学技術と金融の境界にあって最も注目を浴びていない混乱こそが，最も革新的なものになる可能性がある。それは，政府によるデジタル通貨の構築であり，従来の金融機関を通さず人々が中央銀行に資金を直接預けることができるようになることを主な目的としている。この「ガヴコイン（政府が発行するデジタル通貨）」はお金の新しいカタチである。この通貨によって金融の動きがより活発になることが見込まれているが，権限が個々の市中銀行から国へと移り，地政学が変わり，資本の分配の仕方が変わる可能性もあるとされている。それらは楽観的に，かつ謙虚な姿勢で扱われるべきなのである。

　10 年ほど前にリーマン・ブラザーズが破綻していく最中，連邦準備制度理事会の元議長であるポール＝ボルカーは，銀行業の有益な革新はATM（現金自動預け支払機）で終わりであるとぼやいていた。その危機以降，銀行業界は腕を上げてきた。銀行は古臭い IT システムを最新のものにした。起業家たちは「分散型金融」という試験的な世界を構築してきたが，中でもビットコインが最も有名な一部であり，そこには金融取引と程度に差はあれ関わりのある多彩な代用通貨，データベース，ルートがある。一方で，金融「プラットフォーム」を提供する会社には現在，イーウォレットや決済アプリを利用する 30 億を超える顧客がいる。ペイパルに並んで，アントグループのような専門業者，ビザのような定評のある会社，フェイスブックのようなシリコンバレーで成功を収めることを夢見る企業がある。

　政府や中央銀行主導のデジタル通貨はその次の段階となるが，それらは工夫をともなっている。なぜなら，ネットワークを通して権限を拡散したり，民間の独占企業にその権限を委ねたりするのではなく，国家に権限を集約するからである。それらの背景にある考えは単純なものである。小売銀行の口座を所有する代わりに，アリペイやベンモといったアプリに似たインターフェースを通して直に中央銀行に口座を所有する。小切手を切っ

たりカードを使ってオンラインで支払いをしたりするのではなく，中央銀行の資金を円滑に供給する配管のようなシステムを安価で利用できるのである。そして，自分のお金が誤りを起こしうる銀行ではなく，国という十分な信用によって保証されるのである。シティグループの電話対応窓口とやり取りをする必要もなければ，マスターカードの手数料を支払う必要もない。つまり，イングランド銀行もフェッドも自分の好きに使えるようになるのだ。中央銀行が金融界におけるその貴族的とも言える高い地位から労働者階級のような庶民的な地位にまで大きく変貌を遂げることはありえないことのように聞こえるが，この変化はすでに起こっているのである。世界の GDP の大部分を占める 50 を超える金融当局が，デジタル通貨の導入を検討している。バハマはすでにデジタル通貨を発行している。中国は 50 万人以上の人々に対して試験的にデジタル人民元を提供している。EU は 2025 年までにはデジタルユーロの実現を望んでおり，英国はプロジェクトチームを立ち上げ，世界経済の主導権を握る米国は仮想デジタルドルを構築している真っ最中である。

　政府や中央銀行がデジタル通貨に乗り出す動機づけとなっているものの1つに，支配力を失うことへの恐れがある。今日，中央銀行は金融政策を拡張するために金融システムを利用している。もし決済や預金，貸付金が銀行から民間が運営するデジタル領域へ移ると，中央銀行は危機の際に経済の循環を管理し，そのシステムに資金を投入するのが大変になる。監督の行き届かない民間のネットワークは詐欺やプライバシー侵害の温床となる可能性がある。もう1つの動機づけとなっているのは，金融システムがより優れたものになる可能性である。理想を言えば，通貨とは信用に値する価値貯蔵機能，安定した価値尺度機能，決済をするのに効率のよい手段を提供するものである。今日の通貨は賛否両論を受けている。何の保証もない預金者は銀行が倒産したり，ビットコインがそこまで受け入れられていなかったり，クレジットカードが高くついたりすると，損害を被る可能性がある。政府が発行するデジタル通貨は国に保障されており，お金をそれほどかけずに使えるオンライン上での決済の拠点となる場所を利用するため，高い評価を受けるだろう。結果として，政府のデジタル通貨は世界中の金融業界で世界中の人々に対して1人あたり年間 350 ドル以上になっている運営コストを削減できるだろう。それにより，銀行口座を持ってい

ない 17 億の人々は金融を利用することが可能になるだろう。政府のデジタル通貨は，国民に対して即座に資金を融通し，ゼロ以下まで金利を引き下げることを可能にすることで，政府が使える手段を拡充する可能性もまたある。一般の利用者にとって，無料で安全，かつすぐに誰にでもできる決済手段が魅力的であることは明らかである。

　しかし，危険を招くのはこの魅力である。政府主導によるデジタル通貨は，何ら制約を受けなければ，特にネットワーク効果によって人々が利用しない選択をすることが困難になると，金融界をすぐに支配するようになる可能性がある。ほとんどの人や企業が中央銀行に自分のお金を預け入れると，その他の金融業者は自分たちの貸付金を補強するための他の資金源を見つけなければならなくなるため，銀行が不安定になりうる。もし小売銀行が財源を徹底的に搾り取られてしまうと，事業の創出を進めるのに必要な貸付を他の誰かが行わなければならなくなるであろう。このことは官僚が信用配分に影響を与えるという不安な公算を強める。危機の際，中央銀行に預金をしている人々がデジタル上に殺到し，取り付け騒ぎへと発展する可能性がある。政府のデジタル通貨はいったん支配的になると，国が人々を支配するための全展望監視システムとなりうる。悪いことをすれば即座に課されるデジタル罰金をイメージしてみるとよい。それらは海外への送金を円滑にするルートと，世界の準備通貨であり，米国が持つ影響力の基軸であるドルに代わる存在を与えることで，地政学をも変えてしまいかねない。ドル紙幣の君臨は，一部には米国の自由資本市場と財産権に基づいたもので，中国がそれに張り合うことはできない。しかし，その地位は古い決済システム，明細書を作成する慣行，惰性に基づいたものでもあるため，腐りきって崩壊に向かっている。小さな国々は，人々が現地の通貨を使用する代わりに海外のデジタル通貨へと切り替え，自国内で大きな混乱が起こる可能性を危惧している。

　そういったさまざまな機会と危険には気後れしそうになる。何よりも支配力を重視する中国の独裁者らが，デジタル人民元の取引量に制限をかけ，アントグループのような民間のプラットフォームを取り締まっていることは啓蒙的である。開かれた社会でも，例えばデジタル通貨の口座に使用上限を設けるなどすることによって，慎重に前に進むべきである。政府や金融業者は，金属でできた貨幣やクレジットカードへの劇的な変化と同様に

重大な，長期に渡るお金の仕組みの変化に対応する準備をしておく必要がある。それはプライバシー法を強化し，中央銀行の運営の仕方を改革し，小売銀行にもっと補助的な役割を担う準備をさせることを意味している。国のデジタル通貨は金融界における次なる大きな試みであり，それらはつつましい ATM よりもはるかに重大な結果をもたらすものとなるであろう。

■━━━━◀解　説▶━━━━■

▶ 1．下線部と意味が近い表現を選ぶ問題。game には「うまい手」という意味があり，下線部の raise *one's* game は「腕を上げる，レベルアップする」の意。よって a．enhanced its performance「その業績を上げた」が正解。元の意味を知らなくとも，下線部の前の第 2 段第 1 文（A decade or …）の「銀行業最後の有益な革新は ATM」だというポール＝ボルカーのぼやきに反し，下線部直後の同段第 3 文（Banks have modernised …）では IT システムを最新化したことが述べられ，同段第 4 文（Entrepreneurs have built …）ではビットコインのような分散型金融を構築したことが述べられているので，銀行業・金融界で起こる変革は ATM の機能をはるかに上回ることがわかる。したがって，それらも a を選ぶ根拠となる。b．validated its criteria「その基準を承認した」　c．appraised its reputation「その名声を評価した」　d．increased its investment「その投資を増やした」

▶ 2．下線部と意味が近い語を選ぶ問題。hegemon は「覇権者（国）」の意。c．superpower「超大国，超大な力」が正解。下線部を含む the world's financial hegemon はその直前のカンマを挟んで America と同格関係となることから，米国が世界の中で経済面でどのような国かがわかれば解答を絞れるはず。下線部付近に米国に関する記述があまりないが，第 5 段第 9 文（The greenback's reign …）の米国通貨のドルが支配的地位にあり，大国である中国がそれに及ばないという記述から，米国が経済面で世界に大きな影響を及ぼす存在であると推察したい。a．authority「権威，権限」　b．connoisseur「鑑定家，くろうと」　d．establishment「設立，施設」

▶ 3．下線部と意味が近い表現を選ぶ問題。まず mixed は「（異なるものが）混ざった」という意味がある。marks は gets mixed marks と get と

共に使われていることから「得点，評価」の意。つまり，いい評価と悪い評価という対立するものが「混ざっている」ということで「賛否両論」という意味である。よって b ．conflicting ratings「対立する評価」が正解。a ．misleading outcomes「紛らわしい結果」　c ．multiple points「複数の点」　d ．cohesive scores「まとまりのある得点」

▶４．下線部と意味が近い表現を選ぶ問題。panopticons は収容者を監視できるように設計された円形の建築物や施設の構想を指す語だが，この意味を知っているということはほぼないはず。下線部直後の for the state to control citizens が不定詞の形容詞的用法で，下線部の名詞を修飾していることに注目。「国が人々を支配するための」から，c ．surveillance apparatuses「監視装置」が正解。a ．defense mechanisms「防衛装置」b ．selective devices「選択装置」　d ．vetting tools「審査用ツール」

▶５．空所に適語を入れる問題。空所前となる第１段第７文（They promise to …）と空所を含む文の They はいずれも政府が発行を目指すデジタル通貨「ガヴコイン」を指す。第１段第７文では，政府主導のデジタル通貨の導入によって起こる見込みのあることとして「金融の動きはより活発になる」と「権限が個人から国へと移り，地政学が変わり，資本の分配の仕方が変わる」の２点が述べられているが，これらの２点が but で結ばれている点に注目。前者は導入による利点だが，後者は明確な欠点とまではいかないまでも，世界金融経済全体を揺るがしかねない大変動であるということを理解したい。それゆえ，空所を含む文では，政府主導のデジタル通貨がまずは前者の「利点」と対応して with optimism「楽観的に」扱われるべきとされていると考えられる。したがって，空所は後者の「大変動」に対応して with humility「謙虚に」扱われるべきという内容になるはずである。よって a ．humility「謙遜，謙虚」を補うのが適切。b ．persuasion「説得（力），確信」　c ．audacity「大胆さ」　d ．indifference「無関心」

▶６．空所に適語を入れる問題。空所以降の第３段第２〜６文（The idea behind …）は，政府主導のデジタル通貨の特徴を説明しており「直に中央銀行に口座を所有できる」，「中央銀行の資金を円滑に供給する配管のようなシステムを安価で利用できる」，「お金が国という十分な信用によって保証される」，「電話対応窓口とのやり取りやカードの手数料の必要が

ない」などの，従来の金融のやり方と比べたときの長所が述べられている。
したがって，空所には何らかの新しい改善を示すような語が入ると考えら
れる。よって，d．twist を入れ，come with a twist「工夫されている，
ひねりがある」という表現を完成させればよい。この twist は「新案，新
しい工夫・仕掛け」の意味。a．pit「穴，罠」　b．leap「跳ぶこと，大
躍進」　c．nudge「（肘で）軽くつつくこと，説得」

▶7．本文の要点を選ぶ問題。本文は第1段がデジタル通貨の出現，第2
段が銀行業界のさまざまな変化，第3段が国や政府が主体となり発行する
デジタル通貨の基本概念，第4段が国や政府がそれを発行しようとする動
機と利点，第5段が政府主導のデジタル通貨に関する懸念事項，最終段が
国や政府のデジタル通貨導入への備え，となっている。特に第3～5段の
内容に触れており，最終段で述べられている「備えの必要性」にも言及し
ている e．「政府のデジタル通貨は相当なリスクだけでなく，すばらしい
機会を生みだす可能性があるので，政府や金融機関は通貨制度における画
期的な変化に対処する態勢を十分に整えておく必要がある」が適切である。
considerable「かなりの，相当な」　be equipped for ～「～に対する備え
ができている」　epochal「新時代の，画期的な」　transformation「変化」
a．「政府発行のデジタル通貨の導入によって人々がすぐに決済をするこ
とが可能となり，世界の貨幣制度の運営コストを削減することができると
いう考えに金融当局は懐疑的である」

　選択肢の that 以降の内容は，第4段第10文（As a result, …）と同段
第 12 文（Government digital currencies …）に一致するが，World
monetary authorities doubt の部分に注目。doubt は O に that 節がくる
場合「～であることを疑う」という意味になり，that 節内の内容を疑う，
つまりそうではないと思う，という意味になる。S の monetary
authorities が登場する第3段第8文（Over 50 monetary …）には「50
を超える金融当局がデジタル通貨の導入を検討している」という記述があ
ることから，そういった国々がデジタル通貨の利点に疑念を抱いていると
は言えないため不適。
b．「政府が発行するデジタル通貨は，通貨の新たな形としてうまくいく
見込みが高いので，権力を個人から国へと変え，地政学を変え，資本の分
配を変えるはずである」

　選択肢の内容は第 1 段第 7 文（They promise to …）に一致している
ように見えるが，「権力を個人から国へと変え，地政学を変え，資本の分
配を変える」という部分に関しては，第 1 段第 7 文では make finance
work better と対比する形で but also 以下に述べられているので，政府主
導のデジタル通貨の利点というわけではないことがわかる。また，これら
の要素はいずれも第 5 段第 5 ～ 8 文（This raises the …）で政府主導の
デジタル通貨の危険性の例として具体的に紹介されている。したがって，
選択肢の「うまくいく見込みが高いので」という利点について述べる際に
用いる記述と本文の内容が一致しないため，不適となる。

c．「危険を冒す前に，諸政府は自分たちが発行するデジタル通貨が金融
界における試みであり，それゆえつつましい ATM よりもはるかに悪い
結果をもたらすかもしれないということについて再考する必要がある」

　最終段第 4 文（Governments and financial …）および同段最終文
（State digital currencies …）の内容を合わせたような選択肢になってい
るものの，第 3 段や第 4 段で述べられた政府主導のデジタル通貨の利点に
ついてまったく触れていないため不適となる。

d．「デジタル通貨は金融をはるかに安全に回すことができるが，政府や
中央銀行は経済の循環を制御できなくなることを心配している」

　選択肢のカンマ以降の内容は第 4 段第 1 ～ 4 文（One motivation for
…）に一致するが，前半 digital currencies could make finance work
much more securely の securely「安全に」については述べられていない
ため，不適。

▶ 8 ．本文内容と一致するものを 2 つ選ぶ問題。

a．「中央銀行の安価な資金流動システムと，国の完全なお墨付きのおか
げで，政府のデジタル通貨により一部の人々が資金の融通を受けられなく
なる」

　Owing to … the state は第 4 段第 9 文（Government e-currencies
would …）に一致するが，govcoins make finance inaccessible for some
people の部分は，同段第 11 文（That could make …）の「それにより，
銀行口座を持っていない 17 億の人々が融資を受けることができるように
なるであろう」という記述に一致しないため，不適。

b．「デジタル技術は人々が民間の金融機関を通すことなく直接，中央銀

行に資金を預け入れることができる可能性を生み出した」

第1段第5文（Yet, the least …）のコロン以降 the creation of … 「政府によるデジタル通貨の構築は，従来の金融機関を通さず人々が中央銀行に資金を直接預けることができるようになることを主な目的としている」に一致。

c．「詐欺やプライバシーの侵害の被害に遭いやすい民間のネットワークとは対照的に，デジタル通貨は信頼できる価値貯蔵機能，安定した価値尺度機能，効率のよい送金手段を提供してくれる」

選択肢後半の e-currencies provide a reliable … に近いのは第4段第6文（Ideally money provides …）の「理想を言えば，お金とは信用に値する…を提供するものである」の部分だが，S は e-currencies ではなく money である。該当文はデジタル通貨の実情ではなく，お金の理想の姿について述べているもの。よって不適。be vulnerable to ～「～に弱い」

d．「政府と中央銀行は，金融危機の際に取り付け騒ぎにならないよう，財源の配分を完全に制御していくつもりである」

選択肢前半の Governments and … of funding の部分が本文に記載なし。distribution「配分」 funding「財源」

e．「金融システムに対する支配力を維持していくことは，政府や中央銀行にデジタル通貨という手段を求めるよう促す動機である」

選択肢の Maintaining control over the banking system が第4段第1文（One motivation for …）の a fear of losing control に，incentive that … が同じ文の One motivation … banks に一致するため，正解。maintain「～を維持する」 incentive「刺激となるもの，動機」 prompt *A* to *do*「*A* に～するよう促す」 implementation「道具，手段」

f．「米国貨幣の優位な地位を維持している自由資本市場と財産権が中国に奪取されてきたのは法的な制約と強制執行可能な規制の欠如のせいである」

選択肢の Open capital markets … taken over by China の部分が第5段第9文（The greenback's …）に不一致。当該文の America's open capital markets and property rights, which China cannot rival の which は America's … rights までを指し，中国はそれらに匹敵することなどできない，と述べられている。ascendancy「優位，支配」 take

over ～「～を乗っ取る，奪う」　restriction「制約」　enforceable「執行
できる，強制できる」　regulation「規制」

◆━◆━◆━◆━　●語句・構文●　◆━◆━◆━◆━◆━◆━◆

(第1段) upend「～を逆さまにする，強烈な影響を与える」　go from *A*
to *B*「*A* から始まり *B* になる」　obsession「憑りつかれること」
anarchist「無政府主義者，アナーキスト」　trillion「兆」　asset「資産」
fund manager「ファンドマネージャー (投資信託を運用する業者)」
balanced「偏りのない」　portfolio「ポートフォリオ」　swarm「群れ」
day-trader「デイ・トレーダー (1日の中で株式売買を繰り返し利益を出
す投資家)」　force「影響力 (を持つ人・物)」　Wall Street「ウォール街
(NY 証券取引所のある世界の金融・証券市場の中心地)」　PayPal「ペイ
パル (オンライン決済サービス)」　sign「兆し」　catch up with ～「～
に追いつく」　digital-payment「電子決済の」　giant「巨大企業」
disruption「崩壊，混乱」　frontier「最先端」　end up as ～「最後には～
になる」　revolutionary「革新的な」　creation「創造」　currency「通貨」
typically「典型的に，主として」　aim to *do*「～することを目的としてい
る」　deposit *A* with *B*「*A* を *B* に預け入れる」　bypass「～を迂回する，
飛び越す」　conventional「従来の」　lender「金貸し，金融機関」
incarnation「化身」　state「国家」　alter「～を変える」　geopolitics「地
政学」　capital「資本」　allocate「～を分配する，割り当てる」　optimism
「楽観主義」

(第2段) amid「～の中で」　wreckage「崩壊」　former「前～，元～」
grumble「不平を言う」　banking「銀行業」　innovation「革新」　crisis
「危機」　modernise「～を最新式にする」　creak「キーキーと音を立て
る」　entrepreneur「起業家」　experimental「試験的な」　decentralise
「～を分散させる」　a riot of ～「多彩な～」　token「トークン，代用通
貨」　conduit「ルート，導管」　interact with ～「～と関わる」　to ～
degree「～の程度まで」　varying「さまざまな」　trading「取引」
meanwhile「一方で，同時に」　platform「プラットフォーム」　firm「会
社」　e-wallet「イーウォレット (電子マネー決済システム)」　wannabe
「～になりたがっている人，熱烈なファン」

(第3段) centralise「～を中心に集める」　*B* rather than *A*「*A* というよ

りむしろ *B*」　private「民間の」　monopoly「独占（企業）」　account
「口座」　retail bank「小売銀行（個人や中小企業と取引を行う銀行）」
interface「インターフェース（異なる 2 つのものをつなぐもの）」
resemble「〜に似ている」　cheque「小切手」　plumbing「配管（設備），
配管系統」　guarantee「〜を保証する」　fallible「誤ることのある，当て
にならない」　fee「手数料」　the Fed: Federal Reserve System「連邦
準備制度（米国の中央銀行制度のこと）の略」　be at *one's* service「〜
の支配下にある，〜が自由に使用できる」　metamorphosis「著しい変化，
大変貌」　aristocrat「貴族」　labourer「労働者」　far-fetched「無理な，
信じがたい」　under way「（事が）起こって，進行中の」　monetary「金
融の，貨幣の」　authorities「当局」　the bulk of〜「大部分の〜」
explore「〜を詳しく調査する」　issue「〜を発行する」　roll out〜「〜
を公表する，提供を開始する」　e-yuan「デジタル人民元」　pilot「試験的
な」　virtual「仮想の」　launch「〜を始める」　task-force「特別委員会，
プロジェクトチーム」　hypothetical「仮想の」
（第 4 段）lose control「制御できなくなる，支配力を失う」　harness「〜
を利用する」　amplify「〜を拡張する」　loan「貸付金」　migrate「移動
する」　realm「領域」　cycle「循環」　inject「〜を注入する」
unsupervised「監督（管理）されていない」　Wild West「無法地帯，未
知の分野」　fraud「詐欺」　abuse「悪用，侵害，虐待」　promise「有望
さ，明るい見通し」　ideally「理想を言えば」　store of value「価値貯蔵
（機能）」　stable「安定した」　unit of account「価値尺度（機能）」
means「手段」　uninsured「無保険の」←insure「〜に保険を掛ける，〜
を保証する」　depositor「預金者」　fail「倒産する」　score「得点する，
成績を取る，成功する」　hub「ハブ，中枢」　amount to〜「総計〜に達
する，のぼる」　accessible「利用可能な」　bank account「銀行口座」
expand「〜を広げる」　toolkit「道具一式」　cut interest rates「金利を
引き下げる」　appeal「魅力」　universal「万人に通じる，自在の」
（第 5 段）unconstrained「制約を受けない，のびのびとした」　dominant
「支配的な」　opt out「手（身）を引く」　destabilise「〜を不安定にする，
弱体化させる」　stash「〜を隠す，しまう」　suck *A* dry「*A*から徹底的
に搾取する，*A*の骨の髄までしゃぶる」　fuel「〜をたきつける，奨励す

る」 queasy「むかつく，不快な，不安な」 credit allocation「信用配分」 stampede「暴走，殺到」 bank run「取り付け騒ぎ」 ascendant「支配的な」 fine「罰金」 cross-border「国境を越えた」 reserve「予備の」 reserve currency「準備通貨」 linchpin「要，基軸」 greenback「ドル紙幣」 reign「君臨，統治」 property「財産」 rival「～に張り合う，匹敵する」 invoice「送り状（明細書）を作る」 convention「慣行，慣習」 inertia「無気力，惰性」 ripe「熟れた，腐りきった」 disruption「崩壊，混乱」 chaos「大混乱」

（最終段）spectrum「範囲」 daunting「おじけづかせる，ひるませる」 autocrat「独裁君主」 clamp down on ～「～を取り締まる」 proceed「進む」 cautiously「慎重に」 cap「～の上限を定める」 momentous「重要な，重大な」 leap「跳躍，劇的な変化」 beef up ～「～を増強する，強化する」 peripheral「周辺部の，補助の」 consequential「重大な」 humble「謙虚な，卑しい，つつましい」

❖講　評

　2022 年度も例年同様，文法・語彙問題 1 題，長文読解問題 4 題の計 5 題で構成されている。

　Ⅰ　文法・語彙問題は誤り指摘の問題で，小問数は 2021 年度に引き続き 10 問であった。誤りがない場合もあり，英文が専門的な内容となっていることも多いため，語彙レベルが高いが，文意で正誤を判別するのではなく，基本的な文法・構文の知識，語句の使い方，文の構成を見抜く力があれば，正解を導けるものが多い。2022 年度では，1 と 6 の接続詞，2 の不定詞，4 と 5 と 9 のメインの SV の発見，8 の主述関係の呼応（一致）については，正解を導きたい。

　Ⅱ　「海外でのインターンシップの機会を求める学生の増加」に関する新聞記事からの出題。本文の英文は全体的に読み取りやすく，選択肢についても 2021 年度と違い，なじみのある語句が多かったはず。1，4，5，6 のような下線部前後の内容から解答を推察できる問いもあれば，2，3 のように下線部の語句もしくは選択肢の意味を知っておく必要のある問題がバランスよく組み込まれていた。本文の主題と内容真偽についても難度は標準。

Ⅲ 「ナポレオンの功罪に言及したマクロン大統領の演説」について書かれた新聞記事からの出題で，他の大問と比較すると分量は少ないものの，本文に出て来る語彙レベルは高めで，フランスの歴史や政治に関する知識がない場合，分量のわりには本文の読み取りに時間がかかったかもしれない。しかし，設問および選択肢の語句に関しては，3 以外の問いは語句の知識不足がなければ易しめであった。

Ⅳ 「ワークライフバランスの実現度が高いストックホルム」に関する新聞記事からの出題。Ⅱ同様に本文の英文は読み取りやすく，設問に関しても全体的に取り組みやすいものが多かった。選択肢の語についても 2021 年度までと比べると易しめではあるが，ほとんどが必修の表現であるため，知らなかった表現は確認しておきたい。

Ⅴ 「金融界を変貌させる政府主導のデジタル通貨」に関する新聞記事からの出題。2022 年度の大問の中では分量が最大，かつ経済分野の専門的な内容で語彙レベルも高かったため，2022 年度の読解 4 題の中では最も難しく，時間がかかったはずである。空所補充および下線部と同意の表現を選ぶ設問の選択肢に関しても，難度高めの語がまんべんなく組み込まれていた。また，本文内容から推察して答えを導くことのできそうな問いもあったが，空所や下線部前後の内容もまた読み取りづらいものであったため，この大問で得点を上げるのは厳しかったであろう。本文の主題と内容真偽に関しては，選択肢の内容と本文内での該当箇所を丁寧に精査していけば正答にたどり着ける問題ではあったものの，そうする時間があれば，の話である。この大問に関しては，読める箇所，解ける問題をきっちり見極め，解き進めていく必要があった。

Ⅰ とⅤは例年通りの難しさとボリュームであったが，Ⅱ，Ⅲ，Ⅳが例年と比べて分量が少なめで解きやすさを感じさせるような標準的なレベルの問題が多めであったこと，読解問題の内容真偽の選択肢の数が 6 つのうち正しいものを 2 つ選ぶという形に統一されたことで選択肢の分量も減少，Ⅲ，Ⅳ，Ⅴの空所補充と下線部の同意表現を選ぶ問題の選択肢も 5 択から 4 択となったなどを考慮すれば，全体としては例年比で易化したと言える。それでもやはりこの難度の長文読解 4 題を含む大問 5 題を 90 分で解くにはかなりのスピードと語彙力を要する。時間配分については，Ⅰは 10 分以内，20 分×長文読解 4 題が基本であるが，2022 年

度のように難易度に大きく偏りがあることもあるため，読解については
Ⅴのように時間がかかりすぎる見込みのありそうな大問には注意するこ
と。空所補充や下線部の語句の同意表現を選ぶ問題は，よく見るのに意
味が出ない，ということは極力避けたいもの。普段から語彙力を高める
ことを意識した学習をしてほしい。

■数学■

1

◇発想◇　(1)　$s=\dfrac{(\text{検査で陽性と判定され, かつ, 罹患している確率})}{(\text{検査で陽性と判定される確率})}$
である。

(2)　$a_k=\dfrac{(k\,\text{回すべての検査において陽性と判定され, かつ, 罹患している確率})}{(k\,\text{回すべての検査において陽性と判定される確率})}$

(3)　k 回のうち 1 回でも陽性と判定される事象とは，k 回すべての検査において陰性と判定される事象の余事象と考える。

(4)　p, q, r に具体的な数値を当てはめて，s, a_2, b_2 の大小を推測する。例えば，$p=q=\dfrac{1}{2}$，$r=\dfrac{1}{3}$（$0<p<1$, $0<r<q$ をみたす）とおいて，s, a_2, b_2 を計算すると，$s=\dfrac{1}{1+\dfrac{2}{3}}$，

$a_2=\dfrac{1}{1+\left(\dfrac{2}{3}\right)^2}$，$b_2=\dfrac{1}{1+\dfrac{20}{27}}$ となるから，$b_2<s<a_2$ であると推測できる。

解答　(1)　検査で陽性と判定される事象は，次の 2 つの事象の和事象である。

事象 A：患者が罹患していて，検査で陽性であると判定される。

事象 B：患者は罹患していないけれども，検査で陽性であると判定される。

事象 A と B は互いに排反であるから，検査で陽性であると判定される確率は

$$P(A\cup B)=P(A)+P(B)$$
$$=pq+(1-p)r\quad(\neq 0)$$

である。したがって

$$s=\frac{P(A)}{P(A\cup B)}=\frac{pq}{pq+(1-p)r}\quad\text{……(答)}$$

(2)　k 回すべての検査で陽性であると判定される事象は，次の 2 つの事象 A_k，B_k の和事象である。

事象 A_k：患者が罹患していて，k 回すべての検査で陽性であると判定される。

事象 B_k：患者は罹患していないけれども，k 回すべての検査で陽性であると判定される。

事象 A_k と B_k は互いに排反であるから，k 回すべての検査において陽性であると判定される確率は

$$P(A_k \cup B_k) = P(A_k) + P(B_k)$$
$$= p \cdot q^k + (1-p)r^k \quad (\neq 0)$$

である。したがって

$$a_k = \frac{p \cdot q^k}{p \cdot q^k + (1-p)r^k} \quad \cdots\cdots(\text{答})$$

(3)　k 回のうち 1 回でも陽性と判定される事象は，k 回すべての検査で陰性と判定される事象の余事象である。

したがって，k 回のうち 1 回でも陽性と判定される確率は

$$p\{1-(1-q)^k\} + (1-p)\{1-(1-r)^k\} \quad (\neq 0)$$

である。よって

$$b_k = \frac{p\{1-(1-q)^k\}}{p\{1-(1-q)^k\} + (1-p)\{1-(1-r)^k\}}$$
$$= \frac{p\{1-(1-q)^k\}}{1 - p(1-q)^k - (1-p)(1-r)^k} \quad \cdots\cdots(\text{答})$$

(4)　(1)〜(3)の結果より

$$
\left.
\begin{aligned}
s &= \frac{pq}{pq+(1-p)r} = \frac{1}{1 + \dfrac{1-p}{p} \cdot \dfrac{r}{q}} \\[2ex]
a_2 &= \frac{pq^2}{pq^2+(1-p)r^2} = \frac{1}{1 + \dfrac{1-p}{p} \cdot \left(\dfrac{r}{q}\right)^2} \\[2ex]
b_2 &= \frac{p\{1-(1-q)^2\}}{p\{1-(1-q)^2\} + (1-p)\{1-(1-r)^2\}} \\[2ex]
&= \frac{1}{1 + \dfrac{1-p}{p} \cdot \dfrac{1-(1-r)^2}{1-(1-q)^2}}
\end{aligned}
\right\} \quad \cdots\cdots(*)
$$

いま，$0<r<q$ より　　　$0<\dfrac{r}{q}<1$

よって　　　$0<\left(\dfrac{r}{q}\right)^2<\dfrac{r}{q}$

また，$0<p<1$ より　　　$0<\dfrac{1-p}{p}$

ゆえに　　　$0<1+\dfrac{1-p}{p}\cdot\left(\dfrac{r}{q}\right)^2<1+\dfrac{1-p}{p}\cdot\dfrac{r}{q}$

ここから　　　$s<a_2$

また

$$\dfrac{r}{q}-\dfrac{1-(1-r)^2}{1-(1-q)^2}=\dfrac{r}{q}-\dfrac{r(2-r)}{q(2-q)}=\dfrac{r(r-q)}{q(2-q)}<0$$

$$\left(\dfrac{r}{q}>0,\ r-q<0,\ 2-q>0\ \text{より}\right)$$

よって　　　$\dfrac{1-(1-r)^2}{1-(1-q)^2}>\dfrac{r}{q}>0$

つまり　　　$0<1+\dfrac{1-p}{p}\cdot\dfrac{r}{q}<1+\dfrac{1-p}{p}\cdot\dfrac{1-(1-r)^2}{1-(1-q)^2}$

ここから　　　$b_2<s$

以上より　　　$b_2<s<a_2$　……(答)

━━━━━◀解　説▶━━━━━

≪条件付き確率，大小の決定≫

⑴～⑶は，条件付き確率を求める問題である。一般に，事象 C が起こったときに，事象 D が起こる条件付き確率は $P_C(D)=\dfrac{P(C\cap D)}{P(C)}$ で求められる。

▶⑴　検査で陽性となる事象は，「罹患者が陽性となる事象」と「非罹患者が陽性となる事象」の和事象である。また，事象 A と事象 B が互いに排反であるから，その和事象は，$P(A\cup B)=P(A)+P(B)$（加法定理）で求まる。

▶⑵　「罹患者が k 回すべてで陽性となる事象」と「非罹患者が k 回すべてで陽性となる事象」の和事象を考える。

▶⑶　⑴・⑵と同様に条件付き確率を考える。罹患者が陰性であると判定

される確率は $1-q$，非罹患者が陰性であると判定される確率は $1-r$ である。罹患者が k 回のうち 1 回でも陽性と判定される確率は，余事象の確率から $1-(1-q)^k$ である。非罹患者が k 回のうち 1 回でも陽性と判定される確率は，$1-(1-r)^k$ である。

▶(4)　s，a_2，b_2 の大小を推測してから，a_2-s，$s-b_2$ の正負を調べる。その際，s，a_2，b_2 を（＊）のように変形してから考察するとよい。

2

◇**発想**◇　(1)・(2)　三角形 ABC の内接円の半径および外接円の半径を a で表す。

(3)　p は a の 3 次式となるから，p の最大値を求めるには微分を使う。

解答　右図のように，三角形 T の頂点を P，Q，R，三角形 U の頂点を X，Y，Z とする。
また，AP と QR の交点を M とする。

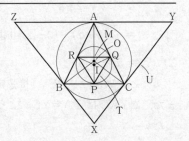

(1)　QR$=t$ である。三角形 ABC の内接円の半径を r とすると

$$\triangle ABC = \frac{r}{2}(CA+AB+BC)$$

$$= \frac{r}{2}(2+a)$$

一方，AP⊥BC より

$$\triangle ABC = \frac{1}{2} \cdot BC \cdot AP$$

$$= \frac{1}{2}a\sqrt{1-\left(\frac{a}{2}\right)^2} \quad \left(AP=\sqrt{AB^2-\left(\frac{BC}{2}\right)^2} \text{ より}\right)$$

ゆえに

$$\frac{r}{2}(2+a) = \frac{1}{2}a\sqrt{1-\left(\frac{a}{2}\right)^2}$$

よって

$$r = \frac{a}{2+a}\sqrt{1-\frac{a^2}{4}} = \frac{a}{2}\sqrt{\frac{4-a^2}{(2+a)^2}} = \frac{a}{2}\sqrt{\frac{2-a}{2+a}}$$

一方，$\triangle RMI \backsim \triangle APB$

$\left(\angle RMI=\angle APB=90°, \ \angle RIM=\angle ABP=90°-\dfrac{A}{2} \ \text{より，二角相等}\right)$

だから

$\quad RI:AB=RM:AP$

つまり

$$r:1=\frac{t}{2}:\sqrt{1-\frac{a^2}{4}} \quad \left(QR=t \ \text{より} \quad RM=\frac{t}{2}\right)$$

ここから

$$t=2r\sqrt{1-\frac{a^2}{4}}=2\cdot\frac{a}{2}\sqrt{\frac{2-a}{2+a}}\sqrt{\frac{4-a^2}{4}}$$

$$=2\cdot\frac{a}{2}\sqrt{\frac{2-a}{2+a}}\sqrt{\frac{(2+a)(2-a)}{4}}$$

$$=\frac{a}{2}(2-a) \quad (2-a>0 \ \text{より}) \quad \cdots\cdots(\text{答})$$

(2)　$YZ=u$ である。

$\quad \angle YAC=\angle ABC$ （接弦定理より）　$\cdots\cdots$㋐

また，$\triangle YAC$ は $YA=YC$ の二等辺三角形である。

したがって

$\quad \angle YAC=\angle YCA$

また，$\triangle ABC$ は $AB=AC$ の二等辺三角形だから

$\quad \angle ABC=\angle ACB$

よって　$\angle YCA=\angle ACB$　$\cdots\cdots$㋑

ゆえに，㋐，㋑より

$\quad \triangle YAC \backsim \triangle ABC$

対応する辺の比から

$\quad YA:AB=AC:BC$

つまり　$YA=\dfrac{AB\cdot AC}{BC}=\dfrac{1}{a}$

よって

$\quad u=YZ=2YA=\dfrac{2}{a}$　$\cdots\cdots(\text{答})$

(3)　(1)・(2)の結果より

$$p=\frac{t}{u}=\frac{a}{2}(2-a)\div\frac{2}{a}$$

$$=\frac{1}{4}a^2(2-a)$$

$$=\frac{1}{4}(-a^3+2a^2)$$

ここで，$f(a)=-a^3+2a^2$ とおくと

$$f'(a)=-3a^2+4a$$

$$=a(-3a+4)$$

$f'(a)=0$ を解くと　　$a=0,\ \dfrac{4}{3}$

$f(a)(0<a<\sqrt{2})$ の増減表は右のようになる。

a	0	$\cdots$	$\dfrac{4}{3}$	$\cdots$	$\sqrt{2}$
$f'(a)$	0	$+$	0	$-$	
$f(a)$		$\nearrow$	$\dfrac{32}{27}$	$\searrow$	

ゆえに，p が最大となる a の値は　　$a=\dfrac{4}{3}$　……(答)

そのときの p の値は

$$p=\frac{1}{4}\cdot\frac{32}{27}=\frac{8}{27}\ \ \ ……(答)$$

◀解　説▶

≪相似な三角形の辺の長さ，3 次関数の最大値≫

▶(1)　別解として，次のように考えてもよい。

　　　△ARQ∽△ABC

　　　（RQ∥BC より，∠ARQ＝∠ABC，∠AQR＝∠ACB，二角相等）

対応する辺の比より

　　　AR：AB＝RQ：BC　　∴　RQ＝$\dfrac{AR\cdot BC}{AB}$

一方，AR＝AB－BR＝AB－BP＝$1-\dfrac{a}{2}$ だから

$$t=QR=\frac{\left(1-\dfrac{a}{2}\right)\cdot a}{1}=\frac{1}{2}a(2-a)$$

▶(2)　△ABC∽△YAC から対応する辺の比を考える。

▶(3)　(1)・(2)の結果を使って，p を a で表す。p は a の 3 次式だから，p を a で微分して，増減表を書く。

3 ◇発想◇ $P(x)$ を $F(x)$ で割ったときの商を $Q(x)$，余りを $R(x)$ とすると，恒等式 $P(x)=F(x)Q(x)+R(x)$ が成り立ち，$(R(x)$ の次数)$<$($F(x)$ の次数$)$ である。

解答 (1) $P(x)$ を $(x+1)^2$ で割った余りが $3x+2$ であるから，商を $Q(x)$ として

$$P(x)=(x+1)^2Q(x)+3x+2$$

と表される。

このとき，$P(x)$ を $x+1$ で割った余りは，剰余の定理より

$$P(-1)=3\times(-1)+2=-1 \quad \cdots\cdots(答)$$

(2) $P(x)$ を $x-1$ で割ったときの余りが 1 だから，$P(x)$ を $(x-1)(x+1)$ で割ったときの余りを $a(x-1)+1$ (a は実数) で表すことができる。

このとき，商を $Q_1(x)$ として

$$P(x)=(x-1)(x+1)Q_1(x)+a(x-1)+1$$

と表される。

また，(1)の結果より，$P(-1)=-1$ だから

$$P(-1)=-2a+1=-1$$

$$\therefore \quad a=1$$

よって，求める余りは

$$(x-1)+1=x \quad \cdots\cdots(答)$$

(3) $P(x)$ を $(x-1)(x+1)^2$ で割った余りは 2 次以下の整式だから，b を実数として，余りを $b(x+1)^2+3x+2$ と表すことができる。

このとき，商を $Q_2(x)$ として

$$P(x)=(x-1)(x+1)^2Q_2(x)+b(x+1)^2+3x+2$$

$$P(1)=4b+5$$

また，(2)より　　$P(1)=1$

よって

$$4b+5=1 \quad \therefore \quad b=-1$$

ゆえに，求める余りは

$$-(x+1)^2+3x+2=-x^2+x+1 \quad \cdots\cdots(答)$$

◆━━━━◆解　説▶━━━━━━━━━━━

≪整式の割り算と余り≫

▶(1)　一般に，整式 $P(x)$ を $x-\alpha$ で割った余りは $P(\alpha)$ である（剰余の定理）。この定理を使えば，求める余りは $P(-1)$ である。一方，$P(x)$ を $(x+1)^2$ で割った余りが $3x+2$ だから，商を $Q(x)$ として，$P(x)=(x+1)^2Q(x)+3x+2$ と表される。ここから，$P(-1)$ を求めるとよい。

▶(2)　$P(x)$ を $x-1$ で割った余りが 1 だから，$P(1)=1$ である。また，(1)より，$P(-1)=-1$ である。ここから，次のような別解が考えられる。$P(x)$ を $(x-1)(x+1)$ で割った余りは 1 次以下の整式だから，余りを $cx+d$ （c, d は実数）とおいて，$P(x)=(x-1)(x+1)Q_1(x)+cx+d$ と表される。このとき

$$\begin{cases} P(1)=c+d=1 \\ P(-1)=-c+d=-1 \end{cases}$$

連立方程式を解いて　　$c=1$, $d=0$

ここから，求める余りは x である。

▶(3)　求める余りを $b(x+1)^2+3x+2$ （b は実数）とおくのがポイントである。

❖講　評

　例年通り，大問は 3 題で全問記述式である。各大問は小問に分かれているが，前問の結果を利用するものもあり，正確に答えを得ておく必要がある。

　1　(1)〜(3)は，条件付き確率を求める問題である。(3)では，余事象の確率を使うことになる。(4)では，s, a_2, b_2 の大小を決定する問題であるが，あらかじめ具体的な数値で大小を推測してから，不等式の証明をするとよい。

　2　(1)一般に，△ABC の内接円の半径を r とすると，△ABC $=\dfrac{1}{2}r(AB+BC+CA)$ である。これは公式として覚えておきたい。△ABC の内接円を外接円とする三角形の辺の長さを求める問題である。(2)△ABC の外接円を内接円とする三角形の辺の長さを求める問題であ

る。⑶ p の最大値を求めるには，微分を使うとよい。

　3　一般に，整式 $P(x)$ を整式 $G(x)$ で割ったときの商を $Q(x)$，余りを $R(x)$ とすると，$P(x)=G(x)Q(x)+R(x)$　（$0 \leqq R(x)$ の次数 $<G(x)$ の次数）（除法の原理）が成り立つ。ここから，$P(x)$ を $x+1$ で割った余りは定数となり，$(x-1)(x+1)$ で割った余りは 1 次以下の整式となる。

　全体的に取り組みやすいが，問題はよく練られている。教科書の内容をきちんと理解しておくとともに，標準的な問題集で様々なパターンの問題にもあたっておきたい。

解答編

■英語■

$\boxed{\text{I}}$ **解答** 1 — a　2 — c　3 — b　4 — c　5 — c　6 — e
　　　　　　7 — a　8 — d　9 — d　10 — b

◀**解　説**▶

▶ 1 ．dead → deadly

「致命的な３つの要因が，昨年アメリカのミツバチ群全体の約 40 パーセントを全滅させた原因である」

dead triangle では「三角形＝死んでいる状態」となってしまうため，a が誤り。dead を形容詞 deadly「致命的な」とすれば，deadly triangle of factors「（ミツバチを大量死に導いた）致命的な要因の三角形」となる。b は kill off 〜「〜を全滅させる」が the killing off と動名詞になっており，直後の of about forty … colonies は動名詞の O である。c の percent は常に s をつけない。colony「群棲」

▶ 2 ．who → when

「ネズミは罠にかかったネズミを懸命に救出しようとするものだが，救出に協力的な他のネズミと一緒にいる場合にはとりわけ熱心に善きサマリア人であろう（困っている者を助けよう）とする」

be in the company of 〜 は「〜と一緒にいる」の意。c が主格か目的格の関係代名詞 who とすると，c 以降の they're in the company of … helpers の中に先行詞 Samaritans を戻せるはずだが，戻す場所がないため，不適。enthusiastically「熱心に」 free「〜を自由にする」 willing「意欲的な，快くやる」

▶ 3 ．appear → appears

「草の葉の上に結露がつくのと同じ作用が，アルツハイマー病やその他の脳疾患においても重要な影響を及ぼしているようである」

The same process (that causes dew drops to form on a blade of grass）が S で，that は関係代名詞（主格）。S の The same process が 3 人称単数なので，appear には s が必要。a の dew drops「結露」の drop「雫」は可算。c は Alzheimer's disease で「アルツハイマー病」の意。d の diseases は可算・不可算どちらもあるが，ここではアルツハイマー病とそれ以外の脳に関係する病気を指す。脳に関する病気は他にも多数あるはずなので，複数形が適切。blade「葉」

▶4．outweighing → outweighed

「確かに，人間が好んで食べる貝類をラッコが大量にむさぼり食ってはいるものの，ある新しい研究によると，ラッコ関連の経済的恩恵の方が漁業へのいかなる商業的損失をもはるかに上回るそうだ」

c の直後にある by より，outweigh「（重要度や価値が）～を上回る」を現在分詞ではなく，過去分詞で用いて受動の形にするのが正しい。S be outweighed by ～ で「S が～により上回られる」→「～が S を上回る」の意。a の devour「～を貪り食う」は文頭 While（it is）true that に続く SV の V で，S の sea otters「ラッコ」が複数形なので正しい。b の that は shellfish「貝」を先行詞とする関係代名詞（主格）。d は associated with the otters が economic benefits にかかる過去分詞。(be) associated with ～ で「～に関連した」の意。

▶5．uproot → uprooting / and uproots

「環境保護論者のスザンヌ゠シマールは，木が地下にある菌類のネットワークを使って情報をやりとりし，資源を共有しているということをいかにして発見したかを語っており，自然が絶えず生存競争をしているという考えを根絶しようとしている」

c の uproot「～を根絶する」の意味がわからずとも，直後に the idea という O があることから他動詞で，能動で使われていると判断したい。1 つ目の V である shares からも S（Ecologist Suzanne Simard）は 3 人称単数であるため，uprooting と分詞構文にするか，and uproots とする必要がある。fungal「菌の」　compete for ～「～を得るために争う」

▶6．誤りなし。

「対面での会話中，脳は交わされる言葉にある程度は焦点を当てているが，相手が自分の方を向いているか，それともわずかに顔を背けているかといった言葉以外の手がかりからも意味を読み取る」

a の During「～の間」は前置詞。直後に an … conversation と名詞があるので，適切。b の being spoken は直前の the words にかかる現在分詞。c の derives は S（it）に呼応（一致）。d は whether someone is facing you or（someone is）slightly turned away の someone is が省略されており，turn away は「（見ないように顔や体を）背ける」の意。自動詞（句）の過去分詞で「顔を背けてしまっている」という完了の意味として使われているので，適切。in-person「直接会う」　derive *A* from *B*「*B* から *A* を見いだす」　cue「手がかり」

▶ 7．One → If（you're）/ When（you're）/ For one
「行動を起こすことに疑問がある場合に役立つ（行動を起こすことに疑問がある人のための）アドバイスは，まず考え，その結果が好ましいものになるという確信がある場合にのみ，行動を起こすということである」
(be) in doubt about ～ は「～を疑っている」の意。a の One in doubt about taking action は，in doubt … action が One にかかる形容詞句となり「行動を起こすことに疑いのある人」となるが，文頭なので S と考えると，対応する V がない。また，a piece of useful advice is … の SV ともうまくつながらないため，a が不適。b の is は a piece of useful advice に対する V，to think first が「～すること」の意味の C。c は if（it is）certain の it is が省略されたもので，直後の that the outcome will be … が it の内容を指す真主語。d は if（it is）certain that S V「～ということは確かである」という意味から，that 節内は常に未来のこととなり，適切。

▶ 8．sink → sank
「もし彼が泳げれば，近海でカヌーが転覆し，すごい速さで海の底に沈んでいったときに，溺れかけている人々を助けることができていたかもしれない」
d の sink は the canoe capsized … の等位にあたるので，過去形 sank とするのが正しい。a と b は，If 節の a が仮定法過去（If S ＋過去形～，S would *do*），主節の b が仮定法過去完了（If S had *done*, S would have *done*）になっており，誤りに見えるかもしれないが，「もし彼が泳げれば」はカヌー沈没時（過去の時点）も現在も変わらない事実なので仮定法過去，「他の人々を助けることができていたかもしれない」はカヌー沈没

時（過去の時点）のことなので仮定法過去完了を用いている。よって，問題ない。c の others は「他の人々」の意。drown「溺れる」 capsize「〜を転覆させる」 shore「岸」

▶ 9. it → was

「国立自然史博物館で，ジュリア＝クラークは南極で数年前に収集された不思議な化石を見せられたが，それは "The Thing"（物体 X）と呼ばれていた」

d の直前の which は a mysterious fossil を先行詞とする関係代名詞で，d の直後の called "The Thing" の "The Thing" は call や " " より，a mysterious fossil の呼び名であると判断できる。よって，called は過去形ではなく，受動で使われているはず。which は関係代名詞の主格と考えれば，it を was にして「"The Thing" と呼ばれていた」と受動の形にするのが正しい。a は場所を表す前置詞，b は SVOO（showed Julia Clark a mystery fossil）の Julia Clark を S とした受動態で，いずれも適切。c の直前の that は a mysterious fossil を先行詞とする関係代名詞。見せられた（was shown）時点よりも前に化石は回収されているはずなので，had *done* を用いて時制のズレを表している。fossil「化石」 Antarctica「南極大陸」

▶ 10. giving → given

「ビデオ通話は，その媒体が小さな画面の中だけにきっちりおさまっているように見え，気を散らすものがほとんどないということを考慮すれば，大変難しいものだと人々は気付いて驚くかもしれない」

b の giving を given とし，given that S V「〜ということを考慮すると」という接続詞にすることで，People may be … と the medium seems … の 2 文を正しくつなぐことができる。a の be surprised at 〜「〜に驚く」は at の直後に WH 疑問詞の節を導くことができる。c は (be) confined to 〜「〜に閉じ込められた，〜に限られた」で the medium「その媒体（＝ビデオ通話を行うための機器）」に対する C，few は可算名詞 distractions「気を散らすもの」にかかる形容詞となり，それぞれ適切。

Ⅱ 解答 1−b　2−d　3−a　4−e　5−e　6−a
7−e　8−c

━━━━━━━━━━━━━◆全　訳◆━━━━━━━━━━━━━

≪ロボットの活用が高齢化社会の解決策となるか≫

　3 月，テクノロジー関連の大手企業であるパナソニックが次世代の Hospi を発表した。Hospi とは，人間と共生し，日本の高齢化が原因で生まれた，ますます広がる労働市場の空白を埋めることを可能にするとその会社が謳う，自律型搬送ロボットである。日本におけるロボット研究の第一人者らが言うところによると，前者は本当であろうとのことだ。後者については，間違いなく議論の余地がある。旧型の Hospi 同様に，新型 Hospi は病院や介護施設内で薬や医療機器を運ぶことで，人間の仕事の代わりをするよう作られている。最新の改良を経て，Hospi はそういった作業をより効率的に行えるようになり，回転する頭にセンサーをたくさん搭載しているため，回診をする際に人々と関わり合う（もしくは人々を避ける）能力が高まっている，と Hospi の設計者らは語っている。我々はこのようなことに必要となる科学技術にただ驚くばかりである。

　G20 では日本議長下において，高齢化社会にどう対応していくかという長びく問題が，日本人だけでなく，G20 加盟国全体にとっても最優先事項として浮上している。Hospi や今後世に出るその他同系統の他のロボットが，日本（のもの）という項目に多数のチェックをつけるように思える。Hospi は国産の機器であり，その存在は，数十年におよび日本企業や日本の教育機関がロボット工学に重点を置いてきたことが目に見える形で報われたことを表している。Hospi は日本の高齢者の介護を目的としているが，その介護分野において，日本は 2025 年までに働き手の不足が 38 万人に上るという恐ろしい事態に直面することになるという予測を政府は立てている。とりわけ Hospi は，人口統計学が提示する長期にわたる大変な課題，なかでも特に日本の人口の 3 分の 1 が 2050 年までに 65 歳以上になることが見積もられているという課題に科学技術がメスを入れる，という長年抱いてきた思いの支えになるように思える。

　これらの課題は近年の 2 つの政策のテーマであり，その政策においては，日本の経済産業省がさらに性能の良いロボットを作ることに重点を置き始めている。一方の政策では，経済産業省の役人らが，高齢者の介護に直接関わるロボット産業を 2022 年までには年間 500 億円（4 億 7,000 万ドル）規模の事業にするという計画を打ち出した。もう 1 つの政策では，今後機

器を開発する際の重点を，介護を行う際の効率を増すことから，高齢になってもより長い期間，自分のことは自分でできる状態を保つのに役立つことへと，大きく舵を切る必要があった。ロボットと高齢者介護の関係は，日本政府により採択された，いわゆる「人生100年時代」という方針の構想会議において大きな特徴にもなっている。この政策における全体の目標は，平均余命が従来であれば定年とされる時期を超えて何十年も生きることを意味するようになる将来に向け，日本が準備をすることである。加えて，特に工場の自動化の分野において，ロボット工学により，労働力不足が緩和され，生身の労働者が人間にしかできないような仕事をできるようになることが期待されている。

　日本有数の大学の一つでロボット工学を専門とするある教授は，ロボットが将来的にできるようになることについては控えめな楽観論を示した。これは，高齢化社会において人々の役に立つことにも，工場で使う高速ロボットの開発にも適用される。彼の研究の輝かしい業績に，人間の目の33倍の速度で情報を記録できるロボットの「目」があるがその研究は，画像センサー，すなわち，新世代の自律型の機械の技術基盤を軸にしたものである。画像センサーの性能が良ければ良いほど，ロボットが高次元の問題を解決する能力が高くなる。「より性能の良いセンサーを用いて我々がやりたいことの一つに，ロボットに人間よりも高い精度を備えさせることがあります」と教授は語った。「人間はミリメートル単位の精度で動作をすることができます。我々が作っているロボットは50ミクロン単位の精度で動作できるのです」と彼は言い添えたが，それは人間の髪の毛の幅とほぼ同じくらいである。しかし，それでは必要とされる解決策を導くには不十分である。というのも，工場用ロボットにしろ，Hospiのような自律型お手伝いロボットにしろ，どちらも経済的に持続可能な方法であることが必須なのだが，残念なことに，多くの場合は現状，そうなってはいないのである。

　日本の大学や学会に属するロボット工学の権威らの中には，ロボットに対する日本の期待感が高すぎることを懸念し，ロボットが日本社会を悩ませているあらゆる問題を解決する万能薬とみなされてはならないと考える者もいる。たとえ最高の発明品であっても，技術的な限界があるだけでなく，それらを使用するにあたり，どれだけ安価で済むか，また，その流通

を維持していくのに人間の高度な専門技術がどれだけ必要になるかという問題もあるのだ。事実，複数のロボットが協力して働くのを可能にするシステムの構築を専門とする技術者の数は，かなり限られている。お手伝いロボットや修理ロボットは製造業や日常生活において比較的普及しているため，それらを整備する技術を有する人々に関しても同じことが言える。そういった（人材の）不足が象徴しているのは，ロボットが日本の人口問題を打開してくれるという見通しが科学の現状や経済的実態というよりも，むしろ一般の人々の希望的観測に基づいたものだということである。認めたくない現実ではあるが，これらすべてがただの絵に描いた餅になってしまうことのないよう，多くの要因を考慮する必要がある。いくつかの会社がロボットを作り，誰もが利用できるよう流通させたとしても，結局は現実世界においてそのような技術の開発と維持にかかる多額の費用のせいで，将来いつかは（ロボット事業からの）撤退を余儀なくされるというきわめて現実的な可能性もあるのだ。

■■■■■■■■ ◀解　説▶ ■■■■■■■■

▶1．下線部と意味が近い語を選ぶ問題。protract は「～を長引かせる」という意味なので，過去分詞の protracted は「長期化した」の意。prolong にも「～を延長する」の意味があるため，b．prolonged「長引く」が正解。protract を知らない場合，文の流れからの推測は難しいが，protract という綴りから，農作業で機器を引っ張るのに使う tractor「トラクター」や attract「～を引きつける」などから，「引っ張る」→「伸びる」というイメージの意味を持つ語だと推測したい。prolong も long から「長くする」ような意味として取りたい。a．disputed「争点となっている」　c．prospected「探査された」　d．debated「話し合われていた」　e．postulated「想定された」

▶2．空所に適語を入れる問題。空所前後の文はどちらも，日本が今後直面する高齢化の波に対して Hospi が役立ちそうだという内容。よって，前後に対比する内容を置く b．On the other hand「他方」と c．In contrast「対照的に」は不適。また，時の流れを表す a．Thereafter「それ以来，その後」と e．Hereafter「今後は」も不適。よって，d．Above all「とりわけ」が適切である。

▶3．下線部と意味が近い語を選ぶ問題。so-called "100-year life"

出典追記：G20 reality is that robots alone cannot solve problems of ageing, Financial Times on June 28, 2019 by Leo Lewis policies espoused by the Japanese government の espoused 以降は直前の policies にかかる後置修飾。続く第 3 段第 5 文（Here the overall goal is …）の，定年後も何十年も生きていくという将来に日本が備えることがその目標である，という記述が続くことから，この "100-year life" policies は日本政府によって採択された方針であると考えられるので，a．adopted「採用された」が正解。espouse は「～を支持する，～を採用する」の意。文意からの推測では c．debated「話し合われた」や d．renewed「再開された」の可能性も否定しきれる要素がないため，espouse の意味を知っている必要がある。b．rejected「却下された」　e．needed「必要とされる」

▶ 4．空所に適語を入れる問題。空所を含む文の直前文（Our robot can do …）が人間よりも高い精度で動作できるというロボットに関する肯定的な発言であるのに対し，空所を含む文（That will not be enough, …）がそれでは不十分であるという否定的な内容であることから，逆接の e．however「しかし」が正解。c．still にも「それでも，それにもかかわらず」と逆接的なニュアンスはあるが，That will still not be enough の位置で使われるため，不適。a．thus「このように」　b．obviously「明らかに」　d．besides「さらに」

▶ 5．下線部と意味が近い語を選ぶ問題。「ロボットが日本社会を悩ませているあらゆる問題の a panacea とみなされてはならない」という文意からは，a．a benefit「利点，恩恵」，c．a strategy「方策」，d．a method「方法」，e．an elixir「万能薬」のどれもよさそうだが，下線部を含む文前半の fear that Japan's expectations toward robots are simply too high からロボットへの期待感が高すぎるという懸念が読み取れることから，このロボットへの高すぎる期待感を表す e．an elixir「万能薬」が正解。a panacea は「万能薬，あらゆる問題の解決策」の意。b．an edge「刃先，へり」

▶ 6．下線部と意味が近い語を選ぶ問題。disseminate は「～を普及させる」の意。a．circulate には「～を循環させる」以外にも「～を流通させる」という意味もあるので a が正解。下線部後の robots in the public domain から，ロボットを誰もが利用できる状態にする，という意味を推測したい。b．invest「～に投資する」　c．produce「～を製造する」

d．develop「～を開発する」　e．explicate「～を展開する，～を解釈する」

▶ 7．本文の要点を選ぶ問題。第 1・2 段は高齢化の進む日本で国産の自律型ロボットが介護・医療分野で活躍する可能性，第 3 段ではそれを実現するための政策に関する内容。第 1～3 段はロボットへの期待感を持たせる内容だが，第 4・5 段ではロボットへの期待感の高さへの懸念と現実的な問題点を挙げていることに注目すれば，e．「ロボットが日本の高齢化問題を打開する以前に，経済および科学の面で取り組むべき課題がまだある」が本文の要点と言えるだろう。最終段第 2 文（There are not only …）の issues of how economical these are to use が e の economic … concerns に，（issues of …）how much human expertise is required to keep them in circulation が e の scientific concerns にあたる。

a．「日本の人口の 3 分の 1 が 2050 年までに 65 歳以上になり，世界でも有数の超高齢社会になるだろう」は第 2 段最終文（　　1　　, Hospi …）に，b．「介護施設における高齢者への介護の提供は日本政府にとって優先順位の高い問題になりつつある」は第 2 段第 1 文（Under Japan's presidency …）にそれぞれ一致するが，本文はそのような状況の打開策としてのロボットの役割とその課題について全段で触れられているため，ロボットに関する記述を含まない a と b は要点とは言えない。c．「急速に高齢化が進んでいることを考慮すると，Hospi のようなロボットを使って高齢者を介護することへの関心が高まってきている」は interest is growing in using robots like Hospi の部分が本文に記述なし。d．「ロボットが労働力不足を解消することが期待されているが，いつかはロボットが今人間がやっている仕事を奪うことになるため，歓迎されるべきことではない」は should not be welcomed の部分が本文にない。super-aged society「超高齢社会」　given「～を考慮に入れると」　assuage「～を和らげる」　take over ～「～を引き継ぐ」

▶ 8．本文内容と一致するものを選ぶ問題。

a．「前世代のロボットと違い，新型の Hospi は病院や介護施設で使うことを目的として作られた」
第 1 段第 4 文（Like its predecessor, …）「旧型の Hospi 同様に，新型 Hospi は病院や介護施設内で……人間の仕事の代わりをするよう作られて

いる」に不一致。

ｂ.「G20 加盟国の政府は，日本が高齢化に伴い，長期にわたる介護分野において深刻な労働力不足に直面すると考えている」

(Japan) will face a serious labour shortage より第 2 段第 4 文 (It is aimed …) を確認。the government forecasts (that) Japan will face a menacing … worker shortfall が近いが，S の the government は日本政府を指し，The governments of G20 nations ではない。

ｃ.「ロボットが工場のオートメーション化，なかでも肉体労働の分野において，労働力不足を減らせるようになることを多くの人々が願っている」

第 3 段最終文 (In addition, there …) に一致。

ｄ.「ロボット技術は高齢者の介護よりも，工場で使えるよう，先に開発が進められるべきである」

ロボット開発において介護用・ロボット用のどちらかを先行させるべきという記述はない。

ｅ.「複数のロボットが一緒に働くようなシステムを作ることに高度に特化した技術者をすでに十分に供給することができているので，楽観的になるだけの理由がある」

最終段第 3 文 (In fact, there is …) の a rather limited supply of specialist engineers に不一致。ample「十二分の，たっぷりな」

◆━◆━◆━◆━◆　●語句・構文●　◆━◆━◆━◆━◆━◆

(第 1 段) unveil「～を公にする」 autonomous「自律の」 up for debate「議論の余地があって」 predecessor「先行したもの，前身」 care home「介護施設」 swivel「回転する」 enhance「～を高める」 engage with ～「～と関わる」 round「巡回，回診」

(第 2 段) presidency「大統領（社長・学長）の地位」（ここでは G20 の議長国を指す） ageing society「高齢化社会」 emerge「出てくる，現れる」 priority「優先事項」 tick a box「四角にチェックマークをつける」 a multitude of ～「大量の～」 homegrown「国産の」 tangible「目に見える」 pay-off「報い」 corporate「企業の」 robotics「ロボット工学」 be aimed at ～「～を目的とする」 elderly「高齢者」 sector「分野」 forecast「～を予測する」 menacing「脅威を与える」 shortfall「不足」

long-held「長年抱いてきた」 faith「信念」 step in ～「～に踏み込む」 demographics「人口統計（学）」 formidable「骨の折れる」 not least 「特に」 project「～を見積もる」

（第3段）Ministry of Economy, Trade and Industry「経済産業省」 concentrate *A* on *B*「*A* を *B* に集中する」 turn *A* into *B*「*A* を *B* へと変える」 concern「事業」 call for ～「～を必要とする」 shift「変更」 efficiency「効率」 self-sufficient「自給自足の」 feature「重要な意味を持つ」 100-year life「人生 100 年時代」 life expectancy「平均余命」 automation「自動化，オートメーション化」 alleviate「～を緩和する」 free *A* for *B*「*A* を *B* に使えるようにする」 flesh-and-blood「生身の」

（第4段）pre-eminent「極めて優秀な」 guarded「慎重な，控えめな」 optimism「楽観論」 apply to ～「～に適用される」 crowning glory 「輝かしい業績」 register「～を記録する」 equivalent「同等のもの」 （ここでは eye を指す） centre on ～「～を軸とする」 bedrock「基盤」 accuracy「正確さ」 equal to ～「～に等しい」 width「幅」 servant 「使用人，召使い」 sustainable「持続可能な」

（最終段）institution「学会」 ail「～を悩ます」 limitation「限界」 invention「発明品」 expertise「高度の専門的知識（技術）」 in circulation「流通して」 rather「かなり」 The same applies to ～「～にも同じことが言える」 adjust「～を整備する」 prevalent「普及している」 prospect「見込み」 demographic「人口（統計）の」 wishful thinking「希望的観測」 take *A* into consideration「*A* を考慮に入れる」 more than just ～「単なる～ではない」 pie in the sky「絵に描いた餅，実現性のないもの」 in the public domain「公のものとなる，誰もが利用できる」 ultimately「最終的に，結局のところは」 remove「～を解任する」 at some point「ある時点で，いつか」 down the road「将来いつか」 incur「～（負債など）を負う」

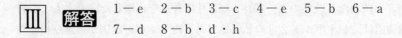

|Ⅲ|解答|1 — e　2 — b　3 — c　4 — e　5 — b　6 — a|
7 — d　8 — b・d・h

◆━━━━━━━━━━━━━◆全　訳◆━━━━━━━━━━━━━◆

≪ヨーロッパの博物館を揺るがす略奪文化財返還の波≫

　アフリカに新しい博物館が続々と開館し，（文化財の）返還を求める声が高まっている状況で，ヨーロッパの古くからある博物館は，帝国時代の遺産を送り返さざるを得ないという今までに経験したことのない状況になりつつある。人類学や考古学といった学問は，今日では害のない学問であるように思えるが，昔は最も重要な植民学の一つで，ヨーロッパの領土拡張主義政策を合理的に説明し，正当化するのに役立っていた。これらの学問分野は，時間と空間を崩壊させることで，説明する能力と説得力の多くを得ていた。アムステルダムに拠点を置く文化人類学者であるヨハネス＝ファビアン氏は，1983年に発表した代表作『時間とその他』の中で，このような幻想がどのように機能していたかを説明している。それはまるで，植民地を探検する者が旅する場所が主要な都市から離れれば離れるほど──それがアフリカであろうと，タスマニアであろうと，ティエラ・デル・フエゴであろうと，自分がもはや現在ではなく，石器時代にいると気付くまでずっと──ますます時代を遡っていくようなものなのである。

　19世紀末期のヨーロッパの博物館は，この学術的な知識体系を利用して「世界文化」コレクションとよく呼ばれていたものを企画し，開催したが，当初はヨーロッパの中でも特にドイツとイギリスで展開した。植民地時代に経験したことや当時の構想を展示するこのような博物館は，近代化の面でヨーロッパとそれ以外の国々との間にはタイムラグがあるという考え方を支持し，増幅させるよう作られていた。そのような場では，ヨーロッパの領土拡張主義を正当化し，当然のものにしようとする人種差別的な思想が確立され，原始美術と文明化を区別しようという考えが生まれるのを助長することとなった。21世紀になってようやく，一部のヨーロッパの博物館に包み隠された植民についての考え方は疑問視され，見直されつつあるのだ──そして，我々は皆，注視し続けなければならない。

　ブリュッセル郊外にあるテルビューレンでは，王立中央アフリカ博物館が5年にわたる改築の後，2018年12月に営業を再開した。もともとこの博物館は，レオポルド2世の私領地であったコンゴ自由国から運び出した彼の私的な収集を展示するために1897年に創立されたもので，そこではアフリカの美術品と共に動物の剥製や地質学的な標本も展示している。昔

は博物館の庭に短期間ではあるが人間動物園として 260 人以上のコンゴ人を住まわせていたこともあったが，これは王がアフリカ人の生活について奇妙だとか原始的だと思ったものを披露する一つの方法であった。それにひきかえ，新たに改装された王立中央アフリカ博物館の展示物に関する描写や説明は，ベルギーの植民地時代の歴史や，展示物の多くがベルギーやその他ヨーロッパ諸国の人々に向けて展示するためにもとは調達されたという歴史的事情を伝えることを目指したものになっている。しかし，このように一般の人々にもっと「脱植民地化」色の強い歴史展示をしようと現在試みてはいるものの，うまくいっておらず，教訓になっている。ベルギー領コンゴの歴史——そこでは何百万もの人々が殺された——がどんなに完全かつ正直に語られたとしても，これらの展示物や博物館が存在していること自体が，その存在の本来のねらいである，アフリカの人々を客観的に捉えることで人種差別的思想と植民暴力を広めるという目的を達成してしまっているのだ。

　3,500 万ドルかけて新たに創立されたセネガルの黒人文化博物館はテルビューレンと同じ月に一般公開が始まったが，それとはまったく対照的である。黒人文化博物館の館長の説明にあるように，この博物館は民俗学を教えるものでもなければ，博物館のヨーロッパの例から想起する過去を伝えるものでもなく，存続，未来，若者，そして，ヨーロッパ諸国の人々から興味本位でじろじろと見られるのではなく，アフリカが「自分たちの姿を見ること」を目的としている。ダカールからナイジェリアに新設されるベニン王立博物館にいたるアフリカ全土で，略奪されたものの返還を求める新たな声に同調して，アフリカの美術品や文化遺産を展示し，手入れするための現代的なスペースが作られつつある。昨年は西アフリカ諸国経済共同体に加盟する 15 の国々がアフリカの文化財の返還を求める行動計画に合意した。今年の 2 月には，2021 年をアフリカ文化年とし，「文化財の返還を促進するための」新たな戦略グループの一環として，合計 13 名のアフリカの国家元首が招集された。アフリカの当該機構は，博物館は終点ではなく，現在進行中の生きた過程であると考えを改めつつある。さらに，この新しいアフリカの考え方は，ヨーロッパ諸国が所有する「不完全な」人類学博物館を通して己の姿を見直すよう，ヨーロッパ諸国に挑んでいる。最優先で取り組むべきは，文化の返還および植民地主義の下で奪われた神

聖で素晴らしく，文化を象徴する芸術作品や物質的文化を取り戻す問題である。

　ヨーロッパにおける近年の積極的な活動のきっかけの一つに，フランスのエマニュエル＝マクロン大統領から諮問された答申がある。これは，暴力的に略奪したものから植民地支配の中で収集したもの，考古学研究に伴い採取したものや購入したものに及ぶ，入手に至った様々な状況──「同意」の上なのか，それとも「強要」されたのかという問題が関係してくるのだが──の区別をした上で返還することを求めるものである。昨年11月に，1893年の戦いの戦利品として押収されたオマール・サイドゥ・トールの剣がパリからダカールへと返還された。1892年，アボメイ王宮占領中にアルフレッド＝ドッズ大佐によって略奪された26体の像のベナンへの返還と共に，この（剣の）返還を恒久的なものにするための新たな法律がまもなく制定されることが期待されている。ドイツでもまた，およそ10万人の人々が虐殺された1904〜08年のヘレロ・ナマクア大虐殺中に奪取されたケープクロスの十字石碑や，ウィットブーイの手紙日記を含む人骨や文化財の返還が，ベルリンやシュトゥットガルトからナミビアへと行われようとしている。昨年11月にキンシャサにコンゴ民主共和国の新しい国立博物館が開館したことさえも，テルビューレンからの（文化財）返還問題が提起されるきっかけとなっており，オランダ国立世界文化博物館からイングランド芸術評議会に及ぶ，ヨーロッパ中で新たな返還の手続きが策定されつつある。

　ヨーロッパの「世界文化」博物館にとって時代が変わりつつある。植民地時代の古臭い展望をただ思い描くのではなく，世界的なこの現状にどう関わっていけばよいのだろうか？　我々は文化を所有することへの古臭いこだわりと「展示品のない美術館」への不安（現状維持を支持し，もし返還請求が認められたら，西洋の博物館から自分たちの収蔵物が剝奪されてしまうと考えている人々が共通して繰り返し語ること）を取り払わなければならない。文化財に加えて知識や記憶も返還することで，博物館が良心の場──帝国時代の遺産について理解し，記憶し，語りかけるための唯一無二の公共の場──であることを今一度思い出すときなのである。博物館は，ただ静観するという古いやり方で，世界文化の収蔵物を通じて帝国時代の歴史を再び語るための場所などでは決してなく，植民地主義によって

生み出された暴力と喪失を理解し，それらに正面から向き合うという，ヨーロッパの人々に課せられたもっと広範な緊急の課題として再考されるべき未完成の企画でもあり，きわめて重要な財産でもあるのだ。

■━━━━◀解　説▶━━━━■

▶ 1．下線部と意味が近い語を選ぶ問題。下線部を含む文の意味と 2 つの V の時制に注目。The academic disciplines …, which today seem innocuous「人類学や考古学といった学問分野は，今日では innocuous に思える」から，innocuous が人類学や考古学の現在のイメージを表す形容詞であるとわかる。続く helped to rationalize and justify the project of European imperialism「（昔は）……ヨーロッパの領土拡張主義政策を合理的に説明し，正当化するのに役立っていた」からはそれらの学問が領土拡張主義を肯定するものだったとわかる。ここでは，人類学や考古学といった学問のイメージを，today と現在形（seem），および過去形（helped）を用いて対比しており，innocuous には過去とは異なるイメージ，すなわち，領土拡張主義を後押しするようなイメージがないといった意味になることが推察できる。本文全体が植民地時代に略奪された文化財を返還しようという流れのものであることから，現在では領土拡張主義を悪いイメージで捉えていることを考慮すれば，現在，人類学や考古学にそのような悪いイメージはないとなるはずなので，e．harmless「害のない」が正解。innocuous は「害のない」の意。a．respectful「礼儀正しい」　b．helpful「役立つ」　c．boring「退屈させる」　d．passive「受動的な，消極的な」

▶ 2．空所に適語を入れる問題。空所直前の These が指すのは第 2 段第 1 文（Museums in late …）文頭の Museums である。よって，b．repository (ies)「収納場所，博物館」が正解。また，空所後の were designed to support and fortify … of the world「近代化の面でヨーロッパとそれ以外の国々との間にはタイムラグがあるという考え方を支持し，増幅させるよう作られていた」から，空所にあたる S に「博物館」の意味になる語が入ると推察したい。ただし，repository の意味を知っている可能性は低いだろう。その他の選択肢の中に V が隠れていることに気付き，意味を考え，消去法で絞ることを目指したい。a．reconsideration(s)「再考，見直し」（consider「～を考慮する」）　c．redefinition(s)「再定

義」(define「～を定義する」) d．reoccurrence(s)「再発」(occur「起こる」) e．reclamation(s)「開墾，返還要求」(claim「～を要求する」)

▶3．下線部と意味が近い語を選ぶ問題。enshrouded in some European museums は直前の the colonial mind-set「植民についての考え方」にかかる過去分詞。この the colonial mind-set に注目。この考え方は第2段第2文（These ＿＿1＿＿ of …）の the idea of a time-lag in modernisation between Europe and the rest of the world「近代化の面でヨーロッパとそれ以外の国々との間にタイムラグがあるという考え方」を指し，同文に当時の博物館が were designed to support and fortify the idea「その考え方を支持し，増幅するよう作られていた」とあることから，enshroud がそういった差別主義的な考えを「持っている」といった意味になるのが推察できる。よって，c．encoded「暗号化された」が正解。encode には「～を暗号化する」という意味がある。enshroud は「～を包み隠す」の意。e．smothered も「厚く覆われた，隠蔽された」という意味を持つが，smother *A* in〔with〕*B* で「*A* を *B* で厚く覆う」という意味になる。下線部直後の in some European museums の in は，あくまでも「博物館の中に」の意味であり，in の後ろの some European museums が the colonial mind-set を覆っているわけではないので，不適。a．assembled「集められた」 b．reigned「統治された」 d．saturated「飽和状態の」

▶4．下線部と意味が近い語を選ぶ問題。cautionary は caution「警告（する）」の形容詞なので「警告的な」の意。「警告となるような話」→「教訓」の意。e の an exemplary tale の exemplary は，綴りから example「例」の形容詞で exemplary「例となるような，他の戒めとなる」という意味をあてて，「例や戒めとなるような話」→「教訓」と推察したい。a．a hesitant tale「気乗りしない物語」 b．a contentious tale「議論を呼ぶ物語」 c．a laudable tale「賞賛に値する物語」 d．an inviting tale「魅惑的な物語」

▶5．空所に適語を入れる問題。空所前後の calls for the return of （　）objects「（　　）物の返還を求める声」より，b．plundered「略奪された」を入れる。第5段第1文（One catalyst for …）の calls for restitution … the different circumstances of acquisition ― from violent looting to colonial collecting, … の looting「略奪」や colonial collecting「植民地支配の中での収集」が言い換え。a．expected「予期（期待）された」　c．unknown「未知の」　d．mislaid「置き忘れた」　e．pilloried「さらし者になった」

▶6．下線部と意味が近い語を選ぶ問題。a common refrain と a がつくので，名詞。音楽の話題なら「旋律」の意味で d．melody「音楽の（主）旋律」が近いと言えるが，ここでは不適。下線部を含む（　　　）内は直前の our old obsessions with cultural ownership and the spectre of "empty galleries"の説明で，前者の「文化を所有することへの古臭いこだわり」が defend the status quo「現状維持を支持」，後者の「『展示品のない美術館』への不安」が envisage western museums … granted「もし返還請求が認められたら，西洋の博物館から自分たちの収蔵物が剥奪されてしまうと考えている」を指す。a common refrain from those who … より，こういった考えの人々が共通するものが refrain なので「反復句，繰り返されるもの」の意味で使われていると言える。何度も繰り返されること＝その人の主張の中心となるテーマと言えるので，a．theme が正解。b．congruence「一致，調和」　c．trace「跡，痕跡」　e．embrace「抱擁」

▶7．空所に適語を入れる問題。空所を含む文（Far from just …）前半の Far from just places … contemplative mode, までが今までのヨーロッパの博物館の姿であるのに対し，後半の museums are … 以降は，今後のヨーロッパの博物館のあるべき姿である。現在のヨーロッパの博物館については第 4 段第 7 文（This new African thinking, …）で challenges Europe to look at itself through its own "unfinished" anthropology museums「ヨーロッパ諸国が所有する『不完全な』人類学博物館を通して己の姿を見直すよう，ヨーロッパ諸国に挑んでいる」と形容していることから，空所部分にも d．unfinished「不完全な，未完成の」を補うとよい。第 3 段第 4 ～最終文（In contrast, the … the objectification of Africans.）で，ヨーロッパの博物館が試行錯誤を加えて「脱植民地化」を図ろうとしても，失敗に終わっているという内容からも，ヨーロッパの博物館がきちんとした形になっていないということがうかがえる。a．understated「控えめな，抑えた」　b．neglected「無視された」　c．

unexpected「予期せぬ」　e．enigmatic「謎めいた」

▶8．本文内容と一致するものを3つ選ぶ問題。

a．「ヨーロッパの博物館は，植民地化に歴史的なつながりがあることを白状すべきだという海外からの圧力に屈するだろう」

European museums … pressure の部分は第1段第1文（With new museums …）に一致するが，With … calls for restitution increasing「（文化遺産の）返還を求める声が高まっている状況で」から，選択肢文中の to come clean about their historic links to colonisation「植民地化に歴史的なつながりがあることを白状する」ようにという圧力ではなく，文化財を返還するようにという圧力である。よって不適。succumb「負ける，屈する」come clean about〜「〜について一切を白状する」colonisation「植民地化」

b．「過去に，特定の学問分野はアフリカの諸国民が粗野であるという考えを奨励する一助となっていた」

certain academic disciplines は第1段第2文（The academic disciplines …）の The academic disciplines of anthropology and archaeology を指し，同文の helped to rationalise … imperialism「ヨーロッパの領土拡張主義政策を合理的に説明し，正当化するのに役立っていた」が選択肢文中の helped to promote the idea that African peoples were uncivilised にあたる。下線部については，ヨーロッパの人々が当時抱いていた考え方の説明となる第1段最終文（It was as …）参照。It was as if the further the colonial explorer travelled from the metropolis, the further back in time he went …「それはまるで，植民地を探検する者が旅する場所が主要な都市から離れれば離れるほど，ますます時代を遡っていくようなものなのである」から，当時，ヨーロッパの人々が植民地（アフリカ）に住む人々が文明的な面で自分たちよりも遅れているとみなしていたとわかる。また，第2段第2文（These ＿1＿ of …）の the idea of a time-lag in modernisation between Europe and the rest of the world「近代化の面でヨーロッパとそれ以外の国々との間にタイムラグがあるという考え方」からも正解と言える。uncivilized「未開の，野蛮な」

c．「返還という考えはヨーロッパの博物館を有益なものにするのに必要不可欠である」

本文全体では略奪文化財の返還を支持する内容なので The idea of restitution is essential までは正解と言えるかもしれないが，文化財の返還は making Europe's museums more informative「ヨーロッパの博物館を有益なものにする」ために行うものであるという記述はまったくないので，不適。informative「有益な」

ｄ．「ヨーロッパの博物館ではアフリカの人工遺物を『脱植民地化』した形で展示しようと近年取り組んできたにもかかわらず，アフリカの人々を客観化してしまっている」

"decolonised" より第 3 段第 5 文（However, even this …）を確認。However, even this contemporary attempt to offer the public a more "decolonised" presentation of history has been a failure「一般の人々にもっと『脱植民地化』色の強い歴史展示をしようと現在試みてはいるものの，うまくいっていない」が選択肢文中の Some recent efforts to present African artefacts in "decolonised" settings at European museums にあたる。下線部の具体説明となる第 3 段最終文（No matter how …）後半の the very presence of these objects and the building … extend racist ideology and colonial violence through the objectification of Africans「これらの展示物や博物館が存在していること自体が……アフリカの人々を客観的に捉えることで人種差別的思想と植民暴力を広めるという目的を達成してしまっている」が選択肢文中の have … objectified Africans に一致。objectify「～を客観化する」

ｅ．「ベルギー領コンゴはヨーロッパによる植民地拡張の例外的な事例である」

Belgian Congo を含む第 3 段最終文（No matter how …）とその周辺を確認する。ベルギー領コンゴが選択肢文中にある an exceptional case of European colonial expansion にあたるという記述はないため，不適。exceptional「例外的な」

ｆ．「フランスは自国の博物館を『脱植民地化』しようとする取り組みにおいては先頭に立っている国である」

フランスに関する記述は第 5 段第 1 文（One catalyst for …）参照。フランスが略奪文化財の返還に向けて積極的な活動を行っているという内容はあるが，選択肢文中の efforts to "decolonise" its museums「自国の博物

館を『脱植民地化』しようとする取り組み」が活発であるわけではないため，不適。"decolonise" its museums に近い表現は第3段第5文（However, even this …）の this contemporary attempt to offer the public a more "decolonised" presentation of history だが，this は同段第4文（In contrast, the …）のベルギーの植民地時代の歴史を伝えることを目指して新たに改装された王立中央アフリカ博物館の展示を指す。

g．「ヨーロッパの博物館にあるアフリカの美術品はすべて，暴力を伴う略奪によってそこにもたらされたものである」

第5段第1文（One catalyst for …）で the different circumstances of acquisition「入手に至った様々な状況」は from violent looting to colonial collecting, archaeological fieldwork and even purchase「暴力的に略奪したものから植民地支配の中で収集したもの，考古学研究に伴い採取したものや購入したもの」とあるので，すべてが略奪品ではない。

h．「ヨーロッパの『世界文化』博物館は，ヨーロッパによって植民地化された民族をもっとうまく表現する必要がある」

"world culture" museums に近い表現は第2段第1文（Museums in late …）にあり，その一つが第3段のベルギーのテルビューレンにある the Royal Museum for Central Africa「王立中央アフリカ博物館」だが，この展示については同段第5文（However, even this …）に，「脱植民地化」を意識した展示の試みがうまくいっていないという描写がある。ここから，ヨーロッパの博物館での展示に関しては改善の余地があると言えるため，正解。

i．「イングランド芸術評議会はヨーロッパ諸国の他の評議会と共に，アフリカの美術品を本国に送り返す取り組みを行っている」

Arts Council England「イングランド芸術評議会」より，第5段最終文（The inauguration of …）の後半を確認する。new restitution procedures are being developed across Europe from … to Arts Council England「……からイングランド芸術評議会に及ぶ，ヨーロッパ中で新たな返還の手続きが策定されつつある」はほぼ一致していると言えるが，選択肢文中の working with its European counterparts の部分が間違い。counterpart は「同等のもの」の意味で，ここではイングランド以外の評議会や博物館などを指すが，そういった組織と協力して文化財返

還に向けた取り組みを行っているとは述べられていない。repatriate「〜を（本国へ）送り返す」

ｊ．「ヨーロッパでは返還の手続きを形式化する法的措置が議論されているところだ」

legal measures「法的措置」に近い表現があるのは第 5 段第 3 文（New legislation to …）だが，「これ（オマール・サイドゥ・トールの剣）の返還を恒久的なものにするための新たな法律が……制定されることが期待されている」とあることから，この New legislations は制定されることが期待されているだけであり，議論されているとは述べられていない。また，第 5 段最終文（The inauguration of …）の new restitution procedures are being developed across Europe「ヨーロッパ中で新たな返還の手続きが策定されつつある」にも近いが，本文では are being developed「（返還の手続きが）策定されつつある」と述べられているのに対して，選択肢では are being debated「議論されつつある」となっている。以上の理由から，不正解。measure「手段」 formalise「〜を形式化する」 procedure「正式な手続き」

◆━━━◆　●語句・構文●　◆━━━◆

（第 1 段）restitution「正当な返還」 legacy「遺産」 discipline「学問（分野）」 anthropology「文化人類学」 archaeology「考古学」 colonial「植民地（時代）の」 rationalise「〜を合理的に説明する」 justify「〜を正当化する」 imperialism「帝国主義，領土拡張主義」 domain「分野，領域」 derive「〜を引き出す」 explanatory「説明の」 persuasion「説得力」 classic「有名な」 -based「〜を拠点にした」 illusion「幻想，思い違い」 metropolis「主要都市」 go back in time「時間（の流れ）を遡る」 no longer 〜「もはや〜ない」

（第 2 段）utilise「〜を利用する」 body of knowledge「知識体系」 fortify「〜を強化する」 modernisation「近代化」 venue「現場」 racist「人種差別主義者の」 ideology「好ましくない思想」 sought: seek「努める」の過去形 naturalise「〜を自然的なものとして見る」 institutionalise「〜を確立する」 distinction「違い，区別」 primitive「原始（時代）の」 mind-set「考え方，物の見方」 rethink「〜を再考する，〜を見直す」

（第3段） suburb「郊外」 reopen「再開する」 renovation「改築」 showcase「〜を展示する」 private colony「私領地」 stuffed「剝製の」 geological「地質学の」 specimen「標本, 見本」 alongside「〜と一緒に」 house「〜を住まわせる」 short-lived「短命の」 Congolese「コンゴ（人）の」 primordial「原始（時代）の」 refurbish「〜を改装する」 procure「〜を調達する」 contemporary「現代の」 decolonised「脱植民地化した」 the very〜：名詞強調「〜そのもの」 presence「存在」 objectification「客観化」

（第4段） stark「まったくの」 stark contrast「まったく対照的な」 ethnology「民俗学」 conjure「〜を思い起こさせる」 duration「継続」 gaze「じろじろ見る」 heritage「文化遺産」 construct「〜を建設する」 hand-in-hand with〜「〜と同調して, 〜と協力して」 renewed「新たな」 the Economic Community of West African States「西アフリカ諸国経済共同体」 property「財産」 head of state「国家元首」 convene「集会する」 strategic「戦略の」 champion「〜を支持する」 asset「財産, 宝」 ongoing「現在進行中の」 challenge *A* to *do*「*A* に〜するよう挑む」 foremost「一番先の」 sacred「神聖な」 iconic「象徴的な」 colonialism「植民地主義」

（第5段） catalyst「促進する働きをするもの」 commission「〜するよう依頼する」 acquisition「獲得」 loot「〜を略奪する」 archaeological「考古学的な」 consent「同意」 duress「強要」 relevant「関連がある」 sabre「剣」 trophy「戦利品」 legislation「法律制定」 permanent「永久的な」 colonel「大佐」 sacking「（占領地の）略奪」 remain「遺体」 genocide「大虐殺」 slaughter「〜を虐殺する」 inauguration「開館」 procedure「手続き」

（最終段） present「現在」 let go of〜「〜を取り除く」 obsession「執念, こだわり」 spectre「不安（材料）」 gallery「美術館」 status quo「現状（維持）」 envisage「〜を思い描く」 (be) stripped of〜「〜が剝奪される」 grant「〜を認める」 conscience「良心」 address「〜に話しかける」 far from〜「決して〜ではない」 contemplative「静観的な」 crucial「きわめて重要な」 face up to〜「〜に正面から向き合う」 wrought「精巧に作られた」

IV **解答**　　1 − c　2 − e　3 − b　4 − c　5 − a　6 − e
　　　　　　　7 − c　8 − d　9 − c・e

◆全　訳◆

≪自然界における昆虫の大量消失≫

　無脊椎動物の個体群が劇的に減少していることを示す，数は少ないがますます増えつつある長期にわたる研究によると，世界中の昆虫は深刻な危機に直面しているそうだ。『米国科学アカデミー紀要』で発表された最新の報告は，この問題が科学者らが認識しているよりも深刻な状況であることを示唆している。その報告では，プエルトリコにある手つかずの国有林において，大量の昆虫が消失し，森の昆虫を餌とする動物もいなくなってしまっているということがわかっている。2014 年に生物学者の国際チームは，甲虫やハチといった無脊椎動物の数が過去 35 年で 45 パーセント減少しているという見積もりを出した。昆虫に関する長期的な情報が手に入る場所である主にヨーロッパでは，昆虫の数が急激に減少しつつある。過去数十年の間にドイツの自然保護区において飛翔昆虫の数が 76 パーセント減少したという見積もりもある。

　科学アカデミーにより発行された報告書では，このように昆虫の生命が驚くほど失われている状況は，1 つの特定の国に限った話ではないということが明らかになっている。その報告の著者らは，気候変動が熱帯地方における無脊椎動物の消失に関連があるとしている。「PNAS（米国科学アカデミー紀要）にあるこの報告は，その現象がもっとずっと大規模なものであり，はるかに多くの生態系に及ぶ可能性があるという本当の警鐘なのです」と語ったのは，この研究に直接携わってはいない，無脊椎動物の保護を専門とするデイビッド゠ワーグナー氏である。ニューヨークに拠点を置くある生物学者が 1970 年代からプエルトリコに生息する熱帯雨林の生き物を研究しており，1976 年と 1977 年に現地に赴き，鳥類，カエル，トカゲに加え，熱帯雨林に生息する昆虫や食虫植物についても調査した。約40 年後，彼が研究仲間らと共にその地域に戻ると，彼らはショックを受けた。研究者らが戻ってきてすぐに目にしなかったものが，彼らを困惑させたのである。頭上を飛び回る鳥の数が少なくなっていた。蝶は，かつてはたくさんいたのに，ほとんどいなくなってしまっていたのだ。

　この後者の旅に同行していた研究者らは，森にいる昆虫やその他の無脊

椎動物，つまり，クモやムカデを含む節足動物と呼ばれるグループを調査した。研究者らはねばねばした接着剤を表面に塗った板の罠を使って地面にいる節足動物を捕獲し，さらに数枚の板を3フィートほど立てかけて天蓋のようなひさしを作った。彼らはまた，何百回も網にブラシをかけて植物の中を這っている生き物を収集した。それぞれの手法で明らかになったのは，1976年から今日にかけて（調査対象の昆虫の）生物体量が著しく減少し，生物体量の全体量が以前の4分の1から8分の1ほどにまで減少しているということであった。1977年1月から2013年1月の間に，地面に取りつけたねばねばの罠による昆虫の捕獲量は，60倍減少した。熱帯雨林で最もよく見かける無脊椎動物である蛾や蝶，キリギリス，クモなどは，現在ではその数が以前と比べてはるかに少ない。1990年代からこの森を調査してきたが，この報告に直接関与はしていない昆虫学者たちは，自分たちの調査結果がこれらの調査結果に一致していると主張し，ヨーロッパの生物体量に関する研究は同じ結論に達していると指摘している。

この最近の研究の著者らはまた，熱帯雨林に生息し，節足動物を餌にするアノールトカゲも捕獲した。彼らはこれらの個体数と1970年代の統計を比較し，アノールトカゲの生物体量が30パーセント以上も減少してしまっていることを発見した。アノールトカゲの種の中には，森林の奥地から完全に消えたものもいる。虫を餌にするカエルや鳥の数も急落した。別の研究チームでは，かすみ網を使った鳥の捕獲を1990年に行い，2005年に再び行い，捕獲数が約50パーセント減ったことがわかった。その調査結果の分析により示されていたのは，木の実や種子を食べるヤマウズラバトの個体数には変化がまったく見られなかったが，ほとんど虫しか食べないプエルトリココビトドリという鮮やかな緑色の鳥は90パーセント減少したということである。食物網が根底から完全に破壊されてしまっているように思われる。この報告の著者らは，このような崩壊を気候変動に原因があるとしており，節足動物が崩壊したのと同じ40年の間に，熱帯雨林の平均最高気温が華氏4度上昇していると主張している。熱帯地方の気温幅は狭く限られている。同じように，そこに生息する無脊椎動物はその気温幅に適応しており，その気温幅以外ではうまく生きていけないし，昆虫は体内の熱を調節することができないのである。

気候変動と昆虫に関する最近の分析結果が専門誌『サイエンス』に掲載

されており，そこでは熱帯地方の昆虫の個体数が減少すると予測されている。赤道から遠い温暖な地域では，昆虫はより幅広い気温の範囲内で生存することができるので，農作物に害を与える病害虫は代謝が上がるにつれて，食い荒らす農作物の量も増えることになる，とその研究は警告をしていた。しかし，気温がある一定の値に達すると，虫はもはや卵を産まなくなり，体内の化学反応が機能不全となる。ドイツで姿を消した飛翔昆虫に関する 2017 年の研究では，殺虫剤や生息域の喪失など，この問題を引き起こした可能性のある他の原因についても責任の一端はあるということを示唆していた。世界中の節足動物は病原菌や侵入生物種とも戦わなければならない。その最も恐ろしい点の一つに，決定的な証拠がないことがある。彼の見解では，これらの節足動物特有の脅威は，気温そのものではなく，日照りと降雨不足なのである。

　2017 年の研究の著者らはハリケーンのような気候の影響を分類し，気候が要因であるということを示唆するある堅実な傾向をさらに見いだした。彼らの発見の重要性と，他の動物，特に脊椎動物にこれらの結果がもたらす悪影響は，非常に警戒すべきものであるけれども，著者らは気候変動が世界中で起こっている昆虫の消失の主な原因になっていると完全に確信しているわけではない。彼らは，北欧で昆虫の減少が始まったのは，現地で気候変動が始まった時期よりも前であると論じており，ニューイングランドのような場所では，実際の昆虫の減少は 1950 年代に始まったと指摘している。理由はどうであれ，バグポカリプスにもっと多くの人々が注目すべきであるという点にはあらゆる科学者の意見は一致しており，気候変動を抑えようと声高く論争するのに世界に残された時間は 10 年あまりであるとの見積りを出した国連による悲報のすぐ後に，バグポカリプスはやって来るのだ。我々は皆，もっと燃費の良い車を使ったり，使っていない電化製品の電源を切ったりするといった行動に出る必要がある。昆虫の保護を促進している非営利環境保護団体は，1 年を通して咲く自生植物を庭に植えることを推奨している。

　自分たちの声が国会では無視されているという事実に多くの人々が失望しているが，いつかは耳を傾けてくれると信じてもいる。なぜなら，自分たちの食糧の供給が危険にさらされることになるからである。世界の農作物の 35 パーセントがミツバチやスズメバチやその他の動物による授粉を

必要としている。そして，節足動物は単なる授粉媒介者ではない。彼らは地球を守る小さな管理人であり，人目につかず，誰も近寄らないような隅っこでせっせと働いてくれているのである。腐りかけの木を噛み砕き，腐敗物を食べてくれる。2006 年の見積もりによると，アメリカでは毎年，野生の昆虫が 6 本の足で提供してくれる労働力は 570 億ドル分の価値があるそうだ。昆虫や節足動物がいなくなることで，熱帯雨林の食物網がさらに破壊され，それにより授粉媒介者がいなくなり，植物種が絶滅する可能性がある。もし熱帯雨林が壊滅すれば，地球全体のシステムがさらにもう 1 つ，壊滅的な機能不全に陥り，人間はほとんど想像もできないようなしっぺ返しを食らうことになるだろう。

―――◀解　説▶―――

▶ 1．空所に適語を入れる問題。空所後の that は同格の that である。よって，空所に入る語の具体内容が that 以降の the phenomenon could be much, much bigger, and across many more ecosystems「その現象がもっとずっと大規模なものであり，はるかに多くの生態系に及ぶ可能性がある」にあたる。the phenomenon は第 2 段第 1 文（The report issued …）の this startling loss of insect life extends beyond any one country「あらゆる地域で虫の数が激減している」ことであるから，c．wake-up call「警鐘」が適切。a．bird call「鳥の鳴き声」　b．close call「危機一髪」　d．roll call「点呼，出欠」　e．judgment call「審判の判定，個人的判断」

▶ 2．空所に適語を入れる問題。空所を含む文は「研究者らが戻ってきてすぐに目にしなかったものが彼らを（　　　）」の意。S の what the scientists did not see は，続く第 2 段最終 2 文（Fewer birds flitted … all but vanished.）の Fewer birds や The butterflies … had all but vanished を指す。40 年前よりも鳥の数が減り，蝶がほぼいなくなっている状況を目にした科学者らの反応を表す語が入るはずなので，e．troubled「～を悩ませた，～を困惑させた」が正解。マイナスな意味の V が入ると考えると d．provoked「～を怒らせた」もあり得るが，空所前の they were in for a shock: のコロン後にあることを考慮すれば，「ショックを受けた」に近い e の方が適切。a．adored「～を崇拝した」　b．advised「～に忠告した」　c．pleased「～を喜ばせた」

出典追記：'Hyperalarming' study shows massive insect loss, The Washington Post on October 16, 2018 by Ben Guarino

▶3．空所に適語を入れる問題。空所を含む文の SV は The butterflies, …，had all but vanished.「蝶は……ほとんどいなくなってしまった」の部分。　3　abundant は挿入句で，直前の The butterflies の様子を表すものと考えられる。abundant「豊富な」は後ろの had all but vanished「ほとんどいなくなってしまった」と対比されているため，「蝶はかつてはたくさんいたが，ほとんどいなくなってしまった」と考え，b．once が正解。though they（＝the butterflies）were once abundant が分詞構文となったもの。

▶4．空所に適語を入れる問題。空所前の第4段第5文（Another research team …）の鳥の捕獲量が約半減したという研究結果の分析として，同段第6文（An analysis of …）にある，草食の鳥の数に変化はなかったが，虫を食べる鳥の数は激減しているという記述に注目。空所を含む文 The food web appears to have been obliterated from the（　　　）.は「食物網が（　　　）から完全に破壊されてしまっているようである」の意。The food web「食物網」と，第3段第4文（Each technique revealed …）以降の虫の個体数の急激な減少に関する情報から，生態系のピラミッドをイメージしたときに「底辺」に位置する虫の数が減ることで，それより上に位置する虫を捕食する鳥の数も減る，ということに気付ければ，c．bottom「底」を補い「根底から破壊される」という意味を導ける。空所前の obliterate「～を完全に崩壊させる」は難語だが，直後の第4段第8文（The authors of …）で this crash に言い換えてある。a．abundance「豊富」　b．ecosystem「生態系」　d．exterior forest「森の外」　e．interior forest「森の奥地」

▶5．下線部と意味が近い語を選ぶ問題。smoking gun とは「決定的な証拠」の意。よって，a．definitive cause「決定的な原因」が正解。smoking gun とは読んで字の如く，煙が出ている状態の銃で，撃った直後の銃の様子である。撃った直後とわかる煙の出ている銃を持っていれば，状況証拠ではあるがその銃を手にしている人が銃を使ったとわかることから，「決定的な証拠」という意味を予測したい。b．inflammable spray「可燃性のスプレー」　c．identifiable disease「特定できる病気」　d．combustible compound「可燃性の合成物」　e．identifiable ingredient「特定できる成分」

▶ 6．空所に適語を入れる問題。空所を含む文は「北欧における虫の減少は，現地で気候変動が始まった時期（　　　）」の意。空所に入る V に対する O が the onset of climate change there「現地（北欧）での気候変動の始まり」であることから，a．decreases「～を減らす」と d．increases「～を増やす」ではないと判断したい。残りの選択肢はすべて時に関する V であるため，O の気候変動が始まった時期に対して S の the decline of insects in northern Europe が後なのか，同時なのか，前なのかを判断する必要がある。空所前にあたる第 6 段第 2 文（Although the gravity …）後半の the authors are not totally convinced that climate change is the global driver of insect loss「著者らは気候変動が世界中で起こっている昆虫の消失の主な原因になっていると完全に確信しているわけではない」に注目。空所を含む文の S の They はこの the authors と同じであることを考慮すれば，この第 2 文の直後に，北欧の虫の減少は気候変動が原因になっているという意味として取れる b．follows「～の次に起こる」と c．is triggered by ～「～に端を発している」が入るはずはない。よって，e．precedes「～より先に起こる」が正解。また，空所を含む文後半の in places like New England, some tangible declines began in the 1950s「ニューイングランドのような場所では，実際に（虫の）減少は 1950 年代に始まった」という北欧で虫の減少が始まった時期と，気候変動が始まった時期に関する記述を比べて考えたいところだが，地球全体で気候変動が始まった時期に関する記述はない。近いものとして，第 4 段第 8 文（The authors of the report attribute …）に，熱帯雨林における最高気温が華氏 4℃ 上がったのと節足動物の崩壊が起こった 40 年という期間が一致している，という記述があり，この研究は同段第 1 文（The authors of …）で the recent study とあることから，気候変動が始まった時期は 40 年前とも考えられるので，その時期と北欧で昆虫の数の減少が始まった 1950 年代では，昆虫の減少の方が早い時期に始まっていると言える。

▶ 7．空所に適語を入れる問題。空所を含む文の Wild insects provide より，野生の昆虫が人間に与えてくれているものを検討する。最終段第 2 文（Thirty-five percent of …）から我々の食糧となる農作物に授粉をし，同段第 4 ～ 5 文（They're the planet's … and eat carrion.）から，見えな

いところで地球を守るために働いており，授粉以外にも役立っていることがわかる。よって，大きな働きをしてくれていると考え，c．labor「労働力」が適切。a．food supply「食糧の供給」や d．pollination「授粉」も解答の一部ではあるものの，最終段第 3 文（And arthropods are …）「節足動物は単なる授粉媒介者ではない」以降にその他の働きが描かれているため，不適。b．insectivores「食虫類」　e．goods「商品」

▶ 8．本文の要点を選ぶ問題。

a．「政策立案者らは，地球の自然生態系にとって昆虫や節足動物が重要であるということを認識するべきである」

Policymakers「政策立案者」からこの問題に対する政府や政治の姿勢に関する言及となる最終段第 1 文（Many are frustrated …）参照。Washington「ワシントン」はアメリカの首都で，連邦議会議事堂のある場所でもあるため，政治関連の記述であると判断すればよい。their voices have fallen on deaf ears in Washington, but … at some point those ears will listen の their voices は第 6 段までの昆虫の危機的な状況を訴える声を指し，今は無視されているが，いつかは耳を傾けてくれるという内容なので，この部分は a の内容に一致していると言えるかもしれないが，昆虫の大量消失に対する政府や政治の姿勢について触れているのは本文全体を通してはこの 1 文のみなので，本文の要点とは言えない。また，第 6 段第 5 文（We all need …）や最終段最終文（If the tropical …）より，その生態系における昆虫などの重要性を認識し，意識を変えないと人類全体にそのツケが返ってくる，という記述からも，その重要性を認識すべきは人類全体と言える。

b．「研究によると，アメリカ大陸にいる授粉媒介者が危険にさらされていることが明らかになっており，もし現状を覆す措置が講じられなければ，絶滅するだろう」

pollinators は最終段第 2 〜 5 文（Thirty-five percent of … and eat carrion.）に登場するミツバチなどの授粉媒介者を指すが，本文では pollinators だけでなく，その他の昆虫や無脊椎動物，節足動物，それらを捕食する鳥の減少，植物種の絶滅の可能性についても触れられている。このことを考慮すれば，pollinators のみを取り上げている b は本文の要点としては不適である。

ｃ．「長期にわたる研究によると，脊椎動物の個体群が劇的に減少した結果，人類は生態系の激変に直面している」

long-term studies や declines in vertebrate populations に似た表現を含む第１段第１文（Insects around the …）の long-term studies showing dramatic declines in invertebrate populations を参照。長期の研究が示しているのは，「無脊椎動物の個体群の劇的な減少」である。よって，ｃは vertebrate の部分が不適。catastrophe「大惨事，変異」

ｄ．「虫の大量消失は，人類に弊害をもたらす可能性があるが，過去数十年にわたり起こっているということを研究が示している」

Research shows that massive insect loss, … , has been taking place over the past several decades の部分は第１段第１文（Insects around the …）の Insects around the world are facing a serious crisis にあたり，a serious crisis は以降のすべての段で述べられている通り，大量消失を指す。また，which may have a harmful effect on human beings の部分も最終段最終文（If the tropical …）の it will be yet another catastrophic failure of the whole Earth system that will feed back on human beings in an almost unimaginable way「地球全体のシステムがさらにもう１つ，壊滅的な機能不全に陥り，人間はほとんど想像もできないようなしっぺ返しを食らうことになるだろう」に一致するため，正解。massive「大量の」

ｅ．「気候変動が無脊椎動物の急激な個体数減少の原因であるが，気候変動を抑えるのに我々に残された時間はあと 10 年しかない」

Climate change has caused sharp declines in invertebrate populations は第４段第８文（The authors of the …）の熱帯地方に生息するトカゲやカエル，鳥の減少に関する記述に一致するが，第６段第２文（Although the gravity …）後半の the authors are not totally convinced that climate change is the global driver of insect loss では，世界全体の昆虫の消失の主要因が気候変動であるとは言い切れないという記述もあるため，不適。get *A* under control「*A* を制御する，*A* を抑える」

▶ ９．本文内容と一致するものを２つ選ぶ問題。

ａ．「クモやムカデは一般に節足動物と呼ばれるグループに属しているとは普通はみなされていない」

第 3 段第 1 文（The researchers on …）の a group called arthropods that includes spiders and centipedes に不一致。

b．「虫を食べるプエルトリココビトドリの個体数は減少しているが，木の実や種を食べるヤマウズラバトの数は増加した」

the number of ruddy quail doves … has increased の部分が，第 4 段第 6 文（An analysis of …）の the ruddy quail dove, …, had no population change に不一致。

c．「無脊椎動物の大量消失とそれが及ぼす可能性のある影響はバグポカリプスと呼ばれている」

bugpocalypse とは bug「虫」と the apocalypse「この世の終わりの日」を組み合わせた造語で，本文ではテーマである昆虫の大量消失を指す語である。bugpocalypse が登場するのは第 6 段第 4 文（No matter the …）だが，はっきりとこの語を説明している部分はなく，同文の which 以降の記述もあまり bugpocalypse の説明になってもいないため，大変判断の難しい選択肢ではあるが e の正解とそれ以外の選択肢が明らかに不適な部分を含むことから，消去法で c を正解とすることになるだろう。potential「潜在的な」

d．「地球上の熱帯地方では，昆虫は幅広い気候帯で生き残り，うまくやっていくことができる」

In tropical regions の部分が第 5 段第 2 文（In temperate regions …）の「温暖な地域では，虫はより幅広い気温の範囲内で生存することができる」に不一致。thrive「うまくやっていく」

e．「プエルトリコの森林に生息する昆虫とそれを捕食する動物，どちらの数も減少した」

プエルトリコの森林に生息する昆虫の減少については第 3 段第 4 文（Each technique revealed …）の the biomass had significantly decreased … overall biomass decreased to a fourth or an eighth of what it had been「（調査対象）生物体量が……著しく減少し，生物体量の全体量が以前の 4 分の 1 から 8 分の 1 ほどにまで減少している」に一致。プエルトリコにおける昆虫を捕食する動物の減少については第 4 段第 4 文（Insect-eating frogs and …）の「虫を餌にするカエルや鳥の数も急落した」に一致。plummet の意味がわからずとも，続く同段第 5 文（Another research team …）の鳥の捕獲調査に関する記述の their captures had fallen by about 50 percent に言い換えられている。

ｆ．「無脊椎動物は体内の熱量と体温を調節し，コントロールすることができる」

internal heat を含む第４段最終文（The invertebrates that …）参照。bugs cannot regulate their internal heat より，不適。

ｇ．「地球温暖化が地球上の森林に生息する昆虫が消失している原因であるということを科学のデータは何の疑いもなく示している」

第６段第２文（Although the gravity …）の the authors are not totally convinced that climate change is the global driver of insect loss「著者らは気候変動が世界中で起こっている昆虫の消失の主な原因になっていると完全に確信しているわけではない」という記述から，地球温暖化が原因で間違いないとは言えないので不適。昆虫の大量消失の原因が気候変動にある，という記述は第２段第２文（The report's authors …）「その報告の著者らは，気候変動が熱帯地方における無脊椎動物の消失に関連があるとしている」や第４段第８文（The authors of …）の「この報告の著者らは，このような崩壊を気候変動に原因があるとしている」にあるが，これらはあくまでもプエルトリコでの昆虫の大量消失や食物網の崩壊を指しており，地球全体のそれを指しているのではないので注意。

◆━◆━◆━◆━◆　●語句・構文●　◆━◆━◆━◆━◆

（第１段）invertebrate「無脊椎動物（の）」 population「個体群」 widespread「広がった」 bug「昆虫」 pristine「初期のままの」 go missing「行方不明になる」 biologist「生物学者」 beetle「甲虫」 plummet「（数値が）急落する」 nature preserve「自然保護区」

（第２段）startling「驚くような」 implicate *A* in *B*「*A* を *B* に関連づける」 phenomenon「現象」 ecosystem「生態系」 conservation「保護」 go down「（南方へ）行く」 insectivore「食虫類」 lizard「トカゲ」 colleague「同僚」 be in for a shock「ショックを受けている」 flit「飛び回る」 overhead「頭上で」 butterfly「蝶」 abundant「豊富な」 all but ～「ほとんど～，～同然」 vanish「消える」

（第３段）arthropod「節足動物（の）」 centipede「ムカデ」 trap「～を罠にかける」 plate「板」 sticky「粘着性のある」 glue「接着剤」

canopy「天蓋」　swept: sweep「～を掃く」の過去形　critter「生き物」
crawl「～を這う」　vegetation「植物」　reveal「～を明らかにする」
biomass「生物（体）量」　significantly「著しく」　rate「率」　-fold「～
倍の」　moth「蛾」　grasshopper「キリギリス」　entomologist「昆虫学
者」　consistent「一致する，堅実な」　conclusion「結論」

（第4段）anole「アノールトカゲ」　compare A with B「A と B を比較
する」　count「統計」　altogether「完全に」　interior「内陸の，奥地の」
mist net「かすみ網」　seed「種」　brilliant「色鮮やかな」　exclusively
「もっぱら」　diminish「減少する」　food web「食物網」　obliterate「～
を完全に破壊する」　attribute A to B「A を B のせいにする」　～
degrees Fahrenheit「華氏～度」　the tropics「熱帯地方」　stick to ～
「～にくっつく」　band「帯」　be adapted to ～「～に適応している」
fare「暮らす，やっていく」　regulate「～を調節する」　internal「内部
の」

（第5段）temperate「温帯の」　equator「赤道」　pest「害虫」　devour
「～を貪り食う」　metabolism「代謝」　thermal「熱の，温度の」
threshold「基準値，境界値」　culprit「問題の原因」　pesticide「殺虫剤」
habitat「生息域」　be to blame「責められるべき」　contend「戦う」
pathogen「病原菌」　invasive「侵略的な」　scariest: scary「恐ろしい」
の最上級　particular（to ～）「～特有の」　per se「それ自体」　drought
「干ばつ」

（第6段）sort out ～「～を分類する」　gravity「重要性」　ramification
「予期しない結果」　vertebrate「脊椎動物」　hyperalarming「非常に警戒
すべき」　not totally ～「（部分否定）完全に～というわけではない」
convinced「確信した」　driver「原動力，勢いを与えるもの」　onset「始
まり」　tangible「明白な，実際の」　No matter the reason＝No matter
what the reason may be「理由はどうであれ」　the bugpocalypse: bug
「虫」と the apocalypse「この世の終わりの日」を組み合わせた造語　on
the heels of ～「～のすぐ後に（続いて）」　gloomy「薄暗い，悲観的な」
little more than ～「～余り，～にすぎない」　wrangle「～についてやか
ましく議論する」　fuel-efficient「燃費の良い」　unused「使われていな
い」　electronics「電子機器，電化製品」

（最終段）frustrated「失望した，苛立った」 fall on deaf ears「無視される，顧みられない」 at some point「いつか，ある時点で」 jeopardy「危険（にさらされること）」 pollination「授粉」 wasp「スズメバチ」 more than just〜「単なる〜ではない」 pollinator「授粉媒介者」 miniature「小型の」 custodian「管理人，守衛」 toil away「せっせと働く」 unnoticed「人目につかない」 chew up〜「〜を噛み砕く」 rot「腐る」 carrion「腐肉，腐敗物」 go extinct「絶滅する」 yet another「さらにもう1つの」 catastrophic「壊滅的な」 failure「機能停止」 feed back「返ってくる」 unimaginable「想像を絶する」

 解答 1—b 2—c 3—a 4—e 5—e 6—c
7—b 8—d 9—c・g

◆全 訳◆

≪コロナ禍で社会から孤立する聴覚障害者たち≫

　コロナウイルスの世界的な大流行が始まって以来，全米黒人ろうあ者協会で秘書として働く盲ろう者のアシュリー＝ヘイズ氏は，今まで以上にはるかに用心深くなっている。彼女はカリフォルニア州コンプトンに住んでおり，普段は食料品の買い出しのほとんどを自分で行っているのだが，最近は配達に頼ることが多くなり始めている。「食料品店やあらゆる物事が厳しく規制されていて，それに圧倒されてしまうのです」とヘイズ氏は語った。「あらゆるところにある動揺に圧倒されてしまうのです」 彼女が友人や同僚に会って触れ合うことができれば，そうは思わないだろう，と彼女は言う。さらに彼女はこう言い加えた。「最近，自分の不安の中に棘のようなものを感じているのです。そしてそれはまさに，私たちが全身で講じなければならないあらゆる予防策によるものなのです」 これは彼女に限った話ではない。世界には日常生活に支障をきたすレベルの聴覚障害を持つ人が約4億6,600万人いるのだ。

　アメリカでは，人口の約15パーセントにあたる3,700万人以上の大人が聴力に何らかの障害があると申告しており，この伝染病の大流行のせいで生活が根本的に変わり，学校が休みになり，経済が滞り，何百万人ものアメリカ人が仕事を失った。しかし，耳の聞こえない人々にとっては，ソーシャルディスタンスの新たな指針――例えば，他者からは6フィート距

離を取るとか，マスクをつけるといったもの——は難題をつきつけ，その
せいで日々行う作業がより複雑になり，その結果，ストレスと不安が増す
可能性があるのである。

　グレイス゠コーガン氏は聴覚障害があり，ニューヨークのジェームズビ
ルに住んでいるが，買い物をしているときに似たような不安を感じている。
口を覆うマスクのせいでうまく意思疎通がとれず，相手の言っていること
を理解するのに目と眉毛の傾き方を頼りにしなければならない，と言うの
だ。彼女は「そこに存在する，絶えず広がり続ける隔絶に耐えることがで
きない」ため，それ以来ずっと買い出しのほとんどを自分の交際相手に任
せている。「この感染爆発により，ろう者および難聴者社会は音のある世
界から実際にさらに遠ざかっています。言い換えるなら，我々はさらにい
っそう孤立しているのです」と彼女は語った。全員がマスクをつけ始めた
とき，コーガン氏は，聴覚障害者のコミュニケーション能力が「役に立た
なくなった」ことに気付いた。「私たちは今では，コミュニケーションを
とるのに携帯電話や身ぶり手ぶりに頼らなければならないのです」と彼女
は言った。

　彼女が実際に思い切って外出すると，買い物をする前と買い物中に「不
安に襲われる状態」になり，買い物をした後は元の状態に戻るのに時間を
要する。「帰宅すると，疲れ果てているんです」とコーガン氏は語った。
「（マスクで）覆われた顔の群衆の合間を注意深く通り抜け，人々が私に話
しかけようとしてきたときにはいらだちを目のあたりにするというのは，
精神的にきついことなんです。ろう者社会がさらに隅に追いやられるとい
う大変現実的な危険があるため，不安になるのです」

　多くの聴覚障害者が相手の唇の動きといった視覚的な手がかりを当てに
していると語ったのは，セントルイスで社会復帰カウンセラーをしている
ミシェル゠ウィレンブロック氏である。彼女の言うところによると，布マ
スクはこういった視覚情報を奪い，話し声をかき消してしまうこともある
のだという。ソーシャルディスタンスの新たな規定では，目や耳が不自由
な人々にとって実務的な問題を引き起こす可能性もある。「障害のある人
の中には職務を理解する手助けをしてくれる指導員や仕事の世話役のサポ
ートに頼っている人もいるのです」とウィレンブロック氏は語った。「そ
のため，社会復帰に向けた訓練や職業安定所，雇用主にとっては難題が明

らかに出てきています」　コロナウイルスに関するきわめて重要な情報を入手する手段がないということもまた，懸念事項の一つである。ウィレンブロック氏によると，相談員に直接会うことができないことで，重度の受容表出混合性言語障害を持つ人々が不安を感じたり，憂鬱になったりする可能性があるという。「当面の課題は，手話通訳が Zoom の画面上にいる状態にしておき，必ず字幕がつくようにしておくことですね」と彼女は語った。

　手話通訳者は感染が広がる中でエッセンシャルワーカーとして増加傾向にある職種の一つであり，テレビやインターネットでの生配信できわめて重要な情報を伝える当局者の隣に立つよう求められることがよくある。しかし，彼らはどこにでもいるというわけではない。Zoom ミーティングや FaceTime のチャット機能が，目や耳の不自由な人向けの対面で行う会合や社交的な催しに大部分が取って代わってきた。というのも，そういった人々は他の皆と同じように都市閉鎖や屋内退避令に従わなければならないからである。ヘイズ氏は，コミュニケーションをとる人同士が相手の身体に触れることに依拠するアメリカ手話の一つであるプロ・タクタイルアメリカ手話を用いているのだが，彼女は最近では黒人通訳者らと共に，200人以上の利用者を抱える Zoom 通話を利用していると言った。「こういったプラットフォームのおかげで，私たちは今でもいくらかはつながりを持つことができているので，大変ありがたいものです」と彼女は述べた。「このような手段がない状態でこの感染爆発が起こることは想像もできませんよ」

　ワシントンにある聴覚障害者のための教養課程大学であるギャローデット大学の学長であるロベルタ＝J.コルダーノ氏は，アメリカが危機に対応する方法を再考すべき時期がきていると語った。「ろう者社会を後からではなく初めから考慮し，含んだ世の中について我々は認識し直さなければならないのです」と彼女は語り，教育の公平性，健康の公平性，雇用率と再教育，聴覚障害のある起業家や研究者への支援を向上させるよう呼びかけている。

　アメリカにおけるコロナウイルスの感染者数が停滞し始め，各州が制限つきではあるが徐々に活動を再開し始めるにつれて，聴覚障害者や視覚障害者を守るためになされるべき活動がある，とコルダーノ氏は語る。例え

ば，すべての公共サービスの告知に際して公認のろう通訳者や手話通訳の使用を要請したり，今は画一的なソーシャルディスタンスの定義について再考したりといったことである。「『大人 2 人なら 6 フィート離れる』という基準そのものが，対人間で距離をとる人々が皆同じである，つまり，耳が聞こえ，目が見え，支援をまったく必要としていない人々であるということを前提としており，固有の先入観が伴っているのです」とコルダーノ氏は語った。彼女は，小さな子どもや高齢者，耳も目も不自由な人や，その他何らかの障害を持つ人々を含む大部分のアメリカ人が，自分たちの安全や幸福のためにはそばに人が必要なのだ，とも言い添えた。感染爆発によってすでに大きく変わってしまった世界の舵をリーダーたちが取り始めるときには，目と耳が不自由な人々がコロナウイルス危機終息後の社会政策に関する「話し合いの場に決定権を持つ人員として参加する」ことが重要である，とコルダーノ氏は述べている。「我々は日常生活の中で常に時代に順応することを求められてきたので，大規模な危機に見舞われた際に適応するための技術と精力，献身する力が我々にはそもそも備わっているのです」と彼女は語った。「革新し，前進することが我々の DNA には刻み込まれているのです」

■━━━━◀解　説▶━━━━■

▶ 1．下線部と意味が近い語を選ぶ問題。hobble は「～をよたよた歩かせる」という意味なので，b．moving unsteadily ～「～を不安定に動かす」が正解。下線部は分詞構文となっており，S は the pandemic。the pandemic … hobble the economy で「（コロナウイルスの）大流行が経済をよたよた歩かせる」ということは，そのせいで経済状況が不安定になったということ。この意味だけで考えると a．functioning improperly「不適切に機能する」が正解に思えるかもしれないが，function は自動詞なので O（the economy）をとることができないため，不適。c．changing randomly ～「～をでたらめに変える」　d．running irrationally ～「～を非合理的に動かす」　e．jumping blindly ～「～をやみくもに一気に上げる」

▶ 2．空所に適語を入れる問題。当該箇所の直訳は「この感染爆発は実際にろう者および難聴者社会を音のある世界からさらに（　　　）」である。空所後の in other words 以降に言い換えとして，isolated us even more

「我々をさらに孤立させた」とあることから，isolate に近い意味となる c．estranged「〜を遠ざけた」が正解。estrange の意味を知っている必要のある問題。a．merged「〜を溶け込ませた」　b．subtracted「〜（数字）を引いた」　d．endangered「〜を危険にさらした」　e．decamped「素早く立ち去った」

▶ 3．空所に適語を入れる問題。空所を含む文は「全員がマスクをつけ始めたとき，コーガン氏は，聴覚障害者のコミュニケーション能力が『（　　　　）』に気づいた」の意。マスクに関する記述のある第 3 段第 1 文（Grace Cogan, who …）の masks that cover the mouth prevent her from effectively communicating がコーガン氏の発言の一部でもあり，空所部分の具体的な言い換えにもなっている。マスクのせいで聴覚障害者がうまく意思疎通がとれなくなったという意味に近いのは，聴覚障害者のコミュニケーション能力が a．went out the window「なくなった，無用になった」である。空所後の同段最終文（"We now have to …）の意思疎通を図るのに携帯電話や身ぶり手ぶりに頼るようになったという描写もヒントになる。選択肢はすべて，直訳ではどれも不適だが，go out the window「窓から外に出る」→「なくなる」と予測したい。b．went up the river「川を上った」　c．went through the ceiling「頭にきた」　d．went under the door「ドアの下をくぐった」　e．went into the garden「庭に入った」

▶ 4．下線部と意味が近い語を選ぶ問題。disconcerting は disconcert「〜を動揺させる」の現在分詞で「動揺（不安に）させる」の意。settle「〜を落ち着かせる」を知っていれば，e．の unsettle がその反意語で「〜を動揺させる」という意味になることは推察がつくはずである。よって，e．unsettling「落ち着かない，不安な」が正解。d．confounding も confound に「〜を当惑させる」と似た意味があるので迷ったかもしれないが，confound は驚かせ，惑わせる「狼狽させる」の意味が近い。下線部は前後関係からも驚きからくる不安感ではないため，ここでは不適。a．upending「上下を逆さにする」　b．offending「不快にさせる」　c．jarring「耳障りな，不快な」

▶ 5．下線部と意味が近い語を選ぶ問題。(be) subject to 〜は「〜の支配下にある，〜に従わなければならない」の意。よって，constrain「〜

を強いる」の受動態である e . constrained by ～「～によって強いられる，～の制約を受ける」が正解。a . quarantined by ～「～によって隔離される」　b . administered by ～「～によって（薬を）投与される」　c . defined by ～「～によって定義される」　d . authorized by ～「～によって認可を受ける」

▶ 6 ．空所に適語を入れる問題。空所を含む the current（　　　）definition of social distancing「ソーシャルディスタンスの現在の（　　）定義」は，続く最終段第 2 文（"The 'two adults …）の The 'two adults, six feet apart' standard を指し，これについてコルダーノ氏は assuming all those social distancing are the same「対人間の距離をとる人々が皆同じであることを前提としている」と指摘し，同段第 3 文（She added that …）では聴覚・視覚障害者に限らず，小さな子どもや高齢者も含むアメリカ人の大部分が，距離的に近くにいる人の存在を必要としている，と論じていることから，現在のソーシャルディスタンスの定義が「どんな人にとっても基準が同じになってしまっている」と非難していることがわかる。よって，c . one-size-fits-all が正解。「 1 つのサイズがみんなに合う」→「画一的な，汎用の，フリーサイズの」の意。a . free-size-for-all も c とほぼ同じ意味に思えるかもしれないが，free size は和製英語で，英語では用いられない。その他の選択肢は似た表現として all-you-can-eat「食べ放題の，おかわり自由」はあるが，fit を用いたものはない。

▶ 7 ．下線部と意味が近い語を選ぶ問題。proximity「近いこと，近接」の意。よって，b . closeness「接近」が正解。下線部直前の最終段第 2 文（"The 'two adults, …）にあるソーシャルディスタンスの定義が支援を必要としない人を前提としている，という批判の流れを考慮すれば，下線部を含む文の S，つまり，支援が必要な人々が安全や幸福のためにどんな人を必要とするかを考えれば，「距離感の近い」人のような意味の語が入ると推察もできる。a . movement「動き」　c . relation「関係」　d . emotion「感情」　e . time「時間」

▶ 8 ．空所に適語を入れる問題。空所を含む to（　　　）when a large-scale crisis hits は直前の the natural skill, energy and commitment を修飾する不定詞（形容詞的用法）で「大規模な危機に見舞われた際に（

　）ための技術と精力，献身する力が我々にはそもそも備わっている」
の意。空所を含む文の前半の our daily lives have always required us
to re-orient ourselves to the times から，目や耳の不自由な人々が日頃
から時代に「順応する」よう求められていることがわかるので，空所にも
これに近い意味の d．adapt「順応する」を補うとよい。a．assemble
「集まる」　b．elevate「〜を高める」　c．transfix「〜を突き刺す」　e．
adhere「くっつく」

▶ 9．本文内容と一致するものを 2 つ選ぶ問題。

a．「耳が聞こえず，目も見えない人々は普通，自分で食料品店に買い物
に行くのではなく，配送サービスに頼っている」

deaf and blind「盲ろう者」のヘイズ氏が第 1 段第 2 文（She lives in …）
で usually does most of her food shopping herself と描写されている点
に不一致。

b．「コロナウイルスの感染爆発により，アメリカは様変わりし，今では
耳の聞こえる人々が，耳の聞こえない人々が日常生活で感じているのと同
じような不安を感じている」

uncertainty「不確かさ，不安」に近い意味の anxiety を含む第 1 段第 6
文「"I have experienced …」と第 3 段第 1 文（Grace Cogan, who …）
参照。いずれの anxiety も視覚や聴覚に障害のある人の気持ちであるため，
不適。

c．「コロナウイルスの感染が広がる中で，耳の不自由な人々は耳の聞こ
える人との意思疎通がうまくいっていない。なぜなら，耳の不自由な人々
が必要としている特別な支援を後者が与えることができていないからであ
る」

the latter「後者」は those who can hear を指す。前半の During … who
can hear は，第 3 段第 1 文（Grace Cogan, who …）のマスクが意思疎通
の妨げとなっているという内容に一致。because the latter … 以降は第 5
段第 3 〜 5 文（New social distancing rules … agencies and employers."）
のソーシャルディスタンスの新たな規定により，聴覚障害者らを手助けす
る耳の聞こえる人々の手助けが十分に行われていないことが読み取れるた
め，正解。

d．「エッセンシャルワーカーとみなされている手話通訳者のおかげで，

コロナウイルスの感染が拡大する中でも聴覚障害者は多くの情報や安心感を得ることができている」

sign language interpreters, who are considered to be essential workers は第6段第1文（Sign language interpreters …）に登場するが，続く第2文 But they are not everywhere. でその数が不足していることが読み取れる。さらに，第5段第6文（A lack of …）にコロナウイルス関連のきわめて重要な情報を入手する手段がないことが問題点として挙げられていることから，選択肢文の後半にあるように十分な情報や安心感を得たりできているとは言えないため，不適。

e.「コロナウイルスの感染爆発が，アメリカは聴覚障害者をもっと優先し，考慮する必要があるということを認識する一助となった」

the United States realize it needs … 以降の内容は第7段の感染爆発が起こっている今こそ，聴覚障害者について考慮するべきというコルダーノ氏の主張に近いが，それがすでに実現しているという記述はない。よって，The COVID-19 pandemic helped が過去形である点が不適。give priority「優先する」

f.「現在，アメリカでは手話通訳の資格を持っている人がまったく足りていないので，公認の手話通訳者の給与を上げることが必要不可欠である」

sign language interpreters「手話通訳者」に関する記述は第6段以降にあるが，increase the salaries「（彼らの）給与を上げる」必要性については言及なし。

g.「対人間の距離を保つルールの下で，障害を抱える人々の中には困難に直面している人もいる。というのも，彼らは自分たちが行う仕事の作業全般や期待されることについて説明をしてくれる指導者の支援を頼りにしているからである」

第5段第3・4文（New social distancing rules can … Ms. Willenbrock said.）の内容に一致。challenged people「障害者」

◆━◆━━●語句・構文●━◆━━◆

（第1段）Coronavirus「コロナウイルス」 pandemic「世界的流行病」 deaf「耳が聞こえない」 blind「盲目の」 cautious「用心深い」 reliant「頼っている」 regulate「～を規制する」 overwhelm「～を圧倒する」

a sense of panic「動揺, 胸騒ぎ」 colleague「同僚」 spike「先の尖ったもの」 anxiety「不安」 precautionary「予防の」 measure「対策」 as a whole「全体として」 disabling「日常生活に支障をきたす」 hearing loss「難聴, 聴覚障害」

(第2段) trouble hearing「聴力障害」 flip *A* upside down「*A* をさかさまにひっくり返す, *A* を根本的に変える」 shutter「～ (雨戸) を閉める, ～を休業する」 cost O(人)＋O(損失・犠牲)「(人) に (損失・犠牲) を払わせる」 social distancing「対人間の距離の確保」 guideline「指針」 complicated「複雑な」

(第3段) slant「傾斜」 eyebrow「眉」 since「それ以来」 assign *A* to *do*「*A* に～するよう命じる」 ever-widening「絶えず広がり続ける」 further「さらに」 hard of hearing「難聴で」 isolate「～を孤立させる」

(第4段) venture「思い切って乗り出す」 bout「不快な状態, 発作」 exhausted「疲れ切った」 navigate「～を注意して通り抜ける」 obscured「覆い隠された, 曖昧な」 witness「～を目のあたりにする」 hostility「敵意, 反感」 marginalize「～を除外する, ～を周縁に追いやる」

(第5段) cue「手がかり」 vocational「職業 (訓練) の」 eliminate「～を除去する」 muffle「～ (音) を消す」 job responsibility「職責, 任務」 definitely「確実に」 access to ～「～を入手する方法」 vital「きわめて重要な」 in person「直接」 expressive「表現の」 receptive「受容力がある」 barrier「障害」 sign language「手話」 interpreter「通訳者」 make sure ～「～を確実なものにする」 caption「字幕」

(第6段) essential worker「エッセンシャルワーカー (人々の生活維持に欠かせない仕事をする人々)」 call on *A* to *do*「*A* に～するよう求める」 official「当局者」 livestream「生配信」 replace「～に取って代わる」 gathering「会合」 lockdown「都市封鎖」 shelter-in-place「屋内退避」 platform「プラットフォーム (システムやサービスの土台や基盤となる環境)」 semi-「半～, いくぶん～」 grateful「ありがたく思う」

(第7段) liberal arts「教養課程」 crisis「危機」 reimagine「～を再認識する」 urge「～を呼びかける」 equity「公平性」 retraining「再教育」 entrepreneur「起業家」

（最終段）case「症例，患者」 reopen「再開する」 restriction「制限」 certified「公認の，免許証を有する」 deaf interpreter「ろう通訳者（ろう者が行う手話通訳の仕事）」 current「現在の」 definition「定義」 inherent「固有の」 bias「先入観，偏見」 portion「部分」 well-being「幸福」 reshape「〜を作り変える」 when it comes to 〜「〜に関しては」 re-orient *A* to *B*「*A* を *B* に順応させる」 commitment「献身」 innovate「革新する」

❖講　評

　2021 年度も例年同様，文法・語彙問題 1 題，長文読解問題 4 題の計 5 題で構成されている。

　Ⅰ　文法・語彙問題は 15 年連続して誤り指摘の問題であったが，小問数が 10 問（〜2019 年度）→ 9 問（2020 年度）→ 10 問（2021 年度）と元に戻った。NO ERROR の選択肢があり，語彙レベルが高く，前後の文脈がわからなければ文意を把握するのが困難な設問もあるが，文意で正誤を判別するのではなく，基本的な文法・構文の知識，語句の使い方，文の構成を見抜く力があれば文意がわからずとも，正解を導けるものがほとんどである。2021 年度では，2 の関係詞，3 と 5 の主述関係の呼応（一致），4 の分詞判別，7 と 9 の不自然な名詞，8 の時制の一致，10 の構文については，正解を導きたい。

　Ⅱ　「ロボットの活用が高齢化社会の解決策となるか」に関する新聞記事からの出題。同意表現の下線部の語も難しいが，選択肢の語も難しい。選択肢の語の意味がわかったとしても，元の語の意味を知らなければ前後の文脈から解答を絞り切れないものもあり，純粋に語句の知識を問われる難問が多かった。1 〜 6 が難しい分，本文の主題と内容真偽は標準レベルだったため，得点源としたい。

　Ⅲ　「ヨーロッパの博物館を揺るがす略奪文化財返還の波」について書かれた新聞記事からの出題で，かなり難度の高い英文である。第 1 段で心が折れそうになるかもしれないが，第 2 段以降でなんとかもちなおしてほしい。本文も難しいが，選択肢に並ぶ語彙も難しい。時間が許せば，文脈や語の成り立ちから解答を絞れるものもあるが，本文の難易度および全体の分量を考えれば，悠長に考える時間はないように思える。

内容真偽の問題に関しても，その他の大問と異なり，答えがかなり絞り
づらいものであった。

　　Ⅳ　「自然界における昆虫の大量消失」に関する新聞記事からの出題。
2021 年度の長文読解の中では語数が最も多く，昆虫の数の調査に関す
る専門的な記述もあり，わかりづらい箇所もあったが，設問に関しては
比較的読み取りやすい部分からのものが多く，主題と内容真偽の設問に
関しては，消去法を使えば選択肢を絞りやすかったはずである。また，
空所補充および同意表現は選択肢に難度が高めの語彙を含むものもあっ
たが，ほぼすべて空所および下線部の前後から意味を推察し，解答でき
るものであった。

　　Ⅴ　「コロナ禍で社会から孤立する聴覚障害者たち」に関する新聞記
事からの出題。本文自体は身近な話題なので，他の大問に比べれば読み
やすかったはずだが，9 の内容真偽の問題は，根拠の有無を確認するた
めに本文の該当箇所に戻って読み直す必要があり，解答を 2 つまで絞る
には意外と時間がかかっただろう。同意表現と空所補充については，他
の大問に比べれば，知っている語彙や表現が多く含まれていただろうが，
3 の go out the window や 6 の one-size-fits-all などの慣用的な表現に
ついては，それぞれの語の意味や前後の文脈より意味を推察する必要の
あるものもあった。

　全体の分量は 2020 年度よりも減少したものの，Ⅱの語彙関連問題と
Ⅲの本文および問題の難度の高さを考慮すれば，難易度は上がったと言
える。Ⅰは極力 10 分以内に済ませ，20 分×長文読解 4 題に費やせるよ
うに準備をしておきたい。この難易度で 1 題 20 分は厳しいものだが，
全問パーフェクトを狙うのではなく，確実にとれる問題をとっていく勢
いが重要である。特にⅡ〜Ⅴの内容真偽に関しては，速読をしながら同
時に選択肢に含まれるキーワードから該当箇所を探して解き進める練習
をしておくとよいだろう。

■数学■

1 ◇発想◇ (1) 2 次方程式の 2 解 α, β が与えられているから，解と係数の関係を使う。あとは，三角関数の公式を使って，式を変形しよう。

(2) $y = f(x)$ の頂点の座標を (X, Y) とおき，X と Y の関係式を導く。その際，X の変域にも注意する。

(3) まず，定積分を $\sin\theta$ で表す。次に，$\sin\theta$ の 3 次方程式を解くことになるが，整理した式を因数分解するとよい。また，$\sin\theta > 0$ であることにも注意しよう。

解答 (1) $\quad f(x) = x^2 + ax + b$

2 次方程式 $f(x) = 0$ の 2 解が α, β だから，解と係数の関係より

$$a = -(\alpha + \beta)$$
$$= -\left(\frac{\sin\theta}{1+\cos\theta} + \frac{\sin\theta}{1-\cos\theta}\right)$$
$$= -\frac{\sin\theta(1-\cos\theta) + \sin\theta(1+\cos\theta)}{(1+\cos\theta)(1-\cos\theta)}$$
$$= -\frac{2\sin\theta}{1-\cos^2\theta}$$
$$= -\frac{2\sin\theta}{\sin^2\theta} \quad (\sin^2\theta + \cos^2\theta = 1 \text{ より})$$
$$= -\frac{2}{\sin\theta} \quad (0 < \theta < \pi \text{ より} \quad \sin\theta \neq 0)$$

$$b = \alpha\beta = \frac{\sin\theta}{1+\cos\theta} \cdot \frac{\sin\theta}{1-\cos\theta}$$
$$= \frac{\sin^2\theta}{1-\cos^2\theta}$$
$$= \frac{\sin^2\theta}{\sin^2\theta}$$
$$= 1$$

以上より

$$a=-\frac{2}{\sin\theta}, \quad b=1 \quad \cdots\cdots(\text{答})$$

(2)　$f(x)=\left(x+\dfrac{a}{2}\right)^2-\dfrac{a^2}{4}+b$

と変形できるから，$y=f(x)$ の頂点の座標を (X, Y) とすると

$$X=-\frac{a}{2}, \quad Y=-\frac{a^2}{4}+b \quad \cdots\cdots①$$

ここで，(1)の結果より $a=-\dfrac{2}{\sin\theta}$，$b=1$ だから，これらを①に代入して

$$X=\frac{1}{\sin\theta}, \quad Y=-\frac{1}{\sin^2\theta}+1$$

この 2 式から，$\sin\theta$ を消去して

$$Y=-X^2+1$$

また，$0<\theta<\pi$ だから

$$0<\sin\theta\leqq 1$$

つまり

$$X=\frac{1}{\sin\theta}\geqq 1$$

以上より，求める軌跡は

　　放物線 $y=-x^2+1$ 　$(x\geqq 1)$ 　$\cdots\cdots(\text{答})$

(3)　$\displaystyle\int_0^{2\sin\theta} f(x)dx=\int_0^{2\sin\theta}(x^2+ax+b)dx$

$$=\left[\frac{1}{3}x^3+\frac{a}{2}x^2+bx\right]_0^{2\sin\theta}$$

$$=\frac{8}{3}\sin^3\theta+\frac{a}{2}\cdot 4\sin^2\theta+2b\sin\theta$$

$$=\frac{8}{3}\sin^3\theta-2\cdot\frac{2}{\sin\theta}\cdot\sin^2\theta+2\sin\theta$$

$$\left(a=-\frac{2}{\sin\theta}, \quad b=1 \text{ より}\right)$$

$$=\frac{8}{3}\sin^3\theta-2\sin\theta$$

$$=\frac{2}{3}\sin\theta(2\sin\theta+\sqrt{3})(2\sin\theta-\sqrt{3})$$

$0 < \sin\theta \leqq 1$ だから，$\int_0^{2\sin\theta} f(x)dx = 0$ となる $\sin\theta$ の値は

$$\sin\theta = \frac{\sqrt{3}}{2} \quad (0 < \theta < \pi) \quad \cdots\cdots(*)$$

したがって，これを満たす θ の値は

$$\theta = \frac{\pi}{3}, \ \frac{2}{3}\pi \quad \cdots\cdots(答)$$

◀解　説▶

≪解が与えられた 2 次方程式の決定，放物線の頂点の軌跡，定積分≫

▶(1)　2 次方程式の解と係数の関係を使う。

▶(2)　$f(x)$ を平方完成 ($f(x) = (x-p)^2 + q$ の形) して，頂点の座標を求める。軌跡の問題では，軌跡上の任意の点を (X, Y) とおき，X と Y の関係式を導くようにする。本問では，$X = -\dfrac{a}{2}$，$Y = -\dfrac{a^2}{4} + b$ であるが，(1)の結果を用いて，X と Y を $\sin\theta$ で表す。次に $\sin\theta$ を消去して，X と Y の関係式を導く。また，軌跡の問題では，X の変域にも注意することが重要であり，本問では，$0 < \theta < \pi$ であるから $0 < \sin\theta \leqq 1$ である。ここから，X の変域を求める。

▶(3)　$(*)$ を満たす θ の値は 2 つある。

2　◇発想◇　(1)点 F は，線分 AE 上の点であり，かつ線分 BD 上の点でもあるから，$\overrightarrow{OF}$ を $\vec{a}, \vec{b}$ を用いて 2 通りで表す。次に $\vec{a}, \vec{b}$ は 1 次独立であることを利用して，1 通りに決定する。

(2)(1)の結果を用いる。

(3)内積の定義から $\cos\angle AOB$ を a で表す。$-1 < \cos\angle AOB < 1$ より a についての不等式を解く。

(4)△OAB の面積 S は公式 $\dfrac{1}{2}\sqrt{|\vec{a}|^2|\vec{b}|^2 - (\vec{a}\cdot\vec{b})^2}$ で求まる。あとは，(3)の結果に注意して，最大値を求めるとよい。

解答　(1)　点 D は，辺 OA を 1 : 1 に内分する点だから

$$\overrightarrow{\mathrm{OD}}=\frac{1}{2}\vec{a}$$

また，点 E は辺 OB を 2：1 に内分する点だから

$$\overrightarrow{\mathrm{OE}}=\frac{2}{3}\vec{b}$$

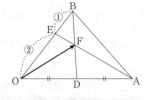

点 F は線分 AE 上にあるので，実数 s $(0\leqq s\leqq 1)$ を用いて

$$\overrightarrow{\mathrm{OF}}=(1-s)\overrightarrow{\mathrm{OA}}+s\overrightarrow{\mathrm{OE}}$$

$$\qquad =(1-s)\vec{a}+\frac{2s}{3}\vec{b}\quad\cdots\cdots①$$

また，点 F は線分 BD 上にもあるので，実数 t $(0\leqq t\leqq 1)$ を用いて

$$\overrightarrow{\mathrm{OF}}=(1-t)\overrightarrow{\mathrm{OD}}+t\overrightarrow{\mathrm{OB}}$$

$$\qquad =\frac{1-t}{2}\vec{a}+t\vec{b}\quad\cdots\cdots②$$

と表される。いま，$|\vec{a}|\neq0$, $|\vec{b}|\neq0$, $\vec{a}\not\!/\!\,\vec{b}$ であるから，①，②より

$$1-s=\frac{1-t}{2}\quad かつ\quad\frac{2s}{3}=t\quad\cdots\cdots(*1)$$

これを解いて

$$s=\frac{3}{4},\ t=\frac{1}{2}\quad(これらは，0\leqq s\leqq1,\ 0\leqq t\leqq1 を満たす)$$

よって

$$\overrightarrow{\mathrm{OF}}=\frac{1}{4}\vec{a}+\frac{1}{2}\vec{b}\quad\cdots\cdots(答)$$

⑵　⑴の結果より

$$\overrightarrow{\mathrm{OF}}=\frac{1}{4}\vec{a}+\frac{1}{2}\vec{b}$$

だから，これを $\vec{a}\cdot\overrightarrow{\mathrm{OF}}=\vec{b}\cdot\overrightarrow{\mathrm{OF}}$ に代入して

$$\vec{a}\cdot\left(\frac{1}{4}\vec{a}+\frac{1}{2}\vec{b}\right)=\vec{b}\cdot\left(\frac{1}{4}\vec{a}+\frac{1}{2}\vec{b}\right)$$

よって

$$\frac{1}{4}|\vec{a}|^2+\frac{1}{2}\vec{a}\cdot\vec{b}=\frac{1}{4}\vec{a}\cdot\vec{b}+\frac{1}{2}|\vec{b}|^2$$

$|\vec{a}|=a,\ |\vec{b}|=b$ とすると

$$\frac{1}{4}a^2+\frac{1}{2}\vec{a}\cdot\vec{b}=\frac{1}{4}\vec{a}\cdot\vec{b}+\frac{1}{2}b^2$$

これより

$$\vec{a}\cdot\vec{b}=-a^2+2b^2 \quad\cdots\cdots(答)$$

(3)　$\vec{a}$ と $\vec{b}$ のなす角を $\theta\ (0<\theta<\pi)$ とすると，内積の定義より

$$\vec{a}\cdot\vec{b}=|\vec{a}||\vec{b}|\cos\theta=ab\cos\theta$$

(2)の結果より，$\vec{a}\cdot\vec{b}=-a^2+2b^2$ だから

$$ab\cos\theta=-a^2+2b^2$$

$b=1$ のとき

$$a\cos\theta=-a^2+2$$

$a=|\vec{a}|\neq0$ であるから

$$\cos\theta=\frac{-a^2+2}{a}$$

いま，$-1<\cos\theta<1\ (0<\theta<\pi$ より$)$ だから

$$-1<\frac{-a^2+2}{a}<1 \quad\cdots\cdots(*2)$$

また，$a>0$ であるから

$$-a<-a^2+2<a$$

ゆえに

$$a^2-a-2<0 \quad かつ \quad a^2+a-2>0$$

$a^2-a-2<0$ を解いて

$$(a-2)(a+1)<0 \quad\therefore\ -1<a<2$$

$a>0$ だから　　$0<a<2 \quad\cdots\cdots③$

$a^2+a-2>0$ を解いて

$$(a+2)(a-1)>0$$

$$a<-2,\ 1<a$$

$a>0$ より　　$a>1 \quad\cdots\cdots④$

求める a の範囲は③かつ④となるから

$$1<a<2 \quad\cdots\cdots(答)$$

(4)　△OAB の面積 S は

$$S=\frac{1}{2}\sqrt{|\vec{a}|^2|\vec{b}|^2-(\vec{a}\cdot\vec{b})^2}$$

である。

$$4S^2=|\vec{a}|^2|\vec{b}|^2-(\vec{a}\cdot\vec{b})^2$$
$$=a^2b^2-(-a^2+2b^2)^2 \quad ((2)の結果より \quad \vec{a}\cdot\vec{b}=-a^2+2b^2)$$
$$=-a^4+5a^2b^2-4b^4$$

$b=1$ のとき

$$4S^2=-a^4+5a^2-4 \quad \cdots\cdots(*3)$$
$$=-\left(a^2-\frac{5}{2}\right)^2+\frac{9}{4}$$

(3)の結果より，$1<a<2$ だから

$$1<a^2<4$$

よって，$4S^2$ は $a^2=\dfrac{5}{2}$ のとき，つまり

$$a=\sqrt{\frac{5}{2}}=\frac{\sqrt{10}}{2} \quad (a>0 \text{ より})$$

のとき最大となり，S^2 の最大値は $\dfrac{9}{16}$ である。

$S>0$ であるから，S の最大値は

$$\frac{3}{4} \quad \left(a=\frac{\sqrt{10}}{2} \text{ のとき}\right) \quad \cdots\cdots(答)$$

別解 (1)　△ODB と直線 EA において，メネラウスの定理を用いて

$$\frac{BE}{EO}\cdot\frac{OA}{AD}\cdot\frac{DF}{FB}=1$$

$\dfrac{BE}{EO}=\dfrac{1}{2}$，$\dfrac{OA}{AD}=\dfrac{2}{1}$ より

$$\frac{1}{2}\cdot\frac{2}{1}\cdot\frac{DF}{FB}=1$$

ゆえに　　$\dfrac{DF}{FB}=1$

よって

$$\overrightarrow{OF}=\frac{\overrightarrow{OD}+\overrightarrow{OB}}{2}$$

$$= \frac{1}{2}\left(\frac{1}{2}\vec{a}+\vec{b}\right) \quad \left(\overrightarrow{\mathrm{OD}}=\frac{1}{2}\vec{a} \text{ より}\right)$$

$$= \frac{1}{4}\vec{a}+\frac{1}{2}\vec{b}$$

━━━━━ ◀解　説▶ ━━━━━

≪2直線の交点の位置ベクトル，三角形の面積の最大値≫

▶(1)　一般に，$\vec{a}$, $\vec{b}$ が $m\vec{a}+n\vec{b}=m'\vec{a}+n'\vec{b}$ ⟺ $m=m'$, $n=n'$ を満たすとき，$\vec{a}$, $\vec{b}$ は 1 次独立であるという。平面ベクトルにおいて，$|\vec{a}|\neq0$, $|\vec{b}|\neq0$, $\vec{a}\not\parallel\vec{b}$ である 2 つのベクトル $\vec{a}$, $\vec{b}$ は 1 次独立である。（＊1）はこれによる。(1)の結果は(2)以降の問題にも影響するので正答したい。また，〔別解〕のようにメネラウスの定理を用いて解くこともできる。

▶(2)　$\vec{a}\cdot\overrightarrow{\mathrm{OF}}=\vec{b}\cdot\overrightarrow{\mathrm{OF}}$ に(1)の結果を当てはめて計算する。

▶(3)　内積の定義から，$\cos\angle\mathrm{AOB}$ を a で表し，$-1<\cos\angle\mathrm{AOB}<1$ を使う。$a>0$ であることに注意して，不等式（＊2）を解く。

▶(4)　△OAB の面積は，$S=\frac{1}{2}\sqrt{|\overrightarrow{\mathrm{OA}}|^2|\overrightarrow{\mathrm{OB}}|^2-(\overrightarrow{\mathrm{OA}}\cdot\overrightarrow{\mathrm{OB}})^2}$ である。公式として正確に覚えておきたい。また，S は正の数だから，S^2 を最大にする a の値は S も最大にする。そこで，（＊3）を最大にする a の値を求める。

3　◆発想◆　(1)$2021_{(k)}=2k^3+2k+1$ である。この式が $k-1$ で割り切れることの意味を考える。
(2)$2k^3+2k+1$ を $k+1$ で割ってみる。余りは $k+1$ より小さい正の数である。
(3)$2k^3+2k+1=(k+2)q(k)+n(k+2)+1$（$q(k)$ は k についての整式，n は整数）の形に変形される。

解答　(1)　$N=2021_{(k)}$ を 10 進法で表すと
$$N=2k^3+2k+1$$
である。N を $k-1$ で割って
$$N=(k-1)(2k^2+2k+4)+5 \quad\cdots\cdots(＊1)$$

N が $k-1$ で割り切れるとき，$k-1$ は 5 の約数である。いま，$k \geqq 3$ だから

$$k-1=5 \qquad \therefore \quad k=6 \quad \cdots\cdots(答)$$

(2)　N を $k+1$ で割って

$$N=(k+1)(2k^2-2k+4)-3$$
$$=(k+1)\{(2k^2-2k+3)+1\}-3$$
$$=(k+1)(2k^2-2k+3)+k-2 \quad \cdots\cdots(*2)$$

いま，$k \geqq 3$ だから，$0<k-2$ である。また，$k-2<k+1$ だから，N を $k+1$ で割った余りは

$$k-2 \quad \cdots\cdots(答)$$

(3)　N を $k+2$ で割ると

$$N=(k+2)(2k^2-4k+10)-19 \quad \cdots\cdots(*3)$$

である。N を $k+2$ で割ったときの余りが 1 のとき，n を整数として

$$-19=n(k+2)+1$$

つまり

$$n(k+2)=-20$$

が成り立つ。したがって，$k+2$ は 20 の約数である。$k \geqq 3$ に注意して，$k+2$ が 20 の約数になるのは

$$k+2=5 \quad または \quad 10 \quad または \quad 20$$

である。逆にこのとき条件を満たすから，求める k の値は

$$k=3,\ 8,\ 18 \quad \cdots\cdots(答)$$

別解　(1)　$N=2021_{(k)}$ より，10 進法で考えて

$$N=2k^3+2k+1$$

$k-1$ を法とする合同式を考える。

$$k \equiv 1 \quad (\bmod k-1)$$

であるから

$$N \equiv 2 \times 1^3+2 \times 1+1 \equiv 5 \quad (\bmod k-1)$$

N が $k-1$ で割り切れるとき

$$5 \equiv 0 \quad (\bmod k-1)$$

つまり，$k-1$ は 5 の約数である。$k \geqq 3$ であるから

$$k-1=5 \qquad \therefore \quad k=6$$

(2)　$k+1$ を法とする合同式を考える。

$$k \equiv -1 \quad (\text{mod } k+1)$$
$$N \equiv 2(-1)^3 + 2(-1) + 1$$
$$\equiv -2 - 2 + 1$$
$$\equiv -3$$
$$\equiv k-2 \quad (\text{mod } k+1)$$

$k \geqq 3$ より，$k-2 > 0$ であり，かつ，$k-2 < k+1$ である。したがって，求める余りは $k-2$ である。

(3)　$k+2$ を法とする合同式で考える。

$$k \equiv -2 \quad (\text{mod } k+2)$$

であるから

$$N \equiv 2 \times (-2)^3 + 2 \times (-2) + 1 \equiv -19 \quad (\text{mod } k+2)$$

N を $k+2$ で割って 1 余るとき

$$-19 \equiv 1 \quad (\text{mod } k+2)$$
$$\therefore \quad 20 \equiv 0 \quad (\text{mod } k+2)$$

つまり，$k+2$ は 20 の約数である。$k \geqq 3$ であるから

$$k+2 \geqq 5$$

よって

$$k+2 = 5, \ 10, \ 20 \quad \therefore \quad k = 3, \ 8, \ 18$$

━━━━━◀解　説▶━━━━━

≪k 進法で表された整数を $k-1$, $k+1$, $k+2$ で割った余り≫

▶(1)　k 進数 $2021_{(k)}$ を 10 進数で表すと $N = 2k^3 + 2k + 1$ である。N が $k-1$ で割り切れるとは，（＊1）より，$k-1$ が 5 の約数であるということである。また，合同式を使って，〔別解〕のように解くこともできる。

▶(2)　N を $k+1$ で割った余りは，$k+1$ より小さい正の数である。N を（＊2）のように表すと余りがわかる。

▶(3)　（＊3）より，$-19 = n(k+2) + 1$ （n は整数）と表されることに気づくこと。また，$k+2$ を法とする合同式で考えて，〔別解〕のように解くこともできる。

❖**講　評**

　例年通り，大問は 3 題で全問記述式である。各大問は小問に分かれているが，前問の結果を利用するものもあり，正確に答えを得ておく必要がある。

　1　(1)は，2 次方程式の解と係数の関係を使う問題である。三角関数の分数式を計算することになり，結果は(2)，(3)の問題で必要なので正答したい。(2)は，軌跡上の任意の点を $(X,\ Y)$ とおき，X と Y を(1)の結果を使って $\sin\theta$ で表す。そのあと，$\sin\theta$ を消去して X と Y の関係式を導く。X の変域を求めることも忘れないようにしたい。(3)は，定積分を計算すると $\sin\theta$ の 3 次方程式を解く問題に帰着される。

　2　(1)は，$\vec{a},\ \vec{b}$ は 1 次独立であることを利用する。典型的な問題であり，正答したい。また，メネラウスの定理を使って解くこともできる。(4)では，三角形の面積を求める公式 $S=\dfrac{1}{2}\sqrt{|\vec{a}|^2|\vec{b}|^2-(\vec{a}\cdot\vec{b})^2}$ を覚えておきたい。

　3　k 進数 $2021_{(k)}$ を 10 進数になおして考察する。(1)で，N が $k-1$ で割り切れるとは，k の整式 N を $k-1$ で割ったときの剰余が $k-1$ の倍数になっているということである。(3)は，n を整数として $N=(k+2)(2k^2-4k+10)+n(k+2)+1$ の形をしていることに気づくこと。また，本問は合同式についての知識があると，〔別解〕に示しているような解法が考えられる。

　全体的に取り組みやすいが，問題はよく練られている。教科書の内容をきちんと理解しておくとともに，標準的な問題集で様々なパターンの問題にもあたっておきたい。

解答編

■英語■

I 　**解答**　1—c　2—e　3—d　4—c　5—b　6—c
　　　　　　7—d　8—c　9—b

◀解　説▶

▶1. response to → in response to
「移民統合は比較的できて間もない政策分野で，過去数十年で新たにやって来た移民の人々のニーズに応えて，様々な国の国境地帯で展開しはじめているものだ」

　Immigrant integration は理解しづらいかもしれないが，is a … young policy area と続くので，移民政策の1つと解釈できる。カンマ以降の initially developing 〈in the border areas of different countries〉 response to the needs … に注目し，develop が自動詞か他動詞かを考えると，目的語となりうる語は〈　〉の後ろの名詞 response「返答」だが，「移民政策が返答を発展させる」では意味が通らない。response が develop に対する目的語として機能しないため，c の response to を in response to ～「～に応じて」とするのが正しい。immigrant「移民」integration「融合，統合（政策）」 comparatively「比較的」

▶2. 誤りなし。
「集団の規範に従わねばならないというプレッシャーのせいで，集団の中にいる個人が同じように行動をするようになると断言する人もいる」

　a は pressure to *do*「～しなければならないというプレッシャー」，b は conform to ～「～に従う」と使う動詞なのでそれぞれ問題なし。c の makes は pressure に対する V で，make(s) *A do*「*A* に～させる」の使役となっている。続く individuals が *A*，d の behave が *do*（原形不定詞）にあたるため，文法的な間違いはなし。assert「～と断言する」 norm「規範」 similarly「同じように」

▶3．determine → determines

「教育を受ける機会を制限してしまう財政的・制度的制約だけでなく，今は稼ぎがあまりよくないが後々稼ぎが多くなるということで折り合いをつけておくという考え方も，集団における学業成績の分布を決定づけることになる」

　SにA as well as B「BだけでなくAも」の構文が含まれていることに注目する。A as well as BがSになる場合，動詞はAに呼応（一致）させる。本問のAにあたる箇所は The trade-off なので，現在形ならば determines と3人称単数のsが必要となる。trade-off between A and B「AとBの折り合い，取引」 institutional「制度上の」 access to ～「～を手に入れる機会」 distribution「分布，配分」 educational achievement「学業成績」

▶4．creates → caused

「一見したところ，彼女の新しい家は静けさと落ち着きを求めている人にとっては理想的であるように思えたが，実際のところは，彼女に多くの災難や問題をもたらしたので，彼女はその家に居るよりもそこを離れる方をすぐに選んだ」

　c．create には「(苦難など)を引き起こす，もたらす」という意味があるが，SVOO の形を取れないため不適。cause であれば SVOO で「(人)に(問題・損害など)をもたらす」と使える。また，下線部cの後に so ～ that S V … の構文が含まれており，V の chose が過去形であること，前半の seemed も過去形であることから時制も過去で一致させた方がよい。at first sight「一目見て，一見したところでは」 ideal「理想的な」 tranquility「平穏，落ち着き」

▶5．what → , who

「モーツァルトはその名の通り，音楽の天才であるが，新しい交響曲を作る際には，何日も睡眠を取らず夜遅くまで作曲し，己の人生の使命であると信じているものに取り組むことがよくあった」

　a musical genius より Mozart が作曲家モーツァルトを指すと判断できれば，Mozart の直後にある what が不適であると判断できる。下線部b直後の by any … genius の部分は Mozart の説明なので，関係代名詞の主格 who を用いて修飾し，かつ先行詞 Mozart は人名なのでカンマをつけ

て非制限用法とするのが適切。what は節をとり「何を（が）～するか」もしくは「～するもの，こと」（関係詞）の意味で使われ，関係代名詞のように直前にある名詞（Mozart）の説明はできない。compose「～を作曲する」 symphony「交響曲」 by definition「その名の通り，当然（のこととして）」 go without ～「～なしでやっていく」 burn the midnight oil「夜遅くまで働く」

▶ 6．of → from

「ガリレオの科学への関心はとりわけ数学そのものに魅了されたことからではなく，万物がそのように機能する方法や理由を理解することに強い関心を抱いていたことから生じたようである」

　not *A* but *B*「*A* ではなく *B*」の構文が含まれていることに注目する。*A* と *B* は文法的に同じ形になる。Galileo's interest … have sprung <u>not</u> from any particular fascination の not の直後が spring from ～「～から生じる」の from *A* の形になっていることから but 直後も from *B* の形を取るはず。よって but instead <u>from</u> a keen interest にする。but 後の instead は not *A* but *B* の言い換えとなる not *A* but instead *B* に用いられる instead であり，instead of ～「～の代わりに」ではない。sprung：spring「生じる」の過去分詞　fascination「惹きつけられること」 keen「鋭い，熱烈な」

▶ 7．revoke → revoked

「関税はアメリカと中国の間の対抗関係において好んで使われる武器である。だが，ビザについてはどうだろうか？　著名な中国人の学者らのアメリカのビザが急に取り消されるということがあった」

　最終文の文構造は Some … scholars が S，have (suddenly) had が V，their U.S. visas が O となっており，revoke「～を無効にする」が O の直後にあることから，V の have (suddenly) had が使役動詞の have であると判断できる。使役動詞の have は have O *do*「O に～してもらう，させる」，have O *done*「O を～してもらう，される，してしまう」と使い，O と *do* の間には能動，O と *done* の間には受動の関係が生まれる。本問では O にあたる visas が revoke されるとなるはずなので，revoked とする。tariff「関税」 weapon of choice「好んで使われる武器」 rivalry「戦い，対抗関係」

▶8．if → what if

「ギターであろうとテニスであろうと，何かを上達させたい場合に効果があるのは練習である。何度も繰り返しやれば，脳が最終的にそれを習得する。しかし，もしそんなに何度も練習しなくてもよいほど，脳が学ぶ準備ができているとしたらどうなるだろうか」

　最終文の if 節（S：your brain，V：could be，C：so ready to learn … many times）に対する主節がないため不成立となる。if を what if「もし〜ならばどうなるだろうか」に変更すればよい。

▶9．is → are

「マイクロプラスチックとは直径が5ミリ以下のプラスチックの欠片のことで，ペットボトルやプラスチック包装，合成繊維を使った衣服の小片が脱落することにより発生するものである」

　a．plastic の直後の that は pieces of plastic にかかる関係代名詞（主格）である。関係詞節中の is は先行詞の pieces of plastic に呼応（一致）させ，複数形に用いる are とするのが正しい。diameter「直径」 shed「〜を（自然に）落とす」 particle「粒子，小片」 synthetic「合成の」

Ⅱ 解答　1−c　2−b　3−d　4−e　5−a　6−b
　　　　　7−c　8−d

◆全　訳◆

≪ビッグデータの活用に関する新たな規定≫

　グーテンベルクが1400年代中ごろに活版を発明した2世紀後には，辺りにはたくさんの本が存在するようになったが，それらは高価で質の悪いものであった。イギリスでは，シェークスピアやミルトンの作品のような古典をカルテルが独占していた。最初の著作権法は1700年代初期にシェークスピアの母国で制定されたが，約14年という短い専有期間の後に本の著作権をなくすことで知識を自由に得られるようにすることを目的として策定されたものであった。言論の自由を守る法律ができたのは，18世紀後半になってやっとのことである。印刷の普及以前は，その必要性が限られていたのである。

　現在，データが溢れかえる時代における情報の流れは，またしても科学技術と行政の役割の関係を変えつつある。今日の規定の多くはどんどん古

くさいものに見えてくる。プライバシー法はネットワーク用に考案されたものではなかった。文書保存の規定は，紙による記録を前提としたものである。さらに，すべての情報が相互に関連し合っているので，包括的な規定が必要となる。ビッグデータの時代における新たな基準は，プライバシー，セキュリティ，データの保存，データ処理，所有権，そして情報の完全性という 6 つの広範な項目を対象にする必要性があるだろう。

　プライバシーは最大の懸念事項の 1 つである。人々は今までにないほど多くの個人情報を公開している。SNS やその他のサイトは実際にそうしてくれることを当てにしている。しかし，データベースが大きくなるにつれ，それ単独では特定の個人にまでたどり着くことのできない情報であっても，少しばかり手間をかけてコンピュータをいじれば明らかにできてしまうといったことがよくある。自分のプライバシーを守ることへの人々の関心と，個人情報を搾取することへの企業の関心の間にある緊迫状態は，人々にもっと（自分の情報の）管理を任せることにより解消できるかもしれない。企業が保有する自分の個人情報を自ら見た上で訂正し，その情報の用途と共有先を告知される権限を人々に与えるのである。今日のプライバシー規定はこれを目指しているのだが，この業界が誇張したがる技術的な問題があるために達成できていない。科学技術がより優れたものになれば，そのような問題を解決してくれるはずである。さらに，複数の企業がすでに，データの収集，共有，処理に巨額の資金を投じているのだから，その資金のほんの一部をもっと個人に管理を任せられるようなシステムの開発にまわせばよいのである。

　情報セキュリティ，すなわち，コンピュータのシステムやネットワークの保護の利点は，本質的には目に見えないものである。なぜなら，もし脅威を回避できていれば，物事がいつものように運ぶからである。だからこそ軽視されてしまいがちになる。その対処法の 1 つとして，より多くの情報を開示するというものがある。2003 年，カリフォルニアで先駆的な法律が成立したことで，企業は機密保護違反により顧客の個人情報が危険にさらされたかどうかを人々に公示することが義務づけられた。そのため，企業は否が応でも以前にも増して防止策に投資せざるを得なくなったのである。この規範は他の州でも採用されてきたが，さらに多くの地域で採用されていくだろう。さらに，上場企業における会計監査のように，承認を

受けた第三者による情報セキュリティの監査を大企業にも年に一度受けるよう監査機関が求めてもよいだろう。脆弱性に関する情報は公にしないであろうが，その情報は企業が慣行の改善に役立てたり，問題が発生した場合に監査機関に提出したりするものとして使える。それが保険適用の要件にでもなれば，情報セキュリティ市場が躍進することもありうるだろう。

　デジタル記録に関する現行の規定には，悪用されたり過失により公開されたりする可能性があるため，データは必要以上に長い期間にわたり保管してはならないと明記されている。しかし，シンガポール国立大学のビクター＝マイヤー＝ショーンベルガーは，コンピュータの性能が向上し，価格が下がると，すべての情報を保持し続けることが容易になりすぎるのではないかと懸念している。彼の最近の著書である『デリート――忘却の美学』の中で，彼は「忘れる」技術システム，すなわち，有効期限があるか，もしくは時間が経つとゆっくりと性能が落ちるようなデジタルファイルに賛成の議論をしている。しかし，規制は反対の方向に進んでいる。今後も記録を保存しておきたいという社会的・政治的期待があるのだ，と語るのは技術提供を行う会社である CSC で働くピーター＝アレンである。「多くのことを知れば知るほどますます，我々は知ることを要求されるのです――際限なくね」　アメリカの安全保障当局者らは，企業に記録をとっておくよう圧力をかけてきた。なぜなら，テロ事件が起こった後に手がかりをつかめる可能性があるからである。将来的に，企業はあらゆるデータファイルを消去するのではなく，むしろ保持して自社に落ち度がないということを確認するよう義務づけられるようになる可能性の方が高い。

　データ処理がもう1つの懸念事項である。イエール大学の経済学者でもあり弁護士でもあるイアン＝エアーズは，コンピュータアルゴリズムが人間の直感に取って代わるという趣旨の本である『その数学が戦略を決める』の著者でもあるが，彼は統計的相関関係を使用することにおける法的影響について懸念している。ジョージメイソン大学の数学者レベッカ＝ゴールディンはさらに踏み込み，「大量データの超高速処理に対する倫理観」について危惧している。例えば，銀行に融資を申し込んだ人に対する人種差別は違法である。だが，もしコンピュータモデルが融資希望者の母親の教育水準を（融資可否の）判断要素として計算に盛り込んでしまったらどうなるだろうか？　アメリカではこの点が人種との関連が強いにもかかわ

らず，である。さらに，ある人がある病気にかかりやすいということをコンピュータが他のちょっとした情報から予見できるのとまさに同じように，その人が罪を犯しやすい傾向にあるという予測をコンピュータが立てた場合，どうなるだろうか？　その場合，ビッグデータの時代における新たな規定の原則は，人々に関する情報が，起こるかもしれないし起こらないかもしれないようなことに基づいてその人たちを差別するのに使用されてはならない，というものになるかもしれない。個人は自由契約選手のように扱われなければならない。この考えは国家統計局の一般的な規定に近いもので，調査のために収集されたデータは，不法入国者の国外追放といったその人に対して不利になる目的に使われてはならない，というものである——残念なことに，この規定は必ずしも評価が高いとは限らないのだが。

　プライバシー規定は個人情報を財産権として扱う方向に傾いている。ある人が残し，その人物にまでたどり着けるデータの痕跡は，検索エンジンのクリックから本を買う時の好みに至るまで，その人のものであり，その情報を集めたものに属するものではない，というのが妥当な信念であろう。そこから情報市場が生まれる可能性がある。事実，携帯電話の番号が移行可能になったことで携帯電話会社の競争が活発化しているように，「データの移行性」が競争に刺激を与えるのだ。これにより，データを収集する会社が規模の経済を得る目的で会社をさらに拡大したいと考えるのを妨害することで，独占禁止法の施行の必要性も低下するかもしれない。

　情報の完全性を保証することはビッグデータ時代の重要な一要素である。アメリカの国務長官であるヒラリー＝クリントンが 1 月，伝えられるところでは Google のコンピュータに不正に侵入したことで中国人を非難した際，彼女は「ネットワークで結ばれたグローバル・コモンズ（地球規模の公共財）」という言葉を使った。これは，インターネットは海や上空のように共有の環境であり，それを最大限に利用するには国際協力が必要であるという考えである。検閲することでそのような環境が汚されてしまうというのだ。情報の流れをかく乱すると，データの完全性を損なわせるだけでなく，表現の自由を押さえ込み，集会の自由の権利を否定することにもなる。同様に，もし通信会社が特定のコンテンツプロバイダーに対して優遇措置を取れば，「ネットワークの中立性」という概念を蝕むことになる。

　政府が企業に対して，加工食品には原材料を明記したラベルを貼ること

を義務づけたり，公衆衛生基準を課したりするのと同じように，情報の流れやデータ処理といった問題への取り組みに関しても最良の方法を定めればよい。WTO（世界貿易機関）は自由な現物取引の流れを監督しているが，デジタル商品やデジタルサービスの流動性を保つのにも適した機関であるかもしれない。しかし，それはすぐにできることでもなければ，簡単なことでもないだろう。

■━━━━━◀解　説▶━━━━━■

▶1．下線部と意味が近い語を選ぶ問題。presume は基本的には「～を推定する，仮定する」という意味で c．suppose にも同じ意味があるので c が正解。ただし，下線部を含む文においては「～を前提とする」の意味で使われており，suppose にもその意味がある。a．require「～を必要とする」　b．predict「～を予言する，予測する」　d．reduce「～を減少させる」　e．discard「～を捨てる」

▶2．空所に適切な語を入れる問題。選択肢がすべて接続副詞なので，空所前後の文の関係を考える。第3段第7文の Today's privacy rules … fall short because of technical difficulties「今日のプライバシー規定は…技術的な問題があるために（目標水準に）達していない」という問題点に対し，続く第8文（Better technology should …）「科学技術がより優れたものになれば，そのような問題を解決してくれるはずである」および空所を含む文の後半 they could divert …「その資金のほんの一部をもっと個人に管理を任せられるようなシステムの開発にまわせばよい」で2つの解決策を提示している。第7文の問題の解決策となる第8・9文を結ぶには b．Besides「さらに」が適切である。a．However「しかしながら」　c．Subsequently「後で」　d．Still「それでも」　e．Otherwise「さもないと」

▶3．下線部と意味が近い語を選ぶ問題。inherently は「本来的に，内在的に」の意。d．intrinsically「本質的に，本来」が正解。inherently の形容詞 inherent「本来備わっている」は頻出語彙なので押さえておきたい。intrinsically（形容詞は intrinsic）は意味を取るのが厳しいかもしれないが，その他の選択肢が意味を取りやすいものになっていることから消去法で答えを絞りたい。a．primarily「第一に，もともとは」　b．truthfully「誠実に」　c．inevitably「必然的に，必ず」　e．supposedly「おそらく」

▶4．空所に適切な語を入れる問題。a．Therefore, b．Consequently, c．Accordingly はいずれも「それゆえ」と訳せることから d．Obviously「明らかに」と e．Yet「しかし」に絞りたい。空所前の第5段第3文（In his recent …）中の he argues in favour of technical systems that "forget"「『忘れる』技術システムに賛成の議論をしている」に対し，空所を含む第4文では regulation is pushing in the opposite direction「規制は反対の方向に進んでいる」とあることから，逆接の意味となる e が適切。同段最終文（In the future …）の companies will be required to retain all digital files, … rather than to delete them「企業の持つ情報は消すのではなくむしろ保持するよう義務づけられるようになるだろう」という内容が第4文の in the opposite direction の説明である点も手がかりとなる。

▶5．下線部と意味が近い語を選ぶ問題。predisposition は「（～しやすい）性質，傾向」の意味なので a．tendency「傾向」が正解。どちらも直後に to *do* を取り，「～する傾向」の意。b．preference「（～を）好むこと」 c．bias「偏見，先入観」 d．intention「意図」 e．assessment「評価」

▶6．下線部と意味が近い語を選ぶ問題。下線部を含む文は「もし通信会社が特定のコンテンツプロバイダーに対して優遇措置を取れば，『ネットワークの中立性』という概念を…」という意味。特別扱いをすれば中立性が失われる，という流れになるはず。この意味に近いのは b．threaten「～を脅かす」である。undermine は「～を蝕む，徐々に衰えさせる」の意。第8段第4文（Censorship pollutes …）および第5文（Disrupting information flows not only violates … but quashes … and denies …）で否定的な動詞が続いた後，下線部を含む文が Likewise「同じように…」で始まるので，この後に続く文にも否定的な内容が続くと推察することもできる。a．change「～を変える」 c．strengthen「～を強化する」 d．believe「～を信じる」 e．fix「～を修理する」

▶7．本文内容と一致するものを選ぶ問題。
a．「データの処理は慎重さを要する問題なので，非常に高度な統計的手法に関する知識が必要となる」
Processing data については第6段参照。2人の有識者によるデータ処理

に関する言及を確認するとよい。第 2 文の Ian Ayres, …, <u>frets about</u> the legal implications of using statistical correlations. および第 3 文 Rebecca Goldin, … <u>worries about</u> the "ethics of super-crunching". より，どちらの専門家もデータの処理に関して「懸念を抱いている」と述べているものの，a 後半の「非常に高度な統計的手法に関する知識が必要である」という記述は出てこないため不適。ちなみに，後者の発言にある super-crunching は専門用語だが，続く第 4 ～ 6 文（For example, racial … commit a crime ?）に統計の知識が倫理的に問題のある使われ方をする具体例が並ぶところから意味を推察したい。

b．「情報の流れを管理することは喫緊の問題なので，ビッグデータに対する新しい規定がまもなくできるだろう」

選択肢に New rules for big data will be made soon とあるが，いつできるかについては本文中では明言されていない。最終段最終文の it will <u>not be quick</u> or easy からも不適と判断できる。

c．「既存の規定の多くは時代遅れである。というのも，情報科学の急速な進歩に遅れずついて行くのは大変なことだからである」

第 2 段第 2 文（Many of today's …）「今日の規定の多くはどんどん古くさく見えてくる」に一致。第 2 文の Many of today's rules が c の A lot of existing rules に，archaic が c の outdated に言い換えられている。archaic の意味については続く第 3・4 文（Privacy laws were … presume paper records.）「プライバシー法はネットワーク用に考案されたものではなかった。文書保存の規定は，紙による記録を前提としている」から network＝現代，paper records＝一昔前，とイメージができれば，現行の規定が現代用に作られたものではない，つまり古いとわかるはず。

d．「あらゆるデジタル情報は悪用を防ぐため，一定期間内に削除されるべきである」

データの消去に関しては第 5 段参照。第 1 文（Current rules on …）「デジタル記録に関する現行の規定には，悪用されたり過失により公開されたりする可能性があるため，データは必要以上に長い期間にわたり保管してはならないと明記されている」および第 3 文（In his recent …）の he argues in …「彼は『忘れる』技術システム，すなわち，有効期限がある

か，時間が経つとゆっくりと性能が落ちるようなデジタルファイルに賛成の議論をしている」からすると，一見正解に思えるかもしれないが，ｄのように <u>All</u> digital information「すべてのデジタル情報」に関してそうであるとは述べられていないため，不適。

ｅ．「情報セキュリティは最近まで目を向けてこられなかった問題であるが，プライバシーの問題よりも重要な問題である」

第２段最終文（New principles for …）のコロン以降にビッグデータに対する新たな規定を設けるにあたり扱うべきものとして privacy, security が並列されており，プライバシーとセキュリティのどちらがより重要であるという議論が展開されている部分が本文中にないため，不適。また，第３段第１文 Privacy is <u>one of</u> the biggest worries.「プライバシーは最大の懸念事項の１つである」からもプライバシーの問題の方が重要性の低い問題とは判断できない。

▶ 8．本文の要点を選ぶ問題。第２〜８段までにビッグデータを規制する方法に関する様々な懸念事項についての記述があり，本文のまとめとなる最終段に WTO（世界貿易機関）という現物の貿易の流れを監督している機関がデジタル製品やデジタルサービスの流れを監督するのにも合っているであろう，という内容が述べられていることからｄ．「国際的な取締機関がいくつかの具体的な懸念事項を考慮し，ビッグデータの規定を作ることが望ましい」が正解。take *A* into consideration「*A* を考慮に入れる」

ａ．「コンピュータ技術の分野でトップにいる会社の多くはアメリカに拠点を置いているため，アメリカがビッグデータの規制を定めるときには主導権を握るべきである」

アメリカが登場するのは第５段第６文（American security officials …），第６段第５文（But what if …），第８段第２文（When America's secretary …）だが，いずれも ａ のような内容には一切ふれていない。

ｂ．「コンピュータのシステムとネットワークの変化が非常に速いため，ビッグデータ用の規定を作ることは不可能である」

最終段最終文に it will not be quick or easy「（規定を作ることは）すぐにできることでもなければ，簡単なことでもないだろう」とはあるが，impossible とまでは言っていない。

ｃ．「プライバシーが最も重要な問題なので，個人情報は高度な訓練を受

けた専門家だけに扱ってもらうべきであるということに我々一人一人が気づくことが重要である」

第3段第1文 Privacy is <u>one of</u> the biggest worries.「プライバシーは最大の懸念事項の1つである」に不一致。exclusively「全く〜のみ」

e．「ビッグデータを最大限に生かすためには，我々は人工知能のような新しいコンピュータ技術を利用しなければならない」

artificial intelligence「人工知能」に関する記述は本文中にない。artificial「人工の」

◆━◆━◆━◆━ ●語句・構文● ━◆━◆━◆━◆

（第1段）movable type「活版，可動活字」（一文字ずつ活字となっている組み換え可能な印刷法）　cartel「カルテル，企業連合」　a lock「独占」　bard「詩人」（ただし本文中の the Bard はシェークスピアの呼び名として用いられている）　(be) in the public domain「著作権が切れた状態にある，公のものである」　exclusivity「独占権，排他性」　free speech「言論の自由」　not 〜 until …「…になって初めて（やっと）〜する」　emerge「現れる」

（第2段）abundant「豊富にある」　archaic「古風な」　retention「保存」　interconnect「（同様のもの）を相互に連結させる」　principle「原理，基準」　age of 〜「〜の時代」　integrity「正確さ，完全性」

（第3段）disclose「〜を公開する」　more 〜 than ever「以前にも増して，今までにないほど〜」　social-networking sites「ソーシャルネットワーキングサイト，SNS」　on *one's* own「〜単独で」　be traced to 〜「〜まで遡る，〜に端を発する」　unlock「〜を明らかにする」　tension「緊張，緊迫状態」　give *A* control「*A*（人）に指揮権を与える，管理を任せる」　aspire to 〜「〜を希望する，〜を目指す」　fall short「（目標などを）達成できない，（基準に）達しない」　exaggerate「〜を誇張する」　eliminate「〜を除去する」　firm「会社」　divert「〜を転用する」　a sliver of 〜「ほんのわずかな〜」

（第4段）invisible「目に見えない」　threat「脅威」　avert「〜を避ける」　pioneering「先駆的な」　a law requires *A* to *do*「法律が *A* に〜するよう要求する」⇒「法律により *A* が〜することが義務づけられる」　notify「〜に公示する」　breach「違反」　compromise「〜を損なう，危険にさ

らす」　push *A* to *do*「*A* に〜することを強要する」　prevention「予防，防止」　regulator「取り締まり人，監査人，業務監査機関」　undergo「（検査など）を受ける」　audit「監査」　accredited「認可された」　third party「第三者」　listed company「上場企業」　vulnerability「もろさ」　confidential「秘密の」　insurance「保険」　coverage「補償範囲，適用範囲」

（第 5 段）misuse「〜を誤用する，悪用する」　inadvertently「不注意に」　hold on to 〜「〜を持ち続ける」　argue in favour of 〜「〜に賛成の議論をする」　expiry「満了」　degrade「質を落とす」　terrorist incident「テロ事件」　ensure「〜を保証する」　accuracy「正確さ」

（第 6 段）fret about 〜「〜を心配する」　statistical「統計的な」　correlation「相関関係」　ethic「倫理（観）」　crunch「（大量のデータ）を高速処理する」　racial discrimination「人種差別」　applicant「志願者」　loan「貸し付け」　what if 〜?「もし〜だとしたらどうなるだろうか」　factor in 〜「〜を要素として計算に盛り込む，考慮する」　correlated with 〜「〜と関連のある」　susceptibility「影響を受けやすいこと」　bits of 〜「少量の〜」　commit a crime「罪を犯す」　regulatory「規定の」　on the basis of 〜「〜に基づいて」　free agent「自由契約選手」　akin「類似した」　national statistical office「国家統計局」　deport「〜を国外追放する」　alas「（挿入で）残念なことに」

（第 7 段）lean towards 〜「〜（の方向）に傾く」　property right「財産権」　presumption「推定，信念」　leave behind「〜を残す」　search engine「検索エンジン」　entity「存在物」　portability「移植性（ソフトウェアをある環境から別の環境に移し替えられること）」　mobile operator「携帯電話会社」　antitrust「独占禁止（法）の」　enforcement「施行」　counteract「対抗する，妨害する」　aggregator「収集する人・組織・もの」　reap「〜を手に入れる」　economy of scale「規模の利益，スケールメリット（生産量が増大することで単位当たりのコストが下がり，利益が増えること）」

（第 8 段）integrity「完全性」　lambast「〜を非難する」　allegedly「伝えられるところでは」　global commons「グローバル・コモンズ（地球規模で特定の所有者がおらず，人類が共有している財産のこと）」　airspace

「上空」 censorship「検閲（制度）」 disrupt「～を混乱させる」 violate
「～を乱す」 quash「～を無効にする」 assembly「集会」 telecom
operator「通信会社」 preferential「優先的な」 neutrality「中立状態」
（最終段）best practice「成功事例，最良の方法」 label *A* with *B*「*A* に
B のラベルを貼る」 ingredient「原料」 impose「～を課す」 public-
health standards「公衆衛生基準」 oversee「～を監督する」 keep *A*
flowing「*A* の流動性を保つ」

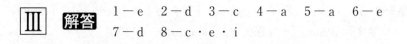

Ⅲ　解答　1 — e　2 — d　3 — c　4 — a　5 — a　6 — e
7 — d　8 — c・e・i

◆全　訳◆

≪マチュピチュの新空港建設に伴う懸念≫

　マチュピチュは UNESCO の世界遺産に登録されている複合遺産で，ペ
ルーで最も訪れる旅行客の多い名所である。ペルーにあふれるインカ帝国
時代の考古学的な遺跡の中でも，マチュピチュという名高い城塞都市ほど
多くの旅行客を惹きつける場所はない。実際のところ，2017 年には 150
万人以上の人々がマチュピチュを訪れたが，その数は UNESCO に推奨さ
れている人数制限のほぼ 2 倍で，もろい遺跡と現地の生態系に多大な負担
がかかっているのである。現在，考古学者や歴史家，地元住民からの反感
や激しい怒りの入り交じった感情を買ってきた動きの 1 つに，数十億ドル
の費用をかけて国際空港を建設するために，土地を更地にする作業が始ま
ったことがあるのだが，これは，旅行客をマチュピチュにさらに近いとこ
ろまでジェット機で輸送することと，多数の旅行客が飛行機で複合遺跡の
見える（遺跡外の）一般区域にやって来た時に，時代遅れの施設に到着す
るという現状を緩和することを目的としている。

　すでにチンチェロではブルドーザーが数百万トンもの土をすっかり掻き
出しているのだが，そこは海抜約 3800 メートルにある絵画のように美し
いインカの街で，聖なる谷への入り口となっている。かつてこの地域は，
今日のコロンビアからアルゼンチンにまで広がる文明の中心地であった。
そして，15 世紀には世界で最も大きな帝国だったのである。「ここは人の
手により築かれた地形で，インカの人々により作られた台地や道があるの
です」と語るのはケンブリッジ大学のペルー美術史家であるナタリア＝マ

ジラフで，彼女は新空港の建設に反対する嘆願運動を展開してきた人物である。「ここに空港を建設すると，それを壊すことになります」　現在，谷を訪れる人々のほとんどはクスコ空港を経てやって来るのだが，この空港には滑走路が1本しかないので，ペルーの首都であるリマ，ボリビアのラパスといった周辺の街からの小型旅客機による乗り換え便のみを受け入れている。提案されている開発によって，何年もの間存続してきたが今では訪問客の急増によりもちこたえられなくなってきた，より持続可能な取り決めから，大きく変化することになるだろう。

　新しい空港は，韓国やカナダの建設会社が入札に名乗り出ており，中南米諸国やアメリカ中の主要都市からの直行便の受け入れを許可することになるだろう。反対派の人々は，付近にある 134 平方マイル（348 平方キロメートル）の敷地を持つ遺跡公園の上を飛行機が低空飛行することになり，これが世界的に有名なインカ遺跡に取り返しのつかない損害を与える可能性があると批判している。空港建設により，クスコの街が水の供給のほぼ半分を依存しているピウライ湖の流域を枯渇させてしまうことを危惧している人もいる。「インカ文化の中心となった場所である聖なる谷からたった 20 分のこの場所で，しかもあらゆる旅行客が見にやって来る繊細で本来の姿を残したままの遺跡のすぐ近くにこの巨大な建造物を建てたいと考えているというのは，皮肉でもあり，見方によっては矛盾しているようにも見える」と語ったのはクスコを拠点に活動をしている考古学者のパブロ＝デル＝バジェである。これは理解しづらい皮肉かもしれないが，遠方からやって来る訪問客の流入をどう管理していくかという問題に遺跡のある地域が取り組む際に世界各地で見受けられるものである。

　新空港の考えに反対している多くの人々は，ペルー大統領のマールティン＝ビスカラが（空港について）検討し直すか，空港の場所をチンチェロから他の場所へ移すことを望んでいる。マジラフは「クスコで活動をしている著名な考古学者や歴史家の中で本当にこの計画を支持している人なんて一人もいないと思います」と話す。チンチェロはインカ帝国の支配者であったトゥパック＝インカ＝ユパンキの王室の領地として6世紀前に作られた街で，信じられないほど保存状態が良い。地元の経済は農業と観光業で成り立っているが，訪問客を当てにしている人々でさえも，その計画には慎重である。街の広場にある白く色褪せたコロニアル様式の教会で，小

型の機織り機を使ってブランケットを織っているアレハンドリーナ＝コントレラスは「私たちはここで穏やかな暮らしを送っています。泥棒もいなければ，犯罪者もいません。空港ができれば発展はするでしょうが，多くのものが変わってしまうでしょう」と言っている。近くにいた 20 歳のカレン＝アウカプーマはバスいっぱいの旅行客が広場を歩いて横切るのを見ながら「騒音や大気汚染，それに，持ち込まれる病気について考えてみたらいいわ」と付け加えた。民間企業による当初の計画は値上げの申し立てと現地の汚職により行き詰まったが，仲裁の過程を経て現在では解決し，政府がこの計画を推し進め，2023 年までには遂行すると明言している。

　「この空港はクスコという街にとって必要なので，できるだけ早く建設されることでしょう」と先月記者らに対して語ったのは，ペルーの財務大臣のカルロス＝オリヴァである。「この空港の建設の基本となる技術調査については重ねて実施してきました」　市長のルイス＝クシクーナが言うには，現地の指導者らは 1970 年代以来，クスコで 2 番目に大きな空港を強く求めているとのことだ。多くの地元住民らが 2500 件の建設工事の仕事の契約がもらえると思っており，自宅などを売却することで一儲けした者もいる。例えば，チンチェロ土着の 3 つの村のうちの 1 つであるヤナコーナは 3500 万ドルで事実上その村の土地すべてを国に売却した一方，現地の農家はもともとジャガイモの栽培に使用していた数ヘクタールの農地を売却することで相対的に見ればちょっとした財産を作ったのである。こういった例はおそらく，この計画に乗り気で，すでに大いに利益を得ている地元住民の一部であろう。

　「クスコの観光インフラは限界であるというもっともな懸念」があると言うのは『マチュピチュを作る── 20 世紀ペルーの観光の政治』の著者であるマーク＝ライスである。しかし，新空港の建設予定地は「クスコの重要な観光の目玉の 1 つである景勝地に大きな損害」を与えるだろう。問題は，マチュピチュが「ペルーの観光事業にとって群を抜いて人気がある」ことにある，と彼は語る。「この状況を言い表す最適な例は，イギリスに行く人がストーンヘンジにしか行かないというものである」　増加し続ける訪問客の数を管理しようとする中で，UNESCO がマチュピチュを危険にさらされている世界遺産リストに登録すると脅した後，ペルーは遺跡への立ち入り条件を厳しくし，午前と午後の交代制にして訪問に制限を

かけた。しかしながら同時に，空港建設においてはいったん新空港建設が
現実味を帯びてくると，観光面での棚ぼたを期待して，チンチェロに新し
い家やホテルが大急ぎで建築されている。しかし最終的には，提案されて
いる空港はおそらくは世界で最も記憶に残るであろう歴史的・文化的史跡
の１つに，その姿とともに元に戻せないほどの損害を与える可能性が大い
にあるのだ。

■■■■■　◀解　説▶　■■■■■

▶１．空所に適切な語を入れる問題。空所前の and to は空所を含む文の
intended to jet tourists … の部分と等位。よって，空所以降には新空港
を建設する目的が来る。空所直後の the current situation「現状」は in
which 以降にある通り，改善すべき状況であることから，現状「を改善す
る」に近い意味となる e．soothe「〜を和らげる」が正解。a．assess
「〜を評価する」　b．reconfigure「〜を再構成する」　c．attenuate「〜
を薄める，（力・価値などを）減ずる」　d．abbreviate「〜を短縮する」

▶２．下線部と意味が近い語を選ぶ問題。下線部を含む部分の節は「訪問
客の数が増大しているため，現在 untenable な状態になってきている」と
意味を取る。第１段第３文（In fact, in 2017 …）にマチュピチュを訪れ
る訪問客が激増し，遺跡にも生態系にも負担がかかっている，とあること
から untenable が「もちこたえられない」という意味であると考えられる。
全く同じ意味の語はないが，否定的な意味を持つ語で絞れば d．flawed
「不備のある，傷がついた」が正解となる。a．viable「成長した，実行
可能な」　b．harmless「害のない」　c．strategic「戦略上役立つ」　e．
defensive「防御的な」

▶３．空所に適切な語を入れる問題。当該文は causing potentially …
damage to the world-renown Inca ruins「世界的に有名なインカ遺跡に
…な損害を与える可能性がある」の意味になるので，c．irreparable「修
復できない，取り返しのつかない」が適切。選択肢の語彙がわかりづらい
かもしれないが，irreparable は repair「〜を修理する」の形容詞
repairable / reparable「修理ができる」の対義語。その他の選択肢も元と
なる名詞から意味を連想できるものもあるはず。a．inadmissible「許せ
ない，認めがたい」（admission「入学許可」の形容詞 admissible「入学資
格のある，認められる」の対義語）　b．irresponsible「責任能力のない」

(⇔ responsible)　d．inconsolable「悲嘆にくれた」(console「～を慰める」)　e．introspective「内省的な」(intro-「内へ」 spect-「見ること」)

▶4．下線部と意味が近い語を選ぶ問題。下線部が want to build の目的語であることから monstrosity は新空港を指すと判断できる。monstrosity は「巨大な建物，怪物」の意。建物の意味を含むのは a．eyesore「見苦しい（建）物」と e．edifice「（宮殿・教会・寺院などの）壮大な建物」だが，下線部を含む文は新空港建設に反対派の人物の発言であり，すぐ近くに一見の価値のある遺跡があるにもかかわらず新空港を建設することを皮肉っていることからもマイナスな意味を含む a が適切であると言える。monstrosity という語に monster「怪物」が入っていることもヒントになる。b．phantom「幽霊，幻想」　c．panorama「全景」　d．panoply「完全装備」

▶5．空所に適切な語を入れる問題。a を補い，grapple with で「（問題など）に取り組む」とするのが適切。b．assign（*A B* / *B* to *A*)「（*A*〈人〉に *B* を）割り当てる」　c．conform（with)「（～に）従う」　d．arrange（with)「（～と）打ち合わせをする」　e．contort（with)「（苦痛などで顔が）ゆがむ」

▶6．下線部と意味が近い語を選ぶ問題。windfall は「意外な授かりもの，棚ぼた」の意。下線部前後にある new houses and hotels being thrown up hurriedly in Chinchero と once the new airport becomes reality「チンチェロに新空港ができるという話が本格化すると急いで家やホテルを建て始めた」という動きから，人々は新空港建設に反対しつつも，自分たちにも何かしらの利益があるのでは，と期待したことがわかる。よって新空港建設により人々にもたらされる利益に近い意味として e．yield「産出物，収益」が正解。a．bane「破滅のもと，悩みの種」　b．turbulence「大荒れ，騒乱」　c．decrease「縮小」　d．isolation「孤立」

▶7．本文の要点を選ぶ問題。第1段第1～3文（The Machu Picchu complex … and local ecology.）にマチュピチュ遺跡が訪問客の増加により遺跡そのものや現地の生態系が危うい状態になっているという記述があり，それ以降は第5段以外ほぼすべてで，旅行客の誘致をさらに促進することになるであろう新空港建設に反対する意見が続くことから，d．「新空港の建設はおそらく利益よりも多くの問題をもたらすことになるだろ

う」が正解と言える。また，この内容は最終段最終文（At the end of …）で言い換えられてもいる。

a．「マチュピチュはペルーで最も訪れる人の多い観光地である」

b．「UNESCO は開発政策に関し，ペルーに対して大変強硬な態度をとっている」

a は第 1 段第 2 文（Among the Inca …）の記述に一致しており，b は UNESCO の強硬な態度については最終段第 5 文（In an effort …）後半で言及されてはいるが，いずれもこの記事の要点とは言えない。

c．「ペルーはイギリスのようになり，持続可能な開発に従事すべきである」

イギリス（Britain）に関する記述は最終段第 4 文（"The best way …）にあるが，これはあくまでもペルーへの旅行客の様子をイギリスでたとえているだけで，本文内容に一致していない。

e．「ペルーにおける持続可能な開発は毎年やって来る旅行客の数を増やすことほど重要ではない」

Sustainable development in Peru は，マチュピチュへの訪問客の増加により遺跡やその周辺環境にダメージを与えてしまうことを防ぐために行われることと言える。因果関係はあっても，どちらが重要でどちらが重要でないということはないため不適。

▶ 8 ．本文の内容に一致するものを 3 つ選ぶ問題。

a．「2017 年マチュピチュでは，UNESCO により推奨される人数制限のちょうど 2 倍を超える数の旅行客があった」

2017 や UNESCO という語から第 1 段第 3 文（In fact, in 2017 …）を確認する。… more than 1.5 million visitors to Machu Picchu, a number which is almost double the limit recommended by UNESCO のカンマ前後は同格関係。訪問客の数は 150 万人以上で，この人数が UNESCO が推奨する人数制限のほぼ 2 倍，とあり，選択肢の just over double の部分が当てはまらないため，不適。numerical「数の，数に関わる」

b．「チンチェロの地元住民は空港案にもともとは賛成している」

チンチェロの地元住民の意見は第 4 段第 4 文（The local economy …）に even those who rely on visitors are wary of the plans「訪問客を当てにしている人々でさえも，その計画には慎重である」とあるため不適。続

く第 5 ～ 7 文（Alejandrina Contreras, … it will bring.”）が反対意見の具体例。proposed「～案」

c．「新空港の計画はペルー国外の建設会社の注目を集めている」

construction companies outside of Peru からペルー以外の国の建設会社について触れられている第 3 段第 1 文を確認。The new airport, which construction companies from South Korea and Canada are queueing up to bid on「新しい空港に対しては韓国やカナダの建設会社が入札に名乗り出ている」の部分に一致。

d．「チンチェロ周辺の地域は，数世紀の間，世界で最大の帝国の中心地だった」

the centre of the world's largest empire に近い表現は第 2 段第 2 文。This area was once the heartland of a civilisation「かつてこの地域は文明の中心地であった」および … in the 15th century was the world's largest empire「15 世紀には世界で最も大きな帝国だった」には一致するが，選択肢の for several centuries については述べられていないため不適。

e．「既存の空港は昔は持ちこたえることができていたが，現状では持ちこたえられない可能性が大変高い」

existing airport という語は登場しないが「既存の空港」に近い意味の語句は第 6 段第 1 文 There is a “legitimate concern that Cusco's travel infrastructure is at its limit,” にある。travel infrastructure「観光インフラ」とは空港や鉄道，宿泊施設などの観光に必要とされる設備のこと。動詞 is が現在形であることから，現在の空港などのことを指すと考えられる。限界に達しているということは unsustainable に近い意味となるため，正解。また，第 2 段第 5 文（At present, most …）の，現在の空港には滑走路が 1 つしかなく大型機が入れない，という記述が，既存の空港の不便さを物語っている点も手がかりとなる。at one time「かつては」

f．「ペルーでは提案されている空港の建設を止めることができるのは大統領だけである」

president は第 4 段第 1 文（Many who are …）に登場し，反対派の人々の願いとして，ペルー大統領が再検討するか，新空港の建設予定地をチンチェロ以外の場所にしてほしい，とは述べられているが，the only person who … の部分は本文中では述べられていない。

g.「政府は空港案を進めるか否かに関して意見が割れている」

政府の見解は第 4 段最終文（An initial plan …）後半の「政府がこの（新空港の）計画を推し進め，2023 年までには遂行すると明言している」や第 5 段第 1 文の財務大臣の話（"This airport will …）として賛成意見はあるものの，反対意見は書かれていないので，意見が割れているとは言えない。be divided on ～「～に関して意見が割れている」 proceed with ～「（計画・作業など）を進める」

h.「科学調査はこの空港案が現地の農業に損害を与えることはないことを示唆している」

scientific research に近い意味の語句は第 5 段第 2 文 There's a series of technical studies にあるが，これを説明する which support this airport's construction「この空港の建設の基本となる」に，現地の農業に損害を与えるか否かに関する調査内容を含むかどうかは不明である。また，この農業に損害を与える云々の話は他の部分にも全くない。よって不適。

i.「ペルー政府はすでにマチュピチュにやって来る旅行客の入場に制限をかけ始めている」

最終段第 5 文（In an effort …）に Peru has tightened entry requirements to the site, limiting visits to morning and afternoon shifts「ペルーは遺跡への立ち入り条件を厳しくし，午前と午後の交代制にして訪問に制限をかけた」とある。よって正解。

j.「新空港の計画はチンチェロの現地の反対により数年遅れた」

チンチェロに関する情報は第 2 段（Bulldozers are already …）以降にあるが，反対意見については言及されているものの，それにより計画に遅れが出たとは述べられていない。よって不適。

◆━◆━◆━◆━◆　●語句・構文●　◆━◆━◆━◆━◆

（第 1 段）complex「似たような建築物が集まった建物群」 heritage「文化遺産」 site「場所，遺跡」 archaeological「考古学（上）の」 abound「満ちている」 famed「名高い」 citadel「要塞」 fragile「もろい」 ruin「遺跡」 put a strain on ～「～に負担をかける」 ecology「生態系，自然環境」 horror「憎悪，反感」 outrage「激怒」 multibillion「数十億の」 jet「～をジェット機で輸送する」 hordes of ～「多数の～」

（第 2 段）scrape「〜をこする，掻き出す」 picturesque「絵のように美しい」 heartland「中心地域」 modern-day「今日の」 landscape「風景，地形」 terrace「台地」 Peruvian「ペルー（人）の」 petition「嘆願（書）」 narrow-bodied「狭い機体の」 stopover「飛行機の乗り継ぎの短い時間」 radical「根本的な，極端な，急進的な」 sustainable「持続可能な」 swell「ふくらむ，増大する」

（第 3 段）queue「列を作って待つ」 bid on「入札する」 Latin America「中南米諸国」 archaeological park「遺跡公園」 potentially「潜在的に」 world-renown「世界的に有名な」 deplete「〜を枯渇させる」 watershed「分水嶺，流域」 ironic「皮肉な」 in a way「ある意味では，見方によれば」 contradictory「矛盾した」 nucleus「中心」 within earshot of〜「〜からすぐ近くに」 pristine「初期のままの，本来の」 irony「皮肉」 fathom「〜を理解する」 influx「流入」 afar「遠方」

（第 4 段）reconsider「再考する」 relocate「〜を移転させる」 ruler「支配者」 be wary of〜「〜に慎重である」 weave「〜を織る」 handheld「小型の」 loom「織機」 square「広場」 bleached「脱色した」 colonial「コロニアル様式の」 a busload of〜「バスいっぱいの〜」 be bogged down「行き詰まる，難航する」 allegation「申し立て，主張」 price-hike「値上げ」 corruption「汚職，買収」 arbitration「調停，仲裁」 vow「〜を誓う，明言する」 push ahead「推し進める」

（第 5 段）push for〜「〜を強く求める」 sell up「すべてを売り払う，自宅を売却する」 indigenous「土着の」 virtually「事実上」 in relative terms「相対的に見れば」 handsomely「気前よく，大いに」

（最終段）legitimate「合理的な」 be at *one's* limit「限界である」 scenic beauty「景勝地」 singularly「著しく」 dominant「最も有力な，優勢な」 in an effort to *do*「〜しようとする努力の中で」 tighten「（制限）をきつくする」 entry requirement「立ち入り条件」 throw up「〜を急いで建てる」 at the end of the day「結局のところは」 may very well *do*「〜する可能性が高い，〜することが十分にあり得る」 irreversible「取り消しできない」 arguably「ほぼ間違いなく，おそらく」 indelible「いつまでも残る，忘れられない」

Ⅳ 　**解答**　1 ― b　2 ― d　3 ― b　4 ― b　5 ― a　6 ― e
　　　　　　　7 ― d・f

━━━━━━━◆全　訳◆━━━━━━━━━━━━━━━━━

≪アメリカの人権政策の歴史≫

　アメリカは何十年にもわたり，人権を国際的に促進してきた。しかし今日，国際化の中で取り残されている人々の代弁者であると自称する権威主義の指導者らへの支持が国内外で急増している局面で，アメリカ政府はその政策についての再検討を余儀なくされている。ポピュリズムの台頭により人権が危機的状況にさらされている――自分たちを脅かしている不公平さに対抗しようという取り組みをより広範にわたってすることなく，特定の基本的権利を促進することは，短絡的であるにもかかわらず，である。

　40 年間，アメリカの人権政策は政治と市民の自由に焦点を絞ってやってきたが，その政策は世界にとっては自由市場の自由主義政策を連想させるものであった。アメリカの政策は社会的・経済的権利と国家間および国内の大きな格差を無視することで，根絶に着手した弊害の多くを悪化させてきた。アメリカの政策は全面的な見直しを必要としているのである。

　アメリカ人が最初に世界の他の国の人々の生活を向上させるにはどうしたらいいかと真剣に考え始めたのは，フランクリン゠D.ルーズベルト大統領によるニューディール政策の後，第二次世界大戦のまっただ中になってようやくのことであった。もし仮にニューディール政策を世界規模で行うことがあるとすれば，アメリカ人が経済について大胆に考え，生活必需品の提供やそれらの公平な分配に尽力しなければならないだろうと多くの人々が考えたのである。

　1944 年，ルーズベルトは最後から 2 番目の一般教書演説の中で，福祉国家の経済的・社会的保護を含む内容のアメリカ人にとっての第 2 の権利章典について思い描いていた。しかし，ルーズベルトはこの遠大なことばを政策にすることはできなかった。そして，世界基準としての最低限の物質的平等はもちろん，必要最低限の生活にも関心をおく世界的なニューディール政策が実現することは決してなかった。

　第二次世界大戦が終わりに近づくにつれ，アメリカは国際連合憲章への人権に関する事項の追加に同意し，1948 年に採択されることとなった世界人権宣言の起草に参加した。しかしアメリカ政府は，基本的権利を与え

ることにより，経済的・社会的権利を守る権限がいかなる新たな国際機関にも付与されることがないことを慎重に確認した。迫りくる共産主義の脅威におびえながらも，ハリー＝トルーマン大統領はアメリカによる開発援助を確実に拡充させたが，そういった援助は人道的な目的ではなく，政治的な目的を果たすことを意図したものであった。

　30 年後，ジミー＝カーター大統領の下で国際連合憲章と世界人権宣言の人権に関する文言は見直され，アメリカの外交政策の中心となった。カーターは植民地支配から独立した新しい州からの世界規模でのニューディール政策への要望を受け，経済的・社会的権利の支援について検討したことさえあった。1970 年代初期から中期，すなわちオイルショック後およびブレトンウッズ体制の終焉後，アジアとアフリカで発展途上にあった国々が中南米諸国と団結して「新国際経済秩序」を唱え，豊かな国々に世界的水準での支援を求めた。

　アメリカ政府の政策立案者らは，世界的貧困という豊かな国々がそれまで真剣に問題視してこなかった問題に注目し始めていたので，この要望をすぐに承認した。1977 年 5 月，カーターは「正義と公平に関する新たな全体問題」について語った。彼は，「飢餓や病気，読み書きができないといった緊急に解決すべき問題」が解決に至っていないがために，言論の自由などの市民の自由に並んで，基本となる必要最低限の生活にも関心を持ってほしいという声が上がっているのだ，と聴衆に伝えた。カーターと彼の陣営は口先では耳当たりの良い発言をすることが時にはあったが，経済的・社会的権利の向上を促すような政策を立てることは一度としてなかった。カーター政権以降，アメリカの人権政策は政治的・市民的権利ばかりに関心を置くこととなった。

　実際のところ，ロナルド＝レーガンが大統領に選ばれた際，国務省のポストにアーネスト＝ルフェーヴァーを指名したことで，掲げて間もない人権への公約をあやうく破りかけたことがあった。というのも，アーネストはカーターの政策に公然と反対し，多くの保守系の人々と同様に，冷戦のまっただ中に道徳問題に関連した任務の一切を拒絶した人物だったのである。ルフェーヴァーへの任命承認は否決され，アメリカの人権政策の必要最小限の部分のみが残った。しかし，経済的権利への懸念は完全に消えた。その原因は，一部にはアメリカが自国内で格差を生むこととなったニュー

ディールの公約を放棄しつつあったことにもある。その後数十年で，この新たな軌跡が多くの国における経済格差の急激な拡大を促し，世界中でポピュリズムの台頭を助長するうねりとなったのである。

　冷戦が終わってやっと経済的・社会的権利に渋々ながらも注目し始めたアメリカ人を含む多くの人権活動家たちが，1970 年代はこういった信念がなかったため，好機を失ってしまったのだと考えているかもしれない。実際のところ，その間違いはさらに深刻なものであった。アメリカはどの政権も，基本となる必要最低限の生活だけでなく，公平な結果をももたらす経済政策を取り入れたことで，人権と世界の公平さをうまくつないだためしが一度もないのである。その原因は，カーター大統領時代と，言論の自由と政府の高潔という特権しか与えないような人権政策と並行して，何にも増して市場を優先するのが経済として正統なやり方であるという考えがアメリカに生まれた時期が一致したことにある。海外の貧しい人々に生活必需品を提供する支援を行う余裕があっても，そこで止まってしまったのである。国家間の格差を是正することに本腰を入れようという案は議題に上がらず，局所的に格差が急激に大きくなるというある種の成長を自由市場改革が促すことにもなった。

　カーター政権時代に始まり，特にレーガン政権の下で，アメリカはその直接的な影響力と管理を支援していた国際金融機関の力を借りて，自由貿易政策を推し進め始めた。経済的・社会的権利を最優先にする人権政策に近づくことはなかったのである。

　2011 年になってようやくバラク＝オバマ大統領の下，国務省で人権政策担当責任者であったマイケル＝ポスナーがアメリカ国際法学会での演説において，ルーズベルトの古いことばを借り「人間の尊厳には政治的な要素と経済的な要素がある。そして，これらは否が応でも関連してしまうものである」と述べた。しかし，オバマ陣営はそのような方針に対し，うなずいて同調する以上の反応を示すことはなかった。

　経済的・社会的権利を促進しながら世界規模での不平等を減じる現実的な取り組みをすることは，かつてルーズベルト政権やカーター政権の下では可能に思えたものであったが，それ以降にそのような考えが再び現れたことは一度もない。

　世界中でポピュリストに票を入れる人々はそもそも，最も困窮している

層にいるようにはまず思えない。むしろ，他の人々は給料が非常に上がっているのに自分の給料は上がらないというような人々が現代の扇動政治家にとっては最も御しやすい格好の餌食なのである。アメリカは世界中の極度の貧困を減じることがいくらかは称賛に値するというある種のグローバル化を目にしてきた。しかしその同じグローバル化のせいで，ほとんどの国々の格差が急速に広がり，不安定な状態が危険なレベルにまで達してしまっている。そして人権政策は，わずかな人数のエリートたちへの恩恵というよりむしろ，多数派が自分たちにとってグローバル化が妥当であると感じられるかどうかという人質のようなものとなってしまっているのだ。

　それゆえ，アメリカの人権政策は世界中の貧しい人々を助けることに焦点を当てるよう見直されなければならない。ポピュリストの台頭を助長してきた不平等に立ち向かえるような，より意欲的な政策を立てると同時に，経済的・社会的権利を促進することにより，これは成し遂げられるだろう。もしそうでなければ，アメリカは自由の促進については固い約束をしたが，代わりに世界中の格差を定着させた国として覚えられる危険を覚悟することになる。

━━━━━━◀解　説▶━━━━━━

▶1．下線部と意味が近い表現を選ぶ問題。overhaul は「総点検，全面的な見直し」の意。よってb．thorough examination「徹底した調査，精密検査」が正解。over「〜一面に，〜を覆って」と haul「〜をぐいと引っぱる，（考え・方針）を変える」の意味からも予測できる。a．appropriate supervision「適切な管理」　c．temporary suspension「一時的停止」　d．legal procedure「法的手続き」　e．precautionary action「予防的措置」

▶2．空所に適切な語を入れる問題。空所前後は serve … ends で「目的を果たす」の意。空所に入る形容詞と not humanitarian が *A*, not *B*「*B* ではなく *A*」の構文をとって ends にかかり，「人道的な目的ではなく，…な目的を果たす」という意味になる。空所を含む文の expand U.S. development assistance「アメリカによる開発援助の拡充」の目的が何だったのかを考える。第5段第1文（As World War …）でアメリカは国連憲章への人権に関する事項の追加や世界人権宣言の採択に協力的，すなわち人道的支援に取り組む姿勢を見せつつも，一方では第2文（But

Washington was…）で新たな国際機関に経済的・社会的権利を守る権限を与えることにならないかを慎重に確認するという様子が述べられていることから，アメリカの開発援助の目的は人道的というよりもむしろ d. political「政治的な」色が強かったと判断できる。a．individual「個人の」　b．scientific「科学的な」　c．authoritarian「権威主義の」　e．cosmopolitan「国際的な」

▶ 3．下線部と意味が近い語を選ぶ問題。下線部を含む文は「『飢餓や病気，読み書きができないといった緊急に解決すべき問題』が解決に至っていないがために，…が注目を求めて声を上げている」という意味。since 以降より，subsistence が生きていくのに最低限必要な生活を指すと推察できる。最も近い意味になるのは b．survival「生き延びること」である。また，下線部を含む文前半の alongside free speech and other civil liberties で言論の自由，市民の自由と並んで subsistence が登場することからも，これも人々にある権利のようなもの（生存権）と解釈できることも手がかりとなる。a．satisfaction「満足」　c．persistence「固執（すること）」　d．improvement「改善，向上」　e．empowerment「権限を与えること」

▶ 4．下線部と意味が近い語を選ぶ問題。lip service は「口先だけで調子のよいことを言うこと」を意味し，日本語でも使われているので推測しやすかったはず。b．rhetorical gestures が正解。rhetorical は「美辞麗句の，大げさな」，gesture は体を使っての「身ぶり，手ぶり」でもあるが，言葉や行為を通しての感情・意志表示を意味する場合もある。a．impolite signs「失礼な身ぶり」　c．sincere comments「心のこもった発言」　d．vocal abuses「音声酷使」　e．physical movements「身体の動き」

▶ 5．下線部と意味が近い表現を選ぶ問題。scuttle「～を断念する」の意味を取るのが難しいが，選択肢がすべてレーガンの人権に対する動きに関係しているので，人権政策に対するレーガンの姿勢を周りから読み取るとよい。下線部を含む第 8 段第 1 文文頭の Indeed「実際のところ」をヒントに，その前の第 7 段最終文（From the Carter…）を参考にする。「カーター政権以降，アメリカの人権政策は政治的・市民的権利ばかりに関心を置くこととなった」ということは，この後に続くレーガン政権もまた政

治的・市民的権利に重きを置くようになったことがわかる。また，下線部直後の by nominating for … でレーガンが国務省のポストに指名した人物 Ernest Lefever に関する情報として rejected any role for moral concerns「道徳問題に関連した任務の一切を拒絶した」とあることから，レーガンが人権擁護派だったとは言えない。人権問題に取り組む意識は低いと判断できそうなので，a．「彼は人権への新たな取り組みを断念しようとしたところだった」が適切。b．「彼は根本的に，人権の将来的な見通しを正確に伝えてはいなかった」misrepresent「～を不正確に伝える」c．「彼は人権への関心が高まっていることをほぼ認めた」d．「彼は当初，人権への関与が高まるのを事実上黙認していた」e．「彼は実質的には，なんとかして人権への支援を強化するに至った」

▶6．本文の要点を選ぶ問題。選択肢がすべて S should *do* … となっていることに気づければ，アメリカの人権政策の歴史について語られていた第1～12段ではなく，まとめの第13・最終段に注目すればよいとわかる。特に最終段第1文（America's human rights …）は選択肢同様に should を含み，第2文（That may be …）にアメリカの今後の人権政策は「ポピュリストの台頭を助長してきた不平等に立ち向かえるような，より意欲的な政策を立てると同時に，経済的・社会的権利を促進する」べきとあることから e．「アメリカの人権政策がポピュリズムに政治的な力を与えてきた世界的な不平等と戦うためには，経済的・社会的権利を尊重すべきである」が正解。empower「～に（政治的）権力を与える」

a．「世界中で物質主義的価値観への支持が急速に高まっているため，アメリカ政府は現在の人権政策を維持すべきである」
maintain の部分が最終段第1文の America's human rights policy should <u>therefore be reframed</u>「見直されるべき」に一致しない。

b．「自由市場政策を推し進めるためには，アメリカの人権政策は世界中の最貧国の経済的・社会的権利の向上に努める必要がある」
in order to advance a free market agenda の部分が最終段第1文の to focus on helping the poorest around the world に不一致。

c．「アメリカ政府が世界の他の国々の人々の暮らしを向上させるには，経済的・社会的権利ではなく政治的・市民的自由を最優先にすべきである」

経済的・社会的権利よりも政治的・市民的自由を優先とあるが，最終段第
2 文には may be accomplished through the promotion of economic
and social rights「経済的・社会的権利の促進を通して成し遂げられるだ
ろう」とあるため不適。

d．「アメリカ政府は言論の自由と政府の高潔を強調することで，限られ
た人権政策を提唱すべきである」

emphasizing free speech and the integrity of the body に近い表現は第
9 段第 3 文（That's because Carter's …）後半の alongside a narrow
human rights policy privileging free speech and the integrity of the
body に含まれるが，この文はカーター政権時に行ったアメリカ政府の方
針であるため，最終段第 1 文の America's human rights policy should
<u>therefore be reframed</u>「見直されるべき」に一致しない。

▶ 7．本文から推察できる内容を 2 つ選ぶ問題。2 ～ 3 段ごとに選択肢に
さっと目を通し，人物名や年代などのキーワードから該当する段落を照ら
し合わせていくとよい。

a．「経済的権利はアメリカが外交政策において常に最優先としてきた主
要な関心事である」

economic rights という語句のある第 2 段第 2 文に注目。By neglecting
social and <u>economic rights</u> …，U.S. policy has exacerbated …「社会的・
経済的権利を無視することで…アメリカの政策は…悪化させてきた」とあ
るので，本文内容に一致しない。make *A* a high priority「*A* を最優先さ
せる」

b．「フランクリン゠D. ルーズベルトは世界規模でのニューディール政策
として福祉国家の経済的・社会的保護を実行に移した」

economic and social protections of a welfare state という表現は第 4 段
第 1 文（In 1944, …）にあるが，Roosevelt <u>imagined</u> の後ろにこの表現
が続くこと，さらに続く第 2 文（But Roosevelt never translated …）
「しかし，ルーズベルトは…政策にすることはできなかった」とあること
から，ルーズベルトが思い描いただけで，実行に移したとは言えないため
不適。implement「～を実行する」

c．「1970 年代のアメリカの経済政策は国家間の不平等を大きく減じた」
The economic policy … during the 1970s より第 6 ～ 9 段（Three

decades later … inequality locally, too.) の内容を確認する。国家間の経済政策に関する記述は第8段最終文（In the decades …）に that new trajectory has allowed <u>economic inequality</u> to <u>spike in many countries</u> とある。spike は「急激に増加する」の意味なので，不適と言える。この文のSは難しい語だが，that が付くので，直前文中のアメリカが自国内でのニューディールの公約を放棄したことを指すとわかればよい。

d．「バラク＝オバマは人権の経済的側面の重要性を認識していたにもかかわらず，大きな成果を挙げることはできなかった」

President Barack Obama が登場する第11段（As late as …）参照。第1文で人権政策担当責任者が言及した人権政策に関する方針に対し，第2文（But the Obama …）でオバマ陣営は同調以上の反応を示さなかったとあることから，大きな成果を挙げたとは言えない。よって正解。

e．「アメリカの外交政策において最終的に人権が確立されることになったのはロナルド＝レーガンがアーネスト＝ルフェーヴァーを国務省のポストに指名したことによるものだった」

Ernest Lefever は第8段第1文（Indeed, when …）に登場し，直後に同格のカンマを伴い，a declared foe of Carter's policy「カーターの政策に公然と反対した人物」，さらに who, …, rejected any role for moral concerns「道徳問題に関連した任務の一切を拒絶した人物」とあり，人権の確立に尽力する人物とは判断できない。よって不適。

f．「給料がずっと上がらない人々は権力を得るために見当はずれな主張をしている指導者の影響を受けやすい可能性がある」

People whose salaries haven't been rising に近い表現は第13段第2文（Rather, …）の those who see their wages stagnating で，「他の人々は給料が非常に上がっているのに自分の給料は上がらないというような人々が現代の扇動政治家にとっては最も御しやすい格好の餌食なのである」とあるので正解。stagnating の意味がわからずとも，続く while others profit wildly より他の人は利益が上がっているのに自分は…と考えればよい。また demagogue も難しい語だが，同段第1文（Those who vote …）の「世界中でポピュリストに票を入れる人々はそもそも，最も困窮している層にいるようにはまず思えない」の後に，第2文で「むしろ給料の上がらない人の方が demagogues の格好の餌食である」と続くことから「ポ

ピュリストに票を入れる」ことが「demagogues の格好の餌食になる」ことを指すと推察できる。著者はポピュリズムに対して第 1 段最終文で The rise of populism threatens human rights「ポピュリズムの台頭は人権を危機にさらしている」とし，その活動を shortsighted「短絡的」であると批判しているので demagogue（≒populist）は選択肢のように a leader who makes false claims to gain power と言い換えられるだろう。susceptible to ～「～の影響を受けやすい」

ｇ．「ジミー゠カーターはアメリカの外交政策において経済的・社会的権利を行使した最初のアメリカ大統領であった」

Jimmy Carter と economic and social rights が同時に登場するのは第 6 段第 2 文（Carter even considered …）である。「カーターは植民地支配から独立した新しい州からの世界規模でのニューディール政策への要望を受け，経済的・社会的権利の支援について検討しさえした」とはあるが，これらの権利を行使したとは述べられていないため不適。

◆━◆━◆━◆━◆　●語句・構文●　◆━◆━◆━◆━◆

（第 1 段）authoritarian「権威主義の，ワンマンの」 speak for ～「～の代弁者となる」 left behind by ～「～に取り残される」 spike「急増する」 populism「大衆迎合主義（庶民派の思想）」 combat「～に対抗する」 shortsighted「先見の明のない，短絡的な」

（第 2 段）liberty「自由」 couple A with B「A を B に結びつけて考える」 libertarian「自由主義（の）」 disparity「格差，不均衡」 exacerbate「～を悪化させる，いらだたせる」 set out to *do*「～し始める」 eradicate「～を根絶する，～を取り除く」

（第 3 段）It is only after ～ that S V …「～になって初めて…」 midst「まっただ中」 New Deal「ニューディール政策」 boldly「大胆に，果敢に」 commit to「～を捧げる」 basic goods「生活必需品」

（第 4 段）second to last「最後から 2 番目の」 State of the Union address「一般教書演説」 Bill of Rights「権利章典」 welfare state「福祉国家」 soaring「遠大な」 rhetoric「文言，発言」 concern *oneself* with ～「～に関わる，関心を持つ」 subsistence「必要最低限の生活」 a modicum of ～「ささやかな～，最低限の～」 come to pass「実現する」

（第 5 段）wind down「終わりに近づく」 include A in B「A を B に加

える」　Charter of the United Nations「国際連合憲章」　draft「（法案など）を起草する」　the Universal Declaration of Human Rights「世界人権宣言」　empower *A* to *do*「*A* に～する権限を与える」　entitlement「権利，資格」　spooked「驚いた，怯えた」　looming「ぼんやりとした，迫りくる」　communist「共産主義の」

（第6段）in the face of ～「～に直面して」　colonial rule「植民地支配」　the Bretton Woods system「ブレトンウッズ体制（1944～71 年まで続いた国際通貨体制）」　band together with ～「～と団結する」

（第7段）equity「公平さ」　remind *A* that S V「*A* に～だと知らせる」　alongside「～と並んで」　cry out for ～「～を求めて声を上げる」　hunger「飢餓」　illiteracy「読み書きができないこと」　go away「（問題が）解決する」　administration「陣営，政権」　from *A* onward「*A* 以降」

（第8段）scuttle「～を破棄する」　fledgling「駆け出しの」　commitment「公約」　nominate *A* for *B*「*A*（人）を *B* に指名する」（本文：nominating for a State Department post Ernest Lefever では nominate for *B* *A* の形で *A*：Ernest Lefever，*B*：a State Department post となっている）　State Department「国務省」　foe「敵」　conservative「保守系の人」　bare-bones「基本的なものしか含まない，必要最小限の」　be gone for good「完全に消える」　spike「急増する」　surge「急に高まること，うねり」　fuel「～をたきつける」

（第9段）grudgingly「いやいやながら」　grave「深刻な」　not just *A* but *B*「*A* だけでなく *B* も」　presidency「大統領の地位」　coincide with ～「～に一致する」　orthodoxy「正統性」　prioritize「～を優先する」　privilege「～に特権を与える」　redress「～を正す」　off the table「提案されない，議題から外される」　exacerbate「～を悪化させる」

（第10段）set off to *do*「～するつもりである，～し始める」　agenda「議題，政策」　the long arm of ～「（遠くまで及ぶ）～の力，～の手」　international financial institution「国際金融機関」

（第11段）as late as ～「つい～，～になってようやく」　component「要素，成分」　inexorably「容赦なく」

（第13段）after all「（文中で）そもそも」　indigent「困窮した」

stagnate「沈滞する」 easy prey「格好の餌食」 demagogue「扇動政治家」 deserve credit「賞賛に値する」 galloping「急に進行する」 instability「不安定さ」 hostage「人質」 boon「恩恵，利益」
（最終段）reframe「～を組み立て直す，～を見直す」 pledge「～を固く約束する」 entrench「～を定着させる」

 解答 1 ─ b 2 ─ c 3 ─ a 4 ─ e 5 ─ d 6 ─ b
7 ─ e 8 ─ e 9 ─ b・f・j

◆全 訳◆

≪日本人は「ハーフ」を受け入れつつあるのか≫

40年以上前に私の家族がカリフォルニアから東京に引っ越した時，私の母は日本人だったにもかかわらず，通りを歩いていると，子どもたちが私を指差しては，「外人！」──日本語で外国人を意味することば──と躊躇なく叫んできた。赤毛で青い目をした私の父を見ると，私たちが住む郊外にあった店の店員は，母に対して，アメリカ人の家でベビーシッターとして働くのはどのような感じかと尋ねてきたこともあった。

その2年後，カリフォルニアに戻ると，私は4年生に加わり，急にアジア人の子どもになった。運動場にいる男の子たちが目尻を引っ張りながら「チンチョン！」と繰り返し大声で叫んだ。母が詰めてくれたお弁当の中に乾燥のりで包んだおにぎりが入っているのを見ると，クラスメイトたちは鼻をつまんだ。社会の授業中に先生が日本についてふれると，クラス全員の頭がくるりとまわり，私の方をじっと見つめた。

現在，私はこの新聞社の外国特派員として日本に戻っているが，通りで人に指差されるといったことはもはやない。しかし，私は明らかに外国人とみなされている。私が名刺を差し出すと，人々は私の顔を見て，私の下の名前の由来を困惑気味に尋ねてくる。私の日本人らしさがかろうじてそこに現れているようである。

日本人の母とハイチ系アメリカ人の父の娘で，テニスで優勝した大坂なおみと，日本人の母と白人のアメリカ海兵隊員の息子で，先週末沖縄県知事に選ばれた玉城デニーに対する地元住民らの反応をここ数週間取材していた時に，日本人のアイデンティティに対する姿勢は私たちのような複数の文化背景を持つ人間にゆっくりと順応し始めているように感じた。過去

20 年で，毎年日本で生まれる子どものうち，両親のどちらかが外国人で
あるという子どもはおよそ 50 人に 1 人いた。日本で我々は「ハーフ」と
して知られており，この語は half という英単語に由来している。我々の
存在は，国民のアイデンティティと純血の民族性を結びつける日本社会の
性質に挑んでいるのである。

　沖縄県知事選の選挙運動中，ソーシャルメディア上では玉城氏のことを
本物の日本人ではないとほのめかす発言をする者もいれば，彼が立候補し
たことを 2008 年にバラク＝オバマが立候補したことにたとえる者もいた。
中には「ハーフの子どもが指導者になる。オバマがアメリカで大統領にな
った時のように，みんなで沖縄でも夢を実現しよう」とツイッター上でつ
ぶやく者もいた。

　日本代表として全米オープンで優勝した直後となる先月，大坂なおみが
東京を訪れた際，1 人の日本人記者が彼女に対して自分のアイデンティテ
ィについてどう思うかという質問をすると，その質問が適切なものだった
のかどうかをめぐるねじれた議論が従来のメディアでもソーシャルメディ
アでも始まった。大坂なおみは「私は私よ」という考え得る中でも最高の
返答をした。自分の持つ文化背景が自分をどう定義づけているかという問
題に関するざっくばらんで無頓着でさえある彼女の感覚は，私自身の苦し
みを和らげてくれた。私は自分があまり日本語が流暢でないため，偽物の
ようだと長い間感じることがあった。しかし，大坂選手の日本語も完璧な
ものではない。大坂選手は勝者として様々な場所で歓迎され，先月彼女が
東京に滞在する間中，日本メディアは息せき切って彼女の姿を追い，彼女
がおいしい抹茶アイスを探すことにまでこだわっていた。彼女が使ってい
るものと似たヨネックスのテニスラケットや，全米オープンでセリーナ＝
ウィリアムズを打ち負かした際に着用していたシチズンの時計のモデルは
日本ではものすごい勢いで売れている。大坂選手は 2015 年にミスユニバ
ース日本代表に輝いたハーフの日本人女性である宮本エリアナよりも一般
に歓迎されたように思える。当時，彼女を選んだ審査員らは，彼女はとて
も日本人には見えないと言う人々によって批判を受けたのである。

　しかし，日本にいる数多くの「ハーフの」スポーツ選手やテレビ出演者
は，彼らの人気によって根底にある 2 つの相反する感情が隠されている可
能性はあるものの，一般の人々に受け入れられてきた。「嫉妬と不安が織

り交ざったような感情があるのです」と語ったのは東京の一流私立大学の
ある社会学の教授である。私は，異質であることがますます受け入れられ
るようになってきているというところまでは痛感していて，それはほとん
どの日本人が見てすぐにわかる種類のものである。日本では白人のハーフ
であれば特別扱いを受けるが，アジア人とのハーフの人々がそのような扱
いを受けることはほとんどない。例えば，ある台湾人のハーフの政治家が
野党の党首に立候補した際，国家主義の反対派の人々は彼女が台湾籍を正
式に放棄していないという点で不誠実であると非難することで彼女の立候
補を阻止しようとした。

　日本での大坂選手の人気の理由は，一部には，コメンテーターらが極め
て日本人らしい所作であるとみなしているものによるものと思われる。彼
女がウィリアムズ選手に勝利したことに対して謝罪したのをメディアが集
中的に報道したことで，彼女のとった謙虚な態度は繰り返し称賛を受けた。
私はアメリカにいる頃に，自分のふるまいについて似たような解釈をされ
ていらだったことがある。私が遠慮したり，自分の主張が求められるよう
な状況で他の人が思うほど私がはっきりものを言わなかったりすると，み
んなそれを私の「日本人的な面」のせいにするのである。

　ここ日本では，私の「アメリカ人的な面」が私にとって有利に働くこと
がある。男性優位の社会において特に女性にとっては，まず外国人とみな
され，それから女性としてみなされることは役立つのである。アメリカ人
作家のスザンヌ鎌田は四国の農村部に 30 年間住んでおり，日本人の夫と
ともに 19 歳になる双子を育てたのだが，子どもたちが 2 つの文化のアイ
デンティティを持つことで，日本社会の最も厳格な期待のいくつかから解
放されるのだと語った。「日本人のアイデンティティは全力投球という要
素がとても強いように思えるの。規則もたくさんあって日本人はみんな同
じような考え方をするものだという考えもある。だから，『よそ者』にな
ればいいなと思っているのよ」と鎌田氏は語った。

　アメリカ人は，自分たちはすでにあらゆる類の「よそ者」を受け入れる
社会で暮らしている，という思い込みに同調することがよくある。しかし，
ニュース編集室で同僚たちが私のことを他のアジア系の社員と間違えた時，
いまだに無意識のうちに私のことをアメリカ人でもありアジア人でもある，
ではなく，アジア人として分類したがっている人もいるのだということを

実感した。

　私の夫と私が2人の学齢期の子どもたちを連れて2年前に日本に引っ越した時，私たちは彼らをインターナショナルスクールに入れた。その学校ではクラスメイトの多くがハーフである。私は自分と同じような見た目の人がほとんどいないような町で育ったので，我が子たちが自分の複数の文化背景を共有できる友人たちに囲まれて思春期を過ごすことができるのをありがたく思っている。東京に着いた直後に私は，白人のアメリカ人である，うちの両親の友人と夕食を食べに出かけた。彼女は2人の娘を持つ母親で，夫が日本人である。その子たちが「ハーフ」として日本で大きくなるのはどのような感じだったかと聞いてみたところ，彼女は私にことばを変えるようにと言ってくれた。彼女は自分の子どもたちに，自分のことを決してマイナスにとらえるのではなく，プラスにとらえるようにと教えているのだという。子どもたちのことを『ハーフ』ではなく『ダブル』と呼んでいるのだそうだ。その考え方は私にとっては大変しっくりくるものである。

■━━━━━◀解　説▶━━━━━■

▶1．空所に適切な語を入れる問題。2つの文化背景を持つ著者が第1段第1文では日本で「外人」と呼ばれていたのに対し，第2段（When we moved …）のカリフォルニアではどういう子どもだったのかを考える。空所後の第2文の "Ching Chong!" という呼ばれ方，同文 tugging at the corners of their eyes「目尻を引っ張る」や第3文（Classmates held their …）のおにぎりを持って行けばクラスメイトが鼻をつまむといった著者をからかうような動作，また最終文（When our teacher …）の日本という言葉に反応してみんなが自分を見るという様子から，カリフォルニアでは日本人として扱われていたことがわかる。近い意味の b．Asian「アジア人の（子ども）」が正解。a．American「アメリカ人の」　c．Californian「カリフォルニアの」　d．elementary school「小学校の」　e．suburban「郊外（に住む）」

▶2．空所に適切な語を入れる問題。第3段第2文（But I am …）に著者が日本で外国人とみなされていると記述があり，それを念頭に置いて続きを読めば第3文（When I hand …）の people look at my face and then ask in confusion how I got my first name が，顔を見て外国人だ

と思ったのに手渡された名刺にある下の名前は日本人らしいものなので困惑する，という意味であるとわかるはず。よって空所を含む文「私の日本人らしさが…現れているようだ」に入れるのに適切なのは c．barely「かろうじて」である。a．previously「以前に」　b．frequently「頻繁に」　d．solely「ただ～だけ」　e．definitely「はっきりと」

▶ 3．空所に適切な語を入れる問題。空所を含む文は「日本人のアイデンティティに対する考え方は私たちのような複数の文化背景を持つ人間にゆっくりと…し始めているように感じた」の意。第 4 段最終文（Here we are …）後半の our existence challenges …「我々の存在は，国民のアイデンティティと純血の民族性を結びつける日本社会の性質に挑んでいる」から，日本人のアイデンティティに対する考え方が大坂なおみや玉城デニーといったハーフの人々の活躍により変化してきていることがわかる。よって「変化する」に近い意味の a．accommodate「～に順応する」が適切。b．exclude「～を締め出す」　c．juxtapose「～を（…の）そばに置く」　d．camouflage「～をごまかす」　e．disregard「～を軽視する」

▶ 4．下線部と意味が近い語を選ぶ問題。liken(ed) は liken *A* to *B* で「*A* を *B* にたとえる」の意。同じ意味になるのは e．compare(d) で，liken と同じように compare *A* to *B* の形をとれる。下線部後の that of Barack Obama の that は candidacy「立候補」を指す。続く第 5 段最終文（"Let's make a dream …）のツイッターに上げられた内容からも，liken の意味を推察できる。a．contrast(ed) *A* with〔to〕*B*「*A* と *B* を対比する」　b．downgrade(d) *A* to *B*「*A* から *B* に格下げする」　c．adore(d)「～を崇める」　d．attach(ed) *A* to *B*「*A* を *B* に貼り付ける」

▶ 5．下線部と意味が近い語を選ぶ問題。an impostor は「詐欺師，偽物」の意。同じ意味になるのは d．a fraud「詐欺師，偽物」である。下線部を含む文の前にあたる第 6 段第 3 文（Her relaxed, …）の made me feel less tortured about my own「（大坂選手の発言が）私自身の苦しみを和らげてくれた」や下線部直後の because I am not quite fluent in the language から，著者が日本語を流暢にしゃべれないことに負い目を感じていることがわかるので，それを手がかりにするとよい。a．a reporter「記者」　b．a champion「優勝者」　c．a specimen「見本」　e．an athlete「運動選手」

▶6．下線部と意味が近い語を選ぶ問題。ambivalence は「相反する感情」の意。下線部直後の第7段第2文にある社会学者の発言 There is a mixture of envy and discomfort がこの語の説明となっている。2つの感情が交ざったものを指すことから b．dilemma「ジレンマ，板挟み」が近い意味。a．certainty「確信」　c．encouragement「激励」　d．resemblance「類似点」　e．decisiveness「決断力」

▶7．下線部と意味が近い語を選ぶ問題。chafe は自動詞で「いらだつ」の意。chafe(d) at ～ で「～にイライラする」となる。近い意味となるのは e．be(en) annoyed by ～ である。a．chuckle(d) at ～「～を面白がる」　b．be(en) surprised by ～「～に驚かされる」　c．pointe(d) at ～「～を指差す」　d．be(en) puzzled by ～「～に困惑する」

▶8．空所に適切な語を入れる問題。空所を含む文の her children's bicultural … は「子どもたちが2つの文化のアイデンティティを持つことで，日本社会の最も…期待のいくつかから解放されるのだ」の意。free *A* from *B*「*B* から *A* を解放する」は *B* に悪いイメージのものが来るので，空所には expectations of Japanese society「日本社会の期待」をマイナスな意味でとらえる語が入るはず。よって e．rigid「厳しい」が適切。a．feeble「弱い，かすかな」　b．sterile「不毛の」　c．mediocre「良くも悪くもない」　d．archaic「古風な」

▶9．本文の内容に一致するものを3つ選ぶ問題。

a．「2つの文化背景を持つハーフの著者がアメリカで自分の主張を強くする必要のある状況で，周りが思うよりも強く自己主張をすると，人々はそれを彼女の『日本人的な面』によるものだとした」

people attributed it to her "Japanese side" より，ほぼ同じ表現を含む第8段最終文（When I have …）を確認する。控えめな態度を取ったり自己主張をあまりしない場合に「日本人的な面」のせいにされた，とあるので不適。

b．「著者は自分がハーフであることが日本という男性優位社会においては有利に働くと考えている。なぜなら皆が彼女のことを最初に外国人とみなすからである」

works to her advantage や male-dominated society という語句から第9段第1・2文（Here in Japan, … female second.）を確認。内容が一致し

ているため，正解。

c．「日本での子ども時代を振り返ると，著者は母親が日本人であったた
め，学校の子どもたちが彼女のことを外国人として扱わなかったというこ
とを思い出している」

著者の子ども時代，特に日本での思い出は第1段第1文参照。児童らが自
分を指差し「外人！」と叫ぶ描写と一致しない。

d．「著者が両親の友人と会った際，複数の文化背景を持つ人には『ダブ
ル』よりも『ハーフ』という表現を使った方がよいと学んだ」

最終段最後から2番目の文に Instead of "hafu," she said, she calls them
"double." とある。選択肢はハーフとダブルが逆になっているため不適。

e．「著者は，自分の子どもたちが学校で，自分たちの複数の文化背景を
共有できる人がほとんど誰もいないという事実を悲しく思っている」

最終段第2文（Having grown up …）後半にI am grateful …「我が子
たちが自分の複数の文化背景を共有できる友人たちに囲まれて思春期を過
ごすことができるのをありがたく思っている」とあるので不適。

f．「著者は，アメリカでも自分のことを2つの文化背景があるとみなさ
ず，1つの部類にあてはめる人もいると主張している」

第10段第2文（But when colleagues …）の「…いまだに無意識のうち
に私のことをアメリカ人でもありアジア人でもある，ではなく，アジア人
として分類したがっている人もいるのだということを実感した」に一致す
る。この文にはアメリカでの出来事とは書かれていないが，同段第1文
（Americans often subscribe …）にアメリカ人は様々な人種を受け入れ
ていると考えている人が多いものの…という前提があることからアメリカ
での出来事と判断できる。

g．「日本では白人のハーフはアジア人のハーフとは扱われ方が異なると
著者は思っていない」

第7段第4文（Being part-white in …）参照。that は privilege を修飾す
る関係代名詞。rarely「めったに～ない」の意。直訳は「日本で白人のハ
ーフであることはアジア人のハーフの人々がめったに享受することのない
特権を与える」となり，続く最終文（When a half-Taiwanese …）には
台湾人のハーフの政治家が二重国籍の疑いで排除されそうになるという扱
いを受けた例が続く。よって，日本での白人のハーフとアジア人のハーフ

の扱われ方に違いがあることを著者は示唆していると判断できるため不適。

ｈ．「日本人記者に対する大坂なおみ選手の返答を聞いて著者は自分の境遇について気分を害した」

第6段第3文（Her relaxed, even …）に彼女の発言が has made me feel less tortured about my own とある。tortured「苦しんでいる」に less という否定語がついているので，選択肢は本文とは逆の意味となり，不適。

ｉ．「玉城デニーの沖縄県知事選の選挙運動では，彼がハーフであったため，彼の立候補に対して異議を唱えた者は誰もいなかった」

玉城デニーの沖縄県知事選については第5段参照。彼の立候補に対してソーシャルメディア上に「彼は本当の日本人ではない」という意見が載ったと第1文（During Mr. Tamaki's …）にある。よって，本文に一致しない。

ｊ．「著者は子どもの頃に日本とアメリカの両方で似たような経験をした」

第1・2段に日本での子ども時代とカリフォルニアでの子ども時代についてそれぞれ述べられている。どちらでもよそ者扱いを受け，からかいの対象となっていることから，正解。

◆━◆━◆━◆━　●語句・構文●　◆━◆━◆━◆━◆━

（第1段）nanny「乳母，ベビーシッター」

（第2段）chant「～を大声で繰り返す」 tug at ～「～を引っ張る」 wrap「～を包む」 seaweed「のり」 swivel「くるりと回る」

（第3段）correspondent「記者，特派員」 incontrovertibly「議論の余地なく」 business card「名刺」 in confusion「狼狽して，困惑して」 Japaneseness「日本人らしさ」

（第4段）cover「～を報道する，取材する」 Haitian-American「ハイチ系アメリカ人の」 marine「海兵隊員」 heritage「文化遺産，境遇」 roughly「およそ」 conflate *A* with *B*「*A* と *B* を合成する」 pure-blooded「純血の」 ethnicity「民族性，民族意識」

（第6段）set off a debate「議論を引き起こす」 contorted「ねじ曲げられた」 insouciant「無頓着な」 tortured「苦しんでいる，悩んでいる」 fete「～を歓迎する，賞賛する」 breathlessly「息を切らして」 obsess over ～「～に執着する」 vigorously「精力的に，活発に」

（第7段）embrace「～を受け入れる」 disguise「～を隠す」 underlying

「根底にある」　envy「妬み，嫉妬」　discomfort「不安，不快」　sociology
「社会学」　acutely「強く」　otherness「他と異なっていること」　accord
「～を与える」　privilege「特権，特別扱い」　run for ～「～に立候補す
る」　derail「～を頓挫させる」　accuse A of B「A（人）を B のことで
非難する」　duplicity「裏表があること，不誠実」　renounce「～を放棄
する」　citizenship「市民権，国籍」

（第 8 段）see A as B「A を B とみなす」　quintessentially「典型的に」
humility「謙遜，謙虚」　zero in on ～「～に（注意を）集中する，～に
話題を絞る」　reserved「控えめな」　assertive「自己主張の強い」　a
situation calls for ～「～が求められる状況」　attribute A to B「A を B
のせいにする」

（第 9 段）work to one's advantage「（人）に有利に働く」　male-
dominated「男性優位の」　bicultural「2 つの文化を持つ」　all-consuming
「すべてを費やす，夢中の，没頭した」

（第 10 段）subscribe to ～「～に同意する」　myth「神話，間違った通
説」　colleague「同僚」　newsroom「ニュース編集室」　instinctively「本
能的に，無意識で」　pigeonhole「～を分類する」

（最終段）enroll「～を入学させる」　grateful「ありがたく思う」　work
for ～「～の役に立つ，有効である」

❖講　評
　2020 年度も例年同様，文法・語彙問題 1 題，長文読解問題 4 題の計
5 題で構成されている。
　Ⅰ　文法・語彙問題は 14 年連続して誤り指摘の問題であったが，小
問数が 10 問から 9 問に減少している。NO ERROR の選択肢があり，
語彙レベルが高く，前後の文脈がわからなければ文意を把握するのが困
難な問題もあるが，文意で正誤を判別するのではなく，基本的な文法・
構文の知識，語句の使い方，文の構成を見抜く力があれば文意をとれな
くても正解を導けるものがほとんどなので，時間配分を考えて素早く処
理していくとよいだろう。
　Ⅱ　「ビッグデータの活用に関する新たな規定」に関する新聞記事か
らの出題。空所補充に関しては選択肢に並ぶ語彙は標準的なレベルのも

のが多く，前後関係からの判断がしやすいものであった。同意表現は空
所補充と比べると語彙レベルが高めのものもあり，若干解きづらい問題
もあったであろう。内容真偽に関しては段落順通りに選択肢が並んでい
ないため，時間がかかる問題であった。

　Ⅲ　「マチュピチュの新空港建設に伴う懸念」について書かれた新聞
記事からの出題。本文はマチュピチュ遺跡に関する時事問題なのでⅡや
Ⅳに比べれば読みやすいかもしれないが，同意表現・空所補充の選択肢
に並ぶ語彙のレベルが高めであった。主題と内容真偽を問う問題に関し
ても，内容をしっかり理解できていないと解答に迷うものも出てくるよ
うな問題であった。

　Ⅳ　「アメリカの人権政策の歴史」に関する国際情勢関連の雑誌から
の出題で，かなり難度の高い英文である。アメリカの政治の歴史に関す
る背景知識があれば少しは読み進めやすかったかもしれないが，そうで
ない場合はかなり厳しいものであったはず。とにかく読むのに時間がか
かる問題であった。

　Ⅴ　「日本人はハーフを受け入れつつあるのか」がテーマの日本で働
くハーフの記者が書いた新聞記事からの出題。他の大問に比べれば読み
やすい英文であったが，設問は知識から解く問題と文意から解く問題の
両方が含まれていた。

　どの読解問題も新聞や雑誌の記事をほぼそのまま引用しているため英
文の難度が高く，内容も社会科学系の論説文や時事的なテーマに即した
ものであり，普段からニュースなどにアンテナを張って背景知識を蓄え
ておかないと対処に困ると思われる。空所補充と同意表現に関しては，
すぐには答えられないようなものであっても前後関係から推察して答え
を絞れるものもあったが，時間的にそうできるだけの余裕があるかどう
かが問題である。分量に関しても，Ⅰは小問数は1問減ったものの，英
文の分量は増えており，Ⅱ〜Ⅴの長文読解に関しても，ここ数年で最も
多く，4題とも1000語オーバーであったため，時間配分が重要となる。
Ⅰは極力10分以内に済ませ，長文読解4題に20分ずつかけられるよう
に準備をしておきたい。この難易度で1題20分は厳しいものだが，全
問パーフェクトを狙うのではなく，確実に取れる問題を取っていく勢い
が重要である。特に内容真偽の設問に関しては，速読をしながら同時に

選択肢に含まれるキーワードから該当箇所を探して解き進める練習をしておくとよいだろう。

■数学■

1　◆発想◆　(1) 3 次関数が極値をもつための条件は，導関数 $f'(x)$ の符号が正から負にまたは負から正に変わるところがあることである。

(3) $\alpha,\ \beta$ は 2 次方程式 $f'(x)=0$ の 2 解だから，解と係数の関係を使って $\alpha+\beta$ が a で表されることに注目する。(2)の設問がなぜあるのかを考えてみよう。

(4) 3 次関数のグラフを描くには，微分を使って増減表を書くことが定石である。

解答　(1)　$f(x)=x^3-3ax^2+12x+b$ を微分して

$$f'(x)=3x^2-6ax+12$$

$f(x)$ が極大値と極小値をとるための必要十分条件は，$f'(x)=0$ が異なる 2 実数解をもつことである。

したがって，$f'(x)=0$ の判別式を D として

$$\frac{D}{4}=(3a)^2-3\times12>0$$

∴　$a^2-4>0$

左辺を因数分解して

$$(a+2)(a-2)>0$$

これを解いて　$a<-2,\ 2<a$

よって，求める定数 $a,\ b$ の条件は

$$\begin{cases} a<-2,\ 2<a \\ b \text{ は任意の実数} \end{cases} \quad\cdots\cdots(\text{答})$$

(2)　$f(x)=x^3-3ax^2+12x+b$

$$=(3x^2-6ax+12)\times\frac{1}{3}(x-a)+(8-2a^2)x+4a+b$$

$$=f'(x)\times\frac{1}{3}(x-a)+(8-2a^2)x+4a+b$$

であるから，$f(x)$ を $f'(x)$ で割ったときの余りは

$$(8-2a^2)x+4a+b \quad \cdots\cdots (答)$$

(3)　$\alpha,\ \beta$ は $f'(x)=0$ の解であるから

$$f'(\alpha)=f'(\beta)=0 \quad \cdots\cdots ①$$

また，(2)より

$$f(\alpha)=f'(\alpha)\times\frac{1}{3}(\alpha-a)+(8-2a^2)\alpha+4a+b$$

$$=(8-2a^2)\alpha+4a+b \quad (①より)$$

$$f(\beta)=f'(\beta)\times\frac{1}{3}(\beta-a)+(8-2a^2)\beta+4a+b$$

$$=(8-2a^2)\beta+4a+b \quad (①より)$$

ゆえに

$$f(\alpha)+f(\beta)=(8-2a^2)(\alpha+\beta)+2(4a+b)$$

ここで $\alpha,\ \beta$ は，$f'(x)=3x^2-6ax+12=0$ の 2 つの解だから，解と係数
の関係より

$$\alpha+\beta=-\frac{-6a}{3}=2a$$

よって

$$f(\alpha)+f(\beta)=(8-2a^2)(\alpha+\beta)+2(4a+b)$$

$$=(8-2a^2)\cdot 2a+2(4a+b)$$

$$=-4a^3+24a+2b \quad \cdots\cdots (答)$$

(4)　(3)の結果より

$$f(\alpha)+f(\beta)=0 \iff -4a^3+24a+2b=0$$

$$\iff b=2a^3-12a \quad ((1)より\ a<-2,\ 2<a)$$

ここで，a の関数 $b=2a^3-12a$ を微分して

$$b'=6a^2-12$$

$b'=0$ を解いて

$$a=\pm\sqrt{2}$$

a の関数 $b=2a^3-12a$ の増
減表は右のようになるから，
$f(\alpha)+f(\beta)=0$ を満たす
実数の組 $(a,\ b)$ の集合は，

a	$\cdots$	-2	$\cdots$	$-\sqrt{2}$	$\cdots$	$\sqrt{2}$	$\cdots$	2	$\cdots$
b'	+		+	0	$-$	0	+		+
b	↗	8	↗	$8\sqrt{2}$	↘	$-8\sqrt{2}$	↗	-8	↗

下図の実線部分（ただし，端点 $(-2, 8)$，$(2, -8)$ は含まない）である。

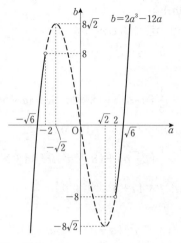

━━━◀解　説▶━━━

≪3 次関数が極値をもつための条件，極大値と極小値の和≫

▶(1)　x の値が増加するにつれて，$f'(x)$ の符号が正から負に変わればその境目で $f(x)$ は極大となり，$f'(x)$ の符号が負から正に変わればその境目で $f(x)$ は極小となる。したがって，3 次関数 $f(x)$ が極大値と極小値をとるための条件は，2 次方程式 $f'(x)=0$ が異なる 2 実数解をもつことである。

▶(2)　$f'(x)=3(x^2-2ax+4)$ だから，$f(x)$ を $f'(x)$ で割る際，3 を省略して $f(x)$ を $x^2-2ax+4$ で割って余りを求めてもよい。

▶(3)　(2)の結果をうまく利用できるかどうかがポイントである。なお，(2)を利用せずに $f(\alpha)+f(\beta)=(\alpha^3+\beta^3)-3a(\alpha^2+\beta^2)+12(\alpha+\beta)+2b$ として，$\alpha^3+\beta^3$，$\alpha^2+\beta^2$ を，$\alpha+\beta=2a$，$\alpha\beta=4$ で表してもよい。

▶(4)　b は a の 3 次関数であるから，b を a で微分して，増減表を書く。その際，(1)で得られた a の値のとり得る範囲にも注意すること。

2　◇発想◇　(1) 2 次関数の最小値を求める問題である。
　　(2)・(3)絶対値記号をはずし，関数のグラフがどのようになるかを考察してみよう。

解答　(1)　$f(x)=\sum_{k=1}^{n}(x-k)^2$

$$=\sum_{k=1}^{n}(x^2-2xk+k^2)$$

$$=x^2\sum_{k=1}^{n}1-2x\sum_{k=1}^{n}k+\sum_{k=1}^{n}k^2$$

ここで

$$x^2\sum_{k=1}^{n}1=nx^2,\quad \sum_{k=1}^{n}k=\frac{n(n+1)}{2},\quad \sum_{k=1}^{n}k^2=\frac{n(n+1)(2n+1)}{6}$$

だから

$$f(x)=nx^2-2x\cdot\frac{n(n+1)}{2}+\frac{n(n+1)(2n+1)}{6}$$

$$=n\{x^2-(n+1)x\}+\frac{n(n+1)(2n+1)}{6}$$

$$=n\left(x-\frac{n+1}{2}\right)^2-\frac{n(n+1)^2}{4}+\frac{n(n+1)(2n+1)}{6}$$

$$=n\left(x-\frac{n+1}{2}\right)^2+\frac{n(n+1)(n-1)}{12}\quad\cdots\cdots\circledast$$

$n>0$ だから，$f(x)$ の最小値は

$$\frac{n(n+1)(n-1)}{12}\quad\cdots\cdots（答）$$

また，そのときの x の値は

$$\frac{n+1}{2}\quad\cdots\cdots（答）$$

(2)　(i) $x<a_1$ のとき

$x-a_1<0,\ x-a_2<0,\ x-a_3<0$ だから

$$g(x)=-(x-a_1)-(x-a_2)-(x-a_3)$$

$$=-3x+(a_1+a_2+a_3)$$

(ii) $a_1\leqq x<a_2$ のとき

$x-a_1\geqq0,\ x-a_2<0,\ x-a_3<0$ だから

$$g(x)=(x-a_1)-(x-a_2)-(x-a_3)$$

$$=-x+(-a_1+a_2+a_3)$$

(iii) $a_2\leqq x<a_3$ のとき

$x-a_1\geqq0,\ x-a_2\geqq0,\ x-a_3<0$ だから

$$g(x)=(x-a_1)+(x-a_2)-(x-a_3)$$
$$=x+(-a_1-a_2+a_3)$$

(iv) $a_3 \leqq x$ のとき

$x-a_1 \geqq 0$, $x-a_2 \geqq 0$, $x-a_3 \geqq 0$ だから

$$g(x)=(x-a_1)+(x-a_2)+(x-a_3)$$
$$=3x-(a_1+a_2+a_3)$$

(i)〜(iv)より, $g(x)$ のグラフは右図のようになる。

したがって, $g(x)$ の最小値は

$$x=a_2 \text{ のとき} \qquad g(a_2)=a_3-a_1 \quad \cdots\cdots(\text{答})$$

(3) (i) $x<2$ のとき

$$h(x)=\sum_{k=1}^{2m+1}\{-(x-2^k)\}$$
$$=-(2m+1)x+\sum_{k=1}^{2m+1}2^k$$

この直線の傾きを p_0 とする。

(ii) $2^i \leqq x < 2^{i+1}$ ($i=1, 2, \cdots, 2m$) のとき

$$h(x)=(x-2)+(x-2^2)+\cdots$$
$$+(x-2^i)-(x-2^{i+1})-(x-2^{i+2})-\cdots-(x-2^{2m+1})$$
$$=(2i-2m-1)x-(2+2^2+\cdots+2^i)$$
$$+(2^{i+1}+2^{i+2}+\cdots+2^{2m+1})$$

この直線の傾きを p_i とする。

このとき, $p_1 < p_2 < \cdots < p_m < 0 < p_{m+1} < p_{m+2} < \cdots < p_{2m}$ である。

(iii) $2^{2m+1} \leqq x$ のとき

$$h(x)=\sum_{k=1}^{2m+1}(x-2^k)$$
$$=(2m+1)x-\sum_{k=1}^{2m+1}2^k$$

この直線の傾きを p_{2m+1} とする。

(i)〜(iii)より

$$p_0 < p_1 < p_2 < \cdots < p_m < 0 < p_{m+1} < p_{m+2} < \cdots < p_{2m} < p_{2m+1}$$

であるから, $h(x)$ が最小値をとるのは

$$x=2^{m+1} \text{ のとき} \quad \cdots\cdots(\text{答})$$

また，そのときの x の値は

$$h(2^{m+1}) = 2^{m+1} - (2 + 2^2 + \cdots + 2^{m+1}) + (2^{m+2} + 2^{m+3} + \cdots + 2^{2m+1})$$

$$= -(2 + 2^2 + \cdots + 2^m) + (2^{m+2} + 2^{m+3} + \cdots + 2^{2m+1})$$

$$= -2(2^m - 1) + 2^{m+2}(2^m - 1)$$

$$= 2^{2m+2} - 3 \cdot 2^{m+1} + 2 \quad \cdots\cdots (答)$$

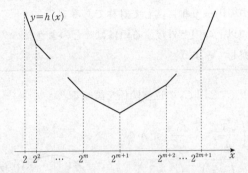

━━━━　◀解　説▶　━━━━

≪2次関数の最小値，絶対値を含む関数の最小値≫

▶(1)　2次関数 $f(x)$ の最小値を求めるには，$f(x)$ を平方完成すればよい（＊）。一方，$f(x)$ の極小値が最小値であると考えると，次のような〔別解〕が考えられる。

$f(x)$ を微分して　　$f'(x) = 2nx - n(n+1)$

したがって，極小値をとる x の値は，$f'(x) = 0$ を解いて　　$x = \dfrac{n+1}{2}$

よって，極小値つまり最小値は

$$f\left(\frac{n+1}{2}\right) = n \cdot \left(\frac{n+1}{2}\right)^2 - n(n+1) \cdot \frac{n+1}{2} + \frac{n(n+1)(2n+1)}{6}$$

これを計算して，最小値 $\dfrac{n(n+1)(n-1)}{12}$ を得る。

▶(2)　x の区間を考えて，$g(x)$ の絶対値記号をはずす。$g(x)$ のグラフから，$x = a_2$ のときに，$g(x)$ は最小値をとることがわかる。

▶(3)　(2)と同様に x の区間を考えて，$h(x)$ の絶対値記号をはずす。直線の傾きが負から正に変わる境目に注目するとよい。そのあとは等比数列の和の公式を使って計算する。$2 + 2^2 + \cdots + 2^m$ は初項 2，公比 2，項数 m の等比数列の和であるから $\dfrac{2(2^m - 1)}{2 - 1} = 2(2^m - 1)$，$2^{m+2} + \cdots + 2^{2m+1}$ は

初項 2^{m+2}，公比 2，項数 m の等比数列の和であるから $\dfrac{2^{m+2}(2^m-1)}{2-1}$
$=2^{m+2}(2^m-1)$ を得る。

3

◇発想◇　5つの円の位置関係を調べてみよう。
(1) 5つの円は y 軸に関して対称である。
(3) 3つ以上の円と外接する円には，どのようなパターンがあるか
を考察してみよう。

解答　(1)　円 C_3 と円 C_4 の位置関係を調べる。

P_3(0, 0)，$P_4\left(\dfrac{\sqrt5}{2}, -\dfrac{\sqrt3}{2}\right)$ だから

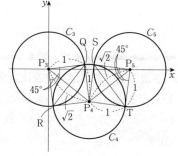

$$P_3P_4=\sqrt{\left(\dfrac{\sqrt5}{2}\right)^2+\left(-\dfrac{\sqrt3}{2}\right)^2}$$
$$=\sqrt2$$

また，円 C_3 と円 C_4 の半径はともに 1
であるから

|(円 C_3 の半径)−(円 C_4 の半径)|
　＜(円 C_3 と円 C_4 の中心間距離)
　＜(円 C_3 の半径)＋(円 C_4 の半径)

が成り立つ。つまり，円 C_3 と円 C_4 は異なる 2 点で交わる。この 2 点を
Q，R とする。
いま，QP_3=QP_4=1，$P_3P_4=\sqrt2$ であるから，△QP_3P_4 は，∠QP_3P_4
=∠QP_4P_3=45° の直角二等辺三角形である。
同様に，∠RP_3P_4=∠RP_4P_3=45° である。
よって

∠QP_3R=∠QP_4R=90°

次に，円 C_4 と円 C_5 の位置関係を調べる。
$P_4\left(\dfrac{\sqrt5}{2}, -\dfrac{\sqrt3}{2}\right)$，$P_5(\sqrt5, 0)$ だから

$$P_4P_5=\sqrt{\left(\sqrt{5}-\frac{\sqrt{5}}{2}\right)^2+\left(\frac{\sqrt{3}}{2}\right)^2}=\sqrt{2}$$

また，円 C_4 と円 C_5 の半径はともに 1 であるから

$\qquad$ |(円 C_4 の半径)−(円 C_5 の半径)|<(円 C_4 と円 C_5 の中心間距離)

$\qquad\qquad\qquad\qquad\qquad\qquad$ <(円 C_4 の半径)+(円 C_5 の半径)

が成り立つ。つまり，円 C_4 と円 C_5 は異なる 2 点 S，T で交わる。

また，$SP_4=SP_5=1$，$P_4P_5=\sqrt{2}$ だから，$\triangle SP_4P_5$ は，$\angle SP_4P_5=\angle SP_5P_4$ $=45°$ の直角二等辺三角形である。

同様に，$\angle TP_4P_5=\angle TP_5P_4=45°$ である。

よって

$\qquad \angle SP_4T=\angle SP_5T=90°$

次に，円 C_3 と円 C_5 の位置関係を調べる。

$P_3(0,\ 0)$，$P_5(\sqrt{5},\ 0)$ だから

$\qquad P_3P_5=\sqrt{5}$

であり，円 C_3 と円 C_5 の半径はともに 1 であるから

$\qquad$ (円 C_3 と円 C_5 の中心間距離)>(円 C_3 の半径)+(円 C_5 の半径)

が成り立つ。したがって，円 C_3 と円 C_5 はそれぞれの外部にあり，共有点をもたない。

以上より，円 C_1，C_2，C_3，C_4，C_5 の位置関係は，右図のようになっている。

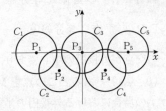

そこで，不等式 $x\geqq0$ の表す領域において，半円 C_3，円 C_4，円 C_5 で囲まれる部分の面積は

$$\left(\frac{1}{4}\cdot\pi\cdot1^2+\frac{1}{2}\cdot1^2\right)+\left(\frac{1}{2}\cdot\pi\cdot1^2+\frac{1}{2}\cdot1^2\cdot2\right)+\left(\frac{3}{4}\pi\cdot1^2+\frac{1}{2}\cdot1^2\right)$$

$$=\frac{3}{2}\pi+2$$

円 $C_1\sim C_5$ は y 軸に関して対称だから，求める面積は

$$\left(\frac{3}{2}\pi+2\right)\times2=3\pi+4\quad\cdots\cdots(\text{答})$$

(2)　2 つ以上の円に接する直線の本数を表にする。

接する円	本　数
3つの円 C_1, C_3, C_5	2本（これを l_1, l_2 とする）
C_1 と C_3, C_1 と C_5, C_3 と C_5	各2本（ただし，l_1, l_2 を除く）
C_1 と C_2, C_2 と C_3, C_3 と C_4, C_4 と C_5	各2本
C_1 と C_4, C_2 と C_4, C_2 と C_5	各4本

これらを合計して，求める直線の本数は

$$2+2\times3+2\times4+4\times3=28 \ \text{本} \ \cdots\cdots(\text{答})$$

(3)　3つ以上の円と外接する円の中で，半径の異なるものは次の2通りである。

　(ア)　4つの円 C_1, C_2, C_4, C_5 に外接する円または3つの円 C_1, C_3, C_4 または C_2, C_3, C_5 に外接する円（これらの外接円の半径は等しい）

　(イ)　3つの円 C_1, C_2, C_3 または C_2, C_3, C_4 または C_3, C_4, C_5 に外接する円（これらの外接円の半径は等しい）

(ア)の場合における外接円の半径を，円 C_1, C_2, C_4, C_5 に外接する円の半径として求める。

線分 P_1P_5 の垂直二等分線 $x=0$ と線分 P_4P_5 の垂直二等分線 $y=-\dfrac{\sqrt{5}}{\sqrt{3}}x+\sqrt{3}$ との交点が外接円の中心であり，その座標は $(0, \sqrt{3})$ である。この点を M とすると，(ア)の場合における外接円の半径は

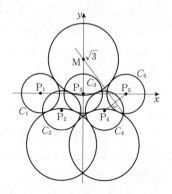

$$\text{MP}_5-1=\sqrt{(\sqrt{5})^2+(-\sqrt{3})^2}-1=2\sqrt{2}-1$$

(イ)の場合における外接円の半径を，円 C_2, C_3, C_4 に外接する円の半径として求める。

線分 P_2P_4 の垂直二等分線 $x=0$ と線分 P_3P_4 の垂直二等分線 $y=\dfrac{\sqrt{5}}{\sqrt{3}}x-\dfrac{2\sqrt{3}}{3}$ との交点が外接円の中心であり，その座標は

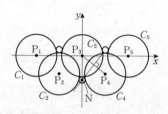

$\left(0, \ -\dfrac{2\sqrt{3}}{3}\right)$ である。この点を N とすると，(イ)の場合における外接円の

半径は

$$\mathrm{NP_3}-1=\frac{2\sqrt{3}}{3}-1$$

以上より，求める円の半径は

$$2\sqrt{2}-1, \ \frac{2\sqrt{3}}{3}-1 \ \ \cdots\cdots(答)$$

■━━━━━━━ ◀解　説▶ ━━━━━━━■

≪5 つの円が囲む図形の面積，接線の本数，外接円の半径≫

▶(1)　5 つの円の位置関係を調べる。また，5 つの円は y 軸に対称になるように置かれているので，不等式 $x \geqq 0$ の表す領域で円が囲む図形の面積を直角三角形と扇形に分割して求め，それを 2 倍するとよい。

▶(2)　2 つの円が互いに外部にあるときは，2 つの円の共通接線は 4 本あり，2 つの円が異なる 2 点で交わっているときは，2 つの円の共通接線は 2 本である。重複して数えることのないように注意したい。

▶(3)　外接円の中心は，外接する 2 つの円の中心を結ぶ線分の垂直二等分線上にある。このことに注目して，外接円の中心の位置を求める。

❖講　評

　例年通り，大問数は 3 題で全問記述式である。各大問は小問に分かれているが，前問の結果を利用するものもある。正確に答えを得ておく必要がある。

　1．(1)は，3 次関数が極値をとるための条件を求める問題であり，正答したい。(2)は整式の割り算の問題である。(3)は，(2)の結果を使うと計算が楽である。(4)は，3 次曲線を描く問題である。増減表を書くとよい。

　2．(1)は，数列と 2 次関数の最小値を求める問題の融合である。

$\displaystyle\sum_{k=1}^{n} k^2 = \frac{n(n+1)(2n+1)}{6}$ は公式として，正確に覚えておきたい。(3)は，

(2)から $h(x)$ のグラフがどのようになるか類推すること。

　3．(1)は円 $C_1 \sim C_5$ の位置関係に注意すること。(2)は 2 つの円が互いに外部にあるときは共通接線は 4 本，異なる 2 点で交わっているときは

共通接線は 2 本である。

　全体的に取り組みやすいが，問題はよく練られている。教科書の内容をきちんと理解しておくとともに，標準的な問題集で様々なパターンの問題にもあたっておきたい。

//////////////// · memo · ////////////////

早稲田大学

社会科学部

別冊問題編

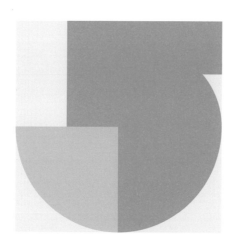

2025

矢印の方向に引くと
本体から取り外せます →

目　次

問題編

サンプル 問題※
●一般選抜
総合問題 3

2024 年度
●一般選抜
英　語 .... 4　　数　学 24

2023 年度
●一般選抜
英　語 .... 4　　数　学 24

2022 年度
●一般選抜
英　語 .... 4　　数　学 24

2021 年度
●一般選抜
英　語 .... 4　　数　学 25

2020 年度
●一般入試
英　語 .... 4　　数　学 27

※一般選抜の改革に伴って 2025 年度より実施の「学部独自試験（総合問題）」について大学から公表されたサンプル問題を掲載しています。

サンプル
問題

問
題
編

　大学より，「この問題は，2025 年度以降の一般選抜における「総合問題」をイメージするために作成したサンプルであり，実際に出題される問題とは異なります」と発表されている。

総合問題

（60 分）

I

問題文 A、B を読み、問 1～5 および問 7 について、各設問の指示に従って選択肢の中から解答を選び、その記号をマーク解答用紙にマークせよ。問 6 の解答については、記述解答用紙の所定欄に記入せよ。

問題文 A

　社会的アイデンティティ理論は、個人と社会、およびその両者の関係に関するある前提（仮定）に基づいている。それは、社会は相互に関係のある勢力と地位を意味するさまざまな社会的カテゴリーから成り立っているという仮定である。

　「社会的カテゴリー」というのは、国家（イギリス／フランス）・民族（アラブ人／ユダヤ人）・階級（労働者／資本家）・職業（医者／溶接工）・性（男／女）・宗教（イスラム教／ヒンズー教）などに基づく人々の区分のことであり、「勢力と地位関係」というのは、社会のカテゴリーが勢力・威信・地位などの属性を整えているという意味である。

　いうまでもなく、カテゴリーは単独では存在しないし、相互の ① でのみ意味をもっている。例えば、「黒人」という社会的カテゴリーは、黒人とそうでない人、すなわち対照的カテゴリーとの区別に寄与するのでなければ意味をなさない。個人は同時にさまざまな社会的カテゴリーの成員（例えば、男性・仏教徒・オーストラリア人・サーファーの愛好者）であるが、同時に相互に ② なカテゴリー（例えば、北アイルランドに住むカソリック教徒でありかつプロテスタント教徒）の成員ではあり得ない。

（中略）

　これまで、集団間関係は、しばしば、競争的になり、敵意を生じ、対抗的にさせると理解してきた。そして、パーソナリティ・欲求不満・利己的剥奪感によるいずれの説明もそのような集団間関係の性質をうまく説明できないことが判明した。また、友愛的剥奪や目標関係による説明は、利益あるいは達成差の知覚に基づいているものだが、いずれも集団間の葛藤の必要条件はもちろん、最低の十分条件すら確認していないのである。この問題に対する解決策は、今では古典となったが、タジフェルとその仲間が「最小集団」パラダイムを工夫した時に提出された。このパラダイムは、社会的アイデンティティ理論の中心に位置づけられ、これまで数多くの実験で用いられている。そこで、その基本的な性格を概略しよう。

　この実験では、「意思決定」の研究と称して被験者は集められる。最初の課題は、呈示される対

の刺激の二者択一選択肢からどちらかを選択判断することである（例えば、「クレーの絵」と「カンディンスキーの絵」のどちらが好きか？）。被験者は、第1課題の結果に基づいて、第2の課題のために2つの集団のいずれかに仕分けされる。次いで、各被験者は単独で個室に置かれ、自分がどちらの集団の所属か知らされる。それから、小冊子が渡される。その小冊子には、自分にではなく、2人の他者に配分する金額を表わす点数を与えるよう指示されている。2人の他者については、どちらの集団の成員か（内集団成員か外集団成員か）ということと、彼らのコード番号（氏名ではなく）だけが示されている。被験者は、「配分マトリックス」（表1）形式で呈示されている13の数字対の中から1つを選択して、2人の個人に与えたいと思う点数対（金額）を示さなければならない。

表1. 最小集団パラダイム

配分マトリックス

内集団成員	7	8	9	10	11	12	13	14	15	16	17	18	19
外集団成員	1	3	5	7	9	11	13	15	17	19	21	23	25

（中略）

この「最小集団パラダイム」実験は、一貫した結果を示したのである。すなわち、被験者は、一貫して、外集団成員よりも内集団成員に多くの点数を与え、内集団の利益を最大化しようとしたのである。彼らは競争的でもあった。マトリックスは、一方の極に、内集団に最大の利益を分配するとそれ以上に外集団に利益がいく組み合わせをおき、内集団に最も多く配分するチャンスを与え、他方の極には、内集団の得点も少ないが、外集団にはさらに少ない点数の組み合わせをおいている。被験者は驚くほど、後者の方を選択したのである。言い換えると、彼らにとっては利益の大きさよりも外集団に打撃を与える方がもっと重要だったのである。

（出典：M.A.I ホッグ・D. アブラムス(著)、吉森 護・野村泰代 (翻訳)「社会的アイデンティティ理論─新しい社会心理学体系化のための一般理論」、北大路書房、1995年所収。問題作成の都合上、表現の一部を省略・改変した。）

問題文 B

自然・社会の複雑性の中に法則を見出そうとする研究枠組みのひとつに、エージェント・ベース・モデル（Agent-Based-Model：以下、ABM と略称）がある。ABM とは、コンピューターの中に疑似的な社会空間をつくりあげ、人間、企業、国家、あるいは動植物や粒子などのように、一定の行動ルールを与えたエージェントの局所的な相互作用を考え、その結果としてどのような自然・社会現象の創発を説明できるのかを明らかにする、計算機実験の一種である。(ｱ)線形性を想定したトップダウンの数理解析では説明できない現象が、エージェントの非線形の相互作用を想定したボトムアップの ABM によって再現される。そこに産まれる法則を探る研究が進められている。（中略）

ABM 研究の一例として隔離モデルがある。これは、トーマス・シェリングが 1971 年に発表した論文がもとになっており、その記念碑的な研究の後、さまざまな発展をしている。（中略）。ここでその概要を紹介しよう。

いまある地域に異なる属性の人びとがいるとしよう。原典では白人（White）と黒人（Black）とされているが、アジア系やヒスパニック系を考えても構わないし、目の色・肌の色で分けるのではなく、性別や宗教、言語など、どのような属性で考えても構わない。ここでは話を単純化するため、原典に従って白人と黒人とする。そして地域を適当な大きさの2次元空間で考える。そして、

その 2 次元空間が適当なサイズの区画で区切られている。たとえば 10m×10m の区画が縦に 7 行、横に 7 列、合計で 7×7＝49 だけある状況を考える。

　はじめ、人びとが、7×7 のどこかの区画に住んでいる。今、白人と黒人がそれぞれ 15 人（世帯）ずついるとしよう。ここで人びとは、次のような行動ルールにのっとって移動をおこなうとする仮定を置く。

　　ルール 1：白人も黒人も、自分と異なる人種に寛容であり、隣に住んでいる人が自分と異なる人種であっても、そのことで住み心地が悪いと感じることはない。
　　ルール 2：しかし、自分の周囲（縦・横・斜の区画）にいる他者のうち過半数が自分と異なる人種だと、自分が少数派だと感じ、居心地が悪くなる。
　　ルール 3：居心地が悪く感じた人は、近隣の居心地の良い空地に転居する。その人が元いた場所は空地になる。

　じっさいは、人びとの転居がそのように簡単に進むことはないし、人びとが常に自分の近隣を気にして居心地の悪さを感じるわけではないが、このような単純な仮定を置くことが ABM の特徴である。図表で分かりやすく示すため、白人を〇、黒人を×とする。それぞれ 15 人がいる。どちらも記していない区画は誰も住んでいない場所である。

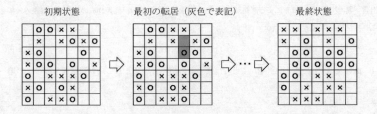

初期状態　　　　　　　最初の転居（灰色で表記）　　　　　　最終状態

図 1. 人種の隔離の進展

　ここで大事なのは、人びとは自分と異なる人種への嫌悪感を持っているわけではないということである。異なる人種の隣人が住んでいることを嫌がっているわけではない。単に、自分が近隣の中で少数派になることを嫌がっているのである。そのような穏健な人びとであるにもかかわらず、彼らの行動が集積すると、結果として人種隔離が起こってしまうのである。図 1 は、初めは白人・黒人が混合して暮らしていたのが、時間が経過すると、居心地が悪くなった人びとの行動が集積した結果として、白人・黒人の人種隔離が生成してしまうプロセスを示している。当初はじゃっかんの異人種が隣にいる程度であり、不満を持っていなかったエージェントですらも、周囲の転居が続き、その結果として今いる場所で自分自身が少数派になってしまった現状を嫌い、転居をする。このようなエージェントの連鎖反応の結果として、アパルトヘイト政策が起こっていた当時と変わらないような人種隔離が起こってしまう。

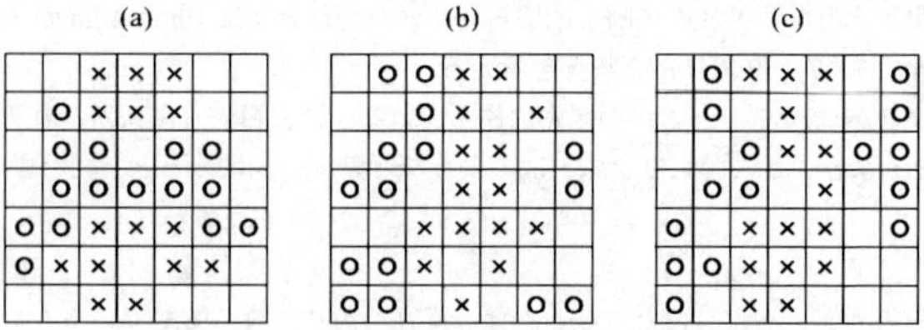

(a)　　　　　　　　(b)　　　　　　　　(c)

図 2. 人種の隔離の結果：図 1 の初期状態からスタートしているが、結果は異なる

　もう 1 つ大事なのは、誰から転居を始めるかによって結果が変わってくる点である。図 2 は、初期状態は図 1 と同じであったが、最終的に異なった結果が生じた事例を示している。このように、わずかな偶然のずれで、結果が大きく変わってしまう。

　そしてさらに大事なのは、たしかに全く異なる結果が生まれてはいるものの、　③　は同じであるという点である。ある場所を白人と黒人どちらが暮らすか、あるいは空地になるかを予測することは困難でも、どのようなパターンが生まれるかを予測することは可能である。これが、ABM 研究の成果である。

（出典：堀内史朗(著)「観光による課題解決」、晃洋書房、2020 年所収。問題作成の都合上、表現の一部を省略・改変した。）

問 1　問題文 A の文中　①　と　②　に当てはまる語の組み合わせとして最も適切なものを 1 つ選べ。

a.　① 類似、② 閉鎖的
b.　① 酷似、② 相補的
c.　① 対立、② 依存的
d.　① 相違、② 補完的
e.　① 対比、② 排他的

問 2　問題文 A の表 1 の配分マトリックスから、被験者が内集団成員と外集団成員に与える点数の組合せを以下の選択肢のように選んだとする。各選択肢にはそれぞれの点数の組合せに対する被験者の意図の解釈を付してあるが、適切でない解釈がされているものを 1 つ選べ。

a. 内集団成員に 7、外集団成員に 1：内集団の相対利益をできるだけ大きくする。
b. 内集団成員に 12、外集団成員に 11：内集団をひいきする範囲で、内集団の利益をなるべく大きくする。
c. 内集団成員に 13、外集団成員に 13：内集団の利益よりも集団間の公平性を重視する。
d. 内集団成員に 14、外集団成員に 15：配分を公平にしようと努力しつつも、外集団の利益を小さくする。
e. 内集団成員に 19、外集団成員に 25：内集団の利益と外集団の利益を最大化する。

サンプル問題　一般選抜　総合問題

問3　問題文 A の最小集団パラダイム実験から示唆されたことに関する記述として、最も適切なものを 1 つ選べ。

　a. 内集団利益を追求する個人を 2 つの集団に分割することが、集団間競争の発生に十分である。
　b. ほとんど属性の変わらない個人を 2 つの集団に不連続的に分割することが、集団間競争の発生に十分である。
　c. 権威主義的な個人を 2 つの集団に分割することが、集団間競争の発生に必要である。
　d. 差別的な考え方を持つ個人を 2 つの集団に分割することが、集団間競争の発生に必要である。
　e. 利害の対立する 2 つの集団に個人を分割することが、集団間競争の発生に十分である。

問4　隔離モデルは問題文 B の下線部(ア)の例であるが、このように、エージェント間の複雑な相互作用の結果、各エージェントが意図していないような現象が起きる例として、最も適切なものを 1 つ選べ。

　a. ライン工が担当部分を組み立てることで、自動車が生産される。
　b. 若者が便利な都会に働きに出て行くことで、地方の過疎化が起きる。
　c. 投資家が値動きを見て株を売買することで、株価の急騰や暴落が起きる。
　d. 無党派層が投票に積極的に行かないことで、組織力の強い候補者が当選する。
　e. 通勤者が始業時間に合わせて電車を利用することで、通勤ラッシュが起きる。

問5　隔離モデルでは問題文 B の下線部(イ)のような時間経過で、居心地の悪い人の数はどう変化すると考えられるか。最も適切なものを 1 つ選べ。

　a. 決して増えることはなく単調に減少する。
　b. 最初は必ず減少するが、その後一定になる。
　c. 最初は必ず増加するが、その後単調に減少する。
　d. 増減はするが減少傾向で、最後は必ず減少する。
　e. 増減はするものの、最終的には元と同じになる。

問6　問題文 B の文中　③　に入る適切な文を 30 字以内で記せ。

問7　社会の分断や差別を引き起こす人々の行動パターンについて、問題文 A では最小集団パラダイム実験に基づく考え方を、問題文 B では隔離モデルに基づく考え方を見てきた。以下の行動パターン(1)〜(6)はそれぞれどちらの考え方と合致するか。最小集団パラダイム実験に基づく考え方のみと合致する場合は **a**、隔離モデルに基づく考え方のみと合致する場合は **b**、両方の考え方と合致する場合は **c**、どちらの考え方とも合致しない場合は **d** をそれぞれマークせよ。

サンプル問題 一般選抜 総合問題

(1) 自分と同じカテゴリーの人を優遇する。

(2) 少数派集団の成員になるのを避ける。

(3) 自分と属性の異なる他者を嫌う。

(4) 自他の所属集団を気にして行動を変える。

(5) 自分と異なる集団の成員を攻撃する。

(6) 自分と他者をカテゴリー化する。

II

　気候変動がもたらしつつある深刻な事態を前にして、国際的な温暖化対策への取り組みが求められている。しかし、温室効果ガス(GHG)排出量の公正な配分とは何か、GHG削減費用や気候災害等への対処費用を誰がどの程度負担するべきか、明確なコンセンサスは得られていない。以下は、GHG排出量をめぐる国際条約・議定書において考慮するべき点を論じた論考の一節である。これを読み、問1〜7について、各設問の指示に従って選択肢の中から解答を選び、その記号をマーク解答用紙にマークせよ。問8の解答については、記述解答用紙の所定欄に記入せよ。

　[GHG排出削減に関する]包括的条約の一つの主要な利点は、各国がGHGのすべての使用を見て、最小費用の選択肢を選びとることができる点だろうと想定されている。すなわち、その削減であれば経済的価値の減少が最小となるような特定のガスの特定の発生源を除去することによって、GHG排出の削減をはじめられるだろうというわけである。こうした費用効果へのアプローチがもつ決定的に重要な特徴——私がそのアプローチを「均質化」と名づけるにいたった特徴——は、すべてのガスの発生源（あらゆるガスのあらゆる発生源）が同じ器に投げ込まれている点にある。ガスの発生源の間には、何の区別もなされず、本質的発生源と非本質的発生源の区別さえもなされない。

（中略）

　標準的な経済分析にとっては、あらゆるものは選好である。美食家が少々の調味料を望むのも、飢えた子どもがわずかな水を望むのも、美術収集家がもう一枚の絵画を望むのも、ホームレスがプライバシーと暖を望むのも、すべて選好である。定量的には、それらの望みは相異なっている。その一部は、他よりも大きな「支払意思額」によって支えられているからである。しかし、定性的には、選好は選好である。数少ない目的のためには、私たちは恐らく、選好を定量的に、すなわち支払意思額という語で扱うことを選ぶかもしれない。しかしながら、人類史の進化の間に築き上げられたすべての質的区別を放棄するのを選ぶことは、洗練と繊細さという豊かな宝を私たちから奪うということである。一部のいわゆる選好は死活的だが、一部はとるに足らない。一部はニーズだが、一部は単なる欲求である（ニーズではない）。ある「選好」の充足は、生存にとって、あるいは人間の人並みの生活にとって本質的に重要であるが、他の選好の充足は、生存にとっても人並みの生活にとっても非本質的である。

（中略）

　すべての温室効果ガスのすべての発生源で費用効果を計算するのはよいことだと単純に提案することは、　　　①　　　を無視するように提案することである。除去しようとすれば最小費用のみがかかるだろう発生源の一部が、本質的であり、その充足が喫緊であるニーズを反映しているが、除去しようとすれば最大の費用がかかるだろう発生源の一部が、非本質的であり、些末な気まぐれを反映しているならば、どうだろうか。手短に具体的な話をすれば、水田を放棄する経済的費用が、

高級車の燃費を削減する経済的費用よりも小さいならば、どうだろうか。ある人々は子どもを養うために水田へのニーズをもつが、誰も高級車へのニーズをもたないということは、いかなる差異ももたらさないのか。

　比較可能な重要性のある事柄を取り扱っているかぎり、(ァ)最小費用を第一とする原理にしたがわないとすれば、それは馬鹿げたことだろう。他の仕方で行動するのだとすれば、それは、より高価でない手段によって達成されただろう目標に対して、より高価な手段を選ぶことになるだろう。それは、根本的に非合理的である。しかしながら、何千ヘクタールもの水田を除去することは、それと同量の GHG 排出削減をもたらすのに十分な企業単位平均燃費の基準を引き締めることよりも、経済的術語では費用がより ② かもしれない一方で、 ③ の縮小と非効率的燃焼の削減とが人間にもたらす帰結は、生活の質への効果という点で比較可能からはほど遠い。実際のところ、食料の場合には、まさに生命が可能となるかどうかを左右する効果がある。これらは、まさに同一の目的に対する二つの相異なった手段なのではない。その二つの相異なった手段が仕える諸目的は、それらの手段によって除去される ④ の点では、まさに同一でありうるだろう。しかし、その諸目的は、他の面では、死活的な食料供給を縮小することと、奢侈品をほんのわずか費用のかかるものにすることほどに相異なっている。結果的に、あたかもその二つの手段が、排出量の同量の削減を生み出すのに各々いくらかかるかという点でのみ相異なっているかのように、均質化費用効果計算を適用することは、深刻なほどに現実をゆがめている。同量の排出削減を行うための費用という点にだけ差異があったかのようにするのは、深刻に現実を歪めている。この種の包括性は、根本的である区別——最も言及するべきものとしては、必要物と奢侈品の区別——を不明瞭にするのである。

(中略)

　費用は、貧困層にとっての必要物に影響する費用と、富裕層の奢侈品に影響するにすぎない費用とに——恐らく1回よりも多く、しかしたしかに少なくとも1回は——分割されるべきである。トマス・ドレネンは、このような分割の一つのタイプを提案してきたのだが、その分割の基底にあるのは2種類の考慮事由である。・・・(中略)・・・ドレネンは、ガスのタイプと用途のタイプとを結合させることによって、条約の射程内にあるべきものと、射程内にあるべきでないものとの分割に到達している。ドレネンであれば議定書の制御の下においただろうガスは、二酸化炭素(CO_2)とメタンだろう。それは恐らく、これらが、人間の制御に服する、地球温暖化への最大の寄与物だからである(水蒸気はいっそう大きな寄与物だが、制御不可能である)。減少するのを彼が見たがっている用途は、「工業関連」用途であって農業用途ではない。ドレネンの戦略は、非生物的な人為起源の CO_2 とメタンを制御することである。

(中略)

　私たちは、富裕層が貧困層の許容量を買い上げて、貧困層が排出許容量の不足ゆえにみずからの基底的ニーズさえも充足できないままにしておくような排出量の均質化——無差別的——市場をもつべきでない。工業関連と工業無関連というドレネンの仕切り方は、実際上は最善に近いだろう。すなわち、農業での大半の排出量は恐らく生計用であり、工業での多くの排出量はそうでない。それよりもなおよいのは——それが実際的だとすれば——、途上国の必要な工業活動を無制御なままにしておき(もちろん無測定ではない)、先進国の世界の不必要な農業サーヴィスを、その余計な工業活動とともに制御システムの下におく、より洗練された仕切り方だろう。

　排出許容量の国際市場があるべきだとすれば、貧困な地域の人口には、彼ら自身が最善と考えるいかなる用途のためにも不可譲の——市場化されない——許容量が割り当てられうる。不可譲の許容量を超えたところでは、市場は魔法のごとく作用することができ、費用効果の基準は至高性をもって君臨することができる。しかし、排出許容量の市場は、十全に包括的とはならない。途上国の世界の貧困層は、一定の保護された排出量を保障されるだろうし、彼らはみずからが選ぶ仕方で排出量を生み出すことができるだろう。このことは、貧困層の運命を、遠く離れた見知らぬ者たちの

なすがままに委ねるのでなく、貧困層にみずからの人生に対する制御の何らかの手段をもたせることになる。

（出典：H.シュー（著）、宇佐美誠・阿部久恵（翻訳）「生計用排出と奢侈的排出」、宇佐美誠編著『気候正義』、勁草書房、2019年所収。問題作成の都合上、表現の一部を省略・改変した。）

問1　空欄　①　には、本文の著者が「事実」と考える GHG 発生源の評価に関する記述が入る。以下のうち、空欄①を埋める最も適切な記述を1つ選べ。

- a. ある発生源に対するニーズは万人に共通のもので社会的価値が高いが、他の発生源は個人的なニーズを満たすに過ぎず、評価に値しないことすらあるという事実

- b. ある発生源は人々の死活的なニーズを満たすために本質的で緊急のものだが、他の発生源は本質的ではなく、些末でさえあるという事実

- c. ある発生源は地域の今後の発展に欠かせない重要な役割を果たすことがあるが、他の発生源は一時的な便益しかもたらさず、末梢的ですらあるという事実

- d. ある発生源に対しては高い支払意思額が示され重要性が認められるが、他の発生源に対する支払意思額は低く、取るに足りないこともあるという事実

- e. ある発生源は温暖化への寄与が大きく優先的に削減努力がなされるべきであるが、他の発生源は必ずしも早急な対処が必要なわけではないという事実

問2　空欄　②　、　③　、　④　に入る語の組み合わせとして最も適切なものを1つ選べ。

- a. ②大きい　③食糧生産　④化石燃料
- b. ②大きい　③奢侈品　④GHG 排出量
- c. ②大きい　③工業関連用途　④GHG 排出量
- d. ②小さい　③GHG 排出量　④化石燃料
- e. ②小さい　③食糧生産　④GHG 排出量

問3　下線部(ア)の「最小費用を第一とする原理」の立場に最も近い考え方を1つ選べ。

- a. 250万円の利益をあげる100万円のシステムを導入するプランと、450万円の利益をあげるために150万円のシステムを導入するプランを比較した結果、後者を選んだ。

- b. 原材料価格の高騰のため、商品の末端価格を維持することが難しくなったが、人件費を削減して生産コストを抑え、商品価格の値上げを最小限にとどめた。

- c. 300年後に受け取る10万円は30年後に受け取る10万円よりも効用が下がることを考慮して、遠い将来世代のために貯蓄する天然資源の量を次世代に残す量よりも割り引いて考えた。

- d. 500万円持っている人よりも5万円持っている人のほうが1万円を受け取ったときの満足が大きいであろうことを考慮して、収入の少ない人により多くの補助金を交付した。

- e. 大学の学費と、高卒で働いていたら得られたであろう給料を計算すると、高卒で就職したほうが生涯獲得賃金が高くなることが分かったが、どうしても大学で学びたいことがあったので、大学進学を選んだ。

問 4　次の記述のうち、本文の主旨に最も近いと考えられるものを 1 つ選べ。

a. 排出量の分配に際しては、非協力が有利な選択肢にならないような仕組みや、各国の過去の排出量をも計算に入れた仕組みを採用すべきである。

b. 大気は万人の平等な共有財であるので、排出量は人口一人当たりの平等な割り当てにしたがって、人口比に応じて各国に配分されるべきである。

c. GHG の排出源となる活動は、食糧などの生活必需品を生産する場合もあれば、奢侈品生産の場合もあるので、それら明確に区別した排出量の配分方法を考えるべきである。

d. 寒冷地と温暖地、車社会とそうでない社会とでは化石燃料の消費量に差が出るのが当然であるので、排出量の配分を決定するに際しては、各国の地勢状況を考慮すべきである。

e. 排出量の分配に際しては、排出削減に伴う負担ないし機会費用の高低を考慮して、できるだけ低コストで多くの量の削減を達成できるようにしなければならない。

問 5　世界中の全ての個人が参加する CO_2 排出量取引の市場があったとしよう。そこでは、参加者全員に平等に排出量枠が与えられ、排出量 1kg あたりの単一価格で、排出権を購入あるいは売却することが出来る。この排出権取引市場について、本文の主旨に基づいて評価するとしたら、以下のうち最も相応しいものはどれか、1 つ選べ。

a. 資金力のある企業や国が排出権を積極的に購入できることで、CO_2 削減の努力を行わなくなる可能性があるため、望ましいとは言えない。

b. CO_2 の排出のために支払うコストが用途にかかわらず統一されるため、貧困層の生活に必要な活動を阻害する恐れがあり、望ましいとは言えない。

c. CO_2 の排出に価格がつくことによって、さまざまな排出削減対策にも価格付けがなされ、より安価な対策が選ばれることとなるため、望ましいと評価できる。

d. CO_2 の削減が排出権の売却益につながることから、将来的に削減のための技術進歩を誘発する可能性があるため、望ましいと評価できる。

e. 排出量取引の市場にはメリットとデメリットがあるので、温暖化対策としての効果が測定されない限り、一概に評価を下すことはできない。

問 6　人々のニーズと GHG 排出量が異なる 6 つのアクティビティ A〜F がある。いま仮に、それらを正確に数値化することができ、図 1 のグラフに描けたとしよう（高い数値は、ニーズが高い、あるいは排出量が多いことを意味する）。本文の趣旨に則った厳密な評価基準は必ずしも明確ではないが、考えうる幾つかの評価基準に従って、制限をかけるアクティビティに順序を付けてみたい。以下の記述のうち、評価基準と制限順序が<u>整合的でないもの</u>を 1 つ選べ。

a. ニーズを GHG 排出量に常に勝る評価基準とするならば、3 番目に制限されるアクティビティは B である。

b. GHG 排出量をニーズに常に勝る評価基準とするならば、3 番目に制限されるアクティビティは C である。

c. 本文中で述べられている「包括的条約」の基準で評価するならば、B よりも先に A が制限される。

d. ドレネンの考える基準で評価するならば、F よりも先に E が制限される。

e. 本文の主旨に沿いつつも、ニーズと排出量のバランスを見ながらアクティビティ制限を決める場合、D と F の制限順序は評価バランス次第になる。

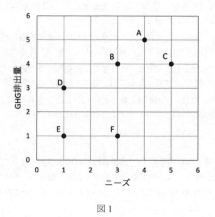

図 1

問 7　近年、温暖化の進展に伴い、世界的に気候変動による被害が深刻化している。温暖化の進展速度を遅らせるための予防的な対策とともに、すでに生じている被害への対処も喫緊の課題である。図 2 は、人口一人当たりの実質国内総生産（GDP）と CO_2 排出量を国ごとに推計し、散布図にしたものである（見やすさのために対数に変換した）。図 3 は、横軸に図 2 と同じ一人当たり実質 GDP、縦軸に旱魃や洪水などの気候災害の規模（10 万人あたりの死者・負傷者・家屋を失った者の合計）をとった散布図である。各図中の直線は回帰直線を表す。また、全ての気候災害が温暖化に起因する訳ではないが、ここでは話を単純にするために、災害の主要因が温暖化にあると仮定しよう。これら二つのグラフから読み取れる記述として、最も適切なものを 1 つ選べ。

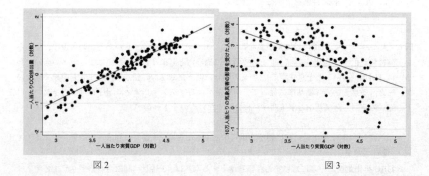

図 2   図 3

a. CO_2 排出一単位当たりの気候被害の規模を計算すると、国民の平均的な豊かさが中程度の国の排出当たり被害規模が最も大きい傾向がある。

b. 気候被害の規模に比べると、CO_2 排出量はばらつきが大きく、同程度の経済規模の国の間でも費用配分の国際協調が必要になると考えられる。

c. 気候被害が少なく抑えられている国では、一人当たりの経済的な豊かさが比較的早いペースで伸びていく傾向がある。

d. 気候変動のリスク低減及び生じた被害への対処を必要とする国は、一人当たりの所得が低く経済的な余裕がない傾向がある。

e. 温暖化による被害の規模と、GHG 排出の規模は概ねバランスしており、各国の排出削減努力は、その国の気候被害削減に繋がると考えられる。

問 8　基底的ニーズや公平性を考慮する場合、排出量の割り当てにおいては個々人の事情を勘案できるのを理想とする意見もあるが、現実的には国の単位での割り当てが国際間協調の場で議論されることが多い。その場合、国としての総排出量も重要な指標になる。図 4 は、図 2 と同じデータを用いているが、縦軸に国ごとの CO_2 総排出量を取っている。また、各国内の貧困層の比率（1 日の生活費が 1.9 ドルを下回る人口比率）も大まかに表示しており、●で表示された国は貧困層比率が世界全体の中央値より高く、◇で表示された国の貧困層比率はそれより低い。

　本文や図 2〜4 を参照しつつ、温暖化対策の国際的な取り決めを話し合う場合、どのようなことに注意すべきと考えられるか？　200 字以内で論じよ。

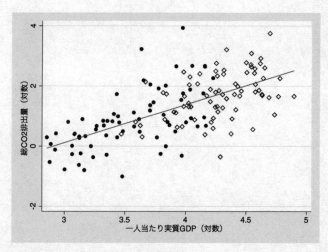

図 4

図 2〜4 の作成に利用したデータは Our World in Data から取得。データは 2010 年のもの。

////////////////// · **memo** · //////////////////

一般選抜

問 題 編

▶試験科目・配点

教　科	科　　　　　目	配　点
外 国 語	コミュニケーション英語Ⅰ・Ⅱ・Ⅲ，英語表現Ⅰ・Ⅱ	50 点
地歴・数学	日本史Ｂ〈省略〉，世界史Ｂ〈省略〉，「数学Ⅰ・Ⅱ・Ａ・Ｂ」のうちから1科目選択	40 点
国　　語	国語総合，現代文Ｂ，古典Ｂ〈省略〉	40 点

▶備　考

「数学Ｂ」は「確率分布と統計的な推測」を除く。

英　語

（90 分）

Ⅰ　次の 1 ～10 について，誤った英語表現を含んだ部分がある場合には a ～ d から誤りを一つ選び，誤りがない場合には e を選んで，マーク解答用紙にマークせよ。

1．Anti-nuclear movements <u>become</u> prominent <u>features</u> of advanced
　　　　　　　　　　　　　　　　ａ　　　　　　　　ｂ
industrial societies in the 1970s as the <u>use</u> of nuclear power <u>with</u>
　　　　　　　　　　　　　　　　　　　　ｃ　　　　　　　　　　ｄ
electricity generation expanded.　NO ERROR
　　　　　　　　　　　　　　　　　ｅ

2．The <u>act</u> of recounting what <u>have</u> happened introduces a degree of
　　　　ａ　　　　　　　　　　ｂ
ambiguity <u>into</u> history because different perspectives <u>create</u> different
　　　　　ｃ　　　　　　　　　　　　　　　　　　　　　　ｄ
histories.　NO ERROR
　　　　　　ｅ

3．<u>Given</u> the constant and <u>cumulative</u> nature of microaggressions, it's
　　ａ　　　　　　　　　ｂ
important to find outside help, especially if there's a power <u>imbalance</u>
　　　　　　　　　　　　　　　　　　　　　　　　　　　　　　　ｃ
or if <u>push</u> back puts you at risk or in danger.　NO ERROR
　　　ｄ　　　　　　　　　　　　　　　　　　　　ｅ

4．<u>Along</u> with the promotion of higher wages and skill development,
　　ａ
the "Respect for Diversity and Flexibility of Choice" policy <u>calls</u> for
　　　　　　　　　　　　　　　　　　　　　　　　　　　　　ｂ
the creation of an environment <u>which</u> people can work regardless <u>of</u>
　　　　　　　　　　　　　　　　ｃ　　　　　　　　　　　　　　　ｄ
their gender and ensure flexibility.　NO ERROR
　　　　　　　　　　　　　　　　　ｅ

5．It takes work to <u>unlearn</u> the many fraught words and phrases in
　　　　　　　　　　ａ
our cultural lexicon, <u>but</u> most people find it's not <u>that</u> difficult to do
　　　　　　　　　　　ｂ　　　　　　　　　　　　　ｃ

once they set their minds to actively being more inclusive.
                                               d
NO ERROR
      e

6. Among international relations scholars, there has been many
     a   b   c
debate on the consequences of the end of the Cold War for war and
peace in the international system. NO ERROR
        d   e

7. The post-9/11 challenge to sovereignty is organized and led by a
                               a   b
hegemonic state which is seeking simultaneous to safeguard and limit
                     c   d
Westphalian sovereignty to suit its particular interests. NO ERROR
                                                              e

8. No biologist has ever been able to provide a satisfactory definition
                          a   b
of "race" — that is, a definition that includes all members of a given
                                  c
race and excludes all others. NO ERROR
                        d   e

9. Meanwhile, the world's existing production capacity of both oil and
    a
gas are already close to being fully used. NO ERROR
    b   c   d   e

10. Such quandaries might suggest that ethical issues should be left to
                                                               a
other social scientists, but that division of labour would be untenable.
                         b   c   d
NO ERROR
      e

Ⅱ　次の英文を読んで下の問いに答えよ。解答はマーク解答用紙にマークせよ。

Several studies show communication skills are the most essential
skills for navigating American adult life — better communicators are
hired more often, enjoy happier relationships and marriages, ascend to
leadership positions, and possess higher self-esteem. The ability to
manage personal emotions and to recognize them in others — also

known as ___A___ — is a predictor of academic and professional success.

These skills are often taught through Social Emotional Learning programs, offered in K-12 schools in 27 states. But they are also a by-product of theater class, according to a recent study from George Mason University and the Commonwealth Theatre Center. The study follows children aged 5 to 18 over six years — the longest look at theater's impact on kids to date — and finds increases in communication skills across age, gender, and race. "The longer the kids spent in the theater classes, the more they gained in 21st century skills, like communication, creativity, imagination, problem solving, and collaboration," says Thalia Goldstein, the study's co-author and an associate professor of applied developmental psychology at George Mason University.

Theater involves "active learning" — getting up on your feet to take in information, rather than merely ___B___. "When you put something in your body, it's more durable, it lasts longer, and you remember it longer," says Kathryn Dawson, associate professor of theater at the University of Texas at Austin. And theater involves more than one "mode": verbalizing, while making a gesture or expression, which research shows boosts brain activity.

It's something parents, whether they realize it or not, are surrounded by. Parents of young children are familiar with pretend play — the couch is suddenly a frog castle, the floor a lake, and unbeknown to you, sharks are circling your ankles. It may seem like pure fantasy, but in fact, pretend play is the foundation for developing empathy, Goldstein says. It helps young children build emotional understanding, regulation and executive function, the foundational skills that later predict empathy levels. Parents can help foster empathy in children by introducing fiction books throughout childhood, with varied characters, settings, and authors, which correlates directly to empathy scores in adulthood. They can let them be the drivers of pretend play, authors of their own stories.

And theater class is yet another way. It's the social dynamic of theater, the give and take, the volley of listening and responding, that expands kids' capacity to read cues, think quickly and creatively, work as an ensemble and see things from another perspective. Theater provides an awareness of space, pausing, waiting for somebody else to talk.

For children with autism, improv techniques increase eye attention and reciprocity of conversation, says Lisa Sherman, co-founder of Act
(1)
As If, a communications program that specializes in working with autistic youths. And this is where the arts level the playing field for children of different abilities; they can participate in meaningful ways where language is not a requisite skill.

A study among K-2 children in San Diego showed that participating in activities in drama and creative movement significantly improved English-speaking skills among children from primarily Spanish-speaking homes. Children with the most limited English benefited the most, says the study's co-author, Christa Greenfader, an assistant professor of child and adolescent studies at California State University at Fullerton.

During the 2021-2022 school year, more than 4,000 immigrant youths enrolled in public schools in Montgomery County in Maryland, the majority from Central and South America. On a recent Tuesday, Hilda Tijerina, a teaching artist, held a map before a class of 18 teenagers. This was Sharon Faber's "Theater Class for Emergent English Learners" at Watkins Mill High School, one of 27 classrooms in nine schools where Imagination Stage, a theater arts organization, hosts workshops called "Oyeme!" ("Hear Me!"). Most of the teenagers had arrived in the United States within the year. They spoke little English and were there to express themselves. They sat stoically.

"Where are we?" Faber asked the class. "Dónde?" Tijerina translated, pointing at the map. "In Maryland!" a smattering of students answered. Then Tijerina asked the teenagers to rise from their desks and form a circle. Those who liked what she said were to walk to the center, while saying a sentence in English. "Who likes sports?" she asked. "I like sports!" most of the class called back, gathering in the middle. "Who likes high school?" she called out again. Half called back, "I like high school!" as she corrected their pronunciations.

Elvis, 17, arrived from El Salvador six months ago and said theater exercises helped him remember English words for days of the week, months, and numbers. For Brissya, 14, improv allowed her to practice English with classmates. She moved to the next activity, illustrating on a white page what she would do with $1 million. Beside a drawing of a shirt and pants, she wrote "buy some clothes" in English.

Connecting is ultimately the goal of communication, and it is the reason the actor Alan Alda began using improv exercises with scientists. Scientists are trained to speak methodically, defend their arguments and use niche jargon, a communication style that doesn't
(2)
always land with a general audience, says Laura Lindenfeld, executive director of the Alda Center for Communicating Science. Through improv, they are taught to make mistakes and laugh about it, to "give ourselves permission to fail and move on." "When scientists come into a room, they're like, 'Oh man, you're going to put me through improv?'" she says. But after exercises like "the mirror," looking intently into other people's eyes, they realize they can't succeed unless they're in touch with the other person. Speaking becomes about making a human connection rather than pushing information — and that's the point. You may have the most wonderful scientific finding, but if no one understands it, what's the 　C　 ?

Sara Williams, mother to Charlotte, cites theater as the foundation for her daughter's self-awareness. Charlotte began drama classes at age 5. At 13, she is not afraid to speak publicly or join the student council; she listens and has confidence. "They go to these classes and come home feeling energized, like they accomplished something," Williams says. And not just the outgoing kids — for the shy, theater opens them up. For children with anxiety, like so many children coming out of the pandemic, "the least judgmental place you can be is in a theater class."

You can keep your ___D___ , and unlike in sports, you're not competing with anyone.

(Adapted from *The Washington Post*)

1. Which one of the following best fits ___A___ in the passage?

  a. leadership capability

  b. cognitive development

  c. emotional intelligence

  d. social competence

2. Which one of the following best fits ___B___ in the passage?

  a. attending a class

  b. doing one's homework

  c. reading a book

  d. sitting at a desk

3. Which one of the following is closest in meaning to the word reciprocity?
(1)

  a. exchange   **b.** communication

  c. articulation   **d.** competence

4. Which one of the following is closest in meaning to the word niche?
(2)

  a. unique   **b.** specialized

  c. incomprehensible   **d.** strategic

5. Which one of the following best fits ___C___ in the passage?

  a. catch   **b.** use

  c. future   **d.** harm

6. Which one of the following best fits ___D___ in the passage?

  a. personality   **b.** responsibility

  c. empathy   **d.** attitude

7. Which of the following best describes the main point of this passage?

  a. The theater can teach both children and adults to be empathetic regardless of age or occupation.

   b. Theater classes allow immigrant children, mainly from Central and South America, to improve their English skills.

   c. The theater helps young people develop mutual understanding through learning from another's experiences.

   d. The theater teaches children to be more confident and assertive by developing verbal communication skills.

   e. Theater classes should be introduced in all schools to foster children's empathy at the earliest learning stage.

8. According to this passage, which TWO of the following are true?

   a. The theater is a very effective way to develop both verbal and nonverbal communication skills.

   b. In addition to theater classes, communication skills are taught in Social Emotional Learning programs across the United States.

   c. Parents know that pretend play is useful in promoting empathy from their own childhood experiences.

   d. Improv techniques help children with limited communication skills participate in class activities.

   e. Immigrant children at any English level can improve their language skills through drama activities.

   f. Some scientists are willing to participate in improv exercises in order to succeed professionally.

 次の英文を読んで下の問いに答えよ。解答はマーク解答用紙にマークせよ。

On a warm day in April, Twila Cassadore piloted her pickup truck toward the mountains on the San Carlos Apache Reservation in Arizona to scout for wild edible plants. A wet winter and spring rains had transformed the desert into a plethora of color. Cassadore and I drove up a rough dirt road that used to be an old cattle trail, passing through various   **A** , moving from Sonoran desert to grasslands and piñon-juniper woodlands. In each area, Cassadore would stop to gather desert chia seeds, cacti flowers and thistles.

As a forager and celebrated food educator, Cassadore, 56, has spent the past 30 years documenting and teaching her fellow Western Apache people about the importance of wild foods in a region that's considered one of the most biodiverse in the US — yet where diet and substance abuse are leading causes of death. Working closely with the tribe's wellness center, the local high school and recovery groups, she often takes people out into the land to forage, cook and heal because she considers this activity to be redemptive.
(1)

Foraged food accounted for up to 50% of the Western Apache diet in pre-reservation times. In spring, it's onions, potatoes, miner's lettuce and thistles. In summer, it's cacti fruit, berries and acorns — "the most prized food in our community," Cassadore said. But after being forced on to reservations, the Apache were forbidden to gather their traditional foods and became dependent on rations and later,　**B**　. By the time Cassadore was growing up on the 1.8m-acre reservation, she said that many people looked down on foraged food, or associated it with poverty.

So she was often teased by her elementary school classmates for bringing homemade beef jerky, acorns, pine nuts and dried mesquite pods foraged by her and her family, instead of the candy bars and sodas that everyone else had. Today the White River, San Carlos and Fort Apache reservations are considered food deserts with few grocery stores and limited access to fresh, healthy foods.

"When you go to school with foraged food, you almost always got bullied," she said. "That was traumatizing for me, and I was embarrassed to bring food from my own home. To me, eating foraged food, this was normal." Cassadore later struggled with drug addiction and mental health issues for much of her life, but said that foraging provided her a way out. It allowed her to reconnect to her "identity, culture and people," she said. She spent years learning about traditional foodways, gaining the trust of community elders, listening to their stories, and　**C**　the foods of her ancestors. This gave her purpose and "filled this void I had felt most of my life," she said, and she is now 20 years sober.

Through her work, she now helps others struggling with addiction, depression and other mental health issues. "They come back with a connection of who they are, as an Apache person," said Cassadore, recalling leading a traditional gloscho (desert woodrat) hunt with patients from a drug and alcohol rehabilitation center. "It wakes up something inside of people. It calms them and makes them want to get better."

Naelyn Pike spent the summer after graduating high school working with Cassadore through the Traditional Western Apache Diet Project, a program to document and study traditional Ndee/Nnee (Western Apache) knowledge of the natural world and highlight the benefits of pre-reservation life and foods. Pike and other Apache youth spent days in the field with Cassadore, the project assistant, learning about Apache foods, recipes, and traditions. "It left a huge mark on my life," said
(2)
23-year-old Pike, an Indigenous rights activist and executive assistant to the office of the chairman for the San Carlos Apache Tribe. "It teaches us the importance of our way of life as Apache people."

Like many of her peers, Pike has re-embraced foraging since her time with Cassadore, spending time each summer harvesting acorns, saguaro fruit and other wild foods. "I am very confident that when we go back to Apache foods, it doesn't just benefit us physically, but mentally, emotionally and spiritually," she said. "Taking part in this project has opened my eyes to understanding traditional values and how important our food is. We want to 　D　, preserve and grasp on to this way of life." Tribal officials told *The Guardian* that people on the San Carlos Apache Reservation are facing interconnected epidemics of substance abuse, suicide and sexual violence — and the threat of ecological collapse. "For traditional people, these are all completely related," said one tribal official who asked not to be named. "There are all kinds of historical reasons for people not living a balanced way of life. People like Twila are working really hard to bring the community back into this balance."

Cassadore is often scouting for the future. The banana yucca fruit won't be ripe until October. However, the development of the flowers in spring will determine the plant's fruit production. "A big patch like this is the best place to harvest," she said of a large concentration of blooming banana yuccas whose white flowers resemble squash blossoms. She plans to return here in the fall to teach people from the community how to gather and prepare the fruit.

Along with foraging, Cassadore has interviewed more than 100 elders to help identify more than 200 wild edible plants and hundreds of traditional recipes, like acorn soup and agave pie with crust made from foraged seeds. She pulled her black Toyota truck off the side of Route 70 toward a patch of volcanic soil blanketed in small white flowers. She grabbed a screwdriver from the center console and started to dig wild vegetables from the rocky ground. "Onions," she said. "Collect and be grateful. Only take what you need." She plans to eat them with dinner, along with elk and wild roasted potatoes foraged weeks earlier. "If you really want to start healing, work with the earth and ingredients that were given to us," she said.

(Adapted from *The Guardian*)

1. Which one of the following best fits ___**A**___ in the passage?

   a. time zones   **b.** localities

   c. phases   **d.** ecosystems

2. Which one of the following is closest in meaning to the word redemptive[(1)]?

   a. resolving   **b.** redeeming

   c. relieving   **d.** reconstituting

3. Which one of the following best fits ___**B**___ in the passage?

   a. thievery   **b.** programs

   c. commodities   **d.** requisitions

4. Which one of the following best fits ___**C**___ in the passage?

a. celebrating　　　　　　　**b**. seeding

c. enjoying　　　　　　　　**d**. harvesting

5. Which one of the following is closest in meaning to the phrase huge mark?
(2)

　　a. consequent action　　　**b**. considerable wound

　　c. visible indentation　　　**d**. significant impression

6. Which one of the following best fits ___D___ in the passage?

　　a. reclaim　　　　　　　**b**. justify

　　c. absorb　　　　　　　　**d**. understand

7. Which one of the following best describes the main point of this passage?

　　a. Some members of the Western Apache community are returning to traditional food gathering methods.

　　b. Some members of the Western Apache community have been able to solve many social and psychological problems through changes in diet.

　　c. The recent change to traditional food gathering methods in the Western Apache community is the result of changes within American society as a whole.

　　d. Children in the Western Apache community who bring foraged food to school are often envied by their classmates who have only processed foods at lunchtime.

　　e. Although foraging is beneficial in many ways, it remains controversial within the Western Apache community.

8. According to this passage, which TWO of the following are true?

　　a. In pre-reservation times, foraging was not the only food source in the Western Apache community.

　　b. Native Americans suffer from a much higher rate of suicide than the general population.

　　c. Some native Americans are being healed through the practice of foraging.

　　d. Foraging is promoting more individualism among some in the

Western Apache community.

e . Foraging will one day again replace mass food consumption on some reservations.

f . Foraging is taking place solely through the efforts of some young people on reservations.

 次の英文を読んで下の問いに答えよ。解答はマーク解答用紙にマークせよ。

The green revolution was one of the greatest feats of human ingenuity. By promoting higher-yielding varieties of wheat and, especially, rice, plant-breeders in India, Mexico and the Philippines helped China emerge from a famine and India avoid one. From 1965 to 1995, Asia's rice yields doubled and its poverty almost halved, even as its population soared.

Asia's vast rice market is a legacy of that triumph. The starchy grain is the main source of ___**A**___ for over half the world's population. Asians produce over 90% of rice and get more than a quarter of their calories from it. And demand for the crop is projected to soar, on the back of population growth in Asia and Africa, another big rice consumer. By one estimate, the world will need to produce almost a third more rice by 2050. Yet that looks increasingly hard — and in some ways undesirable.

Rice production is spluttering. Yields have increased by less than 1 % a year over the past decade, much less than in the previous one. The greatest slowdowns were in South-East Asia, where Indonesia and the Philippines — together, home to 400m people — are already big importers. This has many explanations. Urbanisation and industrialisation have made labour and farmland scarcer. Excessive use of pesticides, fertiliser and irrigation have poisoned and depleted soils and groundwater. But the biggest reason may be global warming.

Rice is particularly ___**B**___ to extreme conditions and is often grown in places where they are increasingly evident. Patchy monsoon rains and drought last year in India, the world's biggest rice exporter, led to a reduced harvest and an export ban.   Devastating floods in Pakistan, the fourth-biggest exporter, wiped out 15% of its rice harvest.   Rising sea-levels are causing salt to seep into the Mekong Delta, Vietnam's "rice bowl".

It gets worse.   Rice is not merely a casualty of climate change, but also a contributor to it.   By starving soils of oxygen, paddy cultivation encourages methane-emitting bacteria.   It is a bigger source of greenhouse gas than any foodstuff except beef.   Its emissions footprint is similar to that of aviation.   If you count the conversion of forestland
(1)
for rice paddy — the fate of much of Madagascar's rainforest — that footprint is even bigger.

This   **C**   an insidious feedback loop and, in all, a far more complicated set of problems than the food insecurity that spurred the green revolution.   Indeed, eating too much rice turns out to be bad for people as well as the climate.   White rice is more fattening than bread or maize, and is not especially nutritious.   In South Asia rice-heavy diets have been linked to high rates of diabetes and persistent malnutrition.

Policymakers need to increase rice yields, then, but more selectively than in the 1960s.   In the places most suitable for rice cultivation, such as hot and sticky South-East Asia, faster adoption of new technologies, such as flood-resistant and more nutritious seeds, could provide a big productivity boost.   In tandem with improved practices, such as direct
(2)
seeding of paddy, they could also shorten the growing cycle and reduce the amount of water required, mitigating environmental harm. Farmers have been slow to adopt such improvements, partly because of overgenerous subsidies that shield them from the rice crisis.   A better approach would make state support contingent on best practice. By encouraging crop insurance — a good idea in itself — governments could also help reassure farmers as they switch from old ways to new.

Governments need to nudge producers and consumers away from

２０２４年度　一般選抜　英語

rice. India and Indonesia are promoting millet, which is more nutritious and uses a lot less water. Scrapping subsidies that favour rice over other crops would make such efforts more effective. India, for example, procures rice from farmers, often at above-market rates, then distributes it as food aid. It should make its interventions more crop-agnostic, by replacing subsidies and free rice with income support for farmers and cash transfers for the poor. That would encourage farmers to choose the best crop for their local conditions — much of India's agricultural north-west would switch from rice to wheat overnight. Poor Indians would be free to choose a more balanced diet. Thereby, it would correct a market skewed towards environmental damage and poor health.

Bringing about such change in Asia and beyond will be far harder than promoting new wonder seeds. Farmers are almost everywhere a powerful constituency. Yet policymakers should get used to blending complicated economic and technological fixes in this way. Increasingly, it is what fighting climate change will __D__. Sorting out the mounting crisis in the world's most important foodstuff would be a good place to begin.

(Adapted from *The Economist*)

1. Which one of the following best fits __A__ in the passage?
   a. income
   b. sustenance
   c. livelihood
   d. drought

2. Which one of the following best fits __B__ in the passage?
   a. susceptible
   b. likely
   c. invulnerable
   d. risky

3. Which one of the following is closest in meaning to the word conversion?[（1）]
   a. plunder
   b. confiscation
   c. transformation
   d. inducing

4. Which one of the following best fits __C__ in the passage?

a. adds in　　　　　　　　　　**b.** breaks down

c. consists of　　　　　　　　**d.** amounts to

5. Which one of the following is closest in meaning to the phrase In tandem with?(2)

　　a. Together with　　　　　　**b.** In competition with

　　c. Thanks to　　　　　　　　**d.** In spite of

6. Which one of the following best fits 　**D**　 in the passage?

　　a. except　　　　　　　　　　**b.** create

　　c. entail　　　　　　　　　　　**d.** preclude

7. Which of the following best describes the main point of this passage?

　　a. Rice production should no longer be promoted because of its harmful effects on the environment and human health.

　　b. Global warming has had a significant impact on rice production in Asia in recent decades.

　　c. Policymakers need to implement new strategies to address the many challenges facing rice production.

　　d. Despite the efforts of policymakers, producers and consumers have been slow to switch to crops other than rice.

　　e. Governments need to implement policies that allow crop production to be adapted to local needs.

8. According to this passage, which TWO of the following are true?

　　a. Rice is an essential food for people in Asia, so policymakers need to subsidise rice production.

　　b. Providing income support to farmers and cash payments to the poor is a better policy option than subsidising rice.

　　c. As much as 75% of the total population of Asia depends on rice for their daily calorie intake.

　　d. Climate-related hazards are the biggest contributor to the decline of rice production in Indonesia and the Philippines.

　　e. Rice production is the second largest source of greenhouse gas emissions from foodstuff.

f. The Indian government promotes millet because it helped India avoid a famine in the past.

 次の英文を読んで下の問いに答えよ。解答はマーク解答用紙にマークせよ。

So what did John Nash actually do? Viewers of the Oscar-winning film "A Beautiful Mind" might come away thinking he devised a new
(1)
strategy to pick up women. Mr. Nash's contribution was far more important than the somewhat contrived analysis about whether or not to approach the most beautiful woman in the bar. What he discovered was a way to predict the outcome of virtually any kind of strategic interaction. Today, the idea of "Nash equilibrium" is a central concept in game theory.

Modern game theory was developed by the great mathematician John von Neumann in the mid-1940s. His goal was to understand the general logic of strategic interaction, from military battles to price wars. Von Neumann, working with the economist Oskar Morgenstern, established a general way to represent games mathematically and offered a systematic treatment of games in which the players' interests were ___**A**___. Games of this sort — zero-sum games — are common in sporting events and parlor games. But most games of interest to economists are non-zero sum. When one person engages in voluntary trade with another, both are typically made better off. Although von Neumann and Morgenstern tried to analyze games of this sort, their analysis was not as satisfactory as that of the zero-sum games. Furthermore, the tools they used to analyze these two classes of games were completely different.

Mr. Nash came up with a much better way to look at non-zero-sum games. His method also had the advantage that it was equivalent to the von Neumann-Morgenstern analysis if the game happened to be zero sum. What Mr. Nash recognized was that in any sort of strategic interaction, the best choice for any single player depends critically on their beliefs about what the other players might do.   Mr. Nash proposed that we look for outcomes in which each player is making an optimal choice, given the choices the other players are making.   This is what is now known as a Nash equilibrium.   At a Nash equilibrium, it is reasonable for each player to believe that all other players are playing optimally — since these beliefs are actually confirmed by the choices each player makes.

It's a nice theory.   But is it true?   Does it describe actual behavior in actual games?   Well, no.   Game theory is   **B**   : it analyzes how "fully rational" players should play if they all know they are playing against other fully rational players.   That assumption of "full rationality" is the problem with game theory.   In real life, most people — even economists — are not fully rational.   Consider a simple example: several players are each asked to pick a number ranging from zero to 100.   The player who comes closest to the number that is half the average of what everyone else says wins a prize.   Before you read further, think about what number you would choose.

Now consider the game theorist's analysis.   If everyone is equally rational, everyone should pick the same number.   But there is only one number that is equal to half of itself — zero.   This analysis is logical, but it isn't a good description of how real people behave when they play this game: almost no one chooses zero.   But it's not as if the Nash equilibrium never works.   Sometimes it works quite well.   Two economists, Jacob Goeree and Charles Holt, recently published a clever article, "Ten Little Treasures of Game Theory and Ten Intuitive Contradictions," that   **C**   a number of games in which the Nash theory works well, and then shows that what should be an inconsequential change to the payoffs can result in a large change in behavior.
(2)

In their simplest example, two players, whom we will call Jacob and Charles, independently and simultaneously choose an amount from 180 cents to 300 cents.   Both players are paid the lower of the two amounts,

2024年度　一般選抜　英語

and some amount R (greater than 1) is transferred from the player who chooses the larger amount to the player who chooses the smaller one. If they both pick the same number, they both are paid that amount, but no transfer is made. So if Jacob chooses 200 and Charles chooses 220, the payoff to Jacob is 200 + R and the payoff to Charles is 200 − R. If Jacob thinks Charles will say 200, then Jacob will want to announce 199. But if Charles thinks Jacob will announce 199, then Charles should say 198. And so on. The only consistent pair of beliefs is when each thinks the other will say 180.

When Mr. Goeree and Mr. Holt performed this experiment with R = 180, nearly 80 percent of the subjects picked 180, which is the Nash prediction. When they set R = 5, and reran the experiment (with different subjects), however, the outcomes were completely reversed, with nearly 80 percent choosing 300. Findings of this sort have stimulated the development of "behavioral game theory," which tries to formulate a theory of how to understand games involving real people, rather than those __D__ "fully rational" people.

Consider, for example, the "guess half the average" game described earlier. Oscar, a simpleminded player, might think that any number between zero and 100 is equally likely, so he would guess 50. Emmy, who is more sophisticated, might figure that if lots of people were like Oscar and say 50, then she should say 25. Tony, who is yet more sophisticated, figures that if lots of people think like Emmy, then he should say 12 or 13. And so on. An economist named Rosemarie Nagel ran a game like this a few years ago and found that the choices do tend to cluster around 50, 25 and 12. In fact, the winning choice turned out to be close to 13, a number chosen by about 30 percent of the players. In this game the best strategy wasn't the Nash equilibrium, but it wasn't so far away from it either.

(Adapted from *The New York Times*)

1. Which one of the following is closest in meaning to the word

devised?
(1)

a . reshaped　　　　　　**b .** demolished

c . verified　　　　　　　**d .** conceived

2 . Which one of the following best fits ___A___ in the passage?

a . exactly the same　　　**b .** partially overlapping

c . diametrically opposed　**d .** totally unrelated

3 . Which one of the following best fits ___B___ in the passage?

a . an exception　　　　　**b .** an idealization

c . a specialization　　　　**d .** a devastation

4 . Which one of the following best fits ___C___ in the passage?

a . describes　　　　　　**b .** alters

c . invalidates　　　　　　**d .** shatters

5 . Which one of the following is closest in meaning to the word
inconsequential?
(2)

a . irrelevant　　　　　　**b .** discontinuous

c . dismissive　　　　　　**d .** unrealistic

6 . Which one of the following best fits ___D___ in the passage?

a . radical　　　　　　　**b .** mythical

c . ethical　　　　　　　**d .** practical

7 . Which one of the following best describes the main point of this
passage?

a . Mr. Nash invented the valuable concept of the Nash equilibrium
to disprove some of the results obtained in behavioral game theory.

b . The results of the experiment suggests that it is important to
create a social system where people behave in a manner consistent
with the Nash equilibrium.

c . Game theory, which is built on the basis of the Nash equilibrium,
is a useful theory that can help in winning over one's favorite
partner.

d . Whether people choose to act according to the Nash equilibrium
depends on the circumstances they are actually facing.

e . While the Nash equilibrium is an outstanding concept that takes into account the choices of others, in practice even fully rational people behave differently from what Mr. Nash predicted.

8．According to this passage, which TWO of the following are true?

  a．Through experimentation, Rosemarie Nagel revealed that there could exist multiple Nash equilibria.

  b．Mr. Nash has developed an innovative theory that predicts how people will behave when they are not fully rational.

  c．In the "guess half the average game," a fully rational player chooses 12 when all others choose 12.

  d．In the non-zero-sum games, von Neumann and Morgenstern's analysis is a generalization of Mr. Nash's analysis.

  e．Under the Nash equilibrium, each player makes the best choice given the other players' choices.

  f．In Mr. Goeree and Mr. Holt's experiment, let $R = 30$. If Jacob chooses 250 and Charles chooses 210, Jacob's payoff is 180.

数 学

(60分)

〔注意事項〕

- 計算の途中経過を記述すること。記述されていない解答は採点の対象外となる場合がある。
- 定規，コンパスを使用してもよい。

1

連立不等式

$$y \leqq -\frac{2}{3}x + 4, \qquad y \geqq x - 1, \qquad x \geqq 0, \qquad y \geqq 0$$

の表す領域を D とする。点 (x, y) が領域 D を動くとき，次の問に答えよ。

（1） 領域 D を座標平面上に図示せよ。

（2） $-2x + y$ の最大値と，そのときの x, y の値を求めよ。

（3） $2x + y$ の最大値と，そのときの x, y の値を求めよ。

（4） a がすべての実数を動くとき，$ax + y$ の最大値を a で分類せよ。

2

OA $= 6$, OB $= 5$, AB $= 7$ である $\triangle$OAB において，$\vec{a} = \overrightarrow{\text{OA}}$, $\vec{b} = \overrightarrow{\text{OB}}$ とおく。次の問に答えよ。

（1）$\triangle$OAB の内心を I，辺 AB と直線 OI の交点を C とする。$\overrightarrow{\text{OC}}$ を $\vec{a}$, $\vec{b}$ で表せ。

（2）$\overrightarrow{\text{OI}}$ を $\vec{a}$, $\vec{b}$ で表せ。

（3）内積 $\vec{a} \cdot \vec{b}$ の値を求めよ。

（4）$\triangle$OAB の垂心を H，$\overrightarrow{\text{OH}} = s\vec{a} + t\vec{b}$ とするとき，$\overrightarrow{\text{AH}}$, $\overrightarrow{\text{BH}}$ を $\vec{a}$, $\vec{b}$, s, t で表せ。

（5）s, t の値を求めよ。

3

n を $n \geq 3$ である自然数とする。相異なる n 個の正の数を小さい順に並べた集合 $S = \{a_1, a_2, \cdots, a_n\}$ を考える。$a_1 = k$ とするとき，次の問に答えよ。

（1）$a_i - a_1 (i = 2, 3, \cdots, n)$ がすべて S の要素となるとき，a_2 を求めよ。

（2）（1）のとき，a_n を n の式で表せ。

（3）$\dfrac{a_i}{a_1} (i = 2, 3, \cdots, n)$ がすべて S の要素となるとき，a_n を n の式で表せ。

//////////////////// · memo · ////////////////////

/////////////////// · memo · ///////////////////

問題編

■一般選抜

▶試験科目・配点

教　科	科　　　　　目	配　点
外 国 語	コミュニケーション英語Ⅰ・Ⅱ・Ⅲ，英語表現Ⅰ・Ⅱ	50 点
地歴・数学	日本史B〈省略〉，世界史B〈省略〉，「数学Ⅰ・Ⅱ・A・B」のうちから1科目選択	40 点
国　　語	国語総合，現代文B，古典B〈省略〉	40 点

▶備　考

「数学B」は「確率分布と統計的な推測」を除く。

■■■英語■■■

(90 分)

[I]　次の 1 ～ 10 について，誤った英語表現を含んだ部分がある場合には **a** ～ **d** から誤りを一つ選び，誤りがない場合には **e** を選んで，マーク解答用紙にマークせよ。

1. Given that the cost of food and consumer products <u>involve</u>
   _a
   materials and labor, <u>producers</u> must either <u>raise</u> prices, provide less
   _b　　　　　　　　　　　_c
   <u>product</u> when costs increase or lose profit margins.　NO ERROR
   _d　　　　　　　　　　　　　　　　　　　　　　　_e

2. <u>What</u> we used to politely call nuisance <u>flooding</u> is now a recurrent
   _a　　　　　　　　　　　　　　　　_b
   <u>threatening</u> to commerce, transportation, and public health, and
   _c
   storm surge <u>threatens</u> historic neighborhoods.　NO ERROR
   _d　　　　　　　　　　　　　　　　_e

3. <u>Resolving</u> local and global environmental quandaries <u>requires</u>
   _a　　　　　　　　　　　　　　　　　　　　　　　_b
   careful thought and planning, <u>and</u> future success <u>depends</u> on a deep
   _c　　　　　　　　_d
   appreciation of the past.　NO ERROR
   　　　　　　　　　　　_e

4. The division of Germany <u>between</u> the Soviet Union and the West
   _a
   was <u>one feature</u> of a bi-polar world order <u>that</u> capitalist and
   _b　　　　　　　　　　　　　　　　_c
   communist <u>states</u> raced to develop nuclear weapons.　NO ERROR
   _d　　　　　　　　　　　　　　　　　　　　　　_e

5. <u>Among</u> the Victorian period there were dramatic changes in the
   _a
   <u>mode</u>, speed and frequency of travelling, and <u>such</u> changes <u>were</u>
   _b　　　　　　　　　　　　　　　　　_c　　　　　_d
   reflected in the size, planning and structure of hotels.　NO ERROR
   　　　　　　　　　　　　　　　　　　　　　　　_e

6．Thailand edged closer to <u>become</u> the first place in Southeast Asia
a

to <u>legalize</u> same-sex unions when lawmakers <u>passed</u> four different
　　b　　　　　　　　　　　　　　　　　　c

bills aiming to <u>provide</u> greater rights to gay couples.　NO ERROR
　　　　　　　d　　　　　　　　　　　　　　　　　　　　　e

7．The Biden Administration acted <u>with</u> urgency and began shipping
　　　　　　　　　　　　　　　　　a

orthopoxvirus tests <u>to</u> major labs to increase <u>in</u> testing capacity and
　　　　　　　　　b　　　　　　　　　　　　　c

convenience <u>in</u> every community.　NO ERROR
　　　　　d　　　　　　　　　　　　e

8．<u>Nestling</u> in the hills of Morrow County, <u>hundreds</u> of solar panels
　a　　　　　　　　　　　　　　　　　　　b

and wind turbines are generating a product that will <u>soon</u> be in high
　　　　　　　　　　　　　　　　　　　　　　　c

<u>demand</u> around the state － clean electric energy.　NO ERROR
　d　　　　　　　　　　　　　　　　　　　　　　　　e

9．<u>For</u> decades, the legal battle <u>over</u> abortion <u>focused</u> on the U.S.
　a　　　　　　　　　　　　　b　　　　　　　c

Supreme Court and <u>their</u> guiding document, the U.S. Constitution.
　　　　　　　　　d

NO ERROR
　e

10．<u>As</u> someone with autism spectrum disorder, John Elder Robison
　a

knows what it's <u>like</u> to feel <u>emotional</u> removed <u>from</u> situations.
　　　　　　　b　　　　　　c　　　　　　　　d

NO ERROR
　e

Ⅱ　次の英文を読んで下の問いに答えよ。解答はマーク解答用紙にマークせよ。

High school students in Long Beach began advocating for multi-stall, all-gender restrooms in 2018.　These teens took on the emotionally exhausting task of recounting their experiences of being bullied in bathrooms to school leaders, educators and parents.　Many times, their only option was to use the bathroom in the nurse's office, which was stigmatizing and 　**A**　outed students who had not yet shared their gender identities with their classmates. Some kids opted not to go to the bathroom at all, making it hard to concentrate in class — and in some cases leading to urinary tract infections.

The district listened. By January 2020, Long Beach Unified had quietly opened multi-stall bathrooms at three high schools. There was little to no opposition at the time and no press. The district now requires all new school construction to include gender-neutral facilities. Enter the new aquatics center at Wilson High School, the first facility to be built since this shift. The district conducted focus groups on locker room design with 60 students. Participants, regardless of gender identity, consistently described feeling uncomfortable in the communal showers and changing areas. Many brought up body image and bullying. Wilson High's locker room design reflects this feedback. Each stall includes a shower, changing area, bench and storage nook. The partitions between each stall would extend nearly to the ceiling and floor, and waist-high lockers would allow for coaches to easily supervise the space.

Community members began speaking out against the project at Board of Education meetings in early December, just after the website Breitbart published a piece decrying the plan. Fewer than 20 people
(1)
publicly voiced opposition to the locker rooms. That was still enough for the district to pause the plan while it gathered more input. I spoke with Christopher Covington, an organizer at Genders & Sexualities Alliance Network who has worked closely with Long Beach students around this issue. It's likely that many people who oppose gender-neutral bathrooms and locker rooms don't know a trans person personally, they said. "They don't understand the challenges young trans people face on school campuses, and how creating a facility like this could potentially support them," Covington told me.

Consider, for example, what it's like to be a transgender boy in high school. Maybe he's yet to transition or come out. One day, he chooses to use the restroom that aligns with his gender identity because using the girls' restroom is emotionally distressing.　It's in this kind of situation where many gender-diverse students are harassed, questioned and ─ in the worst cases ─ physically harmed, said Carla Peña, manager of professional development at Gender Spectrum, an organization that works to create gender-inclusive environments for kids and teens.

　In 2013, California became the first in the U.S. to enshrine into law the right of transgender students to choose bathroom and locker rooms that match their gender identity.　Three years later, the state required all single-occupancy public toilets to be gender-neutral by spring 2017. Although advocates say that this was a step in the right direction, many schools complied with the law by letting students use the bathroom in the nurse's office, which inevitably singled them out.

　Peña estimates that maybe a quarter of high schools nationwide have some sort of gender-neutral bathroom option ─ and that's being 　**B**　, she said.　Most of those are of the nurse's bathroom variety.　In 2019, a national survey by the education organization GLSEN found that 45% of LGBTQ＋ students avoided using gender-segregated school bathrooms and 44% avoided locker rooms because they felt unsafe or uncomfortable.　Multi-stall, inclusive facilities remove these barriers, Peña said: "If I'm not worried about getting my basic needs met, or whether or not using the bathroom will out me, I have less anxiety and more energy to be present and learn."

　According to advocates, inclusive facilities benefit all pupils, regardless of gender identity.　"We know that the availability of spaces at schools makes students overall feel safer," said Joel Jemino, youth services manager at the Long Beach LGBTQ Center.　"It's a clear message from the school that this is a place where they are included, that ─ 　**C**　 ─ they have a right to safety."　Such bathrooms and locker rooms also serve students with physical disabilities who have caretakers of a different gender.　And they teach young people the importance of respecting people in all of their identities, how to share spaces with others, and privacy and boundaries.

Teens seem to get this. School leaders in Long Beach told me that students overwhelmingly support the locker room plan. "They're like, 'Why wouldn't we be doing this?'" said Tiffany Brown, the district's deputy superintendent. The opposition is almost solely led by ___D___. The most commonly voiced concern these days against communal, all-gender bathrooms is that students — particularly girls — will be harassed or assaulted by the opposite sex. This belief has roots in the historical argument that trans people are the ones to be feared in bathrooms, advocates told me. But that's a perspective that wouldn't be well-received in a LGBTQ-friendly city like Long Beach. At the end of the day, the safety issue is a moot point, said Rodrigo Heng-Lehtinen, executive director of National Center for Transgender Equality. If students are being harassed in bathrooms, that's a school-climate issue, not a gender issue. "Harassment is still illegal in a gender-neutral facility," he said. "Protections and norms around acceptable behavior still apply."

(Adapted from *Los Angeles Times*)

1. Which one of the following best fits ___A___ in the passage?
   a. unintentionally　　　　　　　b. independently
   c. unsurprisingly　　　　　　　d. immorally

2. Which one of the following is closest in meaning to the word decrying?
   a. revising from top to bottom
   b. rejecting now and forever
   c. expressing open disapproval
   d. executing with reservations

3. Which one of the following best fits ___B___ in the passage?
   a. generous　　　　　　　　　b. precise
   c. exceptional　　　　　　　　d. diverse

4. Which one of the following best fits ___C___ in the passage?

　　a．by any means　　　　　**b**．no matter what

　　c．to some extent　　　　　**d**．in actual fact

5．Which one of the following best fits ___D___ in the passage?

　　a．conservatives　　　　　　**b**．school administrators

　　c．advocates　　　　　　　　**d**．adults

6．Which one of the following is closest in meaning to the phrase a(2) moot point?

　　a．a careful observation　　**b**．a solvable problem

　　c．a debatable question　　　**d**．a matter of course

7．Which of the following best describes the main point of this passage?

　　a．It has been difficult to respect gender diversity in high schools even in places like Long Beach.

　　b．High schools in Long Beach are supporting sexual minority youth by building gender-neutral bathrooms.

　　c．Gender-neutral bathrooms have been controversial for a long time in high schools in Long Beach.

　　d．There are good reasons why gender-neutral bathrooms in high schools benefit all young people.

　　e．High school students in Long Beach were successful in making gender-neutral bathrooms.

8．According to this passage, which TWO of the following are true?

　　a．Even people who were against gender-neutral bathrooms have started to become aware of the difficulties transgender students experience in school every day.

　　b．Gender-inclusive environments help people with other challenges have a more comfortable life as well.

　　c．When gender-neutral bathrooms were set up in Long Beach, some people hesitated to use them.

　　d．The new locker room project had to be cancelled because it was not supported by many people.

　　e．The last problem to be solved concerning all-gender bathrooms is how to avoid sexual harassment in the facilities.

f. People who were against gender-neutral facilities in high school in Long Beach are probably unfamiliar with transgender people.

Ⅲ 次の英文を読んで下の問いに答えよ。解答はマーク解答用紙にマークせよ。

Under federal law, there are two classes of workers: those who make tips and those who do not, with different rules for each. Since 2009, the federal minimum wage for regular workers has been $7.25 an hour. For tipped workers, it's been far lower for far longer — $2.13, where it's been stuck for more than two decades. In theory, employers are expected to make up the difference if tips don't bring workers up to the regular minimum wage. In practice, particularly in the restaurant industry, servers' dependence on their bosses to get good shifts means few complain if they don't get the wage gap closed.

This two-tiered system is a peculiar anachronism. It was imported to the United States by wealthy U.S. travelers seeking to re-create the customs of the European aristocracy, and the practice proliferated(1) after the end of the Civil War as a means for the restaurant and hospitality industry, led by the Pullman Co., to hire newly freed slaves without paying them base wages. The effect was to create a permanent servant class, for whom the responsibility of paying a living wage was shifted from employers onto customers. In many other countries, waitstaff were eventually brought to legal **A** with other workers, understood to be professionals like anyone else. In "Homage to Catalonia," George Orwell described his shock upon arriving in Barcelona and observing that "waiters and shopwalkers looked you in the face and treated you as an equal."

This did not happen in the United States, where tips were enshrined into law, affecting nearly 6 million workers today, 65 percent of whom are women. Waitstaff and bartenders who earn below minimum wage are more than twice as likely to live below the poverty line as non-tipped workers. Yet the wage floor varies across the country, as states set their own regular and tipped-minimum-wages.

Seven states — Alaska, California, Minnesota, Montana, Nevada, Oregon and Washington — have eliminated the two-tiered system entirely. New York appears to be the next state that will join this trend: Gov. Andrew M. Cuomo (D) recently announced that he will hold hearings to explore setting a single statewide minimum wage for all workers. And in the District, advocates have collected enough signatures to put the issue on the 2018 ballot but are facing a legal challenge.

Opponents of this trend, notably the restaurant industry, have argued that such measures would be disastrous for restaurants, causing them to raise prices, lose business and slash jobs. Dire warnings that customers would stop tipping entirely persuaded legislators to invalidate a higher tipped-minimum-wage approved by referendum in (2) Maine.

Are these concerns valid? The very fact that people haven't stopped going to restaurants or tipping servers in California or Montana suggests that they are 　**B**　. To gain further insight, we looked at the impact on restaurant worker earnings and employment from New York state's last increase in the tipped-minimum-wage, from $5 to $7.50 in 2015, using data from the *Quarterly Census of Employment and Wages*, published by the Bureau of Labor Statistics (BLS), which tracks employment and earnings by industry.

What we found was that in the year following the increase, full-service restaurant workers saw their average take-home pay (including wages and tips) go up 6.4 percent, a larger increase than in any neighboring state (none of which increased their tipped-minimum-wage in that period), while the number of these workers increased by 1.1 percent, or 3,751 new jobs.

But there are many other things that may affect employment and earnings. A boom or bust in the economy of the state, or even in New

York City alone, could mask whatever effect a tipped-minimum-wage hike might have had. And the question remains: Compared to what? We wanted to know not only whether New York's restaurant workers benefited from the wage hike, but whether they did so relative to restaurant workers elsewhere.

To better isolate the effect of New York's tipped-minimum-wage increase from other factors, we also compared restaurant worker earnings and employment in counties on either side of the New York-Pennsylvania border, the longest border New York shares with another state. Pennsylvania offers a clear contrast; it last raised its tipped-minimum-wage in 2007, and it now sits at $2.83, far lower than New York's. Counties on either side of this border share mostly the same economic indicators and labor pools and thus provide a natural experiment for the effect of a policy change on just one side of the border.

Our findings show that restaurant workers in counties on the New York side of the border did better than those in counties on the Pennsylvania side. On the aggregate, in the year following the tipped-minimum-wage hike, those New York border counties saw restaurant workers' take-home pay go up an average of 7.4 percent and employment go up 1.3 percent, compared with Pennsylvania border counties, which saw a pay increase of 2.2 percent and a decline in employment by 0.2 percent.

These findings are just one part of the puzzle; changes in earnings and employment can vary a lot by establishment, which cannot be captured by county aggregates in the BLS data. Small changes in employment may be statistically insignificant and consistent with frictional unemployment, the standard flux of people ___C___ jobs and looking for new ones.

But the results for earnings are clear. Restaurant workers did not lose take-home pay following the tipped-minimum-wage hike; in fact, they earned significantly more — and more relative to their neighbors.

At the same time, there is no evidence it had a negative effect on employment.

Sometimes the hardest patterns to see are those in which nothing happens. For decades, restaurant industry lobbyists have predicted that the sky would fall with each tipped-minimum-wage hike. After the successful adoption of single tiers in seven states and countless raises in others, it's time to acknowledge that such Chicken Little scenarios have failed to ___D___.

(Adapted from *Washington Post* ― *Blogs*)

1. Which one of the following is closest in meaning to the word proliferated?
(1)

   a. became controversial   **b.** became rare

   c. became infamous   **d.** became popular

2. Which one of the following best fits ___A___ in the passage?

   a. agreement   **b.** support

   c. parity   **d.** acceptance

3. Which one of the following is closest in meaning to the word referendum?
(2)

   a. senators   **b.** officials

   c. judges   **d.** voters

4. Which one of the following best fits ___B___ in the passage?

   a. overblown   **b.** understated

   c. correlated   **d.** confusing

5. Which one of the following best fits ___C___ in the passage?

   a. creating   **b.** leaving

   c. offering   **d.** assessing

6. Which one of the following best fits ___D___ in the passage?

   a. disappear   **b.** register

   c. materialize   **d.** stagnate

7. Which one of the following best describes the main point of this passage?

  a. In the United States, the probability of tipped workers living below the poverty line is twice as high as that of regular workers.

  b. It is desirable to set a uniform state-wide minimum wage and eliminate the permanent servant class.

  c. The two-tiered minimum wage system, as a means to hire freed slaves after the Civil War, is a peculiar anachronism.

  d. Restaurant industry lobbyists are losing influence in many states.

  e. The tipped-minimum-wage increase benefitted workers in the restaurant industry and had no significant effect on employment.

8．According to this passage, which one of the following is true?

  a. In 2015-2016, the rate of increase in average earnings for restaurant workers in New York was greater than in any state bordering New York.

  b. In 2015-2016, in New York State, the rate of increase in average earnings for restaurant workers in counties bordering Pennsylvania was smaller than the statewide rate.

  c. In 2015-2016, since employment in the restaurant industry increased in New York counties bordering Pennsylvania and decreased in Pennsylvania counties bordering New York, we may conclude that significant numbers of workers moved across the border.

  d. In 2015-2016, the tipped-minimum-wage was fixed in Pennsylvania, but not in other states on the border with New York.

Ⅳ 次の英文を読んで下の問いに答えよ。解答はマーク解答用紙にマークせよ。

Even though you can choose what to eat, it is ultimately the food industry that determines what is stocked on store shelves and listed in the menus of restaurants. Your choices about what to eat are <u>whittled down</u> by what's in the supermarket, your workplace or school canteen, or the restaurants in the strip mall on your way home. That means
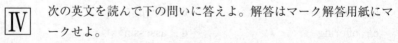

that for people who want to reduce the carbon __A__ of their diets, the greenest option isn't always on the table. Or if it is, it isn't the most appetizing or convenient.

What we eat has an enormous environmental impact. Scientists estimate that food production causes 35% of planet-warming greenhouse gas emissions, with meat responsible for more than twice the pollution associated with the growing and harvesting of fruits, grains, and greens. In April, the Intergovernmental Panel on Climate Change (IPCC) report urged world leaders, especially those in developed countries, to support a transition to sustainable, healthy, low-emissions diets to help __B__ the worst effects of the climate crisis. Eating less meat is one of the most meaningful changes people can make to curb greenhouse gas emissions, help reduce deforestation and even decrease the risk of pandemic-causing diseases passing from animals to humans, according to the IPCC report. But the burden can't rest solely on individuals making personal food choices, experts stress — producers, retailers, restaurants, workplaces and government must help make plant-based foods convenient, enticing and tasty.

The shifts needn't be extreme. Adopting a healthy Mediterranean-style diet — rich in grains, vegetables, nuts and moderate amounts of fish and poultry — could be nearly as effective as going vegetarian or vegan, the report found. If everyone met basic nutritional recommendations, which for most people in developed countries means more fruit and vegetables with less red meat, emissions could fall 29% by 2050, according to one study. "But it's hard for people to change their diets", said Caroline Bushnell at the Good Food Institute (GFI), a non-profit that advocates for plant-based and cultured meat.

Consumers often say they're motivated to eat more healthily and more sustainably. But if given the choice between a dish that's better for the planet but not especially appetizing, and a mouth-watering, meat-heavy option, people tend to listen to their __C__, not their conscience. GFI wants large food manufacturers and processors to "change how the foods that people love are made", she said. "Instead of advocating for behaviour change, we approach it from a supply side angle". Big meat companies and consumer food brands are banking on plant-based proteins and lab-grown meat to help them respond to a growing appetite for more climate-friendly foods and to cut their own emissions.

With more products to sell, retailers, too, need to push non-animal proteins. The UK's largest supermarket chain, Tesco, for example, set a five-year goal to increase sales of plant-based proteins by 300%. Getting customers to put plant-based alternatives in their shopping carts starts with placing those products next to the things they are supposed to be an alternative to, Bushnell said — meat-free burgers near the ground beef, vegan cheeses among conventional gouda and mozzarella — rather than relegating them to a specialty section where
(2)
the items featured are supposed to be just healthy, but not necessarily delicious. Placement in the refrigerated section was crucial to bringing alternative milks mainstream. The tactic was pioneered in the 1990s by the founder of Silk, who started packaging his company's soy milk in traditional milk cartons and persuading grocery stores to stock them in the dairy case. Now cow milks mingle with a bevy of nut and grain milks and 90% of alternative milk sales come from the fridge rather than the shelf-stable aisle.

In 2020, the research non-profit the World Resources Institute (WRI) released a report looking at the most effective ways to encourage people to eat less meat based on the psychology of food choices. One of the strongest conclusions, the researchers wrote, was "that decision-making around what to eat is rarely a rational and carefully thought-through process". People crave familiarity and are influenced by subtle physical and linguistic cues. Using language to evoke flavour and mouthfeel (rather than healthfulness or ethics) makes people substantially more likely to order a vegetarian meal. When the cafes of UK food retailer Sainsbury's renamed their meat-free sausage and mashed potatoes "Cumberland spiced veggie sausage and mash", sales shot up 76%. Among the most effective messages in WRI's research were calls for people to be part of something already happening: "90% of Americans are making the change to eat less meat. Join this growing movement". Or they were easy to understand comparisons: "swapping just one meat dish for a plant-based one saves greenhouse gas emissions that are equivalent to the energy used to charge your phone for two years". It also helps to put vegetable options at the top of the menu and interspersed with, rather than segregated from, meat dishes. Studies have found making vegetable meals the default choice makes people many times more likely to order them.

But some experts say real change needs to include legislative measures, such as taxing meat, as some European countries are considering. It seems unlikely in the US even though one study found more than a third of Americans would support it, even as inflation pushes up food prices.

Making progress requires educating people about food's climate impact, giving them more and better plant-based options, guiding their choices by changing the default, imposing __D__ such as taxes, and restricting and in some cases eliminating most meat options (as some European universities have). Since it has worked in curbing smoking rates, it could also work for food.

(Adapted from *The Guardian*)

1．Which one of the following is closest in meaning to the phrase whittled down?
(1)
   a．ruined　　　　　　　　　**b**．brought
   c．arranged　　　　　　　　**d**．limited

2．Which one of the following best fits __A__ in the passage?
   a．dating　　　　　　　　　　**b**．copy
   c．content　　　　　　　　　**d**．footprint

3．Which one of the following best fits __B__ in the passage?

　　a. ameliorate　　　　　　　　　　**b**. mediate

　　c. mandate　　　　　　　　　　　**d**. annul

4．Which one of the following best fits ___C___ in the passage?

　　a. morality　　　　　　　　　　　**b**. dreams

　　c. gut　　　　　　　　　　　　　**d**. voice

5．Which one of the following is closest in meaning to the word relegating?
(2)

　　a. collecting　　　　　　　　　　**b**. confining

　　c. confounding　　　　　　　　　**d**. connecting

6．Which one of the following best fits ___D___ in the passage?

　　a. distinctions　　　　　　　　　**b**. disincentives

　　c. discounts　　　　　　　　　　**d**. discomforts

7．Which one of the following best describes the main point of this passage?

　　a. Global warming is affected by our everyday behaviour.

　　b. What we eat has an impact on the environment.

　　c. Greenhouse gases have reached new levels and this is harming the environment.

　　d. Consumers need to fundamentally change their patterns of food consumption.

　　e. Plant-based diets are healthier than meat-based diets.

8．According to this passage, which TWO of the following are true?

　　a. Human beings often eat what is available, not necessarily what is healthy.

　　b. Food production causes almost one-third of greenhouse gas emissions.

　　c. Eating less meat is the most important change that can be made to help the environment.

　　d. The arrangement of items in stores influences purchasing choices of consumers.

　　e. Developing countries are not doing enough to reduce carbon emissions.

f . Changing laws will not help solve the problem of food overconsumption.

<table>
<tr><td>Ⅴ</td><td>次の英文を読んで下の問いに答えよ。解答はマーク解答用紙にマークせよ。</td></tr>
</table>

Ukrainian President Volodymyr Zelenskyy's speech to Australia's parliament evoked memories of MH17. He also reminded the parliament that Australia too faces real threats from countries that might look at what's happening with Russia in Ukraine and decide such action is also possible for them. Zelenskyy used both of these themes to relate to his audience, __A__ Australia being just about as far as you could get from the war raging in Ukraine. But tapping into the sensitivities of a nation is straight out of the Zelenskyy playbook. How do we know? Just look at how he has spoken to other governments around the world.

In his speech to the German parliament on March 17, Zelenskyy evoked memories of the Cold War, likening the effects of Russia's invasion to the Berlin Wall, in more ways than one. "You are like behind the wall again. Not the Berlin Wall, but in the middle of Europe, between freedom and slavery", Zelenskyy told Chancellor Olaf Scholtz and his colleagues. "And this wall grows stronger with each bomb that falls on our land, on Ukraine, with every decision that is not made for the sake of peace". He went even further, saying decisions like NATO's in holding Ukraine off from joining the bloc wasn't just politics, it was "stones for a new wall", and that Germany's economic ties with Russia via its Nord Stream gas pipelines was like "barbed wire over the wall". He said the Berlin Airlift had been invaluable to Germany and was only possible because the skies were safe, but Ukraine's skies are full of "Russian missiles and air bombs". Zelenskyy has pleaded with the West to close the skies over Ukraine but it has refused so as to avoid being drawn into the conflict itself. "You don't see what's behind this wall, and it's between us and people in Europe, and because of this not everyone is fully aware of what we are going through today", Zelenskyy told the parliament.

In Zelenskyy's speech to the Polish parliament on March 11, he spoke of the neighbourly relationship between Poland and Ukraine and their "shared values". He continually addressed the group as his "Polish brothers and sisters". Zelenskyy also referenced the 2010 Smolensk presidential plane crash where a flight carrying Polish president Lech Kaczynski and 95 others crashed in the Smolensk military airfield in western Russia, killing all on board. The crash was ruled an accident by official investigations, but many believe it was an assassination. "We remember all the facts of the investigation into the circumstances of this catastrophe", Zelenskyy told the parliament. "We feel what this means for you and what does the silence of those who also know all this mean to you … But they still feast their eyes on Russia".

In Japan's Diet on March 23, Zelenskyy spoke about Russian forces seizing control of the Chernobyl nuclear power plant, and Russia's possession itself of nuclear weapons. This is a ___**B**___ point for Japan ever since the Fukushima nuclear disaster in 2011 — the world's most severe nuclear accident since the Chernobyl disaster in 1986. "There are four operating nuclear power plants on our land. … And they are all under threat", Zelenskyy said.

Speaking to Congress on March 16, Zelenskyy tapped into some of the worst tragedies faced by the United States. "Remember Pearl Harbor, terrible morning of December 7, 1941, when your sky was black from the planes attacking you", he said. "Remember September 11, a terrible day in 2001 when evil tried to turn your cities into a battlefield, when innocent people were attacked … in a way no one expected".

The Ukrainian President is speaking in foreign parliaments and governments almost daily — sometimes to two per day. He implores leaders to unite with Ukraine, generating support from leaders and their citizens alike. Sonia Mycak, an expert on the history of conflict between Ukraine and Russia at the Australian National University, said it was important for Ukrainians to see their president liaising ___C___ with other world leaders. "I think it would give them confidence to know that their president is able to address those governments, those parliaments, those world leaders ___C___ in the first person", Dr Mycak said. She also said Zelenskyy's speeches were helping to keep the war in Ukraine on the front of everyone's minds around the world. "Militarily, this is a crucial time because there is something of a (2) stalemate right now in that the Russian forces have not been able to achieve what they aimed, Putin has not been able to achieve what he set out to do, and the Ukrainian forces have not only been able to defend their positions around the major cities, for example, they've even been able in the last few days to reclaim some lost territory and to go on to some offensive actions. Given that there is this kind of military stalemate, now is the time for the rest of the world to give the kind of weaponry that can really make a difference that can change the direction of the war", she said. Zelenskyy had asked Australia to send Australian Bushmaster armoured vehicles to Ukraine to help repel Russian forces. Australian Defence Minister Peter Dutton said he was willing to send armoured vehicles to Ukraine. "We are doing work logistically on how we would get the Bushmasters there in the numbers they need", he said.

　Dr Mycak said much of Ukraine's population watches Zelenskyy's nightly addresses to the nation. She said a recent national poll from March 18 that revealed 93 per cent of respondents believed Ukraine could repel Russia's attack, was at least in part due to the people's ___D___ Zelenskyy. "Quite frankly, the Ukrainian population has never been so united behind a president. Political differences, differences of opinion to do with Zelenskyy prior to February 24 have for the time being been put aside".

(Adapted from ABC News)

1．Which one of the following best fits ___A___ in the passage?

  a．and   **b**．despite

  c．though   **d**．otherwise

2．Which one of the following is closest in meaning to the word likening?(1)

  a．comparing   **b**．criticizing

  c．measuring   **d**．inducting

3．Which one of the following best fits ___B___ in the passage?

  a．starting   **b**．tipping

  c．vanishing   **d**．sticking

4．Which one of the following best fits ___C___ in the passage?（Note that there are two blanks for **C** in the passage.）

  a．directly   **b**．initially

  c．uncommonly   **d**．adamantly

5．Which one of the following is closest in meaning to the word stalemate?(2)

  a．a great victory or achievement

  b．a final embarrassing defeat

  c．a situation in which further action is unlikely

  d．a moral decline after a great achievement

6．Which one of the following best fits ___D___ in the passage?

  a．boredom with   **b**．faith in

  c．curiosity about   **d**．skepticism over

7．Which one of the following best describes the main point of this passage?

  a．Zelenskyy recently reminded Australia that it faces real threats to its national security from neighbouring countries.

  b．The Ukrainian population has been united because Zelenskyy's speeches have been very effective in providing the kind of leadership that Ukraine needs.

  c．Zelenskyy's speeches make use of major events in the national experiences of their audiences.

d. Zelenskyy has been making speeches in foreign parliaments, hoping to convince them to send necessary weapons for the war in Ukraine.

e. Zelenskyy's speeches are helping to attract attention from foreign governments about the war in Ukraine.

8. According to this passage, which TWO of the following are true?

a. Although Zelenskyy is addressing foreign leaders daily, he has not spoken to his people at all.

b. In his address to the German parliament, Zelenskyy did not mention any economic ties between Germany and Russia.

c. After Russian troops leave Ukraine, it will take years to fully understand the damage they have done in places like Chernobyl.

d. The West is taking a cautious stance toward the war because it is afraid of being drawn into the conflict itself.

e. The Russian forces in Ukraine have achieved the goals that they set out at the beginning of the war.

f. In Poland, Zelenskyy highlighted the family-like ties that exist between Ukrainians and Poles.

■■■数学■■■

(60 分)

〔注意事項〕

- 計算の途中経過を記述すること。記述されていない解答は採点の対象外となる場合がある。
- 定規，コンパスを使用してもよい。

1

曲線 $y = ax^2 + b$ 上に x 座標が p である点 P をとり，点 P における接線を ℓ とする。ただし，定数 a, b は $a > 0$, $b > 0$ とする。次の問に答えよ。

(1) 接線 ℓ の方程式を a, b, p を用いて表せ。

(2) 接線 ℓ と曲線 $y = ax^2$ で囲まれた図形の面積 S を a, b を用いて表せ。

(3) 接線 ℓ と曲線 $y = ax^2 + \dfrac{b}{2}$ で囲まれた図形の面積を S' としたとき，S' を S を用いて表せ。

(4) 接線 ℓ と曲線 $y = ax^2 + c$ で囲まれた図形の面積を S'' とする。$S'' = \dfrac{S}{2}$ のとき，c を a, b を用いて表せ。ただし $b > c$ とする。

2

定数 m に対して $x,\ y,\ z$ の方程式

$$xyz + x + y + z = xy + yz + zx + m \qquad \cdots ①$$

を考える。次の問に答えよ。

（1）　$m = 1$ のとき ①式をみたす実数 $x,\ y,\ z$ の組をすべて求めよ。

（2）　$m = 5$ のとき ①式をみたす整数 $x,\ y,\ z$ の組をすべて求めよ。ただし $x \leqq y \leqq z$ とする。

（3）　$xyz = x + y + z$ をみたす整数 $x,\ y,\ z$ の組をすべて求めよ。ただし $0 < x \leqq y \leqq z$ とする。

3

$a = \sqrt[3]{5\sqrt{2}+7} - \sqrt[3]{5\sqrt{2}-7}$ とする。次の問に答えよ。

（1）　a^3 を a の 1 次式で表せ。

（2）　a は整数であることを示せ。

（3）　$b = \sqrt[3]{5\sqrt{2}+7} + \sqrt[3]{5\sqrt{2}-7}$ とするとき，b を越えない最大の整数を求めよ。

////////////////// · **memo** · //////////////////

2022
年度

問題編

■一般選抜

問題編

▶試験科目・配点

教　科	科　　目	配　点
外 国 語	コミュニケーション英語Ⅰ・Ⅱ・Ⅲ，英語表現Ⅰ・Ⅱ	50 点
地歴・数学	日本史B〈省略〉，世界史B〈省略〉，「数学Ⅰ・Ⅱ・A・B」のうちから1科目選択	40 点
国　　語	国語総合，現代文B，古典B〈省略〉	40 点

▶備　考

「数学B」は「確率分布と統計的な推測」を除く。

■英語■

(90 分)

Ⅰ　次の 1 ～10 について，誤った英語表現を含んだ部分がある場合には **a** ～ **d** から誤りを一つ選び，誤りがない場合には **e** を選んで，マーク解答用紙にマークせよ。

1．When it comes to nutrition labelling, <u>most</u> of the world's major
   　　　　　　　　　　　　　　　　　　　a
economies make <u>it</u> mandatory. But for some it is voluntary <u>when</u> a
　　　　　　　　　b　　　　　　　　　　　　　　　　　　　　　　c
health claim <u>is made</u>. NO ERROR
　　　　　　　d　　　　　e

2．According <u>to</u> the no-boundary proposal, asking what <u>came</u> before
　　　　　　　a　　　　　　　　　　　　　　　　　　　　　b
the Big Bang is meaningless — <u>like</u> asking what is south of the
　　　　　　　　　　　　　　　c
South Pole — because there is no notion of time available to refer
<u>to</u>. NO ERROR
 d　　　　e

3．<u>Any</u> discussion of the relationship between language and society,
   a
or <u>of</u> the various functions of language <u>in</u> society, should begin <u>by</u>
   b　　　　　　　　　　　　　　　　　　c　　　　　　　　　　　　d
some attempt to define each of these terms. NO ERROR
　　　　　　　　　　　　　　　　　　　　　　　　e

4．The <u>warming</u> of the Arctic, and the development of ice-
　　　　a
strengthened tankers <u>is</u> able to cleave their way <u>through</u> floes up
　　　　　　　　　　　b　　　　　　　　　　　　　　　c
to two metres thick, now <u>make</u> it possible to ship gas and other
　　　　　　　　　　　　　　d
materials year-round. NO ERROR
　　　　　　　　　　　　e

5．The nearly 12 million individuals <u>classified</u> themselves <u>as of</u> Asian
　　　　　　　　　　　　　　　　　　a　　　　　　　　　　b

or Pacific Islander heritage in the 2000 U.S. Census represent

<u>one of</u> the fastest growing <u>groups</u> in the United States.
_c _d

NO ERROR
_e

6．The Olympic <u>games</u> are convened every four years, <u>so</u> sometimes
_a _b

there are <u>events</u> which cause the games to be postponed, <u>or</u> even
_c _d

cancelled. NO ERROR
_e

7．They were not able to make the project 100% emission <u>free</u> as
_a

they had some challenges, particularly <u>with</u> a propane burner that
_b

could not be rebuilt or replaced <u>with</u> a better <u>alternative</u>.
_c _d

NO ERROR
_e

8．When in <u>due</u> course the Europeans penetrated the African
_a

interior, <u>armed</u> with their <u>agreed-upon</u> map, they discovered that
_b _c

many of the borders drawn in Berlin <u>do</u> little justice to the
_d

geographic, economic and ethnic reality of Africa. NO ERROR
_e

9．<u>Like</u> our in-person physical body language, digital body language
_a

<u>concerning</u> the subtle <u>cues</u> that <u>signal</u> things like our mood or
_b _c _d

engagement, and change the meaning of the words we say.

NO ERROR
_e

10．Classical music <u>requires</u> that the audience <u>use</u> their imaginations
_a _b

because the melody often <u>does not</u> repeat <u>itself</u> the way it does in
_c _d

popular music. NO ERROR
_e

II 次の英文を読んで下の問いに答えよ。解答はマーク解答用紙にマークせよ。

For many college students, domestic internships are a rite of passage. Now more undergraduates are seeking international work experience, too, betting it will make their résumés pop and help them stand out in a job market that increasingly values multiculturalism. An internship abroad can help students develop certain sought-after skills — such as heightened cultural sensitivity and multilingualism. There also is the personal development and flexibility that comes from living and working in a foreign country. These skills, some college officials say, may give recent graduates __A__ in hiring decisions. "As we live in an increasingly globalized world, there is a strong chance that many students will embark on an international career, at least in some capacity," says Nigel Cossar, director of the Penn Abroad program at the University of Pennsylvania. Recognizing this, Penn students across a variety of majors increasingly are looking for international opportunities, says Mr. Cossar, who expects to place 165 to 200 students in international internships in 2018, up from 32 when the program started in 2009.

According to the Institute of International Education (IIE), a nonprofit that designs international study, workforce training and leadership-development programs, the number of U.S. college students participating in internship programs abroad rose to 28,708 during the 2015-2016 academic year, up 21% from the previous school year. The number is likely much __B__ because the IIE figures don't include the large number of students who arrange international internships on their own, says David Lloyd, chief executive and founder of the Intern Group, which offers work-abroad programs in places such as Hong Kong, Shanghai, Colombia and Melbourne, Australia. Mr. Lloyd says interest is particularly strong in internships in business-related fields such as finance and marketing.

To __C__ this growing demand, many colleges and universities are expanding their international-internship programs, some in partnership with internship providers such as the Intern Group and the Academic Internship Council. Undergraduates also can work directly with firms such as the Intern Group to find internships abroad. The University of Cincinnati has created new internship opportunities in six global locations since the fall semester of 2015 and provided global work experience for 95 of its students during that time, says Willie Clark, director of international experiential learning at the university. The school also has an international co-op program that places about 20 to 30 students annually, and roughly the same number find global internships on their own, he says. Locations include London, Singapore, Hong Kong, Cape Town, South Africa and Santiago, Chile, he says. The school also offers programs in Seville and Madrid, Spain, and Berlin, among other locations.

When evaluating these opportunities, students should think carefully about the expense and what they hope to gain from the experience, experts say. For example, students should ask themselves what skills they expect to develop by working overseas and what connections they might make to help further their career goals, says Mr. Lloyd of the Intern Group. They also should inquire about the type of support they'll receive before they go and while they're abroad, he says, and whether they will receive college credit for the program (often they won't).

Cost is another major consideration. Students typically work abroad during the summer of their junior year, anywhere from six to 12 weeks, depending on the program and the particular country's visa and employment regulations. Most international internships are unpaid and generally will cost the participant around $3,000 to $8,000 or more, depending on the destination, duration, cost of living in a particular location and the program. Some colleges and universities give students a stipend to help defray costs, and scholarships are available for some programs. But many participants are expected to shoulder the expense completely.

　Chase Therrien, a junior at the University of Texas at Dallas, participated in an eight-week internship for a startup social language-learning company in Madrid last summer, making him one of about 100 students at his university who do international internships annually. The program through the Intern Group cost him $4,500 and he spent an additional $2,000 or so on the flight, food and other incidentals. Mr. Therrien, 21, says he chose the opportunity in Madrid because the cost was "reasonable," he had a decent grasp of Spanish and the job matched his entrepreneurial focus. He says the cost was worth it because he received hands-on experience in sales, marketing and project management. "I have a drive to really want to work internationally now, and if I didn't go on this internship, I don't think I would have ever gone to Europe and explored working in another country," he says.

　Students interested in an internship abroad are advised to start planning well in advance. Visa requirements can be a major sticking point;　**D**　certain destinations allow candidates to enter visa-free or on a tourist visa for short-term internships, other locations have strict regulations, says Mr. Lloyd. For instance, students looking to intern in Hong Kong are advised to submit the necessary documentation four months before their desired start date to obtain a visa, he says.

　Internship providers generally provide pre-departure and on-site orientations to help students acclimate to their new environment. This allows an opportunity to impart important cultural lessons.
(2)
Students heading to Colombia, for instance, might learn about the importance of personally greeting their officemates in the morning and saying goodbye individually at the day's end. Those heading to Singapore or Hong Kong might be told it's considered impolite in these cultures to exchange business cards with one hand. "It's these little things that can make a big difference," says Tony Johnson,

president of the Academic Internship Council, which offers internships
in multiple locations.

(Adapted from *The Wall Street Journal*)

1. Which one of the following is closest in meaning to the phrase
   defray costs?
   (1)
   a. ignore expenses
   b. repay debts
   c. receive payments
   d. reduce the financial burden
   e. weigh up the disadvantages

2. Which one of the following is closest in meaning to the word
   impart?
   (2)
   a. teach   **b.** contemplate   **c.** plan
   d. learn   **e.** remember

3. Which one of the following best fits ___**A**___ in the passage?
   a. an angle   **b.** a break   **c.** an edge
   d. a big hand   **e.** a rough ride

4. Which one of the following best fits ___**B**___ in the passage?
   a. appreciated   **b.** higher   **c.** lesser
   d. more stable   **e.** lower

5. Which one of the following best fits ___**C**___ in the passage?
   a. meet   **b.** outstrip   **c.** reduce
   d. halt   **e.** exceed

6. Which one of the following best fits ___**D**___ in the passage?
   a. because   **b.** whether   **c.** if
   d. once   **e.** while

7. Which one of the following best describes the main point of this
   passage?
   a. American university students are trying to obtain global work
   experience, and many will eventually embark on an international
   career.

出典追記：Students Look Abroad for Internships, The Wall Street Journal on February 11, 2018 by Cheryl Winokur Munk

b. Many undergraduate students in the U.S. believe that obtaining international work experience will be helpful in a job market, but few take this route.

c. Though international work experience may be helpful in a job market, the expense can be significant and preparation is the key to success.

d. Many American college students are seeking domestic internships because there are not enough international internships available.

e. The most effective way for many undergraduate students at American universities to bolster their résumés in a job market is to look abroad for internships.

8. According to this passage, which TWO of the following are true?

a. Finance and marketing are sought-after business-related fields because employees in these fields can develop stronger cultural sensitivity and multilingualism.

b. Pre-departure and on-site orientations by internship providers are designed to help university students in their new environment.

c. Chase Therrien, a student who worked in Madrid, Spain, during the summer of his junior year, found the costs unreasonable.

d. Mr. Cossar predicts that in 2018 the number of the University of Pennsylvania students in international internships will be over five times greater than what it was in 2009.

e. Many students at American universities are discouraged from participating in international internships because they do not often receive university credit.

f. In Colombia, personally greeting officemates in the morning is required, but saying goodbye individually at the day's end is considered unnecessary.

Ⅲ 次の英文を読んで下の問いに答えよ。解答はマーク解答用紙にマークせよ。

President Emmanuel Macron of France, charting a delicate course between condemnation and celebration of Napoleon Bonaparte on the 200th anniversary of his death, said the emperor's restoration of slavery in 1802 was a "mistake, a betrayal of the spirit of the Enlightenment." It was the first time a French president had specifically condemned Napoleon's re-establishment of slavery in the
(1)
Caribbean, after its post-revolutionary abolition in 1794. Mr. Macron used the word "faute," which in French carries greater solemnity and opprobrium than "mistake" or "error" in English, something closer to an offense.

France, the only country to have ended and reinstated slavery, did not abolish slavery again until 1848. This painful history has tended to be eclipsed for many by the magnetism of the epic Bonapartist saga, which Mr. Macron described as "above all, an ode to political will." He continued: "Without him the destiny of France would not have been the same." Mr. Macron's comments came as France engages in a debate, encouraged by the president, about its colonial past, and whether the country's universalist model, which is supposed to be colorblind, in reality __A__ widespread racism. Karfa Diallo, the Senegal-born founder of Mémoires et Partages, an organization that campaigns for a more complete reckoning with France's colonial and slaveholding past, said that he supported the commemorations but lamented what he saw as a poor acknowledgment of Napoleon's racism. "I am in favor of the government commemorating Napoleon, but it has a duty to say that Napoleon was a racist and this was not sufficiently apparent in Macron's speech, who used words that were too __B__," Mr. Diallo said.

Mr. Macron spoke under one dome, at the home of the Académie Française, representing the revered quintessence of French learning, before proceeding to Napoleon's tomb beneath the golden dome of

Les Invalides. There, in a solemn ceremony, he laid a wreath of red and white flowers, before the Marseillaise was sung. "Napoleon, in his conquests, never really cared about the loss of human life," Mr. Macron said. "Since then, we have come to place a higher value on human life, whether in wars or pandemics." Millions of lives were lost as Napoleon sought to spread the anticlerical, anti-monarchical message of the French Revolution across the continent before his final defeat in 1815. __C__ he did so as self-proclaimed emperor is only one of the many contradictions of his tempestuous life. Mr. Macron's speech followed the pattern he has adopted in confronting difficult passages of French history, including the Algerian war of independence: full and candid acknowledgment without repentance. It was also typical of a leader whose tendency to balance different sides of an argument is so marked that he has become known as the "at the same time" president. The president's most serious challenger in the election next year is Marine Le Pen, the rightist leader. She chose to commemorate the anniversary with the words "Long live the emperor! Long live greatness!" Mr. Macron is a centrist, but one most concerned for now by the need to head off the appeal of the extreme right. "One loves Napoleon because his life has the allure of the possible, because it is an invitation to take risks," he said. He continued: "His life was an epiphany of freedom. Eagle and ogre, Napoleon could be at once the soul of the world and the demon of Europe."

Napoleon has always been a contested figure in France, even in the perpetual fascination he has exerted, to the point that recent presidents have shied away from honoring him. But that is not Mr. Macron's style. At a moment of tense cultural confrontation over whether French universalism __A__ racism, he condemned Napoleon's resort to slavery in the Caribbean in newly forthright terms, while also lauding the achievements of a national hero. The French legal code, lycée school system, central bank and centralized administrative framework are part of Napoleon's legacy. But Mr. Diallo said that France's universalist model was still "locked into a denial" over racial issues, unable to fully acknowledge that the country had for decades promoted racist policies and slavery. "Napoleon is the man who gave shape to our political and administrative organization, to the uncertain sovereignty that emerged from the Revolution," Mr. Macron said. "After months of failure, with France besieged, Napoleon was able to incarnate order."

(Adapted from *The New York Times*)

1．Which one of the following is closest in meaning to the word condemned?
(1)
　　a．criticized　　　　　　　b．denied
　　c．praised　　　　　　　　d．condoned

2．Which one of the following best describes an "at the same time"
(2)
　　president?
　　a．A president who thinks that cultural diversity is important.
　　b．A president who lacks transparency in his or her statements.
　　c．A president who considers different positions on an issue.
　　d．A president who deals with pressing issues in a timely manner.

3．Which one of the following is closest in meaning to the phrase head off?
(3)
　　a．kick around　　　　　　b．bring in
　　c．look away from　　　　d．hold back

4．Which one of the following words best fits 　A　 in the passage? (Note that there are two blanks of **A** in the passage.)
　　a．compensates　　　　　b．dissolves
　　c．masks　　　　　　　　d．reveals

5．Which one of the following words best fits 　B　 in the passage?
　　a．plain　　　　　　　　　b．vague
　　c．thorough　　　　　　　d．conspicuous

6．Which one of the following words best fits 　C　 in the passage?

a. That **b.** What
c. Because **d.** After

7. Which one of the following best describes the main point of this passage?

   a. Mr. Macron needed to celebrate the 200th anniversary of Napoleon's death in order to get support from the right wing in future elections.

   b. Even though Napoleon is quite a controversial figure, he had an undeniable impact on the course of French history.

   c. Mr. Macron both condemned Napoleon's reinstatement of slavery in the Caribbean and praised his accomplishments.

   d. Mr. Macron's speech on the anniversary of Napoleon's death suggests that French universalism fosters racism.

8. According to this passage, which TWO of the following are true?

   a. The Algerian war of independence is a controversial subject in France.

   b. Mr. Diallo thinks highly of Napoleon's achievements regardless of any racial issues.

   c. A centralized administrative framework was established by the French Revolution.

   d. Recent presidents of France have often hesitated to honor Napoleon.

   e. Public opinion in France tends to agree that the government should acknowledge Napoleon's racism.

   f. France ended slavery in the Caribbean in 1794 and never established it again.

Ⅳ 次の英文を読んで下の問いに答えよ。解答はマーク解答用紙にマークせよ。

With flexible hours the norm, and almost two years' parental leave for every child, Sweden's capital boasts a happy and efficient workforce. What can other cities learn? It is 3.30pm, and the first workers begin to trickle out of the curved glass headquarters of the Stockholm IT giant Ericsson. John Langared, a 30-year-old programmer, is hurrying to pick up his daughter from school. He has her at home every other week, so tends to __ **A** __ short hours one week with long hours the next. Sai Kumar, originally from India, is leaving to pick up his daughter because his wife has a Swedish class. Yiva (who doesn't want to give her surname) is "off to the gym to stay sane", as is Sumeia Assenai, 30, who came in at 7am, so is allowed to leave early under her company's "flex bank" system. Minutes after 4pm, the trickle turns into a stream of people tramping₍₁₎ through the tunnel under the E4 motorway out of Stockholm's tech district. The local traffic authorities mark the start of the city's rush hour at 3pm, the time the first parents begin to leave work to pick up their children from school and kindergarten, and mark its end at past 6pm.

Sweden's flexible approach to working hours is one reason it was ranked best in the world for work-life balance in a recent HSBC survey. Only about 1.1% of the nation's employees work very long hours, according to the OECD's How's Life survey, the second lowest share among the organisation's 38 countries. Above all, it seems to have found an answer to a question that has vexed₍₂₎ parents across the world for years: what do you do if school finishes at 3pm and work at 5pm? Langared says his colleagues and managers never make any comments on the days he leaves his desk shortly after 3pm: "They're totally OK with it. Basically, I handle my time any way I want. They just rely on me to do the work, but which hours I do it in, it's up to me". If his daughter is ill, he sends an email in the morning saying he needs to vab, the Swedish term for taking a day off to look after a sick child, although now she is a bit older he often works from home.

According to Fredrik Lindstål, the city's vice mayor for labour, the flexibility that Stockholm's employers offer helps the city attract the highly educated workers its tech industries need. "The city is actively marketing Stockholm as a destination for starting a family while maintaining a high-level career", he says. "They've been really good at promoting this as a go-to factor". Robin Bagger-Sjöbäck, who works at Carnegie, Sweden's leading investment bank, is one of those who've been attracted, or at least attracted back. He returned to Stockholm in 2014 after three years working 12- to 14- hour days at the French bank Crédit Agricole in London. Such moves are __**B**__ among Scandinavian investment bankers, he says. "A lot of Nordic people start leaving London when they reach 30 and it comes to marriage and, sooner or later, kids", he says. "A lot of people I knew have left London and now have families, either here in Stockholm, or in Copenhagen or Oslo".

He now drops off his son most days (often, he says, while simultaneously taking part in a conference call). And although he still occasionally puts in extremely long hours when completing transactions, he is __**C**__ of the hours that are usual in London or New York. "I think that if you work those 18-hour days and 80- or 90-hour weeks, in the long run you're not getting that much more out of it", he says. "Those last five or six hours a day, I think they're just marginal. I don't think the brain works that well if you do that for a longer period of time". Johanna Lundin, chief executive of Equalate, which advises companies on promoting gender equality, says Stockholm's work-life balance is rooted in Sweden's 50-year push for equal treatment of men and women. "Creating a social norm where both men and women take an equal role in childcare is a very important element", she says. "This enables women to make and have a career, and it allows men to take part in their children's lives".

Most companies in Stockholm allow workers to do flexible hours, only requiring them to be in the office between 9am and 4pm, or sometimes 10am and 3pm. Under Swedish law, employees have the right to take the day off to look after a sick child, with the state reimbursing them for 80% of any salary lost. But perhaps the most important element is the system of parental leave, with a generous 480 days of paid leave granted for each child — almost two years of working days in total — which can be shared as the parents wish. To encourage men to take more leave, there are three so-called daddy months, which can only be used by one partner and are lost if not taken.

"It's a battle, it's a constant battle", groans Jakob Lagander, COO of the Nordic IT company Pedab, as he rushes from the school to the nearest underground station. Lagander's wife is a banker, and he says it is not really socially acceptable in Stockholm to employ a nanny, as a similarly high-earning couple would in London. But he says employers in Sweden are also much more understanding of the challenges of being a parent than they are in Dublin, where he spent three years working for the US IT company IBM. "I didn't feel that parents could leave before 4pm in Dublin", he says. "I get the feeling that it's much more relaxed here".

(Adapted from *The Guardian*)

1. Which one of the following is closest in meaning to the word tramping?
   (1)
   a. squeezing　　　　　　**b.** wandering
   c. walking　　　　　　　**d.** skipping

2. Which one of the following is closest in meaning to the word vexed?
   (2)
   a. annoyed　　　　　　　**b.** bewitched
   c. amazed　　　　　　　**d.** inclined

3. Which one of the following is closest in meaning to the word marginal?
   (3)
   a. subliminal　　　　　　**b.** substrate
   c. minor　　　　　　　　**d.** invisible

4. Which one of the following best fits __A__ in the passage?

 a. alternate   **b.** repeat

 c. seek   **d.** disparage

5. Which one of the following best fits __B__ in the passage?

 a. common   **b.** rare

 c. transparent   **d.** redundant

6. Which one of the following best fits __C__ in the passage?

 a. jealous   **b.** convinced

 c. tolerant   **d.** skeptical

7. Which one of the following best describes the main point of this passage?

 a. Compared to other European countries, Sweden has the most highly educated workers.

 b. Work-life balance is an issue that remains difficult for many European countries.

 c. Stockholm is attractive for many people because of its favourable work-life balance.

 d. Scandinavia is attracting more and more workers from the European continent.

8. According to this passage, which TWO of the following are true?

 a. The majority of people who take parental leave in Sweden are men.

 b. According to the OECD, less than 2% of Swedish employees work very long hours.

 c. The city of Stockholm does not directly promote workers to come and resettle there.

 d. Workers in Sweden are generally happy, but they are not very productive.

 e. It isn't popular in London to employ a person who takes care of young children.

 f. Parental leave is an important factor for many workers in Sweden.

Ⅴ　次の英文を読んで下の問いに答えよ。解答はマーク解答用紙にマークせよ。

Technological change is upending finance. Bitcoin has gone from being an obsession of anarchists to a \$1 trillion asset class that many fund managers insist belongs in any balanced portfolio. Swarms of digital day-traders have become a force on Wall Street. PayPal has 392 million users, a sign that America is catching up with China's digital-payments giants. Yet, the least noticed disruption on the frontier between technology and finance may end up as the most revolutionary: the creation of government digital currencies, which typically aim to let people deposit funds directly with a central bank, bypassing conventional lenders. These "govcoins" are a new incarnation of money. They promise to make finance work better but also to shift power from individuals to the state, alter geopolitics and change how capital is allocated. They are to be treated with optimism, and ___**A**___.

A decade or so ago, amid the wreckage of Lehman Brothers, Paul Volcker, a former head of the Federal Reserve, grumbled that banking's last useful innovation was the ATM. Since the crisis, the industry has ₍₁₎raised its game. Banks have modernised their creaking IT systems. Entrepreneurs have built an experimental world of "decentralised finance", of which bitcoin is the most famous part and which contains a riot of tokens, databases and conduits that interact to varying degrees with trading finance. Meanwhile, financial "platform" firms now have over 3 billion customers who use e-wallets and payments apps. Alongside PayPal are other specialists such as Ant Group, established firms such as Visa, and Silicon Valley wannabes such as Facebook.

Government or central-bank digital currencies are the next step but they come with a ___**B**___, because they would centralise power in the state rather than spread it through networks or give it to private monopolies. The idea behind them is simple. Instead of holding an

account with a retail bank, you would do so direct with a central bank through an interface resembling apps such as Alipay or Venmo. Rather than writing cheques or paying online with a card, you could use the central bank's cheap plumbing. And your money would be guaranteed by the full faith of the state, not a fallible bank. No need to deal with Citigroup's call centre or pay Mastercard's fees: the Bank of England and the Fed are at your service. This metamorphosis of central banks from the aristocrats of finance to its labourers sounds far-fetched, but it is under way. Over 50 monetary authorities, representing the bulk of global GDP, are exploring digital currencies. The Bahamas has issued digital money. China has rolled out its e-yuan pilot to over 500,000 people. The EU wants a virtual euro by 2025, Britain has launched a task-force, and America, the world's financial hegemon, is building a hypothetical e-dollar.
(2)

One motivation for governments and central banks is a fear of losing control. Today central banks harness the banking system to amplify monetary policy. If payments, deposits and loans migrate from banks into privately run digital realms, central banks will struggle to manage the economic cycle and inject funds into the system during a crisis. Unsupervised private networks could become a Wild West of fraud and privacy abuses. The other motivation is the promise of a better financial system. Ideally money provides a reliable store of value, a stable unit of account and an efficient means of payment. Today's money gets mixed marks. Uninsured depositors
(3)
can suffer if banks fail, bitcoin is not widely accepted and credit cards are expensive. Government e-currencies would score highly, since they are state-guaranteed and use a cheap, central payments hub. As a result, govcoins could cut the operating expenses of the global financial industry, which amount to over $350 a year for every person on Earth. That could make finance accessible for the 1.7 billion people who lack bank accounts. Government digital currencies could also expand governments' toolkits by letting them make instant

payments to citizens and cut interest rates below zero. For ordinary users, the appeal of a free, safe, instant, universal means of payment is obvious.

It is this appeal, though, that creates dangers. Unconstrained, govcoins could fast become a dominant force in finance, particularly if network effects made it hard for people to opt out. They could destabilise banks, because if most people and firms stashed their cash at the central banks, lenders would have to find other sources of funding with which to back their loans. If retail banks were sucked dry of funding, someone else would have to do the lending that fuels business creation. This raises the queasy prospect of bureaucrats influencing credit allocation. In a crisis, a digital stampede of savers to the central bank could cause bank runs. Once ascendant, govcoins could become panopticons for the state to control citizens: think of
(4)
instant e-fines for bad behaviour. They could alter geopolitics, too, by providing a conduit for cross-border payments and alternatives to the dollar, the world's reserve currency and a linchpin of American influence. The greenback's reign is based partly on America's open capital markets and property rights, which China cannot rival. But it also relies on old payments systems, invoicing conventions and inertia — making it ripe for disruption. Small countries fear that, instead of using local money, people might switch to foreign e-currencies, causing chaos at home.

Such a vast spectrum of opportunities and dangers is daunting. It is revealing that China's autocrats, who value control above all else, are limiting the size of the e-yuan and clamping down on private platforms such as Ant. Open societies should also proceed cautiously by, say, capping digital-currency accounts. Governments and financial firms need to prepare for a long-term shift in how money works, as momentous as the leap to metallic coins or payment cards. That means beefing up privacy laws, reforming how central banks are run and preparing retail banks for a more peripheral role. State digital currencies are the next great experiment in finance, and they promise to be a lot more consequential than the humble ATM.

(Adapted from *The Economist*)

1．Which one of the following is closest in meaning to the phrase raised its game?
(1)

　　a. enhanced its performance　　**b.** validated its criteria

　　c. appraised its reputation　　**d.** increased its investment

2．Which one of the following is closest in meaning to the word hegemon?
(2)

　　a. authority　　　　　　　　　**b.** connoisseur

　　c. superpower　　　　　　　　**d.** establishment

3．Which one of the following is closest in meaning to the phrase mixed marks?
(3)

　　a. misleading outcomes　　　　**b.** conflicting ratings

　　c. multiple points　　　　　　**d.** cohesive scores

4．Which one of the following is closest in meaning to the word panopticons?
(4)

　　a. defense mechanisms　　　　**b.** selective devices

　　c. surveillance apparatuses　　**d.** vetting tools

5．Which one of the following best fits 　**A**　 in the passage?

　　a. humility　　　　　　　　　**b.** persuasion

　　c. audacity　　　　　　　　　**d.** indifference

6．Which one of the following best fits 　**B**　 in the passage?

　　a. pit　　　　　　　　　　　　**b.** leap

　　c. nudge　　　　　　　　　　**d.** twist

7．Which one of the following best describes the main point of this passage?

　　a. World monetary authorities doubt that govcoins can reduce the operating expenses of the global monetary system by enabling them to make instant payments to citizens.

　　b. Government digital currencies, as a new incarnation of money,

are so promising that they could shift power from individuals to
the state, alter geopolitics and change capital allocation.

c . Before taking a risk governments need to reconsider the fact
that govcoins are an experiment in finance and thus may have a
lot more harmful consequences than the humble ATM.

d . Although digital currencies could make finance work much
more securely, governments and central banks are worried that
they could lose control over economic cycles.

e . As government digital currencies could generate great
opportunities as well as considerable risks, governments and
financial institutions need to be well equipped for an epochal
transformation in the monetary system.

8 . According to this passage, which TWO of the following are true?

a . Owing to the central bank's cheap plumbing and the full faith
of the state, govcoins make finance inaccessible for some people.

b . Digital technology has created the possibility for people to
deposit funds directly in a central bank without private lenders.

c . In contrast to private networks that are vulnerable to fraud
and privacy abuses, e-currencies provide a reliable store of value,
a stable unit of account and an efficient means of payment.

d . Governments and central banks will take full control of the
distribution of funding to prevent bank runs in a financial crisis.

e . Maintaining control over the banking system is an incentive
that prompts governments and central banks to seek the
implementation of digital currencies.

f . Open capital markets and property rights which maintain the
ascendancy of US currency have been taken over by China
because of the lack of legal restrictions and enforceable
regulations.

■■■数学■■

(60 分)

〔注意事項〕
- 計算の途中経過を記述すること。記述されていない解答は採点の対象外となる場合がある。
- 定規，コンパスを使用してもよい。

1 ある国の国民がある病気に罹患している確率を p とする。その病気の検査において，罹患者が陽性と判定される確率を q，非罹患者が陽性と判定される確率を r とする。ただし，$0<p<1$，$0<r<q$ である。さらに，検査で陽性と判定された人が罹患している確率を s とする。次の問に答えよ。

(1) s を p，q，r を用いて表せ。
　　同じ人がこの検査を k 回行うとして，以下の問に答えよ。
(2) k 回すべてで陽性と判定されれば最終的に陽性と判断される場合，最終的に陽性と判断された人が罹患している確率を a_k とする。a_k を p，q，r，k を用いて表せ。
(3) k 回のうち 1 回でも陽性と判定されれば最終的に陽性と判断される場合，最終的に陽性と判断された人が罹患している確率を b_k とする。b_k を p，q，r，k を用いて表せ。
(4) s，a_2，b_2 の大小関係を示せ。

2 AB＝AC＝1，BC＝a の二等辺三角形 ABC の内接円を I，外接円を O とする。ただし，$0 < a < \sqrt{2}$ である。また，三角形 ABC と円 I の 3 つの接点を頂点とする三角形を T，3 点 A，B，C で円 O に外接する三角形を U とする。次の問に答えよ。

(1)　三角形 T の，BC に平行な辺の長さ t を a で表せ。

(2)　三角形 U の，BC に平行な辺の長さ u を a で表せ。

(3)　$\dfrac{t}{u} = p$ とする。p が最大となる a の値と，そのときの p の値を求めよ。

3 整式 $P(x)$ を $x-1$ で割ると 1 余り，$(x+1)^2$ で割ると $3x+2$ 余る。このとき，次の問に答えよ。

(1)　$P(x)$ を $x+1$ で割ったときの余りを求めよ。

(2)　$P(x)$ を $(x-1)(x+1)$ で割ったときの余りを求めよ。

(3)　$P(x)$ を $(x-1)(x+1)^2$ で割ったときの余りを求めよ。

2021 年度

問題編

■ 一般選抜

問題編

▶試験科目・配点

教　　科	科　　　　　　　目	配　点
外　国　語	コミュニケーション英語Ⅰ・Ⅱ・Ⅲ，英語表現Ⅰ・Ⅱ	50 点
地歴・数学	日本史Ｂ〈省略〉，世界史Ｂ〈省略〉，「数学Ⅰ・Ⅱ・Ａ・Ｂ」のうちから1科目選択	40 点
国　　語	国語総合，現代文Ｂ，古典Ｂ〈省略〉	40 点

▶備　考

「数学Ｂ」は「確率分布と統計的な推測」を除く。

■■■英語■■■

(90 分)

$\boxed{\text{I}}$ 次の 1 〜 10 について，誤った英語表現を含んだ部分がある場合には a 〜 d から誤りを 1 つ選び，誤りがない場合には e を選んで，マーク解答用紙にマークせよ。

1．A <u>dead</u> triangle of factors is responsible for the killing <u>off</u> of
　　 a　　　　　　　　　　　　　　　　　　　　　　　　　**b**
about forty <u>percent</u> of all the honeybee <u>colonies</u> in the US last year.
　　　　　　 c　　　　　　　　　　　　　 **d**
NO ERROR
e

2．Rats will <u>enthusiastically</u> work to <u>free</u> a rat caught in a trap —
　　　　　　 a　　　　　　　　 **b**
and they are especially eager to be good Samaritans <u>who</u> they're in
　　　　　　　　　　　　　　　　　　　　　　　　　　　　 c
the company of other <u>willing</u> helpers.　NO ERROR
　　　　　　　　　　 d　　　　　　　　 **e**

3．The same process that causes dew <u>drops</u> to form on a blade of
　　　　　　　　　　　　　　　　　　 a
grass <u>appear</u> to play an important role in Alzheimer's <u>disease</u> and
　　　 b　　　　　　　　　　　　　　　　　　　　　　 **c**
other brain <u>diseases</u>.　NO ERROR
　　　　　　 d　　　　 **e**

4．While true that sea otters <u>devour</u> huge quantities of shellfish <u>that</u>
　　　　　　　　　　　　　　　 a　　　　　　　　　　　　　 **b**
people like to eat, any commercial losses to fisheries are far
<u>outweighing</u> by economic benefits <u>associated with</u> the otters,
 c　　　　　　　　　　　　　　　 **d**
according to a new study.　NO ERROR
　　　　　　　　　　　　　 e

5．Ecologist Suzanne Simard shares how she discovered that <u>trees</u>
　　　　　　　　　　　　　　　　　　　　　　　　　　　　　 a

use   underground   fungal   networks   <u>to   communicate</u>   and   share
　　　　　　　　　　　　　　　　　　　　　 b

resources, <u>uproot</u> the idea that <u>nature</u> constantly competes for
　　　　　　 c　　　　　　　　　 **d**

survival. NO ERROR
　　　　　　 e

6．<u>During</u> an in-person conversation, the brain focuses partly on the
　　 a

words <u>being spoken</u>, but it also <u>derives</u> meaning from non-verbal
　　　　 b　　　　　　　　　　　 **c**

cues,   such   as   whether   someone   is   facing   you   or   slightly

<u>turned away</u>. NO ERROR
　　 d　　　　　 **e**

7．<u>One</u> in doubt about taking action, a piece of useful advice <u>is to</u>
　　 a　　　　　　　　　　　　　　　　　　　　　　　　　　　　 **b**

think first, and to act only <u>if certain</u> that the outcome <u>will be</u>
　　　　　　　　　　　　　　 c　　　　　　　　　　　　　 **d**

favorable. NO ERROR
　　　　　　 e

8．If he <u>could swim</u>, he <u>might have</u> been able to save <u>others</u> from
　　　　 a　　　　　 **b**　　　　　　　　　　　　　 **c**

drowning when the canoe capsized near the shore and <u>sink</u> so
　　　　　　　　　　　　　　　　　　　　　　　　　　　　 d

quickly down to the bottom. NO ERROR
　　　　　　　　　　　　　　　 e

9．<u>At</u> the National Museum of Natural History, Julia Clark <u>was shown</u>
　　 a　　　　　　　　　　　　　　　　　　　　　　　　　　　 **b**

a mysterious fossil that <u>had been</u> collected years earlier in Antarctica,
　　　　　　　　　　　　 c

which <u>it</u> called "The Thing." NO ERROR
　　　 d　　　　　　　　　　 **e**

10. People may be <u>surprised at</u> how difficult they are finding video
　　　　　　　　　　　 a

calls <u>giving</u> that the medium seems neatly <u>confined to</u> a small
　　　 b　　　　　　　　　　　　　　　　　　 **c**

screen and presents <u>few</u> obvious distractions. NO ERROR
　　　　　　　　　　　 d　　　　　　　　　　　　 **e**

Ⅱ　次の英文を読んで下の問いに答えよ。解答はマーク解答用紙にマ
　　ークせよ。

　In March, technology giant Panasonic unveiled the next generation
of Hospi, an autonomous delivery robot that the company claims can
coexist with humans and fill the widening labour market gap created
by Japan's ageing population. The first part, say the country's
leading robot experts, may be true. The second is absolutely up for
debate. Like its predecessor, the new Hospi has been built to replace
human jobs by delivering medicines and medical equipment within
hospitals and care homes. After its latest upgrade, say its designers,
it can do so more efficiently and with a swiveling head full of sensors
to enhance its ability to engage with (or avoid) people as it does its
rounds. We can only marvel at the kind of technology this requires.

　Under Japan's presidency of the G20, the <u>protracted</u> issue of how
to deal with ageing societies is emerging as not only a Japanese, but
also a group priority. Hospi and other robots like it to emerge in the
future seem to tick a multitude of boxes for Japan. It is a homegrown
machine whose existence represents a tangible pay-off for decades of
Japanese corporate and academic focus on robotics. It is aimed at the
care and service of the country's elderly, a sector within which the
government forecasts Japan will face a menacing 380,000 worker
shortfall by 2025. __1__, Hospi seems to support the long-held faith
that technology will step in where demographics present formidable
long-term challenges — not least, that a third of Japan's people are
projected to be over 65 by 2050.

　These challenges have been the subject of two recent projects
where Japan's Ministry of Economy, Trade and Industry has begun
to concentrate its efforts on improving robots. In one project, officials
from this ministry presented plans to turn the industry for robots
directly involved in the care of elderly people into a ¥50bn ($470m)
a year concern by 2022. Another called for an important shift of
focus in new machines: from increasing their efficiency in giving care

to helping people remain self-sufficient for longer into old age. The link between robots and elderly care has also featured in discussions of the so-called "100-year life" policies espoused by the Japanese government. Here the overall goal is to prepare Japan for a future when life expectancy means living decades beyond the traditional retirement age. In addition, there is the expectation the robotics — particularly in the area of factory automation — can alleviate labour shortages and free flesh-and-blood workers for tasks only human beings can perform.

A certain professor of robotics at one of Japan's pre-eminent universities expressed a sense of guarded optimism about what robots will be able to do in the future. This applies to helping people in an ageing society and to developing high-speed robots for use in factories. His work, the crowning glory of which is a robotic "eye" that can register information 33 times faster than its human equivalent, centres on image sensors, the technological bedrock of the new generation of autonomous machines. The better the performance of the sensor, the greater the robot's ability to solve high-level problems. "One of the things we want to do with better sensors is to give a robot more accuracy than human beings," the professor said. "Humans can do movements with milimetre accuracy. Our robot can do 50-micron accuracy," he adds, an amount equal to about the width of a human hair. That will not be enough,　2　, to provide the solutions that are needed because for both factory robots and autonomous servants such as Hospi, the approach must be economically sustainable and, unfortunately, many are not.

Some robotics experts at Japanese universities and institutions fear that Japan's expectations toward robots are simply too high and that robots should not be seen as a panacea for all that ails Japanese society. There are not only technical limitations to even the best of inventions, but there are also issues of how economical these are to use and how much human expertise is required to keep them in circulation. In fact, there is a rather limited supply of specialist engineers to build systems that enable robots to work together. The same applies to people with the skills to adjust, service and repair robots as they become more prevalent in manufacturing and everyday life. Such shortages mean the prospect of robots answering Japan's demographic problems is based more on wishful thinking by the public than on scientific or economic reality. The hard truth is that many factors need to be taken into consideration in order to make all of this more than just pie in the sky. Even if certain companies are able to create and disseminate robots in the public domain, there is also a very real chance that, ultimately, they will have to be removed at some point down the road because of the very high cost incurred with inventing and maintaining such technology in the real world.

(Adapted from *Financial Times*)

1. Which one of the following is closest in meaning to the word protracted?

  a. disputed　　　**b.** prolonged　　　**c.** prospected

  d. debated　　　**e.** postulated

2. Which one of the following words best fits ___1___ in the passage?

  a. Thereafter　　　**b.** On the other hand　　　**c.** In contrast

  d. Above all　　　**e.** Hereafter

3. Which one of the following is closest in meaning to the word espoused?

  a. adopted　　　**b.** rejected　　　**c.** debated

  d. renewed　　　**e.** needed

4. Which one of the following words best fits ___2___ in the passage?

  a. thus　　　**b.** obviously　　　**c.** still

  d. besides　　　**e.** however

5. Which one of the following is closest in meaning to the phrase a panacea?

  a. a benefit　　　**b.** an edge　　　**c.** a strategy

d. a method　　　　**e**. an elixir

6. Which one of the following is closest in meaning to the word disseminate?

　　a. circulate　　　　**b**. invest　　　　**c**. produce
　　d. develop　　　　**e**. explicate

7. Which one of the following best describes the main point of this passage?

　　a. A third of the Japanese population will be aged 65 and over by 2050, making it the leading super-aged society in the world.

　　b. The delivery of old-age care in care homes is becoming a high priority issue for the Japanese government.

　　c. Given the rapidly ageing population, interest is growing in using robots like Hospi to care for elderly people.

　　d. Although robots are expected to assuage the labour shortage, they will one day take over jobs now being done by human beings and thus should not be welcomed.

　　e. There are still serious economic and scientific concerns that need to be addressed before robots can solve the problem of Japan's ageing population.

8. According to this passage, which one of the following is true?

　　a. Unlike the previous generation of robots, the new Hospi has been produced to work at hospitals and care homes.

　　b. The governments of G20 nations believe that Japan, with its ageing population, will face a serious labour shortage in the long-term care sector.

　　c. Many people hope that robots can reduce the labour shortage in factory automation, especially in the area of physical labour.

　　d. Robotic technology should first be developed for use in factories rather than for assisting elderly people.

　　e. There is already an ample supply of highly specialised engineers to put together a system in which robots will work together and thus there is cause for optimism.

Ⅲ　次の英文を読んで下の問いに答えよ。解答はマーク解答用紙にマークせよ。

With new museums opening in Africa and calls for restitution increasing, old institutions in Europe are being forced to address the legacies of empire as they have never before. The academic disciplines of anthropology and archaeology, which today seem innocuous, were among the most important colonial disciplines that helped to rationalise and justify the project of European imperialism. These domains of knowledge derived much of their explanatory power and persuasion by collapsing time and space. In his classic 1983 book, *Time and the Other*, Amsterdam-based anthropologist Johannes Fabian described how this illusion operated. It was as if the further the colonial explorer travelled from the metropolis, the further back in time he went — until he found himself, whether in Africa, Tasmania, or Tierra del Fuego, no longer in the present, but in the Stone Age.

Museums in late nineteenth-century Europe utilised this academic body of knowledge in organising and promoting what were often called "world culture" collections — first developed in Europe, especially Germany and Britain. These ___1___ of colonial experience and imagination were designed to support and fortify the idea of a time-lag in modernisation between Europe and the rest of the world. In such venues, racist ideologies that sought to justify and naturalise European imperialism were institutionalised, helping to create the idea of a distinction between primitive art and civilisation. Finally, in the twenty-first century, the colonial mind-set enshrouded in some European museums is being questioned and rethought — and we should all be paying attention.

In the Brussels suburb of Tervuren, the Royal Museum for Central Africa reopened in December 2018 after a five-year renovation. Originally built in 1897 to showcase the personal collection of King Leopold Ⅱ from his private colony Congo Free State, the museum displayed stuffed animals and geological specimens alongside African art. In the old days, its gardens also housed a short-lived human zoo of more than 260 Congolese people, which was a way to showcase what the king saw as the curious and primordial nature of Africans. In contrast, the descriptions and explanations of items on display at the newly refurbished Royal Museum for Central Africa seek to communicate Belgian colonial history and the historical circumstances in which many of the objects were originally procured for display to Belgians and other Europeans. However, even this contemporary attempt to offer the public a more "decolonised" presentation of history has been a failure and <u>a cautionary tale</u>. No matter how fully and honestly the story of the Belgian Congo — in which millions of people were killed — is told, the very presence of these objects and the building does what it was designed to do: extend racist ideology and colonial violence through the objectification of Africans.

The contrast with Senegal's new $35m Museum of Black Civilisations, which opened to the public the same month as Tervuren, is stark. As its director explained, the museum is not about ethnology or the past conjured by a European model of museums, but about duration, the future, youth and Africa "looking at itself," not gazed at by Europeans. Across Africa, from Dakar to the new Royal Museum in Benin City in Nigeria, modern spaces for the display and care of African art and cultural heritage are being constructed hand-in-hand with renewed calls for the return of ___2___ objects. Last year, the 15 nations of the Economic Community of West African States agreed to an action plan for the return of African cultural property. In February of this year, a total of 13 African heads of state convened as part of a new strategic group to champion 2021 as a Year of Culture for Africa and "to speed up the return of cultural assets." African institutions are reimagining museums not as an endpoint but as an ongoing, living process. This new African thinking, moreover, challenges Europe to look at itself through its own "unfinished" anthropology museums. Foremost is the question of cultural restitution and the return of sacred, royal and culturally iconic artworks and material culture taken under colonialism.

One catalyst for recent positive action in Europe has been a report commissioned by Emmanuel Macron in France, which calls for restitution through a distinction between the different circumstances of acquisition — from violent looting to colonial collecting, archaeological fieldwork and even purchase — in which questions of "consent" and "duress" are relevant. Last November, the sabre of Omar Saidou Tall, seized as a trophy of war in 1893, was returned from Paris to Dakar. New legislation to make this return permanent, along with the return to Benin of 26 statues looted by Colonel Alfred Dodds during the sacking of the royal palace of Abomey in 1892, is expected soon. In Germany too, returns of human remains and cultural property — including the Stone Cross of Cape Cross and the Witbooi Bible taken during the Ovaherero and Nama genocide of 1904-8, when some 100,000 people were slaughtered — are taking place from Berlin and Stuttgart to Namibia. The inauguration of a new national museum of the Democratic Republic of Congo in Kinshasa last November is even raising the question of restitutions from Tervuren and new restitution procedures are being developed across Europe from the National Museum van Wereldculturen in the Netherlands to Arts Council England.

Times are changing for Europe's "world culture" museums. How can they participate in this global present, rather than just representing some old colonial vision? We must let go of our old obsessions with cultural ownership and the spectre of "empty galleries" (a common <u>refrain</u> from those who defend the status quo and envisage western museums stripped of their collections if restitution requests are granted). It is time to reimagine museums as sites of conscience — unique public spaces for understanding, remembering, and addressing the legacies of empire — for the restitution of knowledge and memory as well as of property. Far from just places for retelling the history of empire through world culture collections, in the old contemplative mode, museums are ___3___ projects and crucial resources to be rethought for the wider, urgent European tasks of understanding and facing up to the violence and loss wrought by colonialism.

(Adapted from *The Guardian*)

1. Which one of the following is closest in meaning to the word innocuous?
   a. respectful　　b. helpful　　c. boring
   d. passive　　e. harmless

2. Which one of the following words best fits ___1___ in the passage?
   a. reconsiderations　b. repositories　c. redefinitions
   d. reoccurrences　e. reclamations

3. Which one of the following is closest in meaning to the word enshrouded?
   a. assembled　　b. reigned　　c. encoded
   d. saturated　　e. smothered

4. Which one of the following is closest in meaning to the phrase a cautionary tale?
   a. a hesitant tale　　b. a contentious tale
   c. a laudable tale　　d. an inviting tale
   e. an exemplary tale

5. Which one of the following words best fits ___2___ in the passage?
   a. expected　　b. plundered　　c. unknown
   d. mislaid　　e. pilloried

6. Which one of the following is closest in meaning to the word refrain?
   a. theme　　b. congruence　　c. trace
   d. melody　　e. embrace

7. Which one of the following words best fits ___3___ in the passage?
   a. understated　b. neglected　c. unexpected

d. unfinished　　　　**e**. enigmatic

8. According to this passage, which THREE of the following are true?

a. European museums will succumb to external pressure to come clean about their historic links to colonisation.

b. In the past, certain academic disciplines helped to promote the idea that African peoples were uncivilised.

c. The idea of restitution is essential to making Europe's museums more informative.

d. Some recent efforts to present African artefacts in "decolonised" settings at European museums have, nevertheless, objectified Africans.

e. The Belgian Congo is an exceptional case of European colonial expansion.

f. France is leading Europe in efforts to "decolonise" its museums.

g. All African art in European museums was brought there by violent looting.

h. European "world culture" museums need to better represent those peoples colonised by Europe.

i. Arts Council England is working with its European counterparts to repatriate African art.

j. Legal measures are being debated in Europe to formalise restitution procedures.

|IV| 次の英文を読んで下の問いに答えよ。解答はマーク解答用紙にマークせよ。

Insects around the world are facing a serious crisis, according to a small but growing number of long-term studies showing dramatic declines in invertebrate populations. A new report published in the *Proceedings of the National Academy of Sciences* suggests that the problem is more widespread than scientists realize. Huge numbers of bugs have been lost in a pristine national forest in Puerto Rico, the report found, and the forest's insect-eating animals have gone missing, too. In 2014, an international team of biologists estimated that, over the past 35 years, the numbers of invertebrates such as beetles and bees have decreased by 45 percent. In places where long-term insect data are available, mainly in Europe, insect numbers are plummeting. It is also estimated that during the past few decades there has been a 76 percent decrease in flying insects in German nature preserves.

The report issued by the Academy of Sciences shows that this startling loss of insect life extends beyond any one country. The report's authors implicate climate change in the loss of tropical invertebrates. "This report in PNAS is a real ___1___ that the phenomenon could be much, much bigger, and across many more ecosystems," said David Wagner, an expert in invertebrate conservation who was not directly involved with this research. One New York based biologist, who has been studying rain forest insects in Puerto Rico since the 1970s, went down in 1976 and 1977 to investigate the insects and the insectivores in the rain forest, as well as the birds, frogs, and lizards. About 40 years later, when he returned to the area with his colleague, they were in for a shock: what the scientists did not see on their return ___2___ them. Fewer birds flitted overhead. The butterflies, ___3___ abundant, had all but vanished.

The researchers on this recent trip measured the forest's insects and other invertebrates, a group called arthropods that includes spiders and centipedes. The researchers trapped arthropods on the ground in plates covered in a sticky glue and raised several more plates about three feet into the canopy. They also swept nets over the brush hundreds of times, collecting the critters that crawled through the vegetation. Each technique revealed the biomass had significantly decreased from 1976 to the present day and overall biomass decreased to a fourth or an eighth of what it had been. Between January 1977 and January 2013, the catch rate in the sticky ground traps fell 60-fold. The most common invertebrates in the rain forest — the moths, the butterflies, the grasshoppers, the spiders and others — are all far less abundant now than they were before. Entomologists who have studied this forest since the 1990s, but who were not involved in the recent report, claim that their own data is consistent with these findings and point out that European biomass studies come to the same conclusions.

The authors of the recent study also trapped anole lizards, which eat arthropods, in the rain forest. They compared these numbers with counts from the 1970s and found that the anole biomass had dropped by more than 30 percent. Some anole species have altogether disappeared from the interior forest. Insect-eating frogs and birds plummeted, too. Another research team used mist nets to capture birds in 1990, and again in 2005, finding that their captures had fallen by about 50 percent. An analysis of the data shows that while the ruddy quail dove, which eats fruit and seeds, had no population change, a brilliant green bird called the Puerto Rican tody, which eats bugs almost exclusively, diminished by 90 percent. The food web appears to have been obliterated from the ___4___. The authors of the report attribute this crash to climate change and argue that during the same 40-year period as the arthropod crash, the average high temperatures in the rain forest increased by 4 degrees Fahrenheit. The temperatures in the tropics stick to a narrow band. The invertebrates that live there, likewise, are adapted to these temperatures and fare poorly outside them; bugs cannot regulate their internal heat.

A recent analysis of climate change and insects, published in the journal *Science*, predicts a decrease in tropical insect populations. In temperate regions farther from the equator, where insects can survive a wider range of temperatures, agricultural pests will devour more food as their metabolism increases, the study warned. After a certain thermal threshold is reached, however, insects will no longer lay eggs and their internal chemistry will break down. A 2017 study of vanished flying insects in Germany suggested other possible culprits, including pesticides and habitat loss, were to blame. Arthropods around the globe also have to contend with pathogens and invasive species. One of the scariest parts about it is that there is no <u>smoking gun</u>. A particular danger to these arthropods, in his view, was not temperature, per se, but droughts and a lack of rainfall.

The authors of the 2017 study sorted out the effects of weather like hurricanes and still saw a consistent trend suggesting that climate is a factor. Although the gravity of their findings and the ramifications of these results for other animals, especially vertebrates, is hyperalarming, the authors are not totally convinced that climate change is the global driver of insect loss. They argue that the decline of insects in northern Europe ___5___ the onset of climate change there and point out that in places like New England, some tangible declines began in the 1950s. No matter the reason, all of the scientists agreed that more people should pay attention to the bugpocalypse, which comes on the heels of a gloomy U.N. report that estimated the world has little more than a decade left to wrangle climate change under control. We all need to step up by using more fuel-efficient cars and turning off unused electronics. A nonprofit environmental group that promotes insect conservation recommends planting a garden with native plants that flower throughout the year.

Many are frustrated by the fact that their voices have fallen on deaf ears in Washington, but also believe that at some point those ears will listen because our food supply will be in jeopardy. Thirty-five percent of the world's plant crops require pollination by bees, wasps and other animals. And arthropods are more than just pollinators. They're the planet's miniature custodians, toiling away in unnoticed or avoided corners. They chew up rotting wood and eat carrion. Wild insects provide $57 billion worth of six-legged ___6___ in the United States each year, according to a 2006 estimate. The loss of insects and arthropods could further damage the rain forest's food web, causing plant species to go extinct without pollinators. If the tropical forests go, it will be yet another catastrophic failure of the whole Earth system that will feed back on human beings in an almost unimaginable way.

(Adapted from The Washington Post)

1．Which one of the following words best fits ___1___ in the passage?

  a. bird call   **b.** close call   **c.** wake-up call

  d. roll call   **e.** judgment call

2．Which one of the following words best fits ___2___ in the passage?

  a. adored   **b.** advised   **c.** pleased

  d. provoked   **e.** troubled

3．Which one of the following words best fits ___3___ in the passage?

  a. how   **b.** once   **c.** only

  d. where   **e.** too

4．Which one of the following words best fits ___4___ in the passage?

  a. abundance   **b.** ecosystem   **c.** bottom

  d. exterior forest   **e.** interior forest

5．Which one of the following is closest in meaning to the phrase <u>smoking gun</u>?

  a. definitive cause   **b.** inflammable spray

  c. identifiable disease   **d.** combustible compound

  e. identifiable ingredient

6．Which one of the following words best fits ___5___ in the passage?

  a. decreases   **b.** follows   **c.** is triggered by

  d. increases   **e.** precedes

7．Which one of the following words best fits ___6___ in the passage?

  a. food supply   **b.** insectivores   **c.** labor

  d. pollination   **e.** goods

8．Which one of the following best describes the main point of this passage?

a. Policymakers should realize the importance of insects and arthropods to the natural ecology of the Earth.

b. Studies show that pollinators in the Americas are in jeopardy, and they will be extinct if no measures are taken to reverse the current situation.

c. According to long-term studies, human beings are facing an ecological catastrophe as a result of dramatic declines in vertebrate populations.

d. Research shows that massive insect loss, which may have a harmful effect on human beings, has been taking place over the past several decades.

e. Climate change has caused sharp declines in invertebrate populations, and the world has only ten years left to get climate change under control.

9. According to this passage, which TWO of the following are true?

a. Spiders and centipedes are not usually considered to be a part of the insect group commonly referred to as arthropods.

b. While the number of Puerto Rican tody — which eat bugs — has decreased, the number of ruddy quail doves — which eat fruit and seeds — has increased.

c. The massive loss of invertebrate populations and its potential effects are referred to as the bugpocalypse.

d. In tropical regions of the planet, insects are able to survive and thrive across a wide range of temperatures.

e. The number of both insects and insect-eating animals in forests in Puerto Rico has declined.

f. Invertebrates are able to regulate and to control their internal heat and body temperature.

g. The scientific data show beyond any doubt that global warming is the reason for the loss of insects in forests on the Earth.

V 　次の英文を読んで下の問いに答えよ。解答はマーク解答用紙にマークせよ。

Since the Coronavirus pandemic began, Ashlea Hayes, who is deaf and blind and works as a secretary for the National Black Deaf Advocates, has become much more cautious. She lives in Compton, Calif., and usually does most of her food shopping herself, but has lately become more reliant on delivery services. "The grocery stores and things are quite regulated, and that's overwhelming," Ms. Hayes said. "The sense of panic everywhere is overwhelming." It would be different if she were allowed to see and touch her friends and colleagues, she said. "I have experienced a spike in my anxiety recently," she added, "and that's really because of all the precautionary measures that we have to take as a whole." She is not alone: approximately 466 million people worldwide have disabling hearing loss.

In the United States, where over 37 million adults, about 15 percent of the population, report some trouble hearing, the pandemic has flipped life upside down, shuttering schools, <u>hobbling</u> the economy and costing millions of Americans their jobs. For the deaf, however, new social distancing guidelines — like staying six feet from others and wearing a mask—can present particular challenges and make everyday tasks more complicated, leading to increased stress and anxiety.

Grace Cogan, who is deaf and lives in Jamesville, N.Y., experiences similar feelings of anxiety when shopping: masks that cover the mouth prevent her from effectively communicating, she said, leaving her to rely on eyes and the slant of eyebrows to understand others. She has since assigned her boyfriend to do most of the shopping because she "cannot stand the ever-widening gap that exists." "This pandemic has really further ____1____ the deaf and hard of hearing community from the hearing world, or in other words, isolated us even more," she said. When everyone started wearing masks, Ms. Cogan discovered that deaf people's ability to communicate "__2__."

"We now have to rely on our cell phones to communicate, or gestures," she said.

When she does venture out, she experiences "increased bouts of anxiety" before and while shopping, and afterward she needs time to recover. "I come home and I am exhausted," Ms. Cogan said. "It is mentally challenging to navigate the crowds of obscured faces and witness hostility when people attempt to talk to me. It is disconcerting because there is a very real risk that the deaf community will be marginalized even more."

Many deaf people rely on visual cues like the movement of another person's lips, said Michelle Willenbrock, a vocational rehabilitation counselor in St. Louis. Cloth masks eliminate this visual information and can also muffle speech, she said. New social distancing rules can also create practical problems for the deaf and blind populations. "There are individuals with disabilities that also rely on guides or job coaches to help them understand their job responsibilities," Ms. Willenbrock said. "This definitely creates a challenge for vocational rehabilitation, employment agencies and employers." A lack of access to vital information about COVID-19 is also a concern. According to Ms. Willenbrock, not being able to meet with a counselor in person can create anxiety and depression in people with severe expressive and receptive communication barriers. "The challenge is getting a sign language interpreter to be present on Zoom and making sure that the captions work," she said.

Sign language interpreters are among a growing group of essential workers during the pandemic, often called on to stand beside officials communicating vital information on television and in internet livestreams. But they are not everywhere. Zoom meetings and FaceTime chats have largely replaced in-person gatherings and social events for the deaf and blind, who are subject to the same lockdown and shelter-in-place orders as everyone else. Ms. Hayes, who uses pro-tactile American Sign Language, a form of A.S.L. that relies on physical touch between people communicating, said she was recently on a Zoom call with black interpreters that had over 200 people. "These platforms allow us to be semi-connected to each other still, and that is a huge thing to be grateful for," she said. "I couldn't imagine this pandemic happening without these resources."

Roberta J. Cordano, president of Gallaudet University, a liberal arts university for the deaf in Washington, said it was time for the United States to rethink the way it responds to crises. "We must reimagine our world to consider, to include our deaf community first, not after," she said, urging improvements in educational equity, health equity, employment and retraining, and support for deaf entrepreneurs and researchers.

As the number of Coronavirus cases in America begins to slow and states gradually begin to reopen with restrictions, there is work to be done to protect deaf and blind people, like requiring the use of certified deaf interpreters and sign language interpreters for all public service announcements and rethinking the current __3__ definition of social distancing, Ms. Cordano said. "The 'two adults, six feet apart' standard carries its own inherent bias, assuming all those social distancing are the same: that they are hearing, seeing and without any need of support," Ms. Cordano said. She added that a significant portion of the American population, including young children, older adults, deaf-blind people and other people with disabilities, need people in <u>proximity</u> for their safety and well-being. At a time when leaders begin to navigate a world already forcefully reshaped by the pandemic, Ms. Cordano said it was important that deaf-blind people "have a seat at the table" when it comes to social policy after the COVID-19 crisis. "Because our daily lives have always required us to re-orient ourselves to the times, we have the natural skill, energy and commitment to __4__ when a large-scale crisis hits," she said. "It's in our DNA to innovate and move forward."

(Adapted from *The New York Times*)

1. Which one of the following is closest in meaning to the word hobbling?

  a. functioning improperly   **b**. moving unsteadily

  c. changing randomly   **d**. running irrationally

  e. jumping blindly

2. Which one of the following words best fits ___1___ in the passage?

  a. merged   **b**. subtracted   **c**. estranged

  d. endangered   **e**. decamped

3. Which one of the following words best fits ___2___ in the passage?

  a. went out the window   **b**. went up the river

  c. went through the ceiling   **d**. went under the door

  e. went into the garden

4. Which one of the following is closest in meaning to the word disconcerting?

  a. upending   **b**. offending   **c**. jarring

  d. confounding   **e**. unsettling

5. Which one of the following is closest in meaning to the phrase subject to?

  a. quarantined by   **b**. administered by   **c**. defined by

  d. authorized by   **e**. constrained by

6. Which one of the following words best fits ___3___ in the passage?

  a. free-size-for-all   **b**. all-you-can-fit

  c. one-size-fits-all   **d**. everything-fits-all

  e. you-can-fit-all

7. Which one of the following is closest in meaning to the word proximity?

  a. movement   **b**. closeness   **c**. relation

  d. emotion   **e**. time

8. Which one of the following words best fits ___4___ in the passage?

  a. assemble   **b**. elevate   **c**. transfix

  d. adapt   **e**. adhere

9. According to this passage, which TWO of the following are true?

a. Deaf and blind people usually rely on delivery services instead of going grocery shopping themselves.

b. The COVID-19 pandemic has completely changed the United States and hearing people are now experiencing the same uncertainties as deaf people feel in their daily lives.

c. During the COVID-19 pandemic deaf people have trouble communicating with those who can hear because the latter cannot provide the extra support deaf people need.

d. Thanks to sign language interpreters, who are considered to be essential workers, deaf people are well informed and feeling safe during the COVID-19 pandemic.

e. The COVID-19 pandemic helped the United States realize it needs to give more priority and consideration to deaf people.

f. It is essential to increase the salaries of certified sign language interpreters because there is a severe shortage of people with these qualifications in the United States at present.

g. Under social distancing rules, some challenged people face difficulties because they rely on the support of trainers who explain their overall job tasks and expectations.

■数学■

(60 分)

〔注意事項〕
- 計算の途中経過を記述すること。記述されていない解答は採点の対象外となる場合がある。
- 定規，コンパスを使用してもよい。

1 a, b を定数とし，関数 $f(x)=x^2+ax+b$ とする。方程式 $f(x)=0$ の 2 つの解 α, β が次式で与えられている。

$$\alpha=\frac{\sin\theta}{1+\cos\theta}, \quad \beta=\frac{\sin\theta}{1-\cos\theta}$$

ここで θ は，$0<\theta<\pi$ の定数である。次の問に答えよ。

(1) a, b を θ を用いて表せ。

(2) θ が $0<\theta<\pi$ で変化するとき，放物線 $y=f(x)$ の頂点の軌跡を求めよ。

(3) $\displaystyle\int_0^{2\sin\theta} f(x)dx=0$ となる θ の値をすべて求めよ。

2 $\triangle$OAB において，辺 OA を $1:1$ に内分する点を D，辺 OB を $2:1$ に内分する点を E とする。線分 BD と線分 AE の交点を F，$\overrightarrow{\mathrm{OA}}=\vec{a}$, $\overrightarrow{\mathrm{OB}}=\vec{b}$, $|\vec{a}|=a$, $|\vec{b}|=b$ として，次の問に答えよ。

(1) $\overrightarrow{\mathrm{OF}}$ を $\vec{a}$, $\vec{b}$ を用いて表せ。

さらに，$\vec{a}\cdot\overrightarrow{\mathrm{OF}}=\vec{b}\cdot\overrightarrow{\mathrm{OF}}$ として，以下の問に答えよ。

(2) 内積 $\vec{a}\cdot\vec{b}$ を a, b を用いて表せ。

(3) $b=1$ のとき，a のとりうる値の範囲を求めよ。

⑷　$b=1$ のとき，$\triangle$OAB の面積 S の最大値と，そのときの a の値を求めよ。

3　k を 3 以上の整数とする。k 進法で $2021_{(k)}$ と表される整数 N を考える。次の問に答えよ。

⑴　N が $k-1$ で割り切れるときの k の値を求めよ。

⑵　N を $k+1$ で割ったときの余りを k で表せ。

⑶　N を $k+2$ で割ったときの余りが 1 となる k の値をすべて求めよ。

■一般入試

問題編

▶試験科目・配点

教　科	科　　目	配　点
外 国 語	コミュニケーション英語Ⅰ・Ⅱ・Ⅲ，英語表現Ⅰ・Ⅱ	50点
地歴・公民・数学	日本史B〈省略〉，世界史B〈省略〉，政治・経済〈省略〉，「数学Ⅰ・Ⅱ・A・B」のうちから1科目選択	40点
国　　語	国語総合，現代文B，古典B〈省略〉	40点

▶備　考

「数学B」は「確率分布と統計的な推測」を除く。

■英語■

(90 分)

I 次の１〜９について，誤った英語表現を含んだ部分がある場合には **a** 〜 **d** から誤りを１つ選び，誤りがない場合には **e** を選んで，マーク解答用紙にマークせよ。

1. Immigrant integration is a <u>comparatively</u> young policy area,
   _a
   <u>initially developing</u> in the border areas of different countries
   _b
   <u>response to</u> the needs of newly arrived immigrant populations <u>over</u>
   _c　　　　　　　　　　　　　　　　　　　　　　　　　　　　　　_d
   the last few decades. NO ERROR
   _e

2. Some people assert that <u>pressure</u> to <u>conform to</u> group norms
   _a　　　　　　　_b
   <u>makes</u> individuals in a group <u>behave</u> similarly. NO ERROR
   _c　　　　　　　　　　　　_d　　　　　　　　　　_e

3. The <u>trade-off</u> between lower earnings today and higher earnings
   _a
   later, <u>as well as</u> the financial and institutional constraints that <u>limit</u>
   _b　　　　　　　　　　　　　　　　　　　　　　　　　　　　　　_c
   access to education, <u>determine</u> the distribution of educational
   _d
   achievement in the population. NO ERROR
   _e

4. <u>At first sight</u>, her new house seemed to be ideal for <u>someone</u>
   _a　　　　　　　　　　　　　　　　　　　　　　　　　　_b
   <u>who</u> demands peace and tranquility, but in fact it <u>creates</u> her so
   _c
   many difficulties and problems that she quickly <u>chose</u> to leave
   _d
   rather than to stay. NO ERROR
   _e

5. <u>In composing</u> a new symphony, Mozart <u>what</u> was by any
   _a　　　　　　　　　　　　　　　　　　_b

definition a musical genius, <u>often</u> went for days without sleep,
_c

burning the midnight oil and working on <u>what he</u> believed was his
_d

life's mission.　NO ERROR
_e

6．Galileo's interest in science seems to <u>have sprung</u> not from any
_a

particular fascination with mathematics <u>as such</u>, but instead <u>of</u> a
_b _c

keen interest in understanding how and why the universe <u>behaves</u>
_d

in the way that it does.　NO ERROR
_e

7．Tariffs are the weapon of choice in <u>a rivalry</u> between the United
_a

States and China.　But <u>what about</u> visas？　Some prominent Chinese
_b

scholars have suddenly <u>had</u> their U.S. visas <u>revoke</u>.　NO ERROR
_c _d _e

8．If you want to become good at something, <u>whether</u> it is guitar or
_a

tennis, what works is practice.　Do something over and over, and

your brain <u>eventually</u> masters it.　But <u>if</u> your brain could be so
_b _c

ready to learn <u>that</u> you didn't have to practice something so many
_d

times？　NO ERROR
_e

9．Microplastics are pieces of <u>plastic</u> that <u>is</u> under five millimeters
_a _b

in diameter and that come <u>from</u> the shedding of <u>particles</u> from
_c _d

water bottles, plastic packaging and synthetic clothes.　NO ERROR
_e

Ⅱ　次の英文を読んで下の問いに答えよ。解答はマーク解答用紙にマークせよ。

Two centuries after Gutenberg invented movable type in the mid-
1400s there were plenty of books around, but they were expensive

and poorly made. In Britain a cartel had a lock on classic works such as Shakespeare's and Milton's. The first copyright law, enacted in the early 1700s in the Bard's home country, was designed to free knowledge by putting books in the public domain after a short period of exclusivity, around 14 years. Laws protecting free speech did not emerge until the late 18th century. Before print became widespread the need was limited.

Now the information flows in an era of abundant data are changing the relationship between technology and the role of the state once again. Many of today's rules look increasingly archaic. Privacy laws were not designed for networks. Rules for document retention <u>presume</u> paper records. And since all the information is interconnected, it needs global rules. New principles for an age of big data sets will need to cover six broad categories: privacy, security, retention, processing, ownership and the integrity of information.

Privacy is one of the biggest worries. People are disclosing more personal information than ever. Social-networking sites and others actually depend on it. But as databases grow, information that on its own cannot be traced to a particular individual can often be unlocked with just a bit of computer effort. This tension between individuals' interest in protecting their privacy and companies' interest in exploiting personal information could be resolved by giving people more control. They could be given the right to see and correct the information about them that an organisation holds, and to be told how it was used and with whom it was shared. Today's privacy rules aspire to this, but fall short because of technical difficulties which the industry likes to exaggerate. Better technology should eliminate such problems. __1__, firms are already spending a great deal on collecting, sharing and processing the data; they could divert a sliver of that money to provide greater individual control.

The benefits of information security — protecting computer systems and networks — are <u>inherently</u> invisible: if threats have been averted, things work as normal. That means it often gets neglected. One way to deal with that is to disclose more information. A pioneering law in California in 2003 required companies to notify people if a security breach had compromised their personal information, which pushed companies to invest more in prevention. The model has been adopted in other states and could be used more widely. In addition, regulators could require large companies to undergo an annual information-security audit by an accredited third party, similar to financial audits for listed companies. Information about vulnerabilities would be kept confidential, but it could be used by firms to improve their practices and handed to regulators if problems arose. It could even be a requirement for insurance coverage, allowing a market for information security to emerge.

Current rules on digital records state that data should never be stored for longer than necessary because they might be misused or inadvertently released. But Viktor Mayer-Schonberger of the National University of Singapore worries that the increasing power and decreasing price of computers will make it too easy to hold on to everything. In his recent book *Delete* he argues in favour of technical systems that "forget": digital files that have expiry dates or slowly degrade over time.   2   regulation is pushing in the opposite direction. There is a social and political expectation that records will be kept, says Peter Allen of CSC, a technology provider: "The more we know, the more we are expected to know — for ever". American security officials have pressed companies to keep records because they may hold clues after a terrorist incident. In the future it is more likely that companies will be required to retain all digital files, and ensure their accuracy, rather than to delete them.

Processing data is another concern. Ian Ayres, an economist and lawyer at Yale University and the author of *Super-Crunchers*, a book about computer algorithms replacing human intuition, frets about the legal implications of using statistical correlations. Rebecca Goldin, a mathematician at George Mason University, goes further: she worries about the "ethics of super-crunching". For example, racial discrimination against an applicant for a bank loan is illegal. But what if a computer model factors in the educational level of the applicant's mother, which in America is strongly correlated with race? And what if computers, just as they can predict an individual's susceptibility to a disease from other bits of information, can predict his <u>predisposition</u> to commit a crime? A new regulatory principle in the age of big data, then, might be that people's data cannot be used to discriminate against them on the basis of something that might or might not happen. The individual must be regarded as a free agent. This idea is akin to the general rule of national statistical offices that data gathered for surveys cannot be used against a person for things like deporting illegal immigrants ─ which, alas, has not always been respected.

Privacy rules lean towards treating personal information as a property right. A reasonable presumption might be that the trails of data that an individual leaves behind and that can be traced to him, from clicks on search engines to book-buying preferences, belong to that individual, not the entity that collected it. That might create a market for information. Indeed, "data portability" stimulates competition, just as phone-number portability encourages competition among mobile operators. It might also reduce the need for antitrust enforcement by counteracting data aggregators' desire to grow ever bigger in order to reap economies of scale.

Ensuring the integrity of the information is an important part of the big-data age. When America's secretary of state, Hillary Clinton, lambasted the Chinese in January for allegedly hacking into Google's computers, she used the term "the global networked commons". The idea is that the internet is a shared environment, like the oceans or airspace, which requires international co-operation to make the best use of it. Censorship pollutes that environment. Disrupting information flows not only violates the integrity of the data but quashes free expression and denies the right of assembly. Likewise, if telecom operators give preferential treatment to certain content providers, they <u>undermine</u> the idea of "network neutrality".

Governments could define best practice on dealing with information flows and the processing of data, just as they require firms to label processed foods with the ingredients or impose public-health standards. The WTO, which oversees the free flow of physical trade, might be a suitable body for keeping digital goods and services flowing too. But it will not be quick or easy.

(Adapted from *The Economist*)
© The Economist Group Limited, London

1. Which one of the following is closest in meaning to the word <u>presume</u>?

  a. require　　　**b.** predict　　　**c.** suppose

  d. reduce　　　**e.** discard

2. Which one of the following words best fits ___1___ in the passage?

  a. However　　　**b.** Besides　　　**c.** Subsequently

  d. Still　　　**e.** Otherwise

3. Which one of the following is closest in meaning to the word <u>inherently</u>?

  a. primarily　　　**b.** truthfully　　　**c.** inevitably

  d. intrinsically　　　**e.** supposedly

4. Which one of the following words best fits ___2___ in the passage?

  a. Therefore　　　**b.** Consequently　　　**c.** Accordingly

  d. Obviously　　　**e.** Yet

5. Which one of the following is closest in meaning to the word <u>predisposition</u>?

  a. tendency　　　**b.** preference　　　**c.** bias

d. intention　　　　**e.** assessment

6. Which one of the following is closest in meaning to the word underline?

a. change　　　**b.** threaten　　　**c.** strengthen

d. believe　　　**e.** fix

7. According to this passage, which one of the following is true?

a. Processing data is a delicate issue and requires sophisticated knowledge of statistical techniques.

b. New rules for big data will be made soon because handling information flows is an urgent issue.

c. A lot of existing rules are outdated because it is hard to keep up with the rapid progress of information technology.

d. All digital information should be deleted within a certain period of time because it might be abused.

e. Information security is an issue which has been ignored until recently, but it is an issue more important than the problem of privacy.

8. Which one of the following best describes the main point of this passage?

a. America should take the initiative in developing regulations for big data because many of the companies leading in computer technology are based there.

b. It is impossible to create regulations for big data because computer systems and networks change so quickly.

c. It is important for each of us to be aware that privacy is the most important issue and personal information should be handled exclusively by highly trained experts.

d. It is desirable for an international regulatory body to create rules for big data by taking several specific areas of concern into consideration.

e. To get the most out from big data, we must utilise new computer technology such as artificial intelligence.

III 　次の英文を読んで下の問いに答えよ。解答はマーク解答用紙にマ
ークせよ。

The Machu Picchu complex is a UNESCO world heritage site, and Peru's most visited tourist attraction. Among the Inca archaeological sites that abound in Peru, none draw nearly as many tourists as the famed citadel of Machu Picchu. In fact, in 2017 there were more than 1.5 million visitors to Machu Picchu, a number which is almost double the limit recommended by UNESCO, putting a huge strain on the fragile ruins and local ecology. Now, in a move that has drawn a mixture of horror and outrage from archaeologists, historians and locals, work has begun on clearing the ground for a multibillion-dollar international airport, intended to jet tourists much closer to Machu Picchu and to ___1___ the current situation in which hordes of tourists arrive at outdated facilities when coming by plane to the general area in which the complex can be found.

Bulldozers are already scraping clear millions of tonnes of earth in Chinchero, a picturesque Inca town about 3,800 metres above sea level that is the gateway to the Sacred Valley. This area was once the heartland of a civilisation that stretched from modern-day Colombia to Argentina, and in the 15th century was the world's largest empire. "This is a built landscape; there are terraces and routes which were designed by the Incas," says Natalia Majluf, a Peruvian art historian at Cambridge University who has organised a petition against the new airport. "Putting an airport here would destroy it." At present, most visitors to the valley come through Cusco airport, which has only one runway and is limited to taking narrow-bodied aircraft on stopover flights from Peru's capital, Lima, and nearby cities such as La Paz, Bolivia. The proposed development would thus be a radical change from the more sustainable arrangement that had existed for years, but that has now become <u>untenable</u> owing to the swelling number of visitors.

The new airport, which construction companies from South Korea

and Canada are queueing up to bid on, would allow direct flights
from major cities across Latin America and the US. Critics say
planes would pass low over the nearby 134 sq. mile (348 sq.
kilometre) archaeological park, causing potentially ___2___ damage to
the world-renown Inca ruins. Others worry that construction would
deplete the watershed of Lake Piuray, which Cusco city relies on for
almost half its water supply. "It seems ironic and in a way
contradictory that here, just 20 minutes from the Sacred Valley, the
nucleus of the Inca culture, they want to build this monstrosity
within earshot of the delicate and pristine site that all the tourists
have come to see," said the Cusco-based anthropologist Pablo Del
Valle. It is an irony that is hard to fathom, but one which can be
seen all over the world as local sites ___3___ with the problem of how
to manage the influx of visitors coming from afar.

Many who are against the idea of the new airport hope that the
Peruvian president, Martín Vizcarra, will reconsider or relocate the
airport from Chinchero. "I don't think there's any significant
archaeologist or historian working in the Cusco area that truly
supports this project," says Majluf. Chinchero was built six centuries
ago as a royal estate for the Inca ruler Túpac Inca Yupanqui, and is
incredibly well-preserved. The local economy is based on farming
and tourism, but even those who rely on visitors are wary of the
plans. Alejandrina Contreras, weaving a blanket on a handheld loom
by a bleached-white colonial church in the town square, says: "We
live peacefully here, there are no thieves, there are no criminals.
There will be progress with the airport but a lot of things will
change." Nearby, Karen Auccapuma, 20, watching as a busload of
tourists walk through the plaza, adds: "Think of the noise, the air
pollution, and the illnesses it will bring." An initial plan by a private
firm became bogged down in allegations of price-hikes and local
corruption, but with the arbitration process now settled the
government is vowing to push ahead to complete it by 2023.

"This airport will be built as soon as possible because it's necessary for the city of Cusco," Peru's finance minister, Carlos Oliva, told journalists last month. "There's a series of technical studies which support this airport's construction." The mayor, Luis Cusicuna, says local leaders have been pushing for a second larger airport in Cusco since the 1970s. Many locals believe promises of 2,500 construction jobs, and others have profited from selling up. For example, Yanacona, one of Chinchero's three indigenous communities, sold virtually all its land to the state for about $35m, while some local farming families made a small fortune in relative terms by selling hectares of farmland previously used for growing potatoes. These are perhaps some of the local people who are enthusiastic about the project and have already profited handsomely from it.

There is a "legitimate concern that Cusco's travel infrastructure is at its limit," says Mark Rice, the author of *Making Machu Picchu: The Politics of Tourism in Twentieth-Century Peru.* But the location of the new airport will do a "lot of damage to one of the key tourism offerings of Cusco, which is its scenic beauty." The problem is that Machu Picchu is "so singularly dominant for the Peruvian tourism offering," he says. "The best way I can describe it is if people going to Britain only went to Stonehenge." In an effort to manage growing visitor numbers, Peru has tightened entry requirements to the site, limiting visits to morning and afternoon shifts after UNESCO threatened to place Machu Picchu on a list of world heritage sites in danger. At the same time, however, the airport project is seeing new houses and hotels being thrown up hurriedly in Chinchero in the expectation of a tourism windfall once the new airport becomes reality. At the end of the day, however, the proposed airport may very well bring with it irreversible harm to what is arguably one of the world's most indelible historical and cultural sites.

(Adapted from *The Guardian*)

1．Which one of the following words best fits ___1___ in the passage?

  a．assess　　　　**b**．reconfigure　　　　**c**．attenuate

  d．abbreviate　　　**e**．soothe

2．Which one of the following is closest in meaning to the word untenable?

  a．viable　　　　**b**．harmless　　　　**c**．strategic

  d．flawed　　　　**e**．defensive

3．Which one of the following words best fits ___2___ in the passage?

  a．inadmissible　　**b**．irresponsible　　**c**．irreparable

  d．inconsolable　　**e**．introspective

4．Which one of the following is closest in meaning to the word monstrosity?

  a．eyesore　　　　**b**．phantom　　　　**c**．panorama

  d．panoply　　　　**e**．edifice

5．Which one of the following words best fits ___3___ in the passage?

  a．grapple　　　　**b**．assign　　　　**c**．conform

  d．arrange　　　　**e**．contort

6．Which one of the following is closest in meaning to the word windfall?

  a．bane　　　　**b**．turbulence　　　　**c**．decrease

  d．isolation　　**e**．yield

7．Which one of the following best describes the main point of this passage?

  a．Machu Picchu is the most visited tourist site in Peru.

  b．UNESCO has been very tough with Peru about its developmental policies.

  c．Peru needs to become like Britain and engage in sustainable development.

  d．Construction of the new airport will probably create more problems than benefits.

　e . Sustainable development in Peru is not as important as increasing the number of tourists coming each year.

8 . According to this passage, which THREE of the following are true ?

　a . In Machu Picchu in 2017 there were just over double the numerical limit of tourists recommended by UNESCO.

　b . Local residents in Chinchero are primarily in favour of the proposed airport.

　c . The new airport project has attracted attention from construction companies outside of Peru.

　d . The area around Chinchero was the centre of the world's largest empire for several centuries.

　e . Although the existing airport was at one time sustainable, the current situation is most likely unsustainable.

　f . In Peru the president is the only person who can stop construction of the proposed airport.

　g . The government is divided on whether or not to proceed with the proposed airport.

　h . Scientific research suggests the proposed airport will not damage local agriculture.

　i . The Peruvian government has already begun to regulate the entry of tourists coming into Machu Picchu.

　j . Plans for the new airport were delayed for several years owing to local opposition in Chinchero.

IV　次の英文を読んで下の問いに答えよ。解答はマーク解答用紙にマークせよ。

　The United States has promoted human rights internationally for decades. But today, at a moment when support for authoritarian leaders who claim to speak for those left behind by globalization is spiking abroad and at home, the U.S. government must rethink those policies. The rise of populism threatens human rights — the promotion of certain basic rights without a broader effort to combat the inequality that endangers them is shortsighted.

For 40 years, America's human rights policy has focused narrowly on political and civil liberties and has been coupled with a free market libertarian agenda for the world. By neglecting social and economic rights and the vast disparities both within and among nations, U.S. policy has exacerbated many of the evils it set out to eradicate. It needs <u>an overhaul</u>.

It was only in the midst of World War II, and after President Franklin D. Roosevelt's New Deal, that Americans first started to think seriously about how to improve people's lives in the rest of the world. If there were to be a global New Deal, many assumed, Americans would have to think boldly about economics, committing to providing basic goods and also to distributing them fairly.

In 1944, in his second to last State of the Union address, Roosevelt imagined a second Bill of Rights for Americans that would include the economic and social protections of a welfare state. But Roosevelt never translated this soaring rhetoric into policy. And a worldwide New Deal that concerned itself with subsistence — as well as a modicum of material equality as a global norm — never came to pass.

As World War II wound down, the United States agreed to include human rights in the Charter of the United Nations and participated in drafting the Universal Declaration of Human Rights, adopted in 1948. But Washington was careful to ensure that none of the new international institutions would be empowered to protect economic and social rights by providing fundamental entitlements. Spooked by the looming communist threat, President Harry Truman did expand U.S. development assistance, but such aid was meant to serve ___1___, not humanitarian, ends.

Three decades later, the human rights rhetoric of the U.N. Charter and the Universal Declaration of Human Rights was rediscovered and made central to America's foreign policy under President Jimmy Carter. Carter even considered supporting economic and social rights in the face of demands for a worldwide New Deal from the newly independent states emerging from colonial rule. In the early to mid-1970s, after the oil shock and the end of the Bretton Woods system, developing nations in Asia and Africa banded together with Latin America to propose a "New International Economic Order" and demanded that wealthy countries support the project at a global level.

Policymakers in Washington briefly acknowledged these demands as they began to pay attention to global poverty, something wealthy countries had not taken seriously as a problem before. In May 1977, Carter spoke of "new global questions of justice and equity." He reminded his audience that, alongside free speech and other civil liberties, basic <u>subsistence</u> cried out for attention since "the immediate problems of hunger, disease, and illiteracy" were not going away. Despite their occasional <u>lip service</u>, Carter and his administration never fully developed a policy to advance economic and social rights. From the Carter administration onward, U.S. human rights policy concerned itself with political and civil rights alone.

Indeed, when Ronald Reagan was elected president, <u>he nearly scuttled the fledgling commitment to human rights</u> by nominating for a State Department post Ernest Lefever, a declared foe of Carter's policy who, like many conservatives, rejected any role for moral concerns in the midst of the Cold War struggle. Lefever wasn't confirmed, and a bare-bones U.S. human rights policy survived. But concerns for economic rights were gone for good — in part because the United States was also giving up its own New Deal commitments to contain inequality at home. In the decades since, that new trajectory has allowed economic inequality to spike in many countries — a surge that has helped fuel the rise of populism around the globe.

Many human rights activists, including Americans who grudgingly began paying attention to economic and social rights only when the Cold War ended, might think the 1970s were a missed opportunity because these principles were lost. The truth is that the mistake was even graver: no U.S. administration has ever successfully connected human rights to global equity by including economic policies that provide not just for basic subsistence but for equal outcomes. That's because Carter's presidency coincided with the birth of an economic orthodoxy that saw the country prioritize markets above all else, alongside a narrow human rights policy privileging free speech and the integrity of the body. Though there was space for aid to provide the foreign poor with basic needs, it stopped there. A genuine effort to redress disparities among nations was off the table — and free market reforms drove a form of growth that exacerbated inequality locally, too.

Starting in the Carter years, and especially under Reagan, the United States set off to promote a free trade agenda through its direct influence and the long arm of the international financial institutions it helped control. It never again came close to a human rights policy that prioritized economic and social rights.

As late as 2011, Michael Posner, who led human rights policy at the State Department under President Barack Obama, adopted Roosevelt's old rhetoric in a speech at the American Society of International Law, declaring that "human dignity has a political component and an economic component — and these are inexorably linked." But the Obama administration never made more than a nod toward such principles.

Combining the promotion of economic and social rights with a real effort to reduce global inequalities, which once seemed imaginable under Roosevelt and Carter, has since then never reappeared.

Those who vote for populists around the world, after all, rarely seem to be among the most indigent. Rather, those who see their wages stagnating while others profit wildly are the easiest prey for contemporary demagogues. The United States has overseen a form of globalization that deserves some credit for a significant reduction in extreme poverty worldwide. But that same globalization has caused galloping inequality in most countries, which creates dangerous levels of instability. Human rights policy then becomes hostage to whether majorities feel globalization is fair for them, rather than a boon for a tiny number of elites.

America's human rights policy should therefore be reframed to focus on helping the poorest around the world. That may be accomplished through the promotion of economic and social rights, as well as more ambitious policies that combat the disparities that have enabled populists to rise. Otherwise, the United States risks being remembered as a country that pledged to promote freedom and instead entrenched inequality across the globe.

(Adapted from *Foreign Policy*)

1. Which one of the following is closest in meaning to the phrase <u>an overhaul</u>?

　a. appropriate supervision　　b. thorough examination

　c. temporary suspension　　d. legal procedure

　e. precautionary action

2. Which one of the following best fits ___1___ in the passage?

　a. individual　　b. scientific　　c. authoritarian

　d. political　　e. cosmopolitan

3. Which one of the following is closest in meaning to the word <u>subsistence</u>?

　a. satisfaction　　b. survival　　c. persistence

　d. improvement　　e. empowerment

4. Which one of the following is closest in meaning to the phrase <u>lip service</u>?

　a. impolite signs　　b. rhetorical gestures

　c. sincere comments　　d. vocal abuses

e . physical movements

5 . Which one of the following is closest in meaning to the phrase <u>he
nearly scuttled the fledgling commitment to human rights</u> ?

a . he was just about to abandon the new engagement with
human rights

b . he fundamentally misrepresented the potential promise of
human rights

c . he almost acknowledged the growing interest in human rights

d . he practically allowed the initial involvement in human rights
to expand

e . he effectively managed to increase support for human rights

6 . Which one of the following best describes the main point of this
passage ?

a . The U.S. government should maintain its human rights policy
because of a spike in support for materialist ideologies around
the world.

b . U.S. human rights policy should promote the economic and
social rights of the poorest nations around the world in order to
advance a free market agenda.

c . The U. S. government should prioritize political and civil
liberties instead of economic and social rights in order to improve
the lives of people in the rest of the world.

d . The U.S. government should advocate a narrow human rights
policy by emphasizing free speech and the integrity of the body.

e . U.S. human rights policy should embrace economic and social
rights in order to tackle the global inequalities that have
empowered populism.

7 . Which TWO of the following can we infer from this passage ?

a . Economic rights have been one of the main concerns that the
United States has always made a high priority in foreign policy.

b . Franklin D. Roosevelt implemented the economic and social
protections of a welfare state as part of a global New Deal.

c. The economic policy of the United States during the 1970s greatly reduced inequality among nations.

d. Although President Barack Obama recognized the importance of the economic aspect of human rights, he fell short of making significant progress.

e. It was Ronald Reagan's nomination of Ernest Lefever for a State Department post that eventually led to the establishing of human rights in American foreign policy.

f. People whose salaries haven't been rising may be susceptible to the influence of a leader who makes false claims to gain power.

g. Jimmy Carter was the first U. S. President to implement economic and social rights in American foreign policy.

Ⅴ 次の英文を読んで下の問いに答えよ。解答はマーク解答用紙にマークせよ。

Just over 40 years ago, when my family moved from California to Tokyo, the fact that my mother was Japanese did not stop schoolchildren from pointing at me and yelling "Gaijin!"—the Japanese word for foreigner—as I walked down the street. After seeing my red-haired, blue-eyed father, a shopkeeper in the suburb where we lived asked my mother what it was like to work as a nanny in the American's house.

When we moved back to California two years later, I entered fourth grade and suddenly, I was the ___1___ kid. "Ching Chong!" boys chanted in the playground, tugging at the corners of their eyes. Classmates held their noses when they saw the onigiri—rice balls wrapped in dried seaweed—that my mother packed in my lunch bag. When our teacher mentioned Japan during a social studies lesson, every head in the class swiveled to stare at me.

Now, back in Tokyo as a foreign correspondent for this newspaper, I am no longer pointed at by people on the street. But I am incontrovertibly regarded as a foreigner. When I hand over my business card, people look at my face and then ask in confusion how I got my first name. My Japaneseness, it seems, 2 registers.

In the past few weeks, covering local reaction to the tennis champion Naomi Osaka, the daughter of a Japanese mother and a Haitian-American father, and Denny Tamaki, who is the son of a Japanese mother and a white American marine and was elected governor of Okinawa last weekend, I have sensed that Japanese attitudes toward identity are slowly starting to   3   those of us with mixed heritages. For the past two decades, roughly one in 50 children born in Japan each year has had one foreign parent. Here we are known as "hafu," which comes from the English word "half," and our existence challenges the strain in Japanese society that conflates national identity with pure-blooded ethnicity.

During Mr. Tamaki's campaign for governor of Okinawa, some on social media insinuated that he wasn't really Japanese. Others likened his candidacy to that of Barack Obama in 2008. "A 'hafu' child is going to become a leader," someone wrote on Twitter. "Let's make a dream come true in Okinawa, too, just like people did when Obama became the president in America."

When Ms. Osaka arrived in Tokyo last month shortly after winning the United States Open playing for Japan, a Japanese reporter asked her what she thought about her identity, setting off a contorted debate in traditional and social media about whether the question was appropriate. Ms. Osaka delivered the best possible reply: "I'm just me." Her relaxed, even insouciant, sense of how her heritage defines her has made me feel less tortured about my own. I have long felt like a bit of an impostor because I am not quite fluent in the language. But Ms. Osaka's Japanese is imperfect, too. As a champion, Ms. Osaka has been widely feted, with Japanese media following her breathlessly during her stay in Tokyo last month, obsessing over her search for good green tea ice cream. A Yonex tennis racket similar to one she uses and a Citizen watch model that she wore when she beat Serena Williams at the Open are selling vigorously in Japan. Ms. Osaka seems to have been more publicly welcomed than Ariana Miyamoto, a half-black, half-Japanese woman who was crowned Miss Universe Japan in 2015. Then, the judges who selected her were criticized by people who said she did not look sufficiently Japanese.

Still, the public has embraced a number of "hafu" athletes and television performers in Japan, although their popularity can disguise an underlying ambivalence. "There is a mixture of envy and discomfort," said a professor of sociology at a major private university in Tokyo. I am acutely aware that to the extent otherness is increasingly accepted, it is of the variety that most Japanese people can immediately see. Being part-white in Japan accords privilege that people with mixed-Asian heritage rarely enjoy. When a half-Taiwanese politician ran for leadership of the opposition party, for example, nationalist critics nearly derailed her candidacy as they accused her of duplicity for not having officially renounced her Taiwanese citizenship.

Ms. Osaka's popularity in Japan appears to depend in part on what commentators see as her quintessentially Japanese behavior. She has repeatedly been praised for her humility, with the media zeroing in on her apology for winning against Ms. Williams. I have chafed at similar interpretations of my behavior in the United States. When I have been reserved or less assertive than people think a situation calls for, they have attributed it to my "Japanese side."

Here in Japan, I know my "American side" can work to my advantage. Particularly for a woman in a male-dominated society, it is useful to be regarded as foreign first and female second. Suzanne Kamata, an American writer who has lived in rural Shikoku for 30 years and raised 19-year-old twins with her Japanese husband, said her children's bicultural identity can free them from some of the most

   4   expectations of Japanese society. "Japanese identity seems so

all-consuming, and there are so many rules and this idea that all Japanese have the same way of thinking," Ms. Kamata said. "So I suppose it's good to be 'other.'"

Americans often subscribe to the myth that we already live in a society that accepts all kinds of "others." But when colleagues have mistaken me for another Asian employee in the newsroom, I realize some people still instinctively want to pigeonhole me as one, but not both.

When my husband and I moved to Japan with our two school-age children two years ago, we enrolled them in an international school, where many of their classmates are biracial. Having grown up in a town where so few people looked like me, I am grateful that they are spending their adolescence surrounded by friends who share their mixed heritage. Shortly after we arrived in Tokyo, I went out to dinner with a white American friend of my parents who is the mother of two daughters with her Japanese husband. When I asked what it had been like for them to grow up here as "hafu," she suggested I should adjust my language. She tells her children that they should never think of themselves as less than, but more. Instead of "hafu," she said, she calls them "double." That works for me.

(Adapted from *The New York Times*)

1. Which one of the following words best fits ___1___ in the passage?

  a. American   **b.** Asian

  c. Californian   **d.** elementary school

  e. suburban

2. Which one of the following words best fits ___2___ in the passage?

  a. previously   **b.** frequently   **c.** barely

  d. solely   **e.** definitely

3. Which one of the following words best fits __3__ in the passage?

   a. accommodate   **b.** exclude   **c.** juxtapose

   d. camouflage   **e.** disregard

4. Which one of the following is closest in meaning to the word likened?

   a. contrasted   **b.** downgraded   **c.** adored

   d. attached   **e.** compared

5. Which one of the following is closest in meaning to the phrase an impostor?

   a. a reporter   **b.** a champion   **c.** a specimen

   d. a fraud   **e.** an athlete

6. Which one of the following is closest in meaning to the word ambivalence?

   a. certainty   **b.** dilemma   **c.** encouragement

   d. resemblance   **e.** decisiveness

7. Which one of the following is closest in meaning to the phrase chafed at?

   a. chuckled at   **b.** been surprised by

   c. pointed at   **d.** been puzzled by

   e. been annoyed by

8. Which one of the following words best fits __4__ in the passage?

   a. feeble   **b.** sterile   **c.** mediocre

   d. archaic   **e.** rigid

9. According to this passage, which THREE of the following are true?

   a. When the author, who is bicultural and biracial, is more assertive in the United States than people think a situation requires, people attributed it to her "Japanese side."

   b. The author thinks that her mixed heritage works to her advantage in Japan, a male-dominated society, because people see her primarily as a foreigner.

c. When the author looks back on her childhood in Japan, she recalls that schoolchildren did not treat her as a foreigner because her mother was Japanese.

d. When the author met with her parents' friend, she learned that she should use "hafu" rather than "double" to refer to people with mixed heritage.

e. The author is unhappy about the fact that her children hardly have anyone who shares their mixed heritage at school.

f. The author claims that even in the United States some people do not see her as bicultural and tend to put her into one category.

g. The author does not believe that people who are part-white are treated differently in Japan from people who have mixed-Asian heritage.

h. Naomi Osaka's reply to a Japanese reporter made the author upset about her own heritage.

i. In Denny Tamaki's campaign for governor of Okinawa no one challenged his candidacy because of his mixed heritage.

j. The author went through similar experiences in her childhood both in Japan and the United States.

■■■■数学■■■

(60 分)

〔注意事項〕
- 計算の途中経過を記述すること。記述されていない解答は採点の対象外となることがある。
- 定規，コンパスを使用してもよい。

1 a, b を定数とする。関数 $f(x)=x^3-3ax^2+12x+b$ は $x=\alpha$ で極大値をとり，$x=\beta$ で極小値をとる。次の問に答えよ。

(1) $f(x)$ が極大値および極小値をとるために，定数 a, b が満たすべき条件を求めよ。

(2) $f(x)$ の導関数を $f'(x)$ とする。x の整式 $f(x)$ を整式 $f'(x)$ で割ったときの余りを求めよ。

(3) $f(\alpha)+f(\beta)$ を a, b を用いて表せ。

(4) $f(\alpha)+f(\beta)=0$ となる実数の組 (a, b) の集合を ab 平面上に図示せよ。

2 m, n を自然数とする。次の問に答えよ。

(1) 関数 $f(x)=\sum\limits_{k=1}^{n}(x-k)^2$ の最小値と，そのときの x の値を n を用いて表せ。

(2) 定数 a_1, a_2, a_3 は $a_1<a_2<a_3$ を満たす。
関数 $g(x)=|x-a_1|+|x-a_2|+|x-a_3|$ の最小値と，そのときの x の値を a_1, a_2, a_3 を用いて表せ。

(3) 関数 $h(x)=\sum\limits_{k=1}^{2m+1}|x-2^k|$ の最小値と，そのときの x の値を m を用いて表せ。

3　座標平面上の 5 つの点 $P_1(-\sqrt{5},\ 0)$, $P_2\left(-\dfrac{\sqrt{5}}{2},\ -\dfrac{\sqrt{3}}{2}\right)$,

$P_3(0,\ 0)$, $P_4\left(\dfrac{\sqrt{5}}{2},\ -\dfrac{\sqrt{3}}{2}\right)$, $P_5(\sqrt{5},\ 0)$ をそれぞれ中心とする半径 1

の円を C_1, C_2, C_3, C_4, C_5 とする。次の問に答えよ。

(1)　1 つ以上の円に囲まれる領域の面積を求めよ。
(2)　2 つ以上の円と接する直線の本数を求めよ。
(3)　3 つ以上の円と外接する円の半径をすべて求めよ。

////////////////// · **memo** · //////////////////

//////////////// · **memo** · ////////////////

//////////////// · memo · ////////////////

//////////////// · **memo** · ////////////////

教学社 刊行一覧

2025年版　大学赤本シリーズ

国公立大学（都道府県順）

374大学556点
全都道府県を網羅

全国の書店で取り扱っています。店頭にない場合は, お取り寄せができます。

1　北海道大学(文系-前期日程)
2　北海道大学(理系-前期日程) 医
3　北海道大学(後期日程)
4　旭川医科大学(医学部〈医学科〉) 医
5　小樽商科大学
6　帯広畜産大学
7　北海道教育大学
8　室蘭工業大学／北見工業大学
9　釧路公立大学
10　公立千歳科学技術大学
11　公立はこだて未来大学 総推
12　札幌医科大学(医学部) 医
13　弘前大学 医
14　岩手大学
15　岩手県立大学・盛岡短期大学部・宮古短期大学部
16　東北大学(文系-前期日程)
17　東北大学(理系-前期日程) 医
18　東北大学(後期日程)
19　宮城教育大学
20　宮城大学
21　秋田大学 医
22　秋田県立大学
23　国際教養大学 総推
24　山形大学 医
25　福島大学
26　会津大学
27　福島県立医科大学(医・保健科学部) 医
28　茨城大学(文系)
29　茨城大学(理系)
30　筑波大学(推薦入試) 医 総推
31　筑波大学(文系-前期日程)
32　筑波大学(理系-前期日程) 医
33　筑波大学(後期日程)
34　宇都宮大学
35　群馬大学 医
36　群馬県立女子大学
37　高崎経済大学
38　前橋工科大学
39　埼玉大学(文系)
40　埼玉大学(理系)
41　千葉大学(文系-前期日程)
42　千葉大学(理系-前期日程) 医
43　千葉大学(後期日程) 医
44　東京大学(文科) DL
45　東京大学(理科) DL 医
46　お茶の水女子大学
47　電気通信大学
48　東京外国語大学 DL
49　東京海洋大学
50　東京科学大学(旧 東京工業大学)
51　東京科学大学(旧 東京医科歯科大学)
52　東京学芸大学
53　東京藝術大学
54　東京農工大学
55　一橋大学(前期日程)
56　一橋大学(後期日程)
57　東京都立大学(文系)
58　東京都立大学(理系)
59　横浜国立大学(文系)
60　横浜国立大学(理系)
61　横浜市立大学(国際教養・国際商・理・データサイエンス・医〈看護〉学部)

62　横浜市立大学(医学部〈医学科〉) 医
63　新潟大学(人文・教育〈文系〉・法・経済科・医〈看護〉・創生学部)
64　新潟大学(教育〈理系〉・理・医〈看護を除く〉・歯・工・農学部) 医
65　新潟県立大学
66　富山大学(文系)
67　富山大学(理系) 医
68　富山県立大学
69　金沢大学(文系)
70　金沢大学(理系) 医
71　福井大学(教育・医〈看護〉・工・国際地域学部)
72　福井大学(医学部〈医学科〉) 医
73　福井県立大学
74　山梨大学(教育・医〈看護〉・工・生命環境学部)
75　山梨大学(医学部〈医学科〉) 医
76　都留文科大学
77　信州大学(文系-前期日程)
78　信州大学(理系-前期日程) 医
79　信州大学(後期日程)
80　公立諏訪東京理科大学 総推
81　岐阜大学(前期日程) 医
82　岐阜大学(後期日程)
83　岐阜薬科大学
84　静岡大学(前期日程)
85　静岡大学(後期日程)
86　浜松医科大学(医学部〈医学科〉) 医
87　静岡県立大学
88　静岡文化芸術大学
89　名古屋大学(文系)
90　名古屋大学(理系) 医
91　愛知教育大学
92　名古屋工業大学
93　愛知県立大学
94　名古屋市立大学(経済・人文社会・芸術工・看護・総合生命理・データサイエンス学部)
95　名古屋市立大学(医学部〈医学科〉) 医
96　名古屋市立大学(薬学部)
97　三重大学(人文・教育・医〈看護〉学部)
98　三重大学(医〈医〉・工・生物資源学部) 医
99　滋賀大学
100　滋賀医科大学(医学部〈医学科〉) 医
101　滋賀県立大学
102　京都大学(文系)
103　京都大学(理系) 医
104　京都教育大学
105　京都工芸繊維大学
106　京都府立大学
107　京都府立医科大学(医学部〈医学科〉) 医
108　大阪大学(文系) DL
109　大阪大学(理系) 医
110　大阪教育大学
111　大阪公立大学(現代システム科学域〈文系〉・文・法・経済・商・看護・生活科〈居住環境・人間福祉〉学部-前期日程)
112　大阪公立大学(現代システム科学域〈理系〉・理・工・農・獣医・医・生活科〈食栄養〉学部-前期日程)
113　大阪公立大学(中期日程)
114　大阪公立大学(後期日程)
115　神戸大学(文系-前期日程)
116　神戸大学(理系-前期日程) 医

117　神戸大学(後期日程)
118　神戸市外国語大学 DL
119　兵庫県立大学(国際商経・社会情報科・看護学部)
120　兵庫県立大学(工・理・環境人間学部)
121　奈良教育大学／奈良県立大学
122　奈良女子大学
123　奈良県立医科大学(医学部〈医学科〉) 医
124　和歌山大学
125　和歌山県立医科大学(医・薬学部) 医
126　鳥取大学 医
127　公立鳥取環境大学
128　島根大学 医
129　岡山大学(文系)
130　岡山大学(理系) 医
131　岡山県立大学
132　広島大学(文系-前期日程)
133　広島大学(理系-前期日程) 医
134　広島大学(後期日程)
135　尾道市立大学 総推
136　県立広島大学
137　広島市立大学
138　福山市立大学 総推
139　山口大学(人文・教育〈文系〉・経済・医〈看護〉・国際総合科学部)
140　山口大学(教育〈理系〉・理・医〈看護を除く〉・工・農・共同獣医学部)
141　山陽小野田市立山口東京理科大学 総推
142　下関市立大学／山口県立大学
143　周南公立大学 新 総推
144　徳島大学 医
145　香川大学 医
146　愛媛大学 医
147　高知大学 医
148　高知工科大学
149　九州大学(文系-前期日程)
150　九州大学(理系-前期日程) 医
151　九州大学(後期日程)
152　九州工業大学
153　福岡教育大学
154　北九州市立大学
155　九州歯科大学
156　福岡県立大学／福岡女子大学
157　佐賀大学 医
158　長崎大学(多文化社会・教育〈文系〉・経済・医〈保健〉・環境科〈文系〉学部)
159　長崎大学(教育〈理系〉・医〈医・薬・情報データ科・工・環境科〈理系〉・水産学部) 医
160　長崎県立大学 総推
161　熊本大学(文・教育・法・医〈看護〉学部・情報融合学環〈文系型〉)
162　熊本大学(理・医〈看護を除く〉・薬・工学部・情報融合学環〈理系型〉) 医
163　熊本県立大学
164　大分大学(教育・経済・医〈看護〉・理工・福祉健康科学部)
165　大分大学(医学部〈医・先進医療科学科〉) 医
166　宮崎大学(教育・医〈看護〉・工・農・地域資源創成学部)
167　宮崎大学(医学部〈医学科〉) 医
168　鹿児島大学(文系)
169　鹿児島大学(理系) 医
170　琉球大学 医

2025年版　大学赤本シリーズ

国公立大学 その他

171　〔国公立大〕医学部医学科 総合型選抜・学校推薦型選抜※ 医総推
172　看護・医療系大学〈国公立 東日本〉※
173　看護・医療系大学〈国公立 中日本〉※
174　看護・医療系大学〈国公立 西日本〉※ 医
175　海上保安大学校／気象大学校
176　航空保安大学校
177　国立看護大学校
178　防衛大学校 総推
179　防衛医科大学校(医学科) 医
180　防衛医科大学校(看護学科)

※ No.171〜174の収載大学は赤本ウェブサイト(http://akahon.net/)でご確認ください。

私立大学①

北海道の大学（50音順）
201　札幌大学
202　札幌学院大学
203　北星学園大学
204　北海学園大学
205　北海道医療大学
206　北海道科学大学
207　北海道武蔵女子大学・短期大学
208　酪農学園大学(獣医学群〈獣医学類〉)

東北の大学（50音順）
209　岩手医科大学(医・歯・薬学部) 医
210　仙台大学 総推
211　東北医科薬科大学(医・薬学部) 医
212　東北学院大学
213　東北工業大学
214　東北福祉大学
215　宮城学院女子大学 総推

関東の大学（50音順）
あ行（関東の大学）
216　青山学院大学(法・国際政治経済学部－個別学部日程)
217　青山学院大学(経済学部－個別学部日程)
218　青山学院大学(経営学部－個別学部日程)
219　青山学院大学(文・教育人間科学部－個別学部日程)
220　青山学院大学(総合文化政策・社会情報・地球社会共生・コミュニティ人間科学部－個別学部日程)
221　青山学院大学(理工学部－個別学部日程)
222　青山学院大学(全学部日程)
223　麻布大学(獣医、生命・環境科学部)
224　亜細亜大学
226　桜美林大学
227　大妻女子大学・短期大学部

か行（関東の大学）
228　学習院大学(法学部－コア試験)
229　学習院大学(経済学部－コア試験)
230　学習院大学(文学部－コア試験)
231　学習院大学(国際社会科学部－コア試験)
232　学習院大学(理学部－コア試験)
233　学習院女子大学
234　神奈川大学(給費生試験)
235　神奈川大学(一般入試)
236　神奈川工科大学
237　鎌倉女子大学・短期大学部
238　川村学園女子大学
239　神田外語大学
240　関東学院大学
241　北里大学(理学部)
242　北里大学(医学部) 医
243　北里大学(薬学部)
244　北里大学(看護・医療衛生学部)
245　北里大学(未来工・獣医・海洋生命科学部)
246　共立女子大学・短期大学
247　杏林大学(医学部) 医
248　杏林大学(保健学部)
249　群馬医療福祉大学・短期大学部
250　群馬パース大学 総推

251　慶應義塾大学(法学部)
252　慶應義塾大学(経済学部)
253　慶應義塾大学(商学部)
254　慶應義塾大学(文学部) 総推
255　慶應義塾大学(総合政策学部)
256　慶應義塾大学(環境情報学部)
257　慶應義塾大学(理工学部)
258　慶應義塾大学(医学部) 医
259　慶應義塾大学(薬学部)
260　慶應義塾大学(看護医療学部)
261　工学院大学
262　國學院大學
263　国際医療福祉大学
264　国際基督教大学
265　国士舘大学
266　駒澤大学(一般選抜T方式・S方式)
267　駒澤大学(全学部統一日程選抜)

さ行（関東の大学）
268　埼玉医科大学(医学部) 医
269　相模女子大学・短期大学部
270　産業能率大学
271　自治医科大学(医学部) 医
272　自治医科大学(看護学部)／東京慈恵会医科大学(医学部〈看護学科〉)
273　実践女子大学 総推
274　芝浦工業大学(前期日程)
275　芝浦工業大学(全学統一日程・後期日程)
276　十文字学園女子大学
277　淑徳大学
278　順天堂大学(医学部) 医
279　順天堂大学(スポーツ健康科・医療看護・保健看護・国際教養・保健医療・医療科・健康データサイエンス・薬学部) 総推
280　上智大学(神・文・総合人間科学部)
281　上智大学(法・経済学部)
282　上智大学(外国語・総合グローバル学部)
283　上智大学(理工学部)
284　上智大学(TEAPスコア利用方式)
285　湘南工科大学
286　昭和大学(医学部) 医
287　昭和大学(歯・薬・保健医療学部)
288　昭和女子大学
289　昭和薬科大学
290　女子栄養大学・短期大学部 総推
291　白百合女子大学
292　成蹊大学(法学部－A方式)
293　成蹊大学(経済・経営学部－A方式)
294　成蹊大学(文学部－A方式)
295　成蹊大学(理工学部－A方式)
296　成蹊大学(E方式・G方式・P方式)
297　成城大学(経済・社会イノベーション学部－A方式)
298　成城大学(文芸・法学部－A方式)
299　成城大学(S方式〈全学部統一選抜〉)
300　聖心女子大学
301　清泉女子大学
302　聖マリアンナ医科大学 医
303　聖マリアンナ医科大学 医

304　聖路加国際大学(看護学部)
305　専修大学(スカラシップ・全国入試)
306　専修大学(前期入試〈学部個別入試〉)
307　専修大学(前期入試〈全学部入試・スカラシップ入試〉)

た行（関東の大学）
308　大正大学
309　大東文化大学
310　高崎健康福祉大学
311　拓殖大学
312　玉川大学
313　多摩美術大学
314　千葉工業大学
315　中央大学(法学部－学部別選抜)
316　中央大学(経済学部－学部別選抜)
317　中央大学(商学部－学部別選抜)
318　中央大学(文学部－学部別選抜)
319　中央大学(総合政策学部－学部別選抜)
320　中央大学(国際経営・国際情報学部－学部別選抜)
321　中央大学(理工学部－学部別選抜)
322　中央大学(5学部共通選抜)
323　中央学院大学
324　津田塾大学
325　帝京大学(薬・経済・法・文・外国語・教育・理工・医療技術・福岡医療技術学部)
326　帝京大学(医学部) 医
327　帝京科学大学 総推
328　帝京平成大学 総推
329　東海大学(医〈医〉学部を除く一般選抜)
330　東海大学(文系・理系学部統一選抜)
331　東海大学(医学部〈医学科〉) 医
332　東京医科大学(医学部〈医学科〉) 医
333　東京家政大学・短期大学部 総推
334　東京経済大学
335　東京工科大学
336　東京工芸大学
337　東京国際大学
338　東京農業大学
339　東京慈恵会医科大学(医学部〈医学科〉) 医
340　東京情報大学
341　東京女子大学
342　東京女子医科大学(医学部) 医
343　東京電機大学
344　東京都市大学
345　東京農業大学
346　東京薬科大学(薬学部) 総推
347　東京薬科大学(生命科学部) 総推
348　東京理科大学(理学部第一部－B方式)
349　東京理科大学(創域理工学部－B方式・S方式)
350　東京理科大学(工学部－B方式)
351　東京理科大学(先進工学部－B方式)
352　東京理科大学(薬学部－B方式)
353　東京理科大学(経営学部－B方式)
354　東京理科大学(C方式、グローバル方式、理学部〈第二部〉－B方式)
355　東邦大学(医学部) 医
356　東邦大学(薬学部)

357 東邦大学(理・看護・健康科学部)
358 東洋大学(文・経済・経営・法・社会・国際・国際観光学部)
359 東洋大学(情報連携・福祉社会デザイン・健康スポーツ科・理工・総合情報・生命科・食環境科学部)
360 東洋大学(英語〈3日程×3カ年〉)
361 東洋大学(国語〈3日程×3カ年〉)
362 東洋大学(日本史・世界史〈2日程×3カ年〉)
363 東洋英和女学院大学
364 常磐大学・短期大学 [総推]
365 獨協大学
366 獨協医科大学(医学部) [医]

な行(関東の大学)
367 二松学舎大学
368 日本大学(法学部)
369 日本大学(経済学部)
370 日本大学(商学部)
371 日本大学(文理学部〈文系〉)
372 日本大学(文理学部〈理系〉)
373 日本大学(芸術学部〈専門試験併用型〉)
374 日本大学(国際関係学部)
375 日本大学(危機管理・スポーツ科学部)
376 日本大学(理工学部)
377 日本大学(生産工・工学部)
378 日本大学(生物資源科学部)
379 日本大学(医学部) [医]
380 日本大学(歯・松戸歯学部)
381 日本大学(薬学部)
382 日本大学(N全学統一方式-医・芸術〈専門試験併用型〉学部を除く)
383 日本医科大学 [医]
384 日本工業大学
385 日本歯科大学
386 日本社会事業大学 [総推]
387 日本獣医生命科学大学
388 日本女子大学
389 日本体育大学

は行(関東の大学)
390 白鷗大学(学業特待選抜・一般選抜)
391 フェリス女学院大学
392 文教大学
393 法政大学(法〈I日程〉・文〈II日程〉・経営〈II日程〉学部-A方式)
394 法政大学(法〈II日程〉・国際文化・キャリアデザイン学部-A方式)
395 法政大学(文〈I日程〉・経営〈I日程〉・人間環境・グローバル教養学部-A方式)
396 法政大学(経済〈I日程〉・社会〈I日程〉・現代福祉学部-A方式)
397 法政大学(経済〈II日程〉・社会〈II日程〉・スポーツ健康学部-A方式)
398 法政大学(情報科・デザイン工・理工・生命科学部-A方式)
399 法政大学(T日程〈統一日程〉・英語外部試験利用入試)
400 星薬科大学 [総推]

ま行(関東の大学)
401 武蔵大学
402 武蔵野大学
403 武蔵野美術大学
404 明海大学
405 明治大学(法学部-学部別入試)
406 明治大学(政治経済学部-学部別入試)
407 明治大学(商学部-学部別入試)
408 明治大学(経営学部-学部別入試)
409 明治大学(文学部-学部別入試)
410 明治大学(国際日本学部-学部別入試)

411 明治大学(情報コミュニケーション学部-学部別入試)
412 明治大学(理工学部-学部別入試)
413 明治大学(総合数理学部-学部別入試)
414 明治大学(農学部-学部別入試)
415 明治大学(全学部統一入試)
416 明治学院大学(A日程)
417 明治学院大学(全学部日程)
418 明治薬科大学 [総推]
419 明星大学
420 目白大学・短期大学部

ら・わ行(関東の大学)
421 立教大学(文系学部-一般入試〈大学独自の英語を課さない日程〉)
422 立教大学(国語〈3日程×3カ年〉)
423 立教大学(日本史・世界史〈2日程×3カ年〉)
424 立教大学(文学部-一般入試〈大学独自の英語を課す日程〉)
425 立教大学(理学部-一般入試)
426 立正大学
427 早稲田大学(法学部)
428 早稲田大学(政治経済学部)
429 早稲田大学(商学部)
430 早稲田大学(社会科学部)
431 早稲田大学(文学部)
432 早稲田大学(文化構想学部)
433 早稲田大学(教育学部〈文系〉)
434 早稲田大学(教育学部〈理系〉)
435 早稲田大学(人間科・スポーツ科学部)
436 早稲田大学(国際教養学部)
437 早稲田大学(基幹理工・創造理工・先進理工学部)
438 和洋女子大学 [総推]

中部の大学(50音順)
439 愛知大学
440 愛知医科大学(医学部) [医]
441 愛知学院大学・短期大学部
442 愛知工業大学 [総推]
443 愛知淑徳大学
444 朝日大学 [総推]
445 金沢医科大学(医学部) [医]
446 金沢工業大学
447 岐阜聖徳学園大学 [総推]
448 金城学院大学
449 至学館大学 [総推]
450 静岡理工科大学
451 椙山女学園大学
452 大同大学
453 中京大学
454 中部大学
455 名古屋外国語大学 [総推]
456 名古屋学院大学 [総推]
457 名古屋学芸大学 [総推]
458 名古屋女子大学 [総推]
459 南山大学(外国語〈英米〉・法・総合政策・国際教養学部)
460 南山大学(人文・外国語〈英米を除く〉・経済・経営・理工学部)
461 新潟国際情報大学
462 日本福祉大学
463 福井工業大学
464 藤田医科大学(医学部) [医]
465 藤田医科大学(医療科・保健衛生学部)
466 名城大学(法・経営・経済・外国語・人間・都市情報学部)
467 名城大学(情報工・理工・農・薬学部)
468 山梨学院大学

近畿の大学(50音順)
469 追手門学院大学 [総推]

470 大阪医科薬科大学(医学部) [医]
471 大阪医科薬科大学(薬学部) [総推]
472 大阪学院大学 [総推]
473 大阪経済大学 [総推]
474 大阪経済法科大学 [総推]
475 大阪工業大学 [総推]
476 大阪国際大学・短期大学部 [総推]
477 大阪産業大学 [総推]
478 大阪歯科大学(歯学部)
479 大阪商業大学 [総推]
480 大阪成蹊大学・短期大学 [総推]
481 大谷大学 [総推]
482 大手前大学・短期大学 [総推]
483 関西大学(文系)
484 関西大学(理系)
485 関西大学(英語〈3日程×3カ年〉)
486 関西大学(国語〈3日程×3カ年〉)
487 関西大学(日本史・世界史・文系数学〈3日程×3カ年〉)
488 関西医科大学(医学部) [医]
489 関西医療大学 [総推]
490 関西外国語大学・短期大学部 [総推]
491 関西学院大学(文・法・商・人間福祉・総合政策学部-学部個別日程)
492 関西学院大学(神・社会・経済・国際・教育学部-学部個別日程)
493 関西学院大学(全学部日程〈文系型〉)
494 関西学院大学(全学部日程〈理系型〉)
495 関西学院大学(共通テスト併用日程〈数学〉・英数日程)
496 関西学院大学(英語〈3日程×3カ年〉) [新]
497 関西学院大学(国語〈3日程×3カ年〉) [新]
498 関西学院大学(日本史・世界史・文系数学〈3日程×3カ年〉) [新]
499 畿央大学 [総推]
500 京都外国語大学・短期大学 [総推]
501 京都産業大学(公募推薦入試) [推]
502 京都産業大学(一般選抜入試〈前期日程〉)
503 京都女子大学 [総推]
504 京都先端科学大学 [総推]
505 京都橘大学 [総推]
506 京都ノートルダム女子大学
507 京都薬科大学 [総推]
508 近畿大学・短期大学部(医学部を除く-推薦入試) [総推]
509 近畿大学・短期大学部(医学部を除く-一般入試前期)
510 近畿大学・短期大学部(医学部を除く-一般入試前期)
511 近畿大学(英語〈医学部を除く3日程×3カ年〉)
512 近畿大学(理系数学〈医学部を除く3日程×3カ年〉)
513 近畿大学(国語〈医学部を除く3日程×3カ年〉)
514 近畿大学(医学部-推薦入試・一般入試前期) [医][推]
515 近畿大学・短期大学部(一般入試後期) [医]
516 皇學館大学 [総推]
517 甲南大学 [総推]
518 甲南女子大学(学校推薦型選抜) [新][推]
519 神戸学院大学
520 神戸国際大学 [総推]
521 神戸女学院大学 [総推]
522 神戸女子大学・短期大学 [総推]
523 神戸薬科大学 [総推]
524 四天王寺大学・短期大学部 [総推]
525 摂南大学(公募制推薦入試) [推]
526 摂南大学(一般選抜前期日程)
527 帝塚山学院大学 [総推]
528 同志社大学(法、グローバル・コミュニケーション学部-学部個別日程)

2025年版 大学赤本シリーズ

私立大学③

529	同志社大学(文・経済学部－学部個別日程)
530	同志社大学(神・商・心理・グローバル地域文化学部－学部個別日程)
531	同志社大学(社会学部－学部個別日程)
532	同志社大学(政策・文化情報〈文系型〉・スポーツ健康科〈文系型〉学部－学部個別日程)
533	同志社大学(理工・生命医科・文化情報〈理系型〉・スポーツ健康科〈理系型〉学部－学部個別日程)
534	同志社大学(全学部日程)
535	同志社女子大学 ⑱⑲
536	奈良大学 ⑱⑲
537	奈良学園大学 ⑱⑲
538	阪南大学
539	姫路獨協大学 ⑱⑲
540	兵庫医科大学(医学部) ⑱
541	兵庫医科大学(薬・看護・リハビリテーション学部) ⑱⑲
542	佛教大学 ⑱⑲
543	武庫川女子大学 ⑱⑲
544	桃山学院大学 ⑱⑲
545	大和大学・大和大学白鳳短期大学部 ⑱⑲
546	立命館大学(文系－全学統一方式・学部個別配点方式)／立命館アジア太平洋大学(前期方式・英語重視方式)

547	立命館大学(理系－全学統一方式・学部個別配点方式・理系型3教科方式・薬学方式)
548	立命館大学(英語〈全学統一方式3日程×3カ年〉)
549	立命館大学(国語〈全学統一方式3日程×3カ年〉)
550	立命館大学(文系選択科目〈全学統一方式2日程×3カ年〉)
551	立命館大学(IR方式〈英語資格試験利用型〉・共通テスト併用方式)／立命館アジア太平洋大学(共通テスト併用方式)
552	立命館大学(後期分割方式・「経営学部で学ぶ感性+共通テスト」方式)／立命館アジア太平洋大学(後期方式)
553	龍谷大学(公募推薦入試) ⑱⑲
554	龍谷大学(一般選抜入試)

中国の大学 (50音順)

555	岡山商科大学 ⑱⑲
556	岡山理科大学 ⑱⑲
557	川崎医科大学 ⑱
558	吉備国際大学 ⑱⑲
559	就実大学 ⑱⑲
560	広島経済大学
561	広島国際大学 ⑱⑲
562	広島修道大学

563	広島文教大学 ⑱⑲
564	福山大学／福山平成大学
565	安田女子大学 ⑱⑲

四国の大学 (50音順)

567	松山大学

九州の大学 (50音順)

568	九州医療科学大学
569	九州産業大学
570	熊本学園大学
571	久留米大学(文・人間健康・法・経済・商学部) ⑱⑲
572	久留米大学(医学部〈医学科〉) ⑱
573	産業医科大学(医学部) ⑱
574	西南学院大学(商・経済・法・人間科学部－A日程)
575	西南学院大学(神・外国語・国際文化学部－A日程／全学部－F日程)
576	福岡大学(医学部医学科を除く－学校推薦型選抜・一般選抜系統別日程) ⑱⑲
577	福岡大学(医学部医学科を除く－一般選抜前期日程) ⑱
578	福岡大学(医学部〈医学科〉－学校推薦型選抜・一般選抜系統別日程) ⑱⑲
579	福岡工業大学
580	令和健康科学大学 ⑱⑲

医 医学部医学科を含む
⑱⑲ 総合型選抜または学校推薦型選抜を含む
DL リスニング音声配信 ⑳ 2024年 新刊・復刊

掲載している入試の種類や試験科目、収載年数などはそれぞれ異なります。詳細については、それぞれの本の目次や赤本ウェブサイトでご確認ください。

akahon.net

赤本 [検索]

難関校過去問シリーズ

出題形式別・分野別に収録した「入試問題事典」

20大学 73点

定価2,310～2,640円(本体2,100～2,400円)

先輩合格者はこう使った!「難関校過去問シリーズの使い方」

61年、全部載せ!
要約演習で、総合力を鍛える

東大の英語
要約問題 UNLIMITED

国公立大学		
東大の英語25カ年[第12版] ⑳	一橋大の国語20カ年[第6版] ⑳	東北大の物理15カ年[第2版]
東大の英語リスニング20カ年[第9版] DL	一橋大の日本史20カ年[第6版] ⑳	東北大の化学15カ年[第2版]
東大の英語 要約問題 UNLIMITED	一橋大の世界史20カ年[第6版] ⑳	名古屋大の英語15カ年[第8版]
東大の文系数学25カ年[第12版] ⑳	筑波大の英語15カ年 ⑳	名古屋大の理系数学15カ年[第8版]
東大の理系数学25カ年[第12版] ⑳	筑波大の数学15カ年 ⑳	名古屋大の物理15カ年[第2版]
東大の現代文25カ年[第12版] ⑳	京大の英語25カ年[第12版]	名古屋大の化学15カ年[第2版]
東大の古典25カ年[第12版] ⑳	京大の文系数学25カ年[第12版]	阪大の英語20カ年[第9版]
東大の日本史25カ年[第9版]	京大の理系数学25カ年[第12版]	阪大の文系数学20カ年[第3版]
東大の世界史25カ年[第9版]	京大の現代文25カ年[第2版]	阪大の理系数学20カ年[第3版]
東大の地理25カ年[第9版]	京大の古典25カ年[第2版]	阪大の国語15カ年[第3版]
東大の物理25カ年[第9版]	京大の日本史20カ年[第3版]	阪大の物理20カ年[第8版]
東大の化学25カ年[第9版]	京大の世界史20カ年[第3版]	阪大の化学20カ年[第6版]
東大の生物25カ年[第9版]	京大の物理25カ年[第9版]	九大の英語15カ年[第8版]
東工大の英語20カ年[第8版] ⑳	京大の化学25カ年[第9版]	九大の理系数学15カ年[第7版]
東工大の数学20カ年[第9版] ⑳	北大の英語15カ年[第8版]	九大の物理15カ年[第2版]
東工大の物理20カ年[第5版] ⑳	北大の理系数学15カ年[第8版]	九大の化学15カ年[第2版]
東工大の化学20カ年[第5版] ⑳	北大の物理15カ年[第2版]	神戸大の英語15カ年[第9版]
一橋大の英語20カ年[第9版] ⑳	北大の化学15カ年[第2版]	神戸大の数学15カ年[第5版]
一橋大の数学20カ年[第9版] ⑳	東北大の英語15カ年[第8版]	神戸大の国語15カ年[第3版]
	東北大の理系数学15カ年[第8版]	

私立大学
早稲田の英語[第11版] ⑳
早稲田の国語[第9版] ⑳
早稲田の日本史[第9版] ⑳
早稲田の世界史[第2版] ⑳
慶應の英語[第11版] ⑳
慶應の小論文[第3版] ⑳
明治大の英語[第9版] ⑳
明治大の国語[第2版] ⑳
明治大の日本史[第2版] ⑳
中央大の英語[第9版] ⑳
法政大の英語[第9版] ⑳
同志社大の英語[第10版]
立命館大の英語[第10版]
関西大の英語[第10版]
関西学院大の英語[第10版]

DL リスニング音声配信
⑳ 2024年 新刊
㉔ 2024年 改訂

いつも受験生のそばに──赤本

入試対策
赤本プラス

赤本プラスとは、**過去問演習の効果を最大に**するためのシリーズです。「赤本」であぶり出された弱点を、赤本プラスで克服しましょう。

大学入試 すぐわかる英文法 DL
大学入試 ひと目でわかる英文読解
大学入試 絶対できる英語リスニング DL
大学入試 すぐ書ける自由英作文
大学入試 ぐんぐん読める
　英語長文(BASIC) DL
大学入試 ぐんぐん読める
　英語長文(STANDARD) DL
大学入試 ぐんぐん読める
　英語長文(ADVANCED) DL
大学入試 正しく書ける英作文
大学入試 最短でマスターする
　数学I・II・III・A・B・C
大学入試 突破力を鍛える最難関の数学
大学入試 知らなきゃ解けない
　古文常識・和歌
大学入試 ちゃんと身につく物理
大学入試 もっと身につく
　物理問題集(①力学・波動)
大学入試 もっと身につく
　物理問題集(②熱力学・電磁気・原子)

入試対策
英検®赤本シリーズ

英検®(実用英語技能検定)の対策書。
過去問集と参考書で万全の対策ができます。

▶過去問集(2024年度版)
英検®準1級過去問集 DL
英検®2級過去問集 DL
英検®準2級過去問集 DL
英検®3級過去問集 DL

▶参考書
竹岡の英検®準1級マスター DL
竹岡の英検®2級マスター CD DL
竹岡の英検®準2級マスター CD DL
竹岡の英検®3級マスター CD DL

CD リスニングCDつき
DL 音声無料配信
新 2024年刊・改訂

入試対策
赤本プレミアム

赤本の教学社だからこそ作れた、
過去問ベストセレクション

東大数学プレミアム
東大現代文プレミアム
京大数学プレミアム[改訂版]
京大古典プレミアム

入試対策
赤本メディカルシリーズ

過去問を徹底的に研究し、独自の出題傾向をもつメディカル系の入試に役立つ内容を精選した実戦的なシリーズ。

[国公立大]医学部の英語[3訂版]
私立医大の英語[長文読解編][3訂版]
私立医大の英語[文法・語法編][改訂版]
医学部の実戦小論文[3訂版]
医歯薬系の英単語[4訂版]
医系小論文 最頻出論点20[4訂版]
医学部の面接[4訂版]

入試対策
体系シリーズ

国公立大二次・難関私大突破へ、自学自習に適したハイレベル問題集。

体系英語長文　　体系世界史
体系英作文　　　体系物理[第7版]
体系現代文

入試対策
単行本

▶英語
Q&A即決英語勉強法
TEAP攻略問題集 CD
東大の英単語[新装版]
早慶上智の英単語[改訂版]

▶国語・小論文
著者に注目! 現代文問題集
ブレない小論文の書き方 樋口式ワークノート

▶レシピ集
奥薗壽子の赤本合格レシピ

入試対策 / 共通テスト対策
赤本手帳

赤本手帳(2025年度受験用) プラムレッド
赤本手帳(2025年度受験用) インディゴブルー
赤本手帳(2025年度受験用) ナチュラルホワイト

入試対策
風呂で覚えるシリーズ

水をはじく特殊な紙を使用。いつでもどこでも読めるから、ちょっとした時間を有効に使える!

風呂で覚える英単語[4訂新装版]
風呂で覚える英熟語[改訂新装版]
風呂で覚える古文単語[改訂新装版]
風呂で覚える古文文法[改訂新装版]
風呂で覚える漢文[改訂新装版]
風呂で覚える日本史[年代][改訂新装版]
風呂で覚える世界史[年代][改訂新装版]
風呂で覚える倫理[改訂版]
風呂で覚える百人一首[改訂版]

共通テスト対策
満点のコツシリーズ

共通テストで満点を狙うための実戦的参考書。重要度の増したリスニング対策は「カリスマ講師」竹岡広信が一回読みにも対応できるコツを伝授!

共通テスト英語[リスニング]
　満点のコツ[改訂版] 新 DL
共通テスト古文 満点のコツ[改訂版] 新
共通テスト漢文 満点のコツ[改訂版] 新

入試対策 / 共通テスト対策
赤本ポケットシリーズ

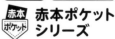

▶共通テスト対策
共通テスト日本史[文化史]

▶系統別進路ガイド
デザイン系学科をめざすあなたへ

英語の過去問、解きっぱなしにしていませんか？

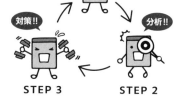

大学合格のカギとなる勉強サイクル

STEP 1 解く!!

対策!! STEP 3

分析!! STEP 2

過去問を解いてみると、自分の弱い部分が見えてくる！

受験生は、英語のこんなことで悩んでいる…!?

こんな悩み 😣 をまるっと解決 😊 してくれるのが、赤本プラスです。

【英文読解編】
- 😣 単語をつなぎ合わせて読んでます…
- 😊 まずは頻出の構文パターンを頭に叩き込もう
- 😣 下線部訳が苦手…
- 😊 SVOCを丁寧に分析できるようになろう

→ 大学入試 "ひと目でわかる" 英文読解
英文構造がビジュアルで理解できる！

【英語長文編】
- 😣 いつも時間切れになってしまう…
- 😊 速読を妨げる原因を見つけよう
- 😣 何度も同じところを読み返してしまう…
- 😊 展開を予測しながら読み進めよう

→ 大学入試 "ぐんぐん読める" 英語長文 BASIC / STANDARD / ADVANCED
6つのステップで、英語が「正確に・速く」読めるようになる！

【英作文編】
- 😣 [和文英訳]ってどう対策したらいいの？
- 😊 頻出パターンから、日本語⇒英語の転換に慣れよう
- 😣 いろんな解答例があると混乱します…
- 😊 試験会場でも書けそうな例に絞ってあるので覚えやすい

→ New 大学入試 "正しく書ける" 英作文
頻出パターン×厳選例文でムダなく「和文英訳」対策！

【自由英作文編】
- 😊 何から手をつけたらよいの…?
- 😊 志望校の出題形式や頻出テーマをチェック!
- 😊 自由と言われてもどう書き始めたらよいの…?
- 😊 自由英作文特有の「解答の型」を知ろう

→ 大学入試 "すぐ書ける" 自由英作文
頻出テーマ×重要度順最大効率で対策できる！

計14点刊行中 赤本プラスは、数学・物理・古文もあるよ
（英語8点・古文1点・数学2点・物理3点）

くわしくは

大学赤本シリーズ
別冊問題編

2025